콰이어트
Quiet

시끄러운 세상에서 조용히 세상을 움직이는 힘

콰이어트
Quiet

수전 케인 지음 | 김우열 옮김

RHK
알에이치코리아

케인은 내향적인 선생님과 부모들을 위한 풍부하고 실용적인 조언을 제공한다. 내향적인 사람들은 자기가 아닌 다른 사람들이 어떻게 생각하고 일하고, 살아가는지, 또는 옆집에 사는 이웃이 어떻게 살아가는지 걱정하고 흥미로워하는 사람들이다. 이 책은 자기존중감을 향상시켜야 할 필요가 있는 내향적인 사람들(또는 그들의 부모들)이 반드시 읽어봐야 할 책이다.

_〈포춘〉

매우 유익하고, 지적이며, …… 깨달음을 주는 책.

_〈월스트리트 저널〉

매우 흥미롭고, 삶을 변화시킬 만한 인간의 잠재적 정신에 관한 조사 연구이다. 내향적인 사람과 외향적인 사람 모두에게 큰 도움을 줄 만한 내용이 들어 있다.

_〈커커스 리뷰〉

이 책은 독서의 기쁨을 줌과 동시에 내향적인 사람과 외향적인 사람 모두가 자신들에게 잘 맞는 최고의 길이 무엇인지 한 번 더 생각하게 만든다. 자신과 다른 유형의 사람과 어떻게 교류할 것인지 최선의 방책을 알려줄 것이다.

_〈라이브러리 저널〉

케인은 내향적인 사람들의 적확하고 절묘한 자화상을 제시함으로써 잘못된 상식을 가진 사람들의 관념을 산산이 무너뜨린다. 케인은 매우 개인적인 프로파일을 제시하거나, 외향적인 사람들이 지배하는(하버드대학교 MBA) 장소 또는 내향적인 사람들이 지배하는 장소(웨스트코스트repeat center)를 관찰하거나, 학교 현장에서 발생되는 일들을 찬찬히 나열해가며 일관된 논지로 독자들의 흥미를 끌어당긴다. 그녀의 지칠 줄 모르는 근면함, 치밀한 조사력 그리고 이 중요한 주제에 임하는 불굴의 열정은 이 책을 전 세계 베스트셀러의 반열에 오르게 하였다.

_〈퍼블리셔스 위클리〉

문장이 매우 아름다운 이 책은 생각할 거리를 무척 많이 만들어주는 책이다. 케인은 고독을 갈망하는 사람들에게 자신을 새롭게 발견할 수 있게 용기를 준다. 파티에 참석했으나 함께 춤출 사람이 없어 서성대며 있는 듯 없는 듯한 사람이 아니라, 그가 어디에 있든 무시할 수 없는, 강력한 힘을 가진 사람이라는 사실을 그들에게 들려준다.

_〈호올 리빙Whole Living〉

수전 케인의 『콰이어트』는 외향성을 이상적 성격으로 생각하는 문화에 관해, 그리고 예민한 기질의 심리학에 관해서 놀랍도록 수준 높은 정보를 담고 있다. 그리고 그녀는 어떻게 해야 내향적인 사람들이 삶의 모든 측면에서 자신의 개성을 우선적으로 지켜낼 수 있는지에 관한 매우 유익한 통찰력을 발휘한다. 사회는 내향적인 사람들이 필요하다. 그리고 모든 사람들은 이 묵직한 책에 들어 있는 인사이트에서 그 유익함을 발견할 수 있을 것이다.

_조나단 칙, 웰즐리대학교 심리학 교수

이 책은 높은 수준에 도달하기 위해 겉으로만 노력하는 이 세상에서 내향적인 사람들에 관한 논의의 수준을 높여주었다. 수많은 내향적인 성향의 사람들은 자신들이 평생 이 책을 기다려왔다는 사실을 이제껏 몰랐을 것이다. 그러나 이제 곧 그 사실을 확연히 알게 되리라.
_아담 맥휴, 『Introverts in the Church』 저자

'진중함은 힘을 가지고 있다', '고독은 사회적으로 생산적이다' 등, 일반적으로 생각했을 때 직관과는 거리가 멀어 보이는 이러한 중대한 생각들은 아주 많은 이유와 근거를 가지고 있다! 조용함은 조용하게 지닐 만한 구석과 그 조용함이 가진 훌륭함을 가질 만한 이유가 분명히 있다.
_로자베스 모스 켄터, 하버드대학교 경영대학원 교수

매우 똑똑하고 중요한, 그리고 개인적인 끌림을 주는 책. 케인은 미국의 외향성 이상주의가 그것이 담고 있는 가치보다 너무 많이 과장되어 있음을 적나라하게 보여준다. 학교, 비즈니스 세상, 가정 안에서 우리는 지금보

다 조금 더 진지한 호기심, 조심성, 깊이 있는 사색이 주는 유익함을 필요로 한다. 다시 말해서, 우리는 결핍이 아니라 자산으로서 내향성을 바라볼 필요가 있다. 케인은 이러한 내향성의 완벽한 모델이다. 그리고 영광스럽게 승리함으로써 우리에게 그룹 밖에서 생각하는 행동이 어떤 맛을 주는지 보여준다.

_크리스틴 케닐리, 『The First Word』 저자

수전 케인이 이해한 것은 (그리고 이 책의 독자들이 이 환상적인 책을 통해 곧 알게 될 기쁨은) 심리학에 관한 어떤 것이며, 매우 빠르게 움직이고 빠르게 말해야 하는 오늘날의 사회가 깨달아야 할 모든 것이다. 침묵하기, 사색하기, 수줍음, 그리고 내성적인 것은 전혀 문제가 되지 않는다. 더구나 이 성향은 분명한 이득까지 갖고 있다!

_제이 벨스키, 캘리포니아대학교 인간개발 및 커뮤니티개발 연구소 소장

저자 수전 케인은 그녀 자신이 콰이어트 파워를 가진 전형적인 실례이다. 이 정교하게 쓰여진, 그리고 매우 가독성이 뛰어나서 자신도 모르게 페이지가 술술 넘어가는 이 책에서 말이다!

_제니커 켄윌러 박사, 『The Introverted Leader』 저자

이 책의 여러 가지 측면은 매우 주목할 만하다. 첫째, 이 내용은 조사에 문학성을 가미함으로써 매우 강력한 정보력을 보유한 반면 그 논리 자체에 얽매이진 않는다. 둘째, 놀라울 정도로 매우 잘 쓰여졌다. 그리고 독자 친화적이다. 셋째, 이 책은 매우 통찰적이다. 나는 이 책을 읽은 많은 사람들이 왜 어떤 사람은 보상지향적인지, 또 사색적이고 생각이 깊은 행동이 주목받지 못하고 간과되는지 의아해할 것이라 확신한다. 이 책은 피상적인 인상 깊음을 넘어서 훨씬 날카로운 분석력을 가지고 있다.

_윌리엄 그라지아노, 퍼듀대학교 심리학 교수

◆◆◆

모두가 조지 패튼 장군과 같은 사람이라면 성공하지 못할 것이며, 이는 모두가 빈센트 반 고흐와 같은 사람이라도 마찬가지다. 오히려 지구에는 운동선수, 철학자, 섹스 심벌, 화가, 과학자가 필요하다고 믿고 싶다. 세상에는 마음이 따뜻한 사람, 마음이 굳은 사람, 마음이 차가운 사람, 마음이 약한 사람이 골고루 필요하다. 어떤 환경에서는 개의 침샘에서 침이 몇 방울 나오는지 연구하는 데 평생을 바칠 수 있는 사람이 필요하고, 벚꽃의 순간적인 느낌을 14음절의 시로 포착해내거나 어둠 속에서 침대에 누워 어머니가 잘 자라고 입맞춤해 주기를 기다리는 어린 소년의 감정을 분석하는 데 25쪽을 할애할 수 있는 사람도 필요하다. …… 진정, 출중한 능력이 발현되려면 필요한 에너지를 다른 분야에서 한 곳으로 모아야 한다.

_앨런 숀 Allen Shawn

목차

나는 이 책을 공식적으로 2005년부터 집필하기 시작했지만, 비공식적으로는 어른이 된 후 줄곧 작업한 셈이다. 그동안 나는 수백, 아니 어쩌면 수천 명에게 이 책에서 다룬 주제들에 관해 말을 하거나 글을 썼고, 책과 학술 논문과 잡지 기사, 채팅룸 토론과 블로그 글도 그만큼 많이 읽었다. 그중 어떤 것에 관해서는 이 책에서 언급하겠지만, 그 외의 것들도 이 책의 문장마다 녹아 있다. 『콰이어트』는 내게 큰 가르침을 준 학자들과 연구자들에게 빚을 졌다. 완벽한 조건이라면, 모든 출처와 멘토, 인터뷰 대상자를 언급했을 것이다. 하지만 가독성을 위해 몇몇 이름만 '후주'에 언급해두었다.

이와 유사한 이유로 나는 특정 인용문에서 생략부호나 괄호를 쓰지 않는 대신 추가한 단어나 생략된 단어가 화자나 저자의 의미를 왜곡하지 않도록 주의했다. 원래의 출처대로 인용하고 싶다면, '후주'에 나오는 '전문 인용'을 참고하라.

책에 나오는 이야기에 등장하는 사람들과 내가 변호사와 컨설턴트로 일하던 이야기에 나오는 사람들을 알아볼 수 있는 개인정보와 이름은 바꾸었다. 찰스 디 카뇨의 공개강연 워크숍에 참여한 사람들의 개인정보를 보호하기 위해(이들은 처음에 그 수업을 신청하면서 이 책에 나오게 되리라고는 생각하지 않았으므로), 수업 첫날 저녁의 이야기는 여러 세션을 토대로 내가 만들어낸 것임을 밝힌다. 그레그와 에밀리 이야기 역시, 유사한 여러 부부들과 인터뷰한 뒤에 지어낸 것이다. 기억의 제약이 있기는 하겠지만, 다른 이야기는 모두 내게 일어났거나 내가 들은 일을 되도록 그대로 기록했다. 나는 사람들이 자신들에 관해 이야기한 내용의 사실을 확인하지는 않았고 다만 내가 사실이라고 믿는 이야기만 실었다.

기질의 남과 북

조용한 한 여성이 역사의 항로를 바꾸다

미국 앨라배마주 몽고메리. 1955년 12월 1일 늦은 오후. 단정한 옷차림의 40대 흑인 여성이 지금 막 도착한 버스에 올랐다. 몽고메리 페어 백화점 지하의 작고 누추한 양복점에서 하루 종일 서서 허리를 숙인 채 일하다보니 발은 퉁퉁 부어 있고 어깨는 천근만근이지만 일터를 나오는 그녀의 걸음걸이는 바르고 곧았다. 버스에 탄 여인은 '유색인 자리' 중 맨 앞좌석에 앉아 다른 이들이 버스에 오르는 모습을 조용히 지켜보고 있었다. 버스 기사가 백인에게 자리를 양보하라고 그녀를 향해 명령하기 전까지는.

이 여인은 20세기를 통틀어 가장 중요한 시민권 저항운동에 결정적 도화선이 될, 미국이 더 나은 모습으로 바뀌는 데 일조할 한 마디를 내뱉는다.

그 단어는 바로 "안 돼요NO"다.

당황한 버스 기사는 경찰을 부르겠다며 협박했다.

"그러시든지요." 로자 파크스가 대답했다.

도착한 경찰이 로자 파크스에게 왜 자리를 비키지 않았냐고 묻자 로자 파크스는 이렇게 대응했다.

"당신들은 어째서 항상 우리를 괴롭히는 거죠?"

"그건 모르겠고, 일단 법은 법이니 체포해야겠습니다."

로자 파크스가 법정에서 풍기문란죄로 유죄 선고를 받은 그날 오후, 몽고메리 권익개선협회Montgomery Improvement Association는 가장 빈곤한 지역인 홀트 스트리트 침례교회에서 파크스를 위한 집회를 열었다. 5천 명이 모여 파크스의 외롭지만 용감한 행위를 지지했다. 그들은 좌석이 꽉 찰 때까지 교회 안으로 들어갔고, 미처 들어가지 못한 사람들은 침착하게 밖에서 기다리며, 마이크에서 나오는 소리에 귀 기울였다. 마틴 루서 킹 주니어 목사가 연설을 시작했다. "압제의 무쇠 같은 발에 짓밟히는 이 삶도, 결국 진력나는 순간이 옵니다! 인생의 7월이라는 반짝이는 햇살로부터 떠밀려, 알프스의 11월, 날카로운 한기에 내동댕이쳐지는 이러한 현실에 진력나는 순간이 옵니다!"

킹 목사는 파크스의 용기를 찬양하며 그녀를 끌어안았다. 파크스는 조용히 서 있을 뿐이지만, 그 존재만으로도 군중의 마음에 불을 지피기에 충분했다. 몽고메리 권익개선협회는 시 전역에서 버스 보이콧을 펼쳤고, 이는 381일간 이어졌다. 사람들은 수 마일을 터벅터벅 걸어서 일하러 가거나 모르는 사람들과 카풀을 했다. 그렇게 그들은 미국 역사의 방향을 바꿨다.

난 로자 파크스를 당찬 인물이자 대담한 사람일 거라고, 버스에 탄 모든 승객들이 일제히 노려보는 상황에도 흔들리지 않고 당당히 맞설 수 있는 강한 사람일 거라고 상상했다. 하지만 그녀가 2005년 아흔둘의 나이로 세상을 떠났을 때, 홍수처럼 밀려드는 부고에 묘사된 그녀는, 상냥하고 부드럽게 말하는 왜소한 체구의 사람이었다. 사람들은 그녀가 "소심하고 수줍음이 많았지만 사자 같은 용기가 있었다"고 말했다. 그녀를 표현하는 말들은 '급진적인 겸손함'이나 '조용한 의연함' 같은 문구로 넘쳤났다. 이런 묘사들은 다음과 같은 의문을 암시했다. 조용하면서 동시에 의연하다는 건 무슨 뜻이지? 어떻게 수줍어하면서 동시에 용감할 수 있지?

무작정 달려들기보다 차분히 생각하는 기질

우리 삶은 성별이나 인종에 따라 달라지듯이 성격으로도 지대한 영향을 받는다. 그리고 성격의 가장 중요한 측면은 내향성-외향성 스펙트럼 중 어디쯤에 위치하는가에 달려 있다. 한 과학자는 이를 '기질의 남과 북the north and south of temperament'이라 했다. 이 스펙트럼의 어느 지점에 위치하느냐에 따라 친구와 짝을 선택하고,

대화를 풀어나가고, 차이를 해결하고, 사랑을 표현하는 방법이 달라진다. 선택하는 직업과 성공 여부도 영향을 받는다. 우리가 달리기를 할지, 바람을 필지, 잠을 안 자고도 제대로 생활할지, 자신의 실수에서 교훈을 얻을 수 있을지, 주식시장에서 큰돈을 벌 수 있을지, 만족을 유지할 수 있을지, 좋은 지도자가 될지, '만약'이라는 질문을 던질지 등도 내향성-외향성 스펙트럼에 좌우된다.*

그것에 따라 뇌 경로와 신경전달물질, 신경계의 말단도 바뀐다. 오늘날 내향성과 외향성은 성격심리학에서 가장 철저하게 연구된 분야로, 수많은 과학자들에게 여전히 호기심의 대상이다.

과학자들은 최신 기술의 도움으로 흥미진진한 점들을 발견해왔지만, 그것은 인류의 길고 유구한 전통 중 일부에 불과하다. 시인과 철학자들은 역사가 기록된 이래 줄곧 내향적인 사람과 외향적인 사람에 대해 묘사해왔다. 두 성격 모두 그리스·로마 의사들의 글과 성서에 등장하며, 어떤 진화심리학자들은 이런 성격 유형에 관한 역사가 그보다 훨씬 오래되었다고도 주장한다. 동물 세계에서도 초파리부터 펌프킨시드(개복치의 일종), 붉은털원숭이까지 '내향적'인 개체와 '외향적'인 개체가 있다. 여타의 상호보완적인 쌍(이를테면 남성성과 여성성, 동양과 서양, 진보와 보수)에서와 마찬가지로 양쪽의 성격 유형이 함께 존재하지 않았다면 인류는 지금과 전

---

* 정답 – 달리기: 외향성, 바람피우기: 외향성, 잠 안 자고 버티기: 내향성, 실수에서 교훈 얻기: 내향성, 내기를 크게 걸기: 외향성, 만족을 지연시키기: 내향성, 훌륭한 지도자 되기: 때로는 내향성 때로는 외향성(어떤 리더십이 필요하냐에 따라), '만약'이라고 묻기: 내향성

혀 다르게 진화했을 것이고 훨씬 더 보잘것없었을 것이다.

로자 파크스와 마틴 루서 킹 주니어의 결합을 보자. 아무리 유명한 대중 연설가가 인종차별 버스에서 자리를 내주지 않겠다고 거부했더라도, 긴급사태만 아니었으면 아무 일 없이 가만히 있었을 수수한 여성의 급진적 행동에 비하면 그 효과는 절반에 그쳤을 것이다. 반대로, 파크스가 스스로 일어나 대중들 앞에서 자기에게 꿈이 있다고 말했다면, 청중이 전율을 느끼기에는 다소 부족했을 것이다. 하지만 킹 목사가 도왔기에, 그녀는 그럴 필요가 없었다.

오늘날 우리는 편향된 성격 유형에만 점수를 준다. 사람들은 훌륭해지려면 대담해야 하고, 행복해지려면 사교적이어야 한다고 생각한다. 우리는 이곳을 외향적인 사람들의 나라라고 여긴다. 이것은 우리가, 자신이 누구인지 잊어버렸다는 뜻이다. 어떤 연구 결과를 보느냐에 따라 다를 텐데, 3분의 1 내지 2분의 1가량의 미국인이 내향적이다. 다시 말해서, 여러분이 아는 두세 명 중 한 명은 내향적이다(미국이 가장 외향적인 국가라는 점을 감안하면, 다른 나라에는 더 많을 것이다). 여러분 자신은 내향적이지 않을지 몰라도, 그런 자녀나 부하가 있거나, 그런 배우자나 애인이 있을 것이다.

이런 통계가 놀랍다면 그것은 아마도 외향적인 척하는 사람이 그만큼 많기 때문이리라. 가면 쓴 내향인은 운동장에서도, 고등학교 로커룸에서도, 월 스트리트에서도 들키지 않고 지낼 수 있다. 어떤 사람은 심지어 자신까지 속이다가 뭔가 사건(예를 들어 해고를 당하거나, 자녀가 떠나고 집이 휑해진다거나, 유산을 물려받아 자기가 원하는 대로 시간을 쓸 수 있게 된다거나)이 일어난 뒤에야 퍼뜩 자신의 참된 성향을 재고해 보게 된다. 친구들이나 지인들과 함께 있을 때 이 책의 주제에 대해 이야기를 꺼내면, 전혀 뜻밖의 사람들이 스스로 내향적이라고 여긴다는 점을 발견하게 될 것이다.

수많은 내향적인 사람들이 자신마저 속이는 것도 납득이 간다. 내가 '외향성 이상'이라 이름 붙인 신념 체계에 따라 우리는 살고 있다. 이상적인 자아란, 사교적이고 지배적이며 스포트라이트에 익숙한 외향적인 존재일 거라고 생각하는 만연한 믿음이다. 전형적인 외향인은 숙고보다는 행동을, 의심보다는 확신을 좋아하고, 조심하기보다는 위험을 무릅쓴다. 틀릴 위험이 있을 때조차 빠른 판단을 선호한다. 팀으로 일할 때 능률이 높아지고 다수의 사람들과 어울린다. 타인의 개성을 최대한 존중할 줄 안다고 자부하지만, 막상 알고 보면 한 가지 유형만 찬양한다. 자신을 남들에게 드러내는 데 익숙한 유형 말이다. 물론 차고에 회사를 차린 기술적으로 재능 있는 사람들이라면 성격이 어떻든 상관하지 않지만, 그것은 드문 예외일 뿐 일반적인 사례가 아니며, 그런 사람을 용인하는 마음도 어마어마하게 부유하거나 그럴 만한 가능성이 있는 사람에게만 허락한다.

내향성은 (그 친척뻘인 섬세함, 진지함, 수줍음과 함께) 이류로 여겨지고 있는 성격 특성으로, 실망스러운 일 아니면 병적인 것 사이의 어딘가에 있다. '외향성 이상'을 떠받드는 세상에서 살아가는 내향적인 사람은 남자들의 세상에 사는 여자처럼, 정체성의 핵심을 이루는 특성 때문에 무시당한다. 외향성은 대단히 매력적인 성격 유형이지만, 오늘날 우리는 이것을 반드시 동조하지 않으면 안 되는 억압적인 기준으로 변질시키고 말았다.

'외향성 이상'은 수많은 연구에서 다뤄온 주제로, 그 연구들은 각기 다른 용어를 통해 실시되었다. 일례로, 수다스러운 사람들은 더 똑똑하고, 잘생기고, 재미있고, 바람직한 친구로 평가된다. 말 speech의 양도 중요하지만 속도도 문제다. 우리는 빨리 말하는 사람이 느리게 말하는 사람보다 능력 있고 호감 간다고 여긴다. 같은 논리가 집단에도 적용되는데, 연구에 따르면 입심이 좋은 사람들은 과묵한 사람들에 비해 똑똑하게 보인다. 잡담 능력과 좋은 아이디어는 아무런 연관이 없는데도 말이다. '내향적'이라는 단어는 아예 부정적인 이미지로 낙인이 찍혔다. 로리 헬고Laurie Helgoe라는 심리학자가 실시한 비공식 연구에서, 내향적인 사람들은 자신의 외모가 '이국적', '청록색 눈', '광대뼈가 도드라진' 등의 생생한 언어로 묘사했지만, 일반적으로 내향적인 사람을 묘사해 보라는 요청에는 '볼품없다', '무채색', '피부 문제가 있다' 등의 밋밋하고 혐오스러운 표현을 썼다.

하지만 '외향성 이상'을 이렇게 무비판적으로 수용하는 일은 중대한 실수다. 인류의 가장 위대한 사상, 예술, 발명품 중 진화론과 반 고흐의 〈해바라기〉에서 퍼스널 컴퓨터에 이르기까지 수많은 것들이 조용하고 이지적인 사람들에게서 탄생했다. 이들은 자신의 내면세계에 접속하여 그곳에서 보물을 찾아낼 줄 아는 사람

들이었다. 내향적인 사람이 없었다면, 세상에 다음과 같은 것들은
없었을 것이다.

중력의 법칙

상대성의 법칙

윌리엄 버틀러 예이츠의 『재림』

쇼팽의 〈녹턴〉

마르셀 프루스트의 『잃어버린 시간을 찾아서』

피터팬

조지 오웰의 『1984』와 『동물농장』

닥터 수스의 『모자 속 고양이』

찰리 브라운

〈쉰들러 리스트〉, 〈E.T.〉, 〈미지와의 조우〉

구글

해리 포터*

과학 저널리스트 위니프리드 갤러거Winifred Gallagher도 이렇게 썼
다. "자극이 들어왔을 때 무작정 달려들기보다 차분히 생각하는
기질은 오랜 세월 지적·예술적 성취와 궤를 함께하며 영광을 누
렸다. E =mc²도, 『실낙원』도 파티를 좋아하는 인간들이 휘갈기듯

---

* 아이작 뉴턴 경, 알버트 아인슈타인, 윌리엄 버틀러 예이츠, 프레데리크 쇼팽, 마르셀 프루스트, 제임스 매
슈 배리, 조지 오웰, 시어도어 수스 가이젤(닥터 수스), 찰스 슐츠, 스티븐 스필버그, 래리 페이지, J.K. 롤링.

써내려간 것이 아니다." 재무나 정치, 활동가처럼 내향적인 성향이 적은 일에서조차 몇몇 위대한 도약을 이뤄낸 주인공들은 내향적인 사람들이었다. 이 책에서 우리는 엘리너 루스벨트, 앨 고어, 워런 버핏, 간디, 로자 파크스와 같은 인물들이 내향성에도 '불구하고'가 아니라 내향성 '덕분에' 특정한 일을 달성했다는 점을 살펴볼 것이다.

하지만 앞으로 풀어낼 이야기에서 볼 수 있듯, 요즘은 일상에 가장 중요한 단체 중 상당수가 집단 프로젝트와 강력한 자극을 즐기는 사람들에 맞게 만들어졌다. 아이들의 경우, 교실의 책상이 점점 둥글게 배치되고 있는데 이는 그룹 학습을 장려하기 위한 것이다. 연구에 따르면 대다수의 교사들도 외향적인 학생을 이상적이라고 여긴다 했다. 요즘 텔레비전에 나오는 주인공들은 '옆집 사는 아이들', 그러니까 왕년의 신디 브래디Cindy Brady(1970년대에 방영되던 시트콤 〈브래디 번치The Brady Bunch〉에서 브래디 가의 막내딸. 단순하지만 조숙한 아이−옮긴이)나 비버 클리버Beaver Cleaver(1950년대에 방영되던 시트콤 〈비버는 해결사Leave It to Beaver〉의 주인공. 일곱 살 난 남자아이로, 단순하고 호기심이 많은 아이−옮긴이) 같은 인물이 아니라, 해나 몬태나Hannah Montana(2006년에 디즈니 채널에서 방영된 〈해나 몬태나〉의 주인공. 낮에는 평범한 여학생인 마일리 스튜어트로서 생활하고, 밤에는 유명한 팝 스타인 해나 몬태나로 생활하면서 자신의 신분을 가까운 가족 외에는 알리지 않는 소녀가 주인공−옮긴이)나 〈아이칼리iCarly〉의 칼리 셰이Carly Shay(어린이 시트콤 〈아이칼리〉의 여주인공. 친절하고, 털털하고, 친구들에게 잘해주는 성격-옮긴이)처럼 과장된 성격의 록스타나 인터넷 방송 호스트들이다. 심지어 미국공영방송망PBS에서 협찬을 받아 미취학 아동의 역할 모델로 만든 〈과학소년 시드Sid the Science Kid〉도 날마다 학교 생활을 친구들과 춤추는 것으로 시작한다("내 동작 어때! 록스타 나가신다!").

성인이 되면 팀으로 일해야 한다고 고집하는 조직에서, 벽 없는 사무실에서, 무엇보다 '대인기술'을 중시하는 상사와 함께 일하기 십상이다. 승진하려면 뻔뻔할 정도로 자신을 드러내야 한다. 연구 자금을 받아내는 과학자들은 자신감 있는, 아니 어쩌면 자신감 넘치는 사람들이다. 근대미술 박물관 벽에 작품을 걸어둔 예술가들은 갤러리 개장식에서 인상적인 자세를 취하는 이들이다. 책을 출간하는 데 성공한 저자들은 한때 은둔한 족속으로 받아들여졌지만 이제는 홍보담당자들에게 토크쇼에 나갈 준비가 된 사람들인지 점검받아야 한다(내가 책을 홍보하기에 충분할 정도로 외향적인 사람 행세를 잘한다고 출판사를 설득하지 못했다면 독자는 지금 이 책을 읽지 못했을 것이다).

여러분이 내향적인 사람이라면, 조용한 성격에 대한 선입견이 깊은 정신적 고통을 남기기도 한다는 점을 알 것이다. 어린아이였을 때, 여러분의 부모가 수줍음 많은 당신을 대신해 사과하던 것을 엿들었을 수도 있으리라(내가 인터뷰했던 한 남자의 부모는 케네디가 대통령으로 있던 시기에 푹 빠져서 그에게 끊임없이 "대체 왜 케네디 가문 남자들처럼 될 수 없는 거냐?"라고 말했다고 한다). 아니면 학교에서, "껍질 밖으로 나오라"고 재촉을 받았을지도 모른다. 이것은 어떤 동물들이 어디를 가든지 집을 이고 다니듯이 어떤 사람들도 그와 똑같다는 점을 이해하지 못하는 해로운 표현이다. '내향적인 사람들을 위한 은신처'라는 이름의 이메일 리스트의 한 멤버는 이렇게 썼다. "어린 시절에 들은 얘기들은 아직도 내 귓가에 울린다. 게으르고, 멍청하고, 느려터지고, 재미없다는 말들. 나이가 들어 내가 그저 내향적일 뿐이라는 점을 알게 되었을 때, 내가 본질적으로 어딘가 잘못되었다는 가정은 이미 내 일부가 되어버렸다. 그 자그마한 의심의 쪼가리를 찾아내서 지워버릴 수만 있다면."

어른이 된 지금도, 좋은 책을 읽고 싶은 마음에 저녁 초대를 거절했지만 죄책감을 느낄지 모른다. 아니면 음식점에서 혼자 밥을 먹으면서 여유를 찾으려 할 때 옆 테이블 사람들의 딱하다는 듯한 시선은 더 이상 받고 싶지 않을지도 모른다. 아니면 흔히 조용하고 이지적인 사람들이 듣는 "너무 생각이 많아"라는 말을 들을지도 모른다. 물론, 그런 사람들을 가리키는 또 다른 단어도 있다. 사색가.

상냥하면서도 강인한 그들만의 방식

나는 내향적인 사람들이 자신의 재능을 제대로 파악하기가 얼마나 어려운지, 하지만 그들이 마침내 자신의 잠재력을 발견하게 되면 얼마나 큰 힘을 발휘해내는지 두 눈으로 직접 지켜보았다.

나는 10년 이상 법인 고문변호사, 대학생, 헤지펀드 매니저, 결혼한 부부 등 온갖 사람들에게 협상 기법을 훈련시켰다. 물론 우리는 협상을 어떻게 준비하는지, 언제 첫 제안을 해야 하는지, 만일 상대가 "하든지 말든지"라고 말하면 어떻게 해야 하는지 등의 기초부터 다뤘다. 하지만 그 외에도 나는 고객들이 자신의 타고난 성격을 파악해 자신의 기질을 최대한 활용하도록 도움을 주었다.

내 첫 고객은 '로라'라는 젊은 여성이었다. 월 스트리트의 변호사였지만, 스포트라이트를 무서워하고 공격을 싫어하는, 조용한 공상가였다. 겨우겨우 하버드대학교 법대라는 고비를 통과하기는 했다. 검투사들의 원형극장 같은 거대한 공간에서 수업이 진행되었는데, 한번은 너무 긴장한 나머지 수업하러 가는 길에 토하기도 했다. 졸업 후 현실 세계로 발을 내딛고 나니, 로라는 어떻게 의뢰인의 기대에 부응해서 그들을 강력하게 대변해야 좋을지 막막했다.

처음 3년간 로라는 아직 신참이라 실제로 이 문제에 부딪힐 일이 없었다. 하지만 어느 날 함께 일하던 고참 변호사가 휴가를 떠나면서 중요한 협상을 로라에게 맡겼다. 의뢰인은 남부의 한 제조회사였는데, 은행 대출을 체납한 상태여서 계약을 재협상하려 했다. 협상 테이블 반대편에는 대출을 시행한 은행 연합이 앉아 있었다. 로라는 테이블 아래에 숨고 싶었지만, 그런 충동과 싸우는 데는 이미 익숙했다. 로라는 긴장했지만 투지를 끌어내며 가운데 자리를 차지했고, 양옆으로 의뢰인들이 앉았다. 한쪽에는 법무 자문위원이, 한쪽에는 재무 책임자가 앉았다. 우연히도 이들은 로라가 좋아하는 의뢰인들이었다. 우아하고 상냥하며, 자기가 온 우주의 조물주라도 되는 양 행동하는 일반적인 의뢰인들과는 무척 달랐다. 과거에 로라는 그 자문위원과 함께 뉴욕 양키스 팀의 경기에 간 적이 있고, 재무 책임자와는 여동생 핸드백을 사느라 함께 쇼핑한 적이 있었다. 하지만 지금은 로라가 딱 좋아하는 사교 방식인 아늑한 야유회는 딴 나라 이야기가 되어버렸다.

테이블 맞은편에는 정장 차림에 값비싼 신발을 신은 불만스러운 표정의 투자은행가들이 앉아 있었고, 그 옆에는 친근한 태도의 사각턱 여성 변호사가 버티고 있었다. 자기를 의심하는 일은 한 번도 해본 적 없을 것 같은 이 여성은 로라의 의뢰인들이 은행가들의 계약을 그저 받아들이기만 하면 되니 얼마나 행운인지를 인상적으로 설명했다. 말인즉, 매우 관대한 제안이라는 얘기였다.

모두들 로라가 대답하기를 기다렸지만, 로라는 할 말이 도무지 생각나지 않았다. 그래서 눈만 깜빡이며 그저 가만히 앉아 있었다. 모두의 눈길이 그녀에게 향했다. 의뢰인들은 의자에서 불편한 듯 몸을 뒤척였다. 로라의 머리는 익숙한 패턴을 따라가고 있었다. '난 이런 일에는 안 맞아! 난 너무 조용하고, 이지적이며, 꾸미는 걸 싫어한다고.' 로라는 이런 궁지를 모면하게 해줄 만한 사람을 떠올려보았다. 대담하고, 능수능란하며, 테이블을 '쿵' 하고 내려칠 준비가 되어 있는 사람. 그런 사람이라면 로라와 달리, 중학교 때 7학년 학생으로서는 최대의 찬사인 '외향적'이라는 말을 들었을 터였다. 그것은 여자애에게 '예쁘다'는 말보다, 남자애에게 '운동을 잘한다'는 말보다 더한 찬사였다. 로라는 오늘만 이겨내면 된다고 자신을 달랬다. 내일은 다른 일을 찾아볼 것이었다.

그때 로라의 머릿속에는 내가 반복해서 말해줬던 내용이 떠올랐다. 그녀가 내향적인 사람이며, 따라서 협상에서 매우 독특한 힘을 쓸 수 있다는 말이었다. 눈에는 덜 띌지 모르지만 결코 무시할 수 없는 힘이 있다는 얘기였다. 로라는 아마 다른 누구보다 더 많이 준비했을 터였다. 조용하기는 했지만 단호하게 말하는 편이었다. 생각 없이 말을 내뱉는 일도 거의 없었다. 온화한 성격이었지만, 로라는 아주 합리적으로 비치면서도 동시에 강력하고 심지어 공격적인 입장도 취할 수 있었다. 그리고 로라는 실제로 질문을 쏟아붓고 난 후에 상대의 답변에 귀를 기울이는 성향이 있었는데, 이는 어떤 성격이든 간에 협상에서 핵심적인 자질이었다. 그래서 로라는 마침내 자연스럽게 마음이 가는 대로 행동하기 시작했다. 로라는 먼저 이렇게 물었다.

"한 걸음 물러나보죠. 그 숫자들은 무엇을 토대로 한 것인가요?"

"대출을 이런 식으로 바꾼다면 어떨까요?"

"이런 식으로 하면요?"

"그럼 이렇게 하는 것은 어떤가요?"

처음에는 질문도 시험 삼아 던진 것이었다. 시간이 흐르면서 차츰 분발하게 되자 로라는 더 강력한 질문을 던지며, 자신이 조사를 철저히 했고 사실들을 그냥 넘기지 않으리라는 점을 확실히 했다. 하지만 그러면서도 자신의 스타일을 고수하며 언성을 높이거나 예의를 잃지는 않았다. 은행가들이 한 발자국도 물러설 기세를 보이지 않고 주장을 펼칠 때마다 로라는 건설적으로 대응하려 했다.

"정말 그것밖에는 방법이 없다는 말씀이신가요? 다른 접근 방법은 없을까요?"

결국 로라의 단순한 질문들 덕분에 회의장 분위기가 바뀌었고, 이는 바로 협상 교과서에 나오는 얘기대로였다. 은행가들은 일장연설을 하며 군림하려는 태도(로라가 보기에 이런 방법은 어처구니없이 부적절했다)를 버리고, 진정으로 대화하기 시작했다.

논의가 더 이어졌지만, 합의는 아직 멀었다. 한 은행가가 다시 열을 올리며 서류를 내동댕이치더니 쿵쾅거리며 방에서 나가버렸다. 로라는 그저 어찌해야 좋을지 몰라 무시해버렸다. 나중에 누군가에게 듣고 보니, 그 결정적인 순간에 로라는 소위 '협상 유술(柔術, 상대를 제어하는 무술이라는 의미)'이라 불리는 경기를 제대로 치르고 있었던 것이다. 하지만 로라는 떠버리들의 세상에서 조용한 사람이 자연스럽게 터득하는 행동방침에 따른 것에 불과했다.

드디어 양쪽이 합의에 도달했다. 은행가들은 건물에서 나갔고, 로라가 좋아하던 의뢰인들은 공항으로 향했으며, 로라는 집으로 가서 책에 파묻혀 그날 쌓인 긴장을 털어내려 했다.

하지만 다음 날 아침, 은행가들의 편에 있던 사각턱의 활기찬 여성 변호사가 전화를 걸더니 로라에게 일자리를 제안했다. "그렇게 상냥하면서도 동시에 강인한 사람은 처음 봤어요." 그리고 그다음 날, 은행가 대표가 로라에게 전화해서 다음에는 로라의 법률회사에서 자기 회사 일을 맡아줄 수 있겠느냐고 물었다. "자존심 때문에 일을 그르치지 않고 계약을 성사시켜줄 수 있는 사람이 필요해요."

로라는 부드럽게 일을 처리하려는 자신의 방식을 고수함으로써 회사에 새로운 일감을 따내고, 자신은 새로운 일자리를 제안받았다. 언성을 높이고 책상을 내려칠 필요는 없었다.

이제 로라는 내향성이 자기 존재의 근본적인 일부라는 점을 이해하며, 자신의 사색적인 성향을 받아들였다. 머릿속에서 너무 조용하고 지나치게 꾸밈이 없다고 떠들어대던 목소리도 이제는 자주 안 들린다. 로라는 필요하다면 자신도 자기 입장을 고수할 수 있다는 점을 알고 있다.

내향성, 외향성에 대한 심리학적 정의들

로라가 '내향적'이라는 말은 정확히 어떤 뜻일까? 이 책을 쓰기 시작할 때 내가 가장 먼저 발견하고 싶었던 점은 연구자들이 내향성과 외향성을 어떻게 정의하느냐는 것이었다. 1921년 영향력 있는 심리학자 칼 융Carl G. Jung은 『심리 유형Psychological Types』이라는 충격적인 책을 출간했다. 융은 그 책에서 인간성의 중심이 되는 구성요소로 '내향적인 사람'과 '외향적인 사람'이라는 용어를 널리 소개했다. 내향적인 사람은 생각과 느낌이라는 내면세계에 끌리고, 외향적인 사람은 사람과 활동이라는 외부세계에 끌린다고 칼 융은 말했다. 내향적인 사람은 주위에서 소용돌이치듯 일어나는 사건들의 의미에 집중하는 반면, 외향적인 사람은 사건 자체에 빠져든다. 내향적인 사람은 혼자 지낼 때 배터리를 충전하지만, 외향적인 사람은 어울리면서 충전한다. 칼 융의 생각을 기반으로 만들었고, 포춘 100대 기업과 대다수의 대학에서 적용하고 있는 마이어브릭스 성격 검사MBTI를 해본 적이 있다면, 이런 개념들에 이미 익숙할 것이다.

하지만 현대의 연구자들은 뭐라고 할까? 나는 곧 어디에나 맞는 내향성·외향성의 정의는 없다는 점을 발견했다. 그것은 '곱슬머리'나 '열여섯 살'처럼 거기에 해당되는 사람이 누군지 모두 동의할 수 있는 단일한 범주가 아니다. 성격 유형을 크게 다섯 가지로 분류할 수 있다고 주장하는 '5대 요인Big Five' 성격심리학의 신봉자들은 내향성을 풍성한 내면세계와 관련지어 정의하지 않고, '자기주장성'이나 '사교성' 같은 자질이 부족하다는 식으로 정의한다. 성격심리학자의 수만큼 내향성과 외향성의 정의도 다양하고, 이 학자들은 어떤 의미가 더 정확한지 다투느라 여념이 없다. 어떤 이는 융의 생각이 구닥다리라고 생각하고, 어떤 이는 오직 융만 제대로 파악했다고 주장한다.

그래도 오늘날의 심리학자들이 동의하는 몇 가지 중요한 지점은 있다. 예를 들어, 내향적인 사람과 외향적인 사람은 제대로 기능하기 위해 필요한 외부 자극의 수준이 다르다. 내향적인 사람은 훨씬 적은 자극, 그러니까 가까운 친구와 와인을 한잔하거나, 가로세로 낱말 맞추기를 풀거나, 책을 읽는 정도가 '딱 맞다'고 느낀다. 반면 외향적인 사람은 새로운 사람을 만나고, 가파른 슬로프에서 스키를 타며, 오디오 볼륨을 높여서 음악을 듣는 등 좀 더 강력한 자극을 즐긴다. 데이비드 윈터David Winter라는 성격심리학자는, 왜 전형적인 내향성의 사람이 유람선에서 파티를 여느니 해변에서 책을 읽으며 휴가를 보내고 싶어 하는지 설명했다. "타인이라는 존재는 매우 강한 자극이다. 위협, 두려움, 도주, 사랑을 불러일으킨다. 사람 100명은 책 100권이나 모래알 100개와 비교하면 매우 자극적이다."

심리학자들은 내향적인 사람과 외향적인 사람이 일을 처리하는 방식이 다르다는 점에도 동의한다. 외향적인 사람은 맡은 바임무를 재빠르게 수행하는 경향을 보인다. 그들은 결정을 빨리(때로는 무모하게) 내리고, 동시에 여러 가지 일을 하고 위험을 감수하는 데 익숙하다. 돈과 지위 같은 보상을 차지하려고 달려가는 것을 즐긴다. 내향적인 사람들은 좀 더 느리고 신중하게 일한다. 한 번에 한 가지만 집중하기를 좋아하고 집중력도 대단히 좋은 편이다. 부와 명예 같은 떡밥에는 잘 넘어가지 않는다.

성격은 우리의 사교 스타일에도 영향을 미친다. 외향적인 사람은 저녁 식사 모임을 활기차게 만들어주고 남들의 농담에도 기껍게 웃는다. 자신감 있고, 지배하려 들고, 사람들과 함께 있기를 매우 좋아한다. 이들은 생각나는 대로 말해버린다. 듣기보다는 말하기를 좋아하고, 할 말이 없어서 어쩔 줄 모르는 경우가 거의 없으며, 결코 말하려고 하지 않은 얘기까지 불쑥 내뱉어버릴 때가 있다. 갈등은 괜찮지만 고독은 힘들어한다.

반면 내향적인 사람은 사교술도 뛰어나고 파티와 사업 미팅을 즐길 수도 있지만, 잠시 지나고 나면 집에서 파자마 차림으로 있으면 좋겠다고 생각한다. 이들은 가까운 친구, 가까운 동료, 가족에게 에너지를 집중하는 쪽을 좋아한다. 말하기보다는 듣고, 말하기 전에 생각하고, 말보다는 글로 자신을 표현하는 쪽이 낫다고 느낄 때가 많다. 갈등을 싫어하는 편이다. 수다는 두려워하지만, 깊이 있는 논의는 즐긴다.

내향성에 해당하지 않는 몇 가지가 있다. '내향성'이라는 낱말은 은둔자나 인간 혐오자와 동의어가 아니다. 내향적인 사람이 실제로 그럴 수는 있지만, 대다수는 매우 친근하다. 영어에서 가장 인간적인 구문이라 할 수 있는 "오직 연결하라Only connect!"는 뚜렷하게 내향적이었던 E. M. 포스터가 '어떻게 지고의 사랑에 도달할 수 있을까' 하는 의문을 풀어낸 소설에 쓴 문구였다.

내향적인 사람이라고 반드시 수줍음이 많은 것도 아니다. 수줍음은 사람들에게 인정받지 못하거나 창피를 당할까봐 걱정하는 것인데, 내향성은 자극이 과하지 않은 환경을 좋아하는 성향이다. 수줍음은 본질적으로 고통스럽지만, 내향성은 그렇지 않다. 사람들이 둘을 혼동하는 한 가지 이유는 때때로 둘이 겹치기 때문이다. 심리학자들은 어느 정도나 겹치는지를 놓고 논쟁했다. 어떤 심리학자는 두 가지 성향을 수직선과 수평선에 놓고서 내향성-외향성을 수평선으로 삼고 불안-안정을 수직선으로 삼아 설명하기도 한다. 이 모형으로는 각 사분면에 해당하는 네 가지 성격 유형이 나온다. 차분하고 외향적인 사람, 걱정 많고(충동적이고) 외향적인 사람, 차분하고 내향적인 사람, 걱정 많고 내향적인 사람. 다시 말해 바브라 스트라이샌드처럼 과장된 성격이지만 무대공포증에 마비가 되어버리는 수줍음 많은 외향인도 있다. 혹은 빌 게이츠처럼 아무리 봐도 조용히 지내기를 좋아하지만 타인의 의견에 동요하지 않는, 수줍어하지 않는 내향인도 있다.

물론 수줍음도 많고 동시에 내향적일 수도 있다. 「황무지」라는 시에서 "한 줌의 모래알 속에서 공포를 보여줄 수 있다"고 한 T. S. 엘리엇Eliot은 은밀히 지내기를 좋아하기로 유명했다. 수줍어하는 사람들은 내면으로 파고들기 쉬운데, 부분적으로는 걱정을 유발하는 사교 장소를 피해 숨고 싶기 때문이다. 그리고 내향적인 사람들 중에 수줍어하는 사람이 많은 것은, 한편으로는 그들이 사색을 좋아하는 성향이 뭔가 잘못되었다는 메시지를 받았기 때문이기도 하고, 다른 한편으로는 생리적으로 자극이 강한 환경을 못 견디기 때문이기도 하다.

하지만 여러 차이에도 불구하고, 수줍어하는 성향과 내향성은 중요한 면을 공유한다. 수줍음 많은 외향적인 사람이 한 사업 미팅에서 조용히 앉아 있을 때의 정신 상태는 차분하면서 내향적인 사람의 정신 상태와는 크게 다르다. 수줍음 많은 사람은 나서서 말하기가 두려운 반면, 내향적인 사람에게는 단지 자극이 강할 뿐이다. 하지만 겉으로 보기에 두 사람은 같다.

이것을 보면 우리가 지배 성향을 추앙하느라 다른 좋고 똑똑하고 슬기로운 것들을 놓치고 있다는 점을 알 수 있다. 수줍어하는 사람과 내향적인 사람은 보이지 않는 곳에서 서로 아주 다른 이유로 발명하기, 연구하기, 중병환자의 손 잡아주기, 또는 조용하고 능숙하게 리더로서의 역할 수행하기와 같은 일을 할 수 있다. 이것들은 우두머리 역할이 아니지만, 이런 일을 하는 사람들은 여전히 역할 모델이 된다.

내향성-외향성 자가 진단

아직 자신이 내향성-외향성 스펙트럼에서 어디에 있는지 잘 모르겠다면, 여기서 평가해 보자. 다음 질문을 보고 대체로 자신에게 해당한다면 'Y'로 아니면 'N'으로 표시해 보자.*

1. ___ 나는 단체 활동보다는 일대일 대화가 좋다.

2. ___ 나는 글로 자신을 표현하는 게 좋을 때가 많다.

---

* 이것은 비공식 테스트지 과학적으로 검증된 성격 테스트가 아니다. 질문들은 현대 연구자들이 대체로 받아들이는 내향성의 특징을 기준으로 작성되었다.

3. ___ 나는 혼자 있는 게 좋다.

4. ___ 나는 동년배들보다 부나 명예나 지위에 덜 신경 쓰는 것 같다.

5. ___ 나는 잡담은 싫어하지만 내게 중요한 문제를 깊이 논의하는 것은 좋아한다.

6. ___ 사람들이 나더러 "잘 들어준다"고 말한다.

7. ___ 나는 위험을 무릅쓰는 일은 그다지 좋아하지 않는다.

8. ___ 나는 방해받지 않고 깊이 몰두할 수 있는 일을 즐긴다.

9. ___ 나는 생일날 친한 친구 한두 명이나 가족과 소박하게 지내는 게 좋다.

10. ___ 사람들이 나더러 "상냥하다"거나 "온화하다"고 한다.

11. ___ 나는 일이 끝날 때까지는 사람들에게 내 작업을 보여주거나 그것을 논의하지 않고 싶다.

12. ___ 나는 갈등을 싫어한다.

13. ___ 나는 스스로 최선을 다해 일한다.

14. ___ 나는 먼저 생각하고 말하는 편이다.

15. ___ 나는 밖에 나가 돌아다니고 나면, 즐거운 시간을 보냈더라도 기운이 빠진다.

16. ___ 나는 전화를 받지 않고 음성사서함으로 넘어가게 내버려둘 때가 종종 있다.

17. ___ 꼭 선택해야 한다면, 나는 일정이 꽉 찬 주말보다는 전혀 할 일이 없는 주말을 선택하겠다.

18. ___ 나는 한꺼번에 여러 가지를 하는 걸 좋아하지 않는다.

19. ___ 나는 쉽게 집중할 수 있다.

20. ___ 수업을 들을 때는 토론식 세미나보다는 강의가 좋다.

'Y'라고 쓴 항목이 많을수록 더 내향적일 확률이 높다. 'Y'와 'N'이 거의 반반씩 나왔다면, 아마도 양향적인 성격일 것이다. 실제로 그런 말이 있다.

하지만 모든 질문에 전부 내향적인 사람처럼 답하거나 반대로 외향적인 사람처럼 답했다 하더라도, 어느 상황에서나 그 사람의 행동을 예측할 수 있다는 뜻은 아니다. 내향적인 사람이라고 다 책벌레라 할 수도 없고, 외향적인 사람이라고 다 술이 곤드레만드레 취해 전등갓을 모자로 착각하지도 않는다. 여자라고 다 합의를 잘 끌어내라는 법이 없고, 남자라고 다 신체 접촉이 많은 스포츠를 즐기지는 않는 것과 마찬가지다. 융이 절묘하게 표현했듯이, "순전히 외향적인 사람이나 순전히 내향적인 사람은 없다. 그런 사람은 정신병동에 들어가 있을 것이다."

한편으로 이것은 우리가 모두 대단히 복잡한 개체이기 때문이기도 하지만, 또 한편으로는 외향성과 내향성이 매우 다양하기 때문이기도 하다. 내향성과 외향성은 각자의 성격 특성과 개인사와 상호작용하면서 극도로 다른 인간들을 만들어낸다. 그래서 여러분이 만약 예술적인 미국인 남자인데 아버지가 여러분에게 다른 '거친' 형제들처럼 축구팀에 들어가기를 바라는 상황이라면, 부모님이 등대지기를 하고 있는 핀란드인 여성 사업가와는 전혀 다른 내향적인 사람이 될 것이다(핀란드는 내향적인 국가로 유명하다. 핀란드에는 이런 농담이 있다. 핀란드인이 당신을 좋아하는지 알 수 있는 방법은? 자기 신발이 아니라 당신의 신발을 보고 있으면 좋아하는 것).

내향적인 사람들은 또 매우 섬세한데 이것은 시적으로 들리지만 실제로는 심리학 용어다. 여러분이 섬세한 편이라면, 보통 사람보다 베토벤의 「월광 소나타」나 우아한 시구, 지극히 친절한 행동에 유쾌한 감동을 느끼기 쉽다. 다른 이들보다 폭력이나 추악함에 더 쉽게 욕지기가 날 수도 있고, 양심을 매우 중시할 확률이 높다. 어릴 적에는 아마도 '수줍어한다'는 말을 들었을 테고 오늘날까지도 강연을 해야 한다거나 첫 데이트에 나간다거나 하는 등 평가를 받는 자리에 서면 긴장할 것이다. 우리는 책의 뒷부분에서 왜 겉보기에 서로 무관한 특성들이 한 사람에게 속하는지, 또 왜 이런 사람이 내향적이기 쉬운지 알아볼 것이다(내향적인 사람 중 얼마나 많은 비율이 섬세한지는 아무도 모르지만, 섬세한 사람들의 70퍼센트가 내향적이라는 점과 나머지 30퍼센트도 아무것도 하지 않는 '휴식 시간'이 많이 필요하다고 느낀다는 점은 알고 있다).

이런 복잡성을 감안하면 이 책의 모든 부분이 여러분에게 해당하지는 않을 것이다. 비록 여러분이 진짜배기 내향적이라고 하더라도 말이다. 우선 우리는 수줍음과 섬세함에 관해 일정 부분 얘기를 해나갈 텐데, 여러분에게는 양쪽 모두 해당하지 않을 수도 있다. 그래도 괜찮다.

자신에게 해당하는 부분은 받아들이고, 나머지는 타인과 관계를 개선하는 데 활용하자.

그렇다 하더라도 이 책에서는 정의에 너무 매달리지 않을 것이다. 엄격한 정의는 내향성이 어디에서 멈추고 수줍음 같은 다른 특성이 어디에서 시작되는지 정확한 지점을 알아내야 하는 연구자들에게는 핵심이다. 하지만 이 책에서 우리는 그런 연구의 결실에 좀 더 집중할 예정이다.

오늘날의 심리학자들은 뇌 스캔 장비를 동원한 신경과학의 도움으로, 우리가 세상과 자신을 바라보는 방식에 눈부신 통찰을 가져다주었다. 이들은 이런 질문에 답해준다. 왜 어떤 사람은 수다스러운데 어떤 사람은 말을 삼갈까? 왜 어떤 사람은 일에 파묻히는데 어떤 사람은 사무실 직원들과 생일파티를 준비할까? 왜 어떤 사람은 권력을 쓰는 데 익숙한데 어떤 사람은 지도자가 되기도 싫고 끌려가기도 싫어할까? 내향적인 사람도 지도자가 될 수 있을까? 외향성을 선호하는 우리 문화는 자연적인 것일까, 아니면 사회적인 것일까? 진화론의 관점에서 내향성이 하나의 성격 특성으로서 살아남은 이유가 반드시 있었을 것이다. 그 이유는 무엇일까? 여러분이 내향적이라면, 자연스럽게 끌리는 활동에 에너지를 쏟아야 할까, 아니면 로라가 협상 테이블에서 했듯이 무리를 해야 할까?

이 질문의 답을 알면 놀랄지도 모른다.

하지만 여러분이 이 책에서 가져갈 수 있는 오직 한 가지 통찰이 있다면, 나는 그것이 '자기 모습을 그대로 받아들여도 된다'는 느낌이라면 좋겠다. 장담하건대 그런 관점은 우리 인생을 바꾸어 놓을 수 있다. 내가 처음 말했던 고객의 이야기를 기억하는가? 정체를 숨기기 위해 로라라고 불렀던 사람의 이야기 말이다.

그것은 내 이야기였다. 나의 첫 고객은 나였다.

part 1

외향성이
롤모델인 세상

chapter 1

무지 호감 가는 친구

어떻게 외향성이 우리 문화의 이상으로 자리 잡았을까?

> 낯선 이의 날카롭고 비판적인 눈길.
> 당신은 자랑스럽게, 자신감 있게, 두려움 없이
> 그것을 마주 대할 수 있는가?
> – 1922년 우드베리 비누 인쇄광고

1902년, 미주리주 캔자스시티에서 100마일(약 161킬로미터) 떨어진, 지도에 보일까 말까 한 자그마한 마을의 하모니 교회에 온순하지만 자신감 없는 고등학생 데일. 비쩍 마르고 운동신경도 없는 데일은 늘 파산 상태인 돼지 키우는 농부의 아들이다. 데일은 부모님을 존경하지만 가난에 찌든 삶의 전철을 밟기는 너무나 싫어했다. 게다가 데일에게는 다른 걱정도 있었다. 천둥과 번개, 지옥에 가는 것, 중요한 순간에 혀가 굳어버리는 것. 심지어 결혼식 날도 두려워했다. 미래의 아내에게 무슨 말을 해야 좋을지 생각이 안 나서다.

그러던 어느 날 셔터쿼Chautauqua 연사가 마을에 왔다. 1873년에 뉴욕 북부를 중심으로 시작된 셔터쿼 운동은 빼어난 연설가들을 방방곡곡에 보내 문학, 과학, 종교에 관해 강연하도록 했다. 시골 사람들은 이들이 바깥세상에서 가져오는 화려한 분위기 때문에 이들을 귀한 손님으로 여겼다. 이날의 연사는 무일푼에서 부자가 된 자신의 이야기를 들려주며 젊은 데일의 마음을 매혹했다. 한때는 그도 앞날이 캄캄하고 초라한 농장 소년에 불과했지만 카리스마 넘치는 화법을 개발하여 셔터쿼에서 자리를 얻었다고 했다. 데일은 그의 말을 한 마디도 놓치지 않았다.

몇 년 뒤 데일은 또다시 대중 연설의 가치에 감동받았다. 데일이 방세나 기숙사 비용을 내지 않고 대학에 다닐 수 있도록 그의 가족은 미주리주 워렌스버그에서 3마일(약 5킬로미터) 떨어진 농장으로 이사했다. 그곳에서 데일은, 웅변대회에서 우승한 학생들이 지도자가 될 수 있다는 점을 발견하고, 자기도 그런 사람이 되겠다고 다짐했다. 그렇게 데일은 대회마다 참가했고, 밤마다 집에서 연습했지만 계속 실패를 했다. 데일은 끈기는 있지만 뛰어난 웅변가는 아니었다. 하지만 그의 노력이 결실을 맺기 시작했다. 데일은 웅변 챔피언이자 학교의 영웅으로 거듭났다. 다른 학생들이 데일에게 웅변 레슨을 받게 해달라고 했고, 데일이 그들을 가르치자 그들도 대회에서 우승하기 시작했다.

데일이 1908년에 대학을 떠날 무렵, 그의 부모는 여전히 가난했지만 미국은 급속도로 성장하고 있었다. 헨리 포드가 모델 T를 팬케이크처럼 팔아대며 '사업을 위해 즐거움을 위해'라는 구호를 내걸었고, J. C. 페니, 울워스, 시어스 로벅 같은 백화점 이름이 친숙해졌다. 전기가 중산층 가정의 불을 밝히고, 실내 화장실이 생겨 밤마다 집 밖으로 나갈 필요가 없어졌다.

경제가 바뀌자 그에 걸맞은 인간이 필요해졌다. 판매원, 사교 기술자, 언제든 웃을 준비가 돼 있고 악수를 멋지게 할 수 있으며 동료들과 잘 어울리면서 그들보다 눈부시게 잘해낼 수 있는 사람들이 필요했다. 데일은 눈덩이처럼 불어나는 판매원들에 합류해 뛰어난 언변 하나만 믿고 거리로 나섰다.

데일의 성은 카네기다(원래 철자는 Carnagey로, Carnegie와는 다르다. 아마도 강철왕 카네기를 연상시키려고 철자를 바꾼 듯). 몇 년간 아머 컴퍼니Armour and Company의 소고기를 팔면서 고된 나날을 보내던 카네기는 대중 연설 교습소를 차렸다. 카네기는 뉴욕시 125번가의 YMCA 야간학교에서 첫 강의를 시작했다. 그는 야학 선생들이 받던 수업당 2달러를 요구했다. YMCA의 감독은 대중 연설 강의가 별로 흥미를 끌지 못하리라 생각하여 그 정도의 비용은 내지 않겠다고 했다.

하지만 그의 강의는 돌풍을 일으켰고, 카네기는 데일 카네기 연구소를 설립하여 기업가들이 자신 없어 하는 부분들, 즉 어린 시절 카네기 자신의 발목을 잡았던 것들을 근절하도록 도왔다. 1913년에 그는 첫 책『데일 카네기 성공대화론』을 펴낸다. "피아노와 화장실이 사치품에 해당하던 시절, 사람들은 말하는 능력을 특이한 재능으로 생각하여 오직 변호사나 성직자, 정치가에게만 필요한 것으로 여겼다. 오늘날 우리는, 첨예한 사업 경쟁에서 앞으로 나아가려면 그것이 필수불가결한 무기라는 점을 깨닫게 되었다."

성격 문화가 낳은 불안한 개인

카네기가 농장 소년에서 판매원으로, 다시 대중 연설 아이콘으로 변신해 가는 이야기는 '외향성 이상'이 부상하는 이야기와 겹친다. 카네기의 여정에는 20세기로 전환하는 시기에 임계점에 달한 문화적 진화의 과정이 나타나 있다. 이로써 우리가 어떤 존재인지, 어떤 사람에게 경탄하는지, 취업 면접에서 어떻게 행동할지, 직원에게 어떤 자질을 찾을지, 짝에게는 어떻게 구애하고 아이는 어떻게 기를지 등의 가치관이 완전히 바뀌어버렸다. 영향력 있는 문화역사가 워런 서스먼Warren Susman에 따르면 미국은 '인격 문화'에서 '성격 문화'로 전환했고, 결코 회복하지 못할 개인적 불안이라는 판도라의 상자를 열어버렸다.

인격 문화에서 이상적인 자아는 진지하고, 자제력 있고, 명예로운 사람이었다. 중요한 것은 대중에게 어떤 인상을 주느냐가 아니라 홀로 있을 때 어떻게 행동하느냐였다. '성격'이라는 단어는 18세기 이전에는 영어에 존재하지 않았고, '좋은 성격'이라는 개념은 20세기가 되어서야 널리 퍼졌다.

하지만 '성격 문화'를 수용한 뒤로, 미국인들은 타인이 자신을 어떻게 바라보느냐에 집중하기 시작했다. 사람들은 대담하고 재미있는 사람들에게 매혹되었다. 서스먼은 이를 이렇게 표현한 것으로 유명하다. "새로운 성격 문화에서 가장 각광받는 역할은 연기자였다. 미국인은 너나 할 것 없이 '연기하는 사람'이 되어야 했다."

이런 문화의 진화 과정을 이끈 주요 원동력은 산업 성장이었다. 미국은 대초원에 놓인 작은 집들로 구성된 농업 사회에서 발전하여 도시화한, '미국의 사업은 사업The Business of America is Business'이란 문구에 어울리는 발전소로 바뀌었다. 개국 초기에 미국인들은 대부분 데일 카네기의 가족처럼 농장이나 작은 마을에 거주하면서 어린 시절부터 알고 지내던 사람들과 교류했다. 하지만 20세기가 되자 거대 사업, 도시화, 대규모 이민이 겹치면서 도시로 인구가 밀려들었다. 1790년에 미국인 중 도시에 거주하는 사람은 고작 3퍼센트였고, 1840년에는 8퍼센트뿐이었다. 1920년이 되자 인구의 3분의 1 이상이 도시 거주민이 되었다. 1867년에 신문 편집인이던 호레이스 그릴리Horace Greeley는 이렇게 말했다. "우리 모두 도시에 거주할 수 없는 노릇이건만 다들 도시에 살려고 작정한 눈치다."

미국인들은 이제 이웃이 아니라 낯선 사람들과 함께 일하기 시작했다. '주민'은 '직원'으로 바뀌었고, 같은 주민으로서 혹은 가족으로서 인연이 전혀 없는 사람들에게 좋은 인상을 주는 방법을 찾아내야 했다. 역사가 롤랜드 마천드Roland Marchand는 말했다. "누구는 승진하는데 누구는 따돌림 당해야 하는 까닭을 이제는 다년간 형성된 편애나 케케묵은 집안싸움으로 설명하기 어려워졌다. 점점 더 모르는 타인과 사업하고 관계하게 되는 시대에, 사람들은 첫인상을 비롯한 모든 것이 중대한 차이를 만들지 모른다고 생각할 수 있다." 미국인들은 이러한 압박에 반응하여 자기 회사의 최신 장치뿐 아니라 자기 자신까지 팔 수 있는 판매원이 되려고 노력했다.

인격에서 성격으로 변하는 과정을 살펴볼 가장 강력한 렌즈는 데일 카네기가 눈에 띄게 활약한 '자기계발'의 전통이다. 자기계발서는 미국인들의 마음에 늘 중요하게 인식되었다. 초기의 처세 지침은 종교적인 우화들, 이를테면 1678년에 출간된 『천로역정』 같은 것이었다. 이 책은 천국에 들어가려면 자제력 있게 행동해야 한다고 말한다. 19세기의 지침서들은 그보다는 덜 종교적이지만 여전히 고귀한 인격의 가치를 찬양했다. 이들은 에이브러햄 링컨 같은 역사적 영웅들의 사례 연구를 언급했다. 링컨은 뛰어난 웅변가로 존경받았을 뿐 아니라 랠프 월도 에머슨Ralph Waldo Emerson이 말했듯 '우월함으로 사람들을 기분 나쁘게 하지 않는' 겸손한 사람이기도 했다. 이 당시의 책들은 또 매우 도덕적인 삶을 살다간 평범한 사람들을 찬미했다. 1899년의 인기 지침서인 『인격Character: 세상에서 가장 숭고한 것』에는 어떤 소심한 여자 종업원이 자신의 보잘것없는 수입을 추위에 떠는 거지에게 줘버리고는, 자기가 한 행동을 누가 볼세라 줄행랑치는 얘기가 소개되어 있다. 독자들은 소녀가 단지 너그럽기 때문만이 아니라 익명으로 머무르고자 했기에 고결하다는 점을 이해했다.

하지만 1920년이 되자, 인기 자기계발서도 내면의 덕목에서 외부의 매력으로 초점을 바꾸었다. 한 책에는 '무엇을 어떻게 말하는지 알아야 한다'고 쓰여 있고, 다른 책에는 '성격은 곧 권력'이라고 쓰여 있다. 또 다른 책에는 이렇게 되어 있다. "사람들이 '무지 호감 가는 친구야'라고 생각하게 하는 태도가 늘 몸에 배어 있도록 모든 면에서 노력하라. 그것이 성격이 좋다는 명성을 얻는 첫걸음이다." 〈석세스〉지와 〈더 새터데이 이브닝 포스트〉지는 독자들에게 대화의 기술을 전수하는 부서를 설립했다. 1899년에 『인격: 세상에서 가장 숭고한 것』을 쓴 오리슨 스웨트 마든Orison Swett Marden은 1921년에 또 다른 인기 작품을 출간했다. 그 책의 제목은 『능수능란한 성격Masterful Personality』이었다.

이런 지침서는 상당수가 기업가를 위한 것이었지만, 여성들도 '매력'이라는 신비로운 자질을 얻어야 한다는 부추김을 느꼈다. 한 미용 안내서에는 할머니 세대와는 달리 1920년대에 어른으로 살아가려면 치열한 경쟁에서 이기기 위해 눈에 띄게 카리스마 있는 인물이 되어야 한다고 적혀 있다. "거리에서 우리를 스쳐 지나가는 사람들은 우리가 똑똑하고 매력적으로 보이지 않으면 실제로 그러한지 아닌지 알 수 없다."

그러한 조언은 표면상으로는 사람들의 삶을 개선하기 위한 것이었을지 모르지만 필시 상당히 자신감 있는 사람조차도 불안하게 만들어버렸을 터다. 서스먼은 20세기 초의 성격 관련 지침서에 가장 흔히 등장하는 단어를 세어보고, 그것을 19세기 인격 지침서에 쓰인 횟수와 비교해 보았다. 19세기의 안내서는 다음과 같이 누구라도 개선하기 위해 노력할 수 있는 자질을 강조해놓았다.

- 시민으로서의 자질
- 의무
- 일
- 고귀한 행위
- 명예
- 명성
- 도덕성
- 예절
- 진실성

하지만 20세기의 지침서는, 데일 카네기가 뭐라고 말했든 훨씬 습득하기 까다로운 자질들을 나열해놓았다. 이런 자질은 애초에 있거나, 아니면 없는 것이다.

- 자석처럼 끌리는
- 마음을 사로잡는

- 충격적으로 멋진

- 매력적인

- 눈부신

- 지배적인

- 강력한

- 에너지가 넘치는

1920년대와 1930년대에 미국인들이 영화배우들에게 사로잡힌 것도 우연이 아니다. '자석 같은 매력'을 보여주기에 그런 로맨틱한 배우들보다 더 잘 어울리는 사람이 누가 있겠는가?

자신감을 드러내야 한다는 시대적 강박

미국인들은 좋든 싫든 광고업계를 통해 자신을 드러내는 방법에 대한 조언을 받아야 했다. 초기의 인쇄 광고는 '이튼의 고지대 리넨: 최고로 신선하고 깨끗한 필기 용지' 같은 직선적인 상품 발표였지만, 새로 등장한 성격 관련 광고는 소비자들을 무대공포증에 시달리는 연기자로 만든 뒤 자기가 제시하는 상품만이 공포에서 벗어나게 해준다는 식이었다. 이런 광고는 대중의 눈길이 얼마나 적대적인지를 강박적으로 자극했다. 우드베리 비누의 1922년 광고는 '주변 사람들 모두 당신을 조용히 심판하고 있다'였다. 윌리엄스 면도 크림 광고는 '비판적인 눈길이 지금 당신을 판단하고 있다'고 했다.

광고업계는 남성 판매원과 중간급 간부들의 불안에 직접 호소했다. 웨스트 박사의 한 치약 광고에는 잘나가는 인상의 남자가 책상 뒤에 앉아서 한쪽 팔을 자신감 있게 허리에 대고는 이렇게 묻는다. "한 번이라도 당신 자신에게 스스로를 팔려고 해본 적이 있는가? 호감 가는 첫인상은 사업적, 사회적 성공에 가장 중요한 요인이다." 윌리엄스 면도 크림 광고에서는 번들번들한 머리에 콧수염을 기른 남자가 등장해 소비자들에게 촉구한다. "얼굴에 걱정이 아니라 자신감이 묻어나게 하라! 당신이 가장 흔하게 평가받는 기준은 바로 외모다."

다른 광고들은 여성들에게 데이트를 성공하려면 외모도 중요하지만 성격도 중요하다고 얘기했다. 1921년에 우드베리의 비누 광고에는 의기소침한 젊은 여자가 실망스러운 외출에서 돌아와 집에 혼자 있는 모습이 나온다. 광고 문구에는 그 여자가 '성공적이고 즐겁고 의기양양하게 되기를 갈망했다'고 적혀 있다. 하지만 올바른 비누의 도움이 없었기에 그 여성은 실패자가 되고 말았다.

10년 뒤, 럭스의 빨래 세제에는 당대의 '디어 애비'로 통하던 도로시 딕스에게 보내는 애처로운 편지가 인쇄 광고로 붙어 있었다.

"미스 딕스에게, 제가 어떻게 하면 좀 더 인기를 얻을 수 있을까요? 전 제법 예쁘고 멍청하지도 않지만 너무 소심하고 자의식이 강해요. 사람들이 절 좋아할지 어떨지 늘 자신이 없답니다. -조앤 G."

딕스의 대답은 명확하고 단호하다. 조앤이 럭스 세제를 써서 속옷과 커튼, 소파 쿠션을 빨기만 한다면 '매력적이라는 깊고 분명한 내면의 확신이 찾아올 것'이라는 얘기다.

구애 과정을 이렇게 이판사판식 연출로 묘사하는 행태에는 '성격 문화'의 새롭고 대담한 풍습이 반영되어 있다. '인격 문화'의 다소 제한적인 (때로는 억압적인) 사회규범에서는 남성과 여성 모두 이성과 춤을 출 때 약간은 거리를 두고 행동했다. 너무 목소리가 크거나 낯선 이와 부적절하게 눈을 맞추는 여성은 뻔뻔한 것으로 간주되었다. 상류층 여성은 하류층 여성에 비하면 말할 권리가 좀 더 많았고 실제로도 재담이 재능으로 평가되는 면도 있었지만, 그들조차 얼굴을 붉히거나 눈을 내리떠야 한다고들 말했다. 행동 지침서들은 '남자들은 부적절한 친근함을 조금이라도 내비치느니 최대한 냉담하게 구는 여성들을 부인으로 삼고 싶어 한다'고 경고했다. 남자들은 침착함을 암시하는 조용한 태도와 과시하지 않아도 자연스럽게 드러나는 힘을 보여주어야 했다. 수줍음 자체는 용납되지 않았지만, 거리를 두는 태도는 제대로 양육받았다는 징표였다.

하지만 성격 문화가 도래하면서 격식의 가치가 무너지기 시작했고, 이는 남녀 모두 마찬가지였다. 형식적으로 여성의 집에 방문하고 결혼할 의사를 진지하게 밝히는 대신, 남성들은 이제 정성 들여 떡밥을 던짐으로써 말로 여성의 마음을 사야 했다. 여자 앞에서 너무 조용한 남자는 게이라는 오해를 받을 위험이 있었다.

1926년의 인기 있는 섹스 안내서에는 이렇게 쓰여 있다. "동성애자는 언제나 소심하고 수줍음 많고 내성적이다." 여성도 예절과 대담함 사이에서 줄타기를 해야 했다. 애정 관계의 서곡이 시작되는데 너무 수줍어하면, '불감증'이라는 소리를 듣기도 했다.

심리학 분야도 자신감을 드러내야 한다는 강박을 다루기 시작했다. 1920년대에 고든 올포트Gordon Allport라는 저명한 심리학자는 '지배-복종' 진단법을 만들어 사회적 지배력을 측정하려 했다. 자신도 수줍음 많고 내성적이었던 올포트는 이렇게 말했다. "현재 우리의 문명은 공격적인 사람, 곧 '수완가'에 특별한 가치를 두는 듯하다." 1921년에 칼 융은 내향성이 위태로운 상황에 처했다는 점을 인식했다. 그 자신은 내향적인 사람이 '문화를 고취시키고 교육하는 사람'으로 '우리 문명에 고통스러울 정도로 부족한 내적 삶'의 가치를 보여준다고 생각했다. 하지만 그는 내향적인 사람들의 '삼가는 태도와 까닭도 없이 당황하는 듯한 행동거지 때문에 자연히 온갖 안 좋은 편견들이 생겨나게 되었다'고도 했다.

하지만 자신감 있게 보여야 할 필요를 가장 분명하게 드러나게 한 것은 심리학에서 대두된 열등의식inferiority complex이라는 개념이었다. 인기 언론에서 IC라는 이름으로도 통하던 열등의식은 1920년대에 빈의 심리학자 알프레드 아들러Alfred Adler가 부적응과 그 결과를 묘사하기 위해 쓴 표현이다. 아들러의 베스트셀러 『아들러의 인간이해』의 표지에는 이렇게 쓰여 있었다. "자신감이 없는가? 소심한가? 순종적인가?" 아들러는 유아와 아동이 너나 할 것 없이 열등하다고 느끼는데, 이것이 어른들과 형들 틈에서 살아야 하기 때문이라고 설명했다. 정상적인 성장과정을 거치는 동안 아이들은 이런 감정을 승화하여 목표를 추구하는 방향으로 바뀐다. 하지만 자라는 동안 상황이 틀어져버리면 무시무시한 열등의식에 짓눌려버릴지도 모른다. 이는 점점 경쟁이 심화되는 사회에서 중대한 문제다.

자신의 사회적 불안을 심리학적 콤플렉스라는 깔끔한 포장지로 감싸버린다는 생각에 수많은 미국인들이 혹했다. 열등의식은 삶의 폭넓은 부분에서 문제를 설명하는 만능 해법이 되었다. 1924년에 〈콜리어스〉지에는 한 여성이, 자기가 사랑하는 남자가 열등의식 때문에 아무것도 되지 못할까봐 두려워 그와 결혼하기가 겁난다고 고백하는 이야기가 실렸다. 또 다른 인기 잡지에서는 '당신의 아이와 그 유명한 콤플렉스'라는 제목의 기사를 실어, 무엇이 아이들에게 열등의식을 심어주고 어떻게 예방하거나 치료할 수 있는지 설명했다. 누구나 열등의식이 있는 듯 보였다. 어떤 사람에게는 그것이 역설적이게도 남들과 구분되는 표식이었다. 1939년 〈콜리어스〉에 실린 한 기사에서 "링컨, 나폴레옹, 테디 루스벨트, 에디슨, 셰익스피어 모두 열등의식으로 고통받았다"고 쓰여 있었다. 기사의 결론은 이러했다. "따라서 크고 어마어마하고 살을 파고드는 열등의식이 있다면, 최대한의 행운이라고 상상해도 좋다. 단, 그만한 근성이 있어야 한다."

이 기사의 희망적인 어조에도 불구하고, 1920년대의 양육 전문가들은 아이들이 사람의 마음을 끄는 성격을 개발하도록 돕기 시작했다. 그 전까지 이 전문가들은 성적으로 조숙한 소녀들과 비행을 저지르는 소년들만 주로 걱정했지만, 이제 심리학자, 사회복지사와 박사들도 모조리 '부적응 성격'인 평범한 아이들, 특히 수줍음 많은 아이들에게 초점을 맞추었다. 수줍음은 알코올중독에서 자살에 이르는 끔찍한 결과로 이어질 소지가 있지만, 외향적인 성격은 사회적·재정적 성공을 가져다줄 것이라고, 이 전문가들은 경고했다. 이들은 부모들에게는 '아이를 사교적으로 만들라'고 당부하고 학교에는 '공부보다는 성격을 개발하도록 보조하고 안내하는 데 중점을 두라'고 조언했다. 교육자들은 이러한 역할을 열렬히 받아들였다. 1950년에는 아동과 청소년에 관한 백악관 콘퍼런스 구호가 '모든 아이에게 건강한 성격을'이었다.

당시의 악의 없는 부모들은 '조용한 태도는 받아들일 수 없으며 사람들과 어울리기 좋아하는 태도가 소년 소녀 모두에게 이상적'이라고 생각했다. 어떤 부모는 아이들이 혼자서 하는 진지한 취미, 이를테면 클래식 음악 감상처럼 인기를 잃게 만들 소지가 있는 취미에 빠지려 하면 말리기도 했다. 부모들은 아이를 점점 어린 나이에 학교에 보냈고, 학교에서는 주로 다른 아이들과 어울리는 법을 가르쳤다. 내향적인 아이들은 흔히 문제 사례로 지적되었다(이는 오늘날 내향적인 아이를 둔 부모에게도 익숙한 상황이다).

1956년에 베스트셀러였던 윌리엄 와이트William Whyte의 『조직 인간The Organization Man』은 어떻게 부모와 교사들이 공모하여 조용한 아이들의 성격을 개조하려 했는지 설명한다. 와이트는 한 어머니가 말한 얘기를 적었다. "조니는 학교생활을 잘하지 못했어요. 선생님 말씀이, 아이가 공부는 잘하는데 기대만큼 사교적이지 않다더군요. 조니는 애들 한두 명하고만 놀고 때로는 그냥 혼자 있어도 즐거워해요." 부모들은 교사들의 이런 중재를 반겼다. "몇몇 이상한 부모를 제외하면, 대부분은 학교가 내향성이나 다른 촌스러운 기벽을 고쳐주려고 열심이라는 것에 고마워한다."

이런 가치체계에 사로잡힌 부모가 불친절하거나 심지어 둔감한 것은 아니었다. 그들은 그저 아이가 '현실 세계'로 나아가도록 도와주려는 것뿐이었다. 이런 아이들이 성장해서 대학에 진학하고 직장을 구할 때, 사교적이어야 한다는 기준에 맞닥뜨리게 된다. 대학 입학사정관들은 가장 눈에 띄는 후보가 아니라 가장 외향적인 후보를 찾았다. 1940년대 말 하버드대학교 교무처장이던 폴 벅Paul Buck은 하버드대학교가 '섬세하고 신경증적인' 유형과 '학업에 지나치게 열중인' 유형을 거부하고, '건강한 외향적인 아이들'을 받아들여야 한다고 선포했다. 1950년 예일대학교 학장 앨프레드 휘트니 그리스월드Alfred Whitney Griswold는 이상적인 예일인이 '찌푸린 눈썹에 고도로 특수화된 지성인이 아니라, 모난 데 없이 둥근 사람'이라고 선언했다. 또 다른 학장은 와이트에게 이렇게 말했다. "고등학교에서 받은 지원서를 검토할 때 대학이 원하는 것이 무엇이냐는 점뿐 아니라 4년 뒤에 기업에서 신입사원에게 원하는 것이 무엇이냐는 점도 고려하는 게 상식이라고 생각합니다. 기업들은 아주 사교적이고 활동적인 유형을 원합니다. 그래서 우린 가장 나은 학생이 평균 80점에서 85점을 받으면서 과외활동을 폭넓게 하는 아이라고 봅니다. 총명하지만 내향적인 아이는 별로 쓸모가 없습니다."

이 학장은 1900년대 중반의 모범 직원이 사색가가 아니라 다정하고 외향적인 판매원에 어울리는 학생이라는 점을 제대로 파악하고 있었다. 심지어 기업연구소의 연구자처럼 대중을 상대할 일이 거의 없는 직업에서조차 말이다. 와이트는 설명한다. "관례상, 총명하다는 단어는 늘 그 뒤에 '하지만'이라는 말이 따라오거나 (즉, '우리도 총명한 학생을 무척 좋아합니다. 하지만……') 아니면 별난, 기이한, 내향적인, 엉뚱한 등의 단어와 같이 쓰인다." 1950년대의 한 중역은 자기 부하로 있는 불행한 과학자들에 대해 이렇게 말했다. "이 친구들도 조직의 다른 사람들과 접촉하게 될 텐데, 그때 좋은 인상을 주면 도움이 되지요."

과학자의 임무는 연구를 수행하는 것뿐 아니라 연구를 파는 데도 도움을 주는 것이었고, 그러자면 붙임성 있고 싹싹한 태도가 필요했다. '컴퍼니 맨(회사를 최우선시하는 사람)'이라는 이상을 구현한 IBM에서는 판매원들이 매일 아침에 모여 사가 〈늘 앞으로〉를 합창했고, 영화 〈사랑은 비를 타고〉 OST의 가락에 맞춰 〈IBM을 팔자〉를 불렀다. 노래는 이렇게 시작한다. "IBM을 판다네, 우리는 IBM을 판다네. 이 얼마나 영광스러운가. 세상이 우리 친구라네." 마지막은 신나는 가사로 끝난다. "우린 항상 준비완료, 우린 항상 혈기왕성. 우린 판다네, 팔아, IBM을."

그러고는 고객을 방문하러 밖으로 나서며, 하버드대학교와 예일대학교의 입학사정관들이 아마도 옳았다는 점을 입증한다. 특정한 유형의 사람만이 이런 식으로 하루 일과를 시작하는 데 흥미를 보일 테니 말이다.

조직의 나머지 사람들은 그저 그 장단에 최대한 맞추는 수밖에 없었을 것이다. 그리고 약 복용의 역사가 뭔가 단서가 된다면, 수많은 이들이 그런 압력에 못 이겨 무너져내렸다고 할 수 있다. 1955년에 카터-월러스Carter-Wallace라는 제약회사에서 밀타운이라는 항불안제를 발표하면서, 먹느냐 먹히느냐 하는 경쟁사회이자 쉴 새 없이 사교적인 사회의 자연스러운 부산물로 '불안'이라는 개념을 새로 정의했다. 밀타운은 남자들을 대상으로 내놓았는데, 역사가 안드레아 톤Andrea Tone에 따르면, 그 즉시 미국 역사상 가장 빠르게 팔려나가는 약품이 되었다. 1956년경에는 미국인 20명 중 한 명이 밀타운을 복용해 보았고, 1960년에는 미국 의사들의 전체 처방전의 3분의 1이 밀타운이나 그와 비슷한 약품인 이퀴널Equanil을 먹으라고 되어 있었다. 이퀴널의 광고에는 '불안과 긴장은 이 시대의 다반사'라고 적혀 있었다. 1960년대에 등장한 진정제 세렌틸Serentil의 광고에는 사교 능력을 개선한다는 더욱 직접적인 호소가 담겨 있었다. "어울리지 못하는 데서 비롯되는 불안을 다스린다."

외향성 선호 성향이 편견으로 숙성되기까지

물론 '외향성 이상'은 근대의 산물이 아니다. 외향성은 우리 유전자에 있다. 몇몇 심리학자는 이것이 문자 그대로 사실이라고 말한다. 그 특성은 아시아와 아프리카에서는 덜 나타나고 유럽과 아메리카에서는 더 나타나는데, 이들 대륙의 후손들은 상당 부분 이주민이었다. 심리학자들은 여행하던 사람들이 집에 머무르던 사람들보다 외향적이라는 점, 그리고 그러한 특성을 후손들에게 물려주었다는 점이 이치에 맞는다고 설명한다. 심리학자 케네스 올슨Kenneth Olson은 이렇게 말했다. "성격 특성이 유전적으로 전달되므로, 신대륙으로 이주민이 물결처럼 몰려들 때마다 구대륙에 거주하는 사람들보다 더 바쁜 사람들로 구성된 집단으로 바뀌게 된다."

외향적인 사람을 높이 평가하는 이유를 그리스인과 로마인의 전통에서 찾을 수도 있다. 그리스인은 웅변술을 최고의 능력으로 여겼으며, 로마인은 화려한 사교 생활로 가득한 도시로부터의 추방을 최악의 처벌로 간주했다. 이와 유사하게 우리가 건국의 아버지들을 숭배하는 이유는 다름 아니라 그들이 자유라는 주제에 관해 시끌벅적하게 떠들어댔기 때문이다. "내게 자유가 아니면 죽음을 달라!" 18세기의 1차 대각성 운동까지 거슬러 올라가는 초기 미국의 신앙부흥운동 당시의 기독교조차, 평소라면 행동을 삼가던 군중들을 울고 소리치고 예절을 잃어버리도록 만들면 성공한 것으로 간주되던 목사들의 쇼맨십에 의존했다. "목사가 거의 아무런 동작도 없이 서서 마치 수학자가 지구에서 달까지의 거리를 계산할 때처럼 냉담하고 단조롭게 말을 이어가는 모습을 지켜보는 일만큼 고통스럽고 괴로운 것은 없다." 1837년에 한 종교신문에 실린 글이다.

이러한 경멸에서 드러나듯 초기의 미국인들은 행동을 숭배하고 지성을 의심하면서 정신적인 삶을, 그들이 떠나온 나른하고 무능한 유럽의 귀족계층과 연관지었다. 1828년 제7대 대통령 선거에서는 전직 하버드대학교 교수인 존 퀸시 애덤스John Quincy Adams와 강력한 군대 영웅인 앤드류 잭슨Andrew Jackson이 맞붙었다. 잭슨 쪽의 한 선거 구호는 두 사람의 차이를 잘 보여준다. "글을 쓸 수 있는 존 퀸시 애덤스 / 그리고 싸울 수 있는 앤드류 잭슨."

이 선거의 승자는? 문화역사가 닐 개블러Neal Gabler는 이를, "전사가 작가를 때려눕혔다"고 표현했다. 그건 그렇고 존 퀸시 애덤스는 정치심리학자들 사이에서 미국 대통령 역사상 몇 안 되는 내향적인 사람으로 간주되었다(그는 잭슨 전에 제6대 대통령을 지냈다—옮긴이).

하지만 성격 문화가 떠오르면서 그러한 편견은 강해졌고, 이제는 정치 지도자와 종교 지도자뿐 아니라 일반인에게도 그런 편견이 적용되었다. 그리고 비누 제조사들은 매력과 카리스마를 강조해 이윤을 올렸을 테지만, 모두가 이런 전개에 기뻐한 것은 아니었다. 한 지식인은 1921년에 이렇게 썼다. "개개인의 성격을 존중하는 태도는 이제 바닥을 쳤고, 우리처럼 성격에 관해 이토록 끊임없이 떠들어대는 국가가 어디에도 없다는 점은 유쾌할 정도로 아이러니하다. 우리에겐 실제로 '자기표현'과 '자기계발'을 위한 학교도 있지만, 그것이 뜻하는 바는 성공적인 부동산업자 같은 성격을 개발하고 표현한다는 것인 듯하다."

또 다른 평론가는 미국인들이 연예인들에게 노예처럼 관심을 갖기 시작한 상황을 개탄했다. "요즘 잡지들이 '무대 위' 그리고 그에 연관된 것들에 얼마나 주목하고 있는지 보면 놀랄 정도다." 고작 20년 전에는 (그러니까 인격의 시대에) 그런 주제를 다루면 상스럽다고 간주되었다. 이제는 그것들이 "사교 생활의 엄청난 부분을 차지하게 되어 계층을 막론하고 대화의 주제가 되고 말았다."

심지어 T. S. 엘리엇이 1915년에 쓴 유명한 시 「J. 알프레드 프루프록의 연가」('만나는 얼굴들을 만나기 위해 얼굴을 준비해야 할' 필요가 있다며 한탄하는 시)도 자기를 표현해야 한다는 새로운 압박에 관해 진정으로 호소한 글인 듯싶다. 지난 세기의 시인들은 구름처럼 시골길을 외로이 방랑하거나(윌리엄 워즈워스, 1802년) 월든 호수에 홀로 찾아간(헨리 데이비드 소로, 1845년) 반면, 엘리엇의 프루프록은 "공식화된 문구로 우리를, 꿈틀거리는 채로, 못 박아버리는 눈길들"에 대해 걱정할 뿐이다.

인격을 버리고 성격을 취한 결과

거의 100년의 세월을 빠르게 앞으로 감으면, 프루프록의 항거가 고등학교 강의 계획서에 고이 모셔져 있고, 온라인과 오프라인에서 가면을 만드는 데 능숙해진 십대 학생들은 이 시를 충실하게 외우고는 재빠르게 잊어버린다. 이 학생들이 살아가는 세상은 그 어느 때보다 지위와 소득과 자긍심이 성격 문화에 필요한 자질들을 충족시킬 수 있느냐에 달려 있다.

남들을 즐겁게 해주고, 자신을 선전하고, 절대 눈에 띄게 불안해보여서는 안 된다는 압박은 점점 더 강력해지고 있다. 자신이 수줍어한다고 생각하던 미국인 수는 1970년대에는 40퍼센트였으나 1990년대에 이르자 50퍼센트로 늘어났는데, 아마도 두려움 없이 자신을 표현해야 한다는 기준이 더욱더 높아졌기 때문일 것이다. 본질적으로 병적인 수줍음을 뜻하는 '사회불안장애'는 이제 거의 5명 중 한 명 꼴로 우리를 괴롭히는 것으로 간주된다. 심리학자들의 정신질환 바이블인 〈정신질환 진단 및 통계 편람Diagnostic and Statistical Manual(DSM-IV)〉 최신판에는 공개 연설을 두려워하는 것이 그냥 골칫거리나 불리한 점이 아니라 하나의 병으로 표현되어 있다. 그것 때문에 직업 능력이 떨어진다면 말이다. 이스트먼 코닥Eastman Kodak사의 한 고위 간부는 대니얼 골먼Daniel Goleman에게 말했다. "컴퓨터 앞에 앉아서 환상적인 회귀분석에 흥분하는 것만으로는 충분하지 않다. 그 결과를 중역들에게 발표할 생각에 불쾌해진다면 말이다(발표한다는 생각에 들뜬다면 회귀분석을 한다는 생각에 불쾌해지는 것은 괜찮은 모양이다)."

하지만 21세기의 '성격 문화'를 측정하는 최선의 방법은 아마도 다시 자기계발 분야로 돌아가는 일일 것이다. 데일 카네기가 YMCA에서 첫 대중 강연 워크숍을 한 지 한 세기가 꽉 차게 지난 오늘날, 그의 베스트셀러 『인간관계론』은 공항 책꽂이와 경영 베스트셀러 목록의 주요 상품이다. 데일 카네기 연구소는 여전히 카네기가 하던 강의의 업데이트 버전을 제공하는데, 유창하게 소통하는 능력이 아직도 커리큘럼의 핵심을 차지하고 있다. 토스트매스터스Toastmasters라는, 1924년에 설립된 비영리단체는 매주 회원들이 모여 공개 강연을 연습한다. 그 설립자는 "말하기는 모두 판매이고 판매는 모두 말하기를 수반한다"고 선언한 바 있다. 이 단체는 여전히 잘나가고 있으며, 전 세계 113개국에 1만 2,500개가 넘는 지부를 두고 있다.

토스트매스터스의 웹사이트에 올라온 홍보 동영상에는 '에두라도'와 '셰일라'라는 두 동료가 등장해 '제6차 연례 글로벌 비즈니스 콘퍼런스'에 청중으로 앉아 있고, 긴장한 연사가 발표하느라 애쓰는 애처로운 모습이 담겨 있다.

"내가 저 사람이 아니라서 천만 다행이야." 에두라도가 속삭였다.

"너 지금 농담하는 거지? 너 지난달에 새 고객들에게 판매 발표할 때 기억 안 나? 난 너 기절하는 줄 알았다고." 셰일라가 흡족한 웃음을 지으며 말했다.

"내가 저렇게 심했다고?"

"아무렴. 정말 꽝이었지. 더 심했을걸."

에두라도는 당연히 부끄러운 듯 보이지만, 다소 무신경한 셰일라는 그것도 모르는 듯했다.

"하지만 고칠 수 있어. 더 잘할 수 있다고. 토스트매스터스라고 들어봤어?" 셰일라가 말했다.

젊고 매력적인 갈색머리 여자인 셰일라는 에두라도를 토스트매스터스 모임에 끌고 갔다. 거기서 셰일라는 '진실 혹은 거짓'이라는 연습을 해보겠다고 자청한다. 15명쯤 되는 참가자 앞에서 자기 얘기를 들려줘야 하고, 그러면 참가자들은 그 얘기를 믿을지 말지 선택한다.

"다들 속일 자신 있어." 셰일라가 낮은 목소리로 에두라도에게 말하며 연단으로 걸어갔다. 그녀는 오페라 가수로서의 삶을 정교하게 이야기한 뒤 가족과 시간을 더 많이 보내기 위해 모두 포기해버렸다는 통렬한 결론으로 끝을 맺었다. 얘기가 끝나자, 그날 저녁의 토스트매스터(특별 행사에서 건배를 제의하고 연사를 소개하는 사람-옮긴이)가 사람들에게 셰일라의 얘기를 믿느냐고 물었다. 방안에 있던 사람들의 손이 모조리 올라갔다. 토스트매스터는 셰일라를 바라보고 그것이 사실이었는지 물었다.

"전 음정도 제대로 못 맞추는걸요!" 셰일라가 의기양양하게 웃었다.

그녀는 솔직하지 못한 사람으로 다가오지만, 기이하게 동정심을 불러일으키기도 했다. 1920년대의 성격 안내서를 읽던 불안한 독자들처럼, 셰일라는 그저 남들보다 앞서나가려고 했던 것뿐이다. 셰일라는 이렇게 털어놓았다. "제 업무 환경은 경쟁이 엄청나게 심해요. 기술을 날카롭게 갈고닦는 게 점점 더 중요해지죠."

하지만 그 날카로운 기술이란 어떤 모습인가? 자기표현에 너무나 능숙해져서 진실을 숨기는 데 아무도 의심하지 않을 정도가 되어야 하나? 목소리, 몸동작을 무대배우처럼 꾸미는 법을 터득해서 어떤 이야기든 말할 (아니 판매할) 수 있을 정도가 되어야 하나? 이것은 타락한 열망, 즉 데일 카네기의 어린 시절 이후 우리가 얼마나 멀리 (좋지 않은 방향으로) 와버렸는지를 보여주는 신호인 듯하다.

데일 카네기의 부모는 높은 도덕적 기준에 따라 살았다. 그들은 아들이 판매가 아니라 종교나 교육에 종사하기를 바랐다. 그들이 '진실 혹은 거짓' 같은 자기계발 기법을 옹호했을 것 같지는 않다. 아니, 사실을 말하자면, 사람들이 우리에게 경탄하고 우리 뜻대로 행동하게 만들어주는 카네기의 가장 잘나가는 조언도 인정하지 않았을 듯싶다. 『인간관계론』은 '사람들을 당신이 원하는 대로 기꺼이 행동하도록 하는 방법'이나 '사람들이 당신을 즉각 좋아하게 만드는 법'과 같은 챕터가 가득하다.

이런 일련의 과정을 보면, 우리가 뭔가 의미 있는 것을 희생하는 줄도 모른 채 인격을 버리고 성격으로 옮겨가게 된 까닭이 무엇인가 하는 의문이 든다.

chapter 2

카리스마 리더십의 신화

'인격'을 대신해 100년 만에 자리 잡은 '성격 문화'

사회 자체가 외향적인 가치를 가르치는 장이고,
그것을 강하게 설교하는 사회는 이제껏 거의 없었다.
누구도 홀로 떨어진 섬이 아니지만,
이 말이 얼마나 지겹도록 자주, 어떤 이유로 인용되었는지 들으면
존 던 John Donne 은 얼마나 몸부림칠까?
―윌리엄 와이트

덕목으로 자리 잡은 판매 능력

"흥분되지 않으세요?" 내가 등록서류를 내밀자 '스테이시'라는 젊은 여성이 외쳤다. 사탕발림이 된 그녀의 목소리가 높아지다가 커다란 감탄사로 마무리됐다. 나는 고개를 끄덕이고서 최대한 밝게 웃음 지었다. 애틀랜타컨벤션센터 로비 반대편에서 비명 지르는 소리가 들렸다.

"무슨 소리죠?" 내가 물었다.

"모두를 들뜨게 만드는 소리죠! 저것도 UPW 체험의 일부랍니

다." 스테이시가 열변을 토하듯 말했다. 그녀는 내게 자주색 스프링 바인더와 이름표를 건네며 목에 걸라고 했다. '내면의 힘을 해방하라UNLEASH THE POWER WITHIN'라는 문구가 바인더에 고딕체로 커다랗게 쓰여 있었다. '토니 로빈스Tony Robbins(앤서니 로빈스Anthony Robbins와 같은 인물-옮긴이)의 초심자 세미나에 오신 것을 환영합니다.'

홍보 문구에 따르면 나는 895달러를 내고, 어떻게 하면 생활이 좀 더 에너지 넘치게 바뀌고, 삶에 탄력이 생기고, 두려움을 정복할 수 있는지 터득할 것이다. 하지만 진실을 말하자면 나는 내 안의 힘을 해방하기 위해 온 것이 아니다(몇몇 조언을 얻는 것이야 언제라도 환영이지만). 내가 여기에 온 까닭은 '외향성 이상'을 이해하기 위한 여정의 첫 정류장이기 때문이다.

나는 토니 로빈스의 광고를 본 적이 있는데(그는 아무 때든지 적어도 한 곳에서는 자기 방송이 나가고 있다고 주장한다), 지상에서 가장 외향적인 사람에 해당할 것이라는 인상을 받았다. 하지만 토니 로빈스는 단지 외향적인 사람이 아니다. 그는 자기계발의 왕으로, 그의 고객 명단에는 클린턴 대통령, 타이거 우즈, 넬슨 만델라, 마거릿 대처, 다이애나 비, 미하일 고르바초프, 테레사 수녀, 세레나 윌리엄스(테니스 선수), 도나 캐런(패션 디자이너)을 비롯한 5천만 명이 있다. 그리고 자기계발은 수없이 많은 미국인이 연간 110억 달러라는 돈을 투자하는 분야로, 우리가 생각하는 이상적인 자아가, 우리가 되고자 열망하는 인간이 어떤 존재인지 드러내준다. 단, 우리가 이런 원칙 7가지와 저런 법칙 3가지를 따르기만 한다면 말이다. 나는 그 이상적인 자아가 어떤 모습일지 알고 싶다.

스테이시가 나더러 식사거리를 가지고 왔느냐고 물었다. 이상한 질문이었다. 뉴욕에서 애틀랜타까지 저녁 식사를 챙겨오는 사람이 있을까? 스테이시는 내가 자리에 앉아서 에너지를 보충해야 할 것이라고, 앞으로 나흘간 그러니까 금요일부터 월요일까지는 오전 8시에서 밤 11시까지 하루에 15시간 동안 배우면서 오후에 잠깐 있는 휴식 시간 외에는 쉬지 못한다고 설명했다. 토니가 내내 무대에 있을 테니, 내가 한순간이라도 놓치고 싶지 않을 것이라는 말도 빼놓지 않았다.

나는 로비를 둘러봤다. 다른 사람들은 준비를 해온 모양이다. 나는 홀 쪽으로 느긋하게 걸어가면서 에너지바, 바나나, 콘칩 등이 가득한 식료품 가방을 기분 좋게 끌고 갔다. 그리고 스낵바에서 흠이 난 사과 두어 개를 집어들고 강당으로 들어갔다. UPW 티셔츠 차림에 함박웃음을 짓고 있는 안내요원들이 출입구에 줄을 서서 들썩거리며 환호하듯 주먹을 추켜올렸다. 그들에게 하이파이브를 하지 않고서는 안으로 들어갈 수 없었다. 내가 해봐서 안다.

드넓은 홀에 들어가니 춤꾼들이 춤을 추며 군중들을 달구고 있고, 빌리 아이돌의 노래 〈머니 머니Mony Mony〉가 세계 정상급 앰프를 타고 흘러나오며 무대 옆면에 배치된 거대한 메가트론 전광판에 동영상이 상영되고 있었다. 춤꾼들은 브리트니 스피어스의 뮤직 비디오에 나오는 백댄서들처럼 한 동작으로 움직이지만, 옷은 중간급 간부들처럼 입고 있었다. 춤꾼의 리더는 마흔쯤 된 대머리 남자로, 흰색 와이셔츠에 수수한 넥타이를 매고 소매를 팔꿈치까지 걷어올린 채 '만나서 반가워요' 하는 웃음을 지었다. 매일 아침같이 배우다 보면 우리도 모두 저렇게 활기로 가득하게 될 수 있다고 말하는 듯했다.

실제로 춤동작들은 우리가 자리에서 따라할 수 있을 만큼 단순했다. 점프하고 박수 두 번, 왼쪽으로 박수, 오른쪽으로 박수. 음악이 〈김미 섬 러빙 Gimme Some Lovin'〉으로 바뀌자 청중의 다수가 접이식 의자 위로 올라가 함성을 지르고 박수를 쳤다. 나는 다소 짜증을 부리며 팔짱을 끼고 있다가 그냥 끼어서 옆 사람들과 방방 뛰는 수밖에는 없다고 생각했다.

결국 우리 모두 기다리던 순간이 찾아왔다. 토니 로빈스가 무대로 뛰어나온 것이다. 실제 신장이 2미터에 달하는 거인인 그를 메가트론 화면으로 보니 30미터는 됨직했다. 그는 영화배우 뺨치게 잘생겼고, 짙은 갈색 머리칼에, 치약광고 모델 같은 웃음, 불가능할 정도로 뚜렷한 광대뼈를 자랑했다. '토니 로빈스를 라이브로 체험하라!' 세미나 광고는 이렇게 약속했고, 이제 그는 황홀경에 빠진 군중들과 함께 춤을 췄다.

홀 온도는 약 10도인데도 토니 로빈스는 반팔 폴로셔츠에 반바지 차림이었다. 강당이 냉장고처럼 추울 것이라는 점을 어떻게 알았는지 청중의 상당수가 미리 담요를 가지고 왔다. 추정컨대 강당이 추운 이유는 토니 로빈스의 혈기방장한 신진대사 때문이리라. 이 남자를 식히려면 빙하기가 필요할 지경이다. 그는 뛰어다니고 환하게 웃으며 방법은 모르겠지만 하여튼 그곳에 있는 3,800명 모두와 눈을 맞췄다. 안내요원들은 복도에서 열광적으로 뛰고 있었다. 토니가 양팔을 벌리며 우리 모두를 끌어안았다. 예수가 지상으로 돌아와 애틀랜타컨벤션센터에 처음 들른다 해도 이보다 더 환희에 찬 환영을 받기는 어렵겠다.

이것은 토니에게 되도록 가까운 자리인 '다이아몬드 프리미엄 회원' 좌석을 얻으려고 2,500달러를 낸 사람들뿐만 아니라 나처럼 '일반석 입장료' 가격인 895달러만 내고 뒤쪽에 앉은 사람에게도 마찬가지였다. 내가 전화로 티켓을 구매할 때, 고객관리자가 앞좌석에 그러니까 메가트론에 의지하지 않고 토니를 확실하게 직접 볼 수 있는 자리에 앉는 사람들이 더 성공하는 경향을 보인다고 내게 조언했다. "그 사람들은 더 에너지가 많아요. 비명을 지르는 사람들이죠." 내 옆에 앉은 사람들이 얼마나 성공적인지 판단할 방법은 없지만, 그들이 그곳에 있다는 데에 전율하고 있다는 점은 분명해보인다. 표정이 풍부한 얼굴을 아주 절묘하게 드러내도록 장치된 무대 조명을 받으며 토니가 나타나자, 그들은 소리치며 록 콘서트에서 하듯 통로로 쏟아져 나갔다.

곧 나도 동참했다. 나는 언제나 춤을 좋아했고, 집단으로 유명한 곡들에 맞춰 몸을 흔드는 일이 시간 때우기에 아주 좋다는 것을 인정해야겠다. 토니에 따르면 해방된 힘은 방대한 에너지에서 나온다는데, 나도 그 말이 이해가 갔다. 그를 직접 보려고 사람들이 그 먼 거리를 달려가는 것도 놀라운 일이 아니다(내 옆에는 우크라이나에서 온 젊고 사랑스러운 여성이 흐뭇한 웃음을 지으며 앉아, 아니 뛰고 있다). 뉴욕으로 돌아가면 정말이지 다시 에어로빅을 시작해야겠다고 난 다짐했다.

마침내 음악이 끝나자, 토니 로빈스가 쉰 목소리로 반쯤 엉성하고 반쯤 섹시하게, 자신의 '실용적 심리학' 이론을 설명하기 시작했다. 그중 가장 중요한 핵심은 행동이 결합되지 않으면 지식이 쓸모가 없다는 것이었다. 토니 로빈스는 아서 밀러의 걸작에 등장하는 판매원 윌리 로먼을 한숨짓게 만들 정도로 유혹적이고 빠르게 말했다. 실용적 심리학을 몸으로 보여주면서 그는 우리에게 짝을 찾아서 서로 인사하되, 거부당할까봐 두려워하며 열등의식을 느끼는 사람처럼 해보라고 말했다. 나는 애틀랜타에서 공사 인부로 일하던 사람과 팀이 되어 상대방과 서로 쭈뼛거리며 악수를 하고는 〈네가 날 원하기를 원해I Want You to Want Me〉라는 곡이 배경으로 흐르는 동안 당황스러워하며 바닥을 내려다보고 있었다. 그때 토니가 교묘하게 준비된 질문 공세를 시작했다.

"여러분, 호흡이 깊었나요, 얕았나요?"

"얕았어요!" 청중이 이구동성으로 외쳤다.

"주저하셨나요, 아니면 곧바로 짝을 찾으러 나섰나요?"

"주저했어요!"

"몸은 이완되어 있었나요, 굳어 있었나요?"

"굳어 있었어요!"

토니가 우리더러 연습을 다시 하되, 이번에는 처음 3~5초간 우리가 상대에게 주는 인상에 따라 상대가 우리와 사업을 할지 말지가 결정된다고 생각하고 짝에게 인사를 해보라고 했다. 그리고 상대가 우리와 사업을 하지 않으면, "여러분이 아끼는 사람이 모조리 지옥에서 돼지처럼 죽을 겁니다"라고 말했다. 나는 토니가 사업 성공을 그토록 강조하는 데 놀랐다. 이것은 판매 세미나가 아니라 개인의 힘을 끌어내는 방법에 관한 세미나 아닌가. 그때 토니 로빈스가 인생 코치일 뿐 아니라 뛰어난 사업가이기도 하다는 사실이 떠올랐다. 그는 판매직으로 시작해 7개의 비공개 기업을 소유한 회장이다. 〈비즈니스위크〉는 언젠가 그의 수입이 연간 8천만 달러라고 추정했다. 지금 그는 강한 성격에서 나오는 힘을 모조리 쏟아부어 판매 비법을 전수해 주려고 하는 듯했다. 그는 우리가 매우 기분이 좋아질 뿐 아니라 파도처럼 에너지를 발산해 단지 사람들에게 호감을 사는 데에 그치지 않고 우리 자신을 파는 방법을 알려주고 싶은 것이었다. 나는 이미 주말을 대비해 온라인 성격 테스트를 치른 뒤 앤서니 로빈스사에서 제작한 맞춤 보고서를 받은 바 있다. 거기에는 '수전'이 자기 생각을 팔지 않고 그저 말만 하려는 성향을 고쳐야 한다고 기록되어 있었다(보고서는 3인칭으로 쓰여 있었다. 꼭 가상의 매니저가 내 대인 기술을 검토하기라도 한 듯이).

청중은 다시 짝을 지으며 열광적으로 자신을 소개하고 상대의 손을 흔들어댄다. 끝나고 나자, 토니가 질문을 반복했다.

"기분이 좀 낫던가요?"

"네!"

"몸동작이 좀 달라지던가요?"

"네!"

"곧바로 짝을 찾으러 나섰나요?"

"네!"

이 훈련은 우리 생리 상태가 행동과 감정에 어떻게 영향을 미치는지 보여주기 위해 고안된 듯하지만, 극히 중립적인 교류에서조차 판매원 같은 태도가 중요하다는 점을 암시하기도 했다. 모든 만남이 타인의 호감을 사거나 잃을지 모를 위험한 게임이라는 점을 시사했다. 최대한 외향적인 태도로 관계의 두려움을 마주해야 한다고 느끼게 한 것이다. 생동감과 자신감이 있어야 하고, 주저하는 듯 보여서는 안 되며, 상대도 우리에게 웃음 짓도록 먼저 웃음 지어야 한다는 것이다. 이런 단계를 밟으면 기분이 나아질 것이고, 기분이 나아질수록 더욱 자신을 잘 팔 수 있다는 것이다.

토니는 그러한 기술을 시연하는 데 맞춤인 듯했다. 그는 내게 '감정 과잉'으로 비쳤다. 말하자면 외향적인 사람이 스테로이드를 맞은 상태인 듯했다. 한 정신과 의사의 말에 따르면 '평생토록 생동감 넘치고, 낙관적이고, 에너지가 넘치고, 자신감이 넘치는 특성'을 보였다. 이러한 특성은 사업, 특히 판매에서는 하나의 자산으로 인식되었다. 이런 특성이 있는 이들은 무대 위의 토니처럼 함께 있기에 좋은 사람이다.

하지만 여러분이 그런 감정 과잉인 사람들에게 감탄한다 하더라도, 자신의 차분하고 사려 깊은 모습도 좋아한다면? 행동을 위한 청사진으로서가 아니라 지식 자체를 사랑한다면? 세상에 사색적인 사람이 더 많았으면 좋겠다고 생각한다면?

토니도 그런 질문을 예상한 듯했다. "하지만 전 외향적이지 않은데요! 이렇게 말하는 사람도 있죠. 그래서요? 살아 있다는 걸 느끼기 위해 외향적일 필요는 없죠!" 그가 세미나 초반에 한 말이다.

옳은 말이다. 하지만 토니의 말을 빌리면, 판매 전화를 망쳐서 가족이 지옥에서 돼지처럼 죽어 가는 모습을 지켜보고 싶지 않으면 외향적인 사람처럼 행동하는 편이 나을 것이다.

열등의식의 해독제가 필요한 사람들

그날 저녁 일정은 '파이어워크(불 위로 걷기)'로 끝나는데, UPW 세미나에서 매우 중요한 순서에 해당한다. 이때 참가자들은 석탄을 깔아놓은 3미터 길이의 바닥 위로 발을 데지 않고 걸어가야 한다. 상당수 참가자들이 파이어워크에 대한 얘기를 듣고 자신도 해 보고 싶어서 UPW에 참여한다. 취지는 600도가 넘는 열기에도 버틸 수 있을 만큼 두려움이 없어지도록 자신을 몰아붙이는 것이다.

그 순간이 오기까지 우리는 토니의 기법인 훈련, 충동작, 시각

화를 연습하느라 몇 시간을 보냈다. 가만 보니 참가자들이 토니의 동작과 얼굴 표정 하나하나까지, 심지어 투수가 공을 던지듯이 팔을 휘두르는 토니만의 동작까지도 흉내 내기 시작했다. 저녁 일정은 점점 최고조로 올라가고 마침내 자정 직전에 참가자들은 횃불을 들고 주차장으로 행진했다. 거의 4천 명에 달하는 사람들이 원시 부족의 리듬에 맞추어 "예스! 예스! 예스!"를 외쳤다. 여기에 참가자들은 불이 붙어버리는 듯하지만, 내게는 "예스! 두다다다, 예스! 두두두두, 예스! 두다다다" 하는 구호가 로마의 장군이 이제 막 무너뜨리려는 도시에 도착한 것을 알리려고 준비한 신호처럼 들렸다. 앞서 강당 문 앞에 서서 하이파이브를 하며 밝게 웃음 짓던 안전요원들이, 파이어워크의 문지기로 둔갑해 불길로 만든 다리를 팔로 가리키고 있었다.

내가 아는 한, 파이어워크에서의 성공은 마음가짐보다는 발바닥 두께에 달려 있고, 그래서 나는 안전한 거리에서 지켜봤다. 하지만 뒤로 물러나는 사람은 나 혼자뿐인 듯했다. 대부분의 참가자들은 함성을 지르며 건너갔다.

"해냈어! 해냈다고!"

사람들이 불구덩이 반대편에 도착해서 외쳤다. 그들은 토니 로빈스와 같은 정신 상태에 도달한 것이다. 하지만 그 정신 상태는 무엇으로 구성되어 있을까? 그것은 무엇보다도 우월한 정신, 즉 알프레드 아들러의 열등의식에 대항할 해독제로 구성됐을 것이다.

토니는 '우월한'이라는 단어가 아니라 '힘'이라는 단어를 쓰지만(이제 우리는 성격 문화의 여명기와는 달리 너무 똑똑해져서 자기계발을 오로지 사회적 지위라는 측면으로 이야기하기에는 무리가 있다), 그의 모든 것이 우월함을 행사하는 행위였다. 이따금 청중을 '소녀와 소년'이라고 부르는 것에서부터 자신의 커다란 집과 영향력 있는 친구들에 관해 얘기하는 것, 청중들을 문자 그대로 내려다보는 방식에 이르기까지 모두. 토니 로빈스의 슈퍼맨다운 신체 크기는 그라는 브랜드의 중요한 일부분이다. 가장 잘 팔리는 그의 책 제목 『네 안에 잠든 거인을 깨워라』를 보면 다른 말이 필요 없다.

토니는 지성도 인상적이다. 그는 대학 교육이 과대평가되었다고 말하고(대학에서 우리의 감정과 신체에 대해 가르쳐 주지 않기 때문에) 다음 책을 쓰는 데는 게으름을 부렸지만(더 이상 책을 읽는 사람이 없기 때문), 심리학자들의 연구를 취합해서 하나의 기막힌 쇼로 만들어낸 뒤, 청중들이 자기 것으로 만들 수 있는 진짜배기 통찰을 거기에 가득 불어넣었다.

토니의 천재성은 청중들이 토니 자신과 함께 열등함에서 우월함으로 옮겨가는 여정을 공유하게 해준다는, 드러내지 않은 약속에서 나타났다. 그는 자기도 늘 대단하지는 않았다고 말해준다. 어릴 적 그는 난쟁이에 불과했고, 몸이 좋아지기 전에는 비만이었다고 했다. 그리고 캘리포니아 델 마Del Mar에 있는 성에 살기 전에는 욕조에서 설거지를 해야 할 정도로 자그마한 아파트에서 살았다고 했다. 우리를 내리누르는 것이 무엇이든 극복할 수 있다는 내향적인 사람조차도 힘차게 '예스'를 외치며 석탄 위를 걸어갈 수 있다는 얘기다.

토니가 말하는 정신 상태를 구성하는 두 번째 요소는 상냥함이었다. 그가 사람들 모두의 내면에 깃든 힘을 해방하는 데 진정으로 마음을 쓴다고 사람들이 느끼도록 만들지 못했다면, 그렇게 많은 사람에게 영감을 주지는 못했을 것이다. 토니가 무대에 있을 때면 그가 온 힘과 마음을 다해 노래하고 춤추고 감정을 쏟아낸다는 느낌이 든다. 청중이 일어서서 하나가 되어 노래하고 춤출 때면, 버락 오바마가 보수와 진보를 초월하는 문제에 대해 처음 말하는 것을 들었을 때 충격과 기쁨을 느끼며 그를 사랑했던 것처럼, 토니를 사랑할 수밖에 없는 순간을 느끼게 된다.

한번은 토니가 사람들에게 사랑, 안정, 다양성 등 여러 가지 욕구가 있다는 얘기를 했다. 그리고 그가 이렇게 하는 것은 사랑 때문이라고(사랑이 동기가 되었다고) 말했다. 그리고 사람들은 그 말을 믿었다. 하지만 이런 점도 있다. 세미나 내내 토니는 쉬지 않고 우리를 더 우려먹으려고 했다. 그와 그의 판매팀은 사람들이 이미 상당한 돈을 지불하고 참가한 UPW 행사를 이용해 더 탐스러운 이름과 더 어마어마한 가격표가 붙은 세미나를 홍보하려고 했다. 운명과 데이트하기, 약 5천 달러. 통달 대학, 약 1만 달러. 플래티넘 파트너십, 1년간 거금 4만 5천 달러를 내고 11명의 다른 플래티넘 파트너 회원들과 토니와 함께 멋진 휴가 떠나기.

오후의 휴식 시간에 토니는 달콤할 정도로 아름다운 금발의 아내 세이지와 함께 무대에 머무르고 있었다. 토니는 세이지의 눈을 가만히 응시하며 머리카락을 매만지고 그녀의 귓가에 대고 뭐라고 속삭였다. 나는 결혼도 했고 결혼생활에 만족하고 있지만, 지금 남편 켄은 뉴욕에 있고 나는 애틀랜타에 있는 상황에서 이런 광경을 보니 외로움이 밀려왔다. 내가 독신이거나 결혼생활에 만족하지 못했다면 어떤 생각이 들었을까? 그랬다면 데일 카네기가 오래전 판매원들에게 잠재고객들을 어떻게 대해야 하는지 조언했던 것처럼 나에게 염원하는 마음을 불러일으켰으리라. 아니나 다를까, 휴식 시간이 끝나자 긴 동영상이 화면에 흐르며 토니의 관계 개선 세미나가 홍보됐다.

멋지게 설계해 놓은 또 다른 순간에, 토니는 주변을 올바른 '동료 그룹'으로 둘러싸는 일이 재정적으로나 감정적으로 얼마나 이로운지 설명하는 데 시간을 보냈다. 그러더니 한 직원이 4만 5천 달러짜리 플래티넘 프로그램에 관해 홍보하기 시작했다. 플래티넘 프로그램의 12자리 중 하나를 구입하는 사람들은 '최고의 동료 그룹'에 끼게 될 것이라는 얘기였다. 말하자면 '알짜', '엘리트 중에 엘리트 중에 엘리트'라는 말이다.

나는 왜 다른 참가자들 중 어느 누구도 이런 판매 기법을 의심하거나, 심지어 그것을 알아차리지도 못하는지 의아했다. 이미 수많은 참가자들은 로비에서 산 DVD, 책, 8×10인치짜리 토니 사진들로 쇼핑백이 그득그득했다.

하지만 토니의 비결은 (그리고 그의 상품을 사도록 끌어당기는 것은)

그가 다른 우수 판매원들처럼 자신이 홍보하는 것을 정말로 믿는 다는 점이다. 그는 사람들이 최고의 것을 누리기를 바란다는 점과 자기가 저택에서 살고 싶어 한다는 점 사이에서 아무런 모순도 느 끼지 못하는 듯했다. 그는 자신의 판매 기술을 자기 이익을 위해 서만이 아니라 수많은 사람들을 돕기 위해서도 활용하고 있노라 고 우리를 설득했다. 실제로 내가 아는 어떤 사려 깊고 내향적인 판매원은 그 자신이 판매 교육 세미나를 여는 사람인데도 토니 로 빈스 덕분에 자기 사업이 성장했을 뿐 아니라 자기가 더 나은 사 람이 되었다고 장담했다. 그의 말에 따르면, 그는 UPW와 같은 세 미나에 참석하기 시작하면서 '자기가 어떤 존재가 되고 싶은지'에 집중할 수 있었고, 자신의 세미나를 열게 된 지금은 바로 그러한 사람이 되었다고 한다. "토니는 에너지를 줍니다. 이제 저도 무대 에 있을 때 다른 사람들을 위해 에너지를 만들어낼 수가 있죠."

———

성격 문화의 초창기에 우리는 노골적으로 이기적인 이유에서 외향적인 성격을 개발해야 한다고 재촉당했다. 서로 안면도 없고 경쟁이 심한 새로운 사회에서 남들보다 눈부시게 빛나려면 그래 야 한다는 것이다. 하지만 이제 우리는 외향적이면 더 성공할 뿐 아니라 더 좋은 사람이 된다고 생각한다. 우리는 판매사원 같은 태도가 자신의 재능을 세상과 나누는 방법이라고 여긴다.

바로 그런 까닭에 수천 명에게 자기 상품을 판매하려 했고, 그들에게서 아첨을 받으려 애쓰는 토니의 열정은 자아도취나 행상 행위가 아니라, 최상의 리더십으로 인식된다. 에이브러햄 링컨이 인격 문화에서 덕의 화신이었다면, 토니 로빈스는 성격 문화에서 덕의 화신이다. 실제로 토니가 한때 미국 대통령 선거에 출마할까 생각했다고 하자, 청중들은 환호성을 터뜨렸다.

하지만 리더십이 언제나 과도한 외향성을 뜻할까? 이것을 확인하기 위해 나는 하버드대학교 경영대학원을 방문했다. 우리 시대에 가장 저명한 사업지도자와 정치지도자를 찾아내고 배출해냈다고 자부하는 그 시설을 직접 찾아간 것이다.

카리스마 넘치는 리더십이라는 신화

하버드대학교 경영대학원 캠퍼스에서 가장 먼저 눈에 들어오는 장면은 사람들의 걷는 모습이었다. 아무도 한가로이 거닐거나 산책하거나 어슬렁거리지 않았다. 그들은 빠른 걸음으로 성큼성큼 걸었다. 내가 방문할 당시 그곳은 상쾌한 가을이었고, 캠퍼스를 누비는 학생들은 9월의 전율을 느끼는 듯했다. 지나가다가 누군가와 마주치면 그들은 단순히 고개를 까딱이며 인사하지 않고, 활기차게 반기면서 여름방학 동안 금융기업 J. P. 모건에서 보낸 것에 대해 묻거나 히말라야에서 트레킹한 것에 대해 물었다.

학생들은 호화롭게 장식된 학생 센터이자 온실 같은 사교 장소인 스팽글러 센터에서도 똑같이 행동했다. 스팽글러 센터는 바다

거품 같은 초록색 실크 커튼이 천장에서 바닥까지 드리워져 있고, 값비싼 가죽 소파가 놓여 있으며, 거대한 삼성 HDTV가 조용히 캠퍼스 소식을 전하고 있었다. 솟아오를 듯한 천장에는 고출력의 샹들리에가 걸려 있는데, 탁자와 소파가 주로 가장자리에 놓여 있어서 한가운데는 패션쇼 무대처럼 밝게 빛났다. 학생들은 사람들의 시선이 자신에게 향하는 것도 모르는 듯 그곳을 경쾌하게 행진했다. 나는 그들의 태연함에 경탄했다.

학생들은 이런 주변 환경보다 더 잘 차려입은 느낌이었다. 누구 하나 과체중이거나 피부가 안 좋거나 낡은 액세서리를 한 사람은 없었다. 여학생들은 '치어리더 단장'과 '가장 성공할 것 같은 인물'이 혼합된 사람같았다. 몸에 꼭 달라 붙는 청바지에 하늘하늘한 블라우스를 입고, 반짝거리는 스팽글러 센터 바닥을 또각또각하는 기분 좋은 소리를 내는 하이힐을 신고 있다. 어떤 학생은 패션모델처럼 행진하는데, 다른 점이 있다면 모델처럼 고고하고 무표정한 것이 아니라 사교적이며 환하게 웃는 얼굴이었다. 남자들은 단정한 운동선수 같아서, 책임지는 자리에 있을 법하게 보이지만 이글 스카우트(보이스카우트의 최고 계급)처럼 친근한 분위기였다. 그들에게 목적지로 어떻게 운전해 가야 하는지 물어보면, 자신 있다는 듯 웃음을 지으며 인사하고는 목적지까지 데려다주는 임무에 자신을 내던질 것만 같았다. 길이야 알든 모르든 간에.

나는 장거리 자동차 여행을 계획하고 있는 학생 두어 명 옆에 앉았다. 하버드대학교 경영대학원 학생들은 언제나 술집들을 탐방하고 파티를 계획하거나, 방금 막 돌아온 극한의 여행에 대해 설명했다. 그들이 나더러 무슨 일로 왔느냐고 묻자, 나는 내향성과 외향성에 관한 책을 쓰려고 인터뷰하러 왔다고 답했다. 나는 학생들에게, 하버드대학교 경영대학원 출신인 친구가 언젠가 스팽글러 센터를 '외향성의 성지'라고 불렀다는 사실을 말해주지는 않았다. 하지만 알고 보니 말해줄 필요도 없었다.

"여기서 내향적인 사람을 발견하실 수 있다면 좋겠네요."

"이 학교는 외향성을 토대로 하고 있죠. 성적과 사회적 지위가 거기에 달려 있거든요. 여기선 그게 보통이에요. 다들 자기 의견을 발언하고 사교적, 외향적으로 행동하죠."

"좀 더 조용한 사람은 없나요?" 내가 물었다.

그들이 날 흥미롭다는 듯 바라봤다.

"그건 말씀드릴 수가 없네요." 처음으로 대답한 학생이 거만하게 말했다.

세상을 바꾸는 지도자 만들기

하버드대학교 경영대학원은 어느 면으로 보나 평범한 곳이 아니다. 데일 카네기가 외판원으로 길을 나섰고 대중 강연에 관한 첫 강좌를 열기 3년 전인 1908년에 설립된 이 학교는 '세상을 바꾸는 지도자들을 가르치는 곳'으로 스스로를 평가했다. 조지 부시 대통령을 위시해, 세계은행 총재들, 미 재무장관들, 뉴욕시장들, GE나 골드먼삭스, 프록터앤드갬블P&G 같은 기업의 CEO들이 이곳 출신이며 좀 더 악명 높은 사람으로는 엔론 스캔들의 원흉인 제프리 스킬링Jeffrey Skilling이 있다. 2004년에서 2006년 포춘 500대 기업의 최고관리자 삼인방 중 20퍼센트가 하버드대학교 경영대학원 출신이었다.

하버드대학교 경영대학원 졸업자들은 우리가 알지 못하는 방식으로 우리 삶에 영향을 미쳤다. 누가 언제 전쟁에 나가야 하는지 결정했고, 디트로이트주 자동차산업의 운명도 결정지었고, 월스트리트든 메인스트리트(일반 노동자를 나타냄－옮긴이)든 아니면 워싱턴 DC의 펜실베이니아 애비뉴든 그곳들을 뒤흔드는 위기가 일어날 때마다 핵심 역할을 해왔다. 여러분이 기업에서 일한다면, 하버드대학교 경영대학원 출신들이 여러분의 일상까지 주물렀을 공산이 크다. 이들은 독자의 작업 공간에서 어느 정도로 사생활이 존중되어야 하는지, 매년 팀 빌딩 교육을 몇 시간이나 이수해야 하는지, 창의성이 브레인스토밍으로 가장 잘 솟아나는지 아니면 혼자 조용히 있을 때 가장 잘 솟아나는지 등을 판단했다. 이들의 영향력이 미치는 범위를 고려하면, 누가 이곳에 다니는지 그리고 이들이 졸업할 때 어떤 가치를 중시하는지 살펴봐도 좋을 듯하다.

하버드대학교 경영대학원에서 내향적인 학생을 찾는 데 행운이 있기를 바란다고 말한 학생은 필시 그런 사람이 없다고 믿고 있다. 하지만 그는 분명 1학년 학생인 돈 첸을 모르는 모양이다. 나는 스팽글러에서 돈을 처음 만났는데, 그는 장거리 자동차 여행을 계획하던 학생들과 불과 소파 몇 자리 떨어진 곳에 앉아 있었다. 그는 전형적인 하버드대학교 경영대학원 학생으로 보였다. 키가 크고, 상냥하며, 광대뼈가 두드러져 웃으면 매력적이었다. 돈은 학교를 졸업하면 사모펀드 회사에 취직하고 싶다고 했다. 하지만 돈과 잠시 얘기해 보면 그가 다른 학생들보다 목소리가 부드럽고, 머리를 계속 살짝 갸우뚱하고 있으며, 활짝 웃는 얼굴도 어딘가 머뭇거리는 듯한 인상을 받는다. 돈은 그가 기분 좋게 표현한 대로 '씁쓸한 내향인'이었다. 하버드대학교 경영대학원에 오래 있을수록 자기 태도를 바꾸는 편이 낫다고 확신하기 때문에 씁쓸한 것이다.

돈은 혼자 지내는 시간이 많기를 바라지만, 하버드대학교 경영대학원에서는 그렇게 하려 해도 뾰족한 수가 없었다. 그의 하루는 이른 아침, 의무로 참석해야 하는 지정 스터디 그룹인 '학습 팀'과 함께 한 시간 반 동안 만나 토론하는 것으로 시작된다(하버드대학교 경영대학원생들은 화장실에도 거의 팀으로 간다). 나머지 오전 시간을 강의실에서 보내는데, 강의실은 U자 모양의 원형극장 형태로 목판으로 마감이 되어 있고 그곳에 학생 90명이 함께 강의를 듣는다. 교수는 보통 한 학생에게 그날의 사례 연구를 설명하라고 지시하면서 수업을 시작한다. 사례 연구는 실제 경영 시나리오를 토대로 한다. 이를테면 한 CEO가 회사의 임금구조를 바꾸려고 한다는 식이다. 사례 연구의 중심에 있는 인물, 그러니까 지금 상황에서는 그 CEO를 '주인공'으로 부른다. 교수가 묻는다. "자네가 주인공이라면 어떻게 하겠는가?" 그리고 실제로도 곧 그런 주인공이 될 것이라는 암시가 깔려 있다.

하버드대학교 경영대학원 교육의 핵심은 지도자들이 자신감 있게 행동해야 하고 불완전한 정보를 토대로 결정해야 한다는 것이다. 이곳의 교수법은 예부터 전해 내려오는 질문을 다룬다. 모든 사실을 다 알지 못한다면 (실제로도 그럴 때가 많을 텐데) 자료를 최대한 많이 모을 때까지 기다려야 하는가? 아니면 주저하다가 사람들의 신뢰를 잃어버리고, 탄력도 잃어버릴 위험을 감수할 것인가? 답은 분명하지 않다. 좋지 않은 정보를 토대로 단호하게 결정한다면 사람들을 재앙의 구렁텅이로 빠뜨릴 소지가 있다. 하지만 불확실하다는 분위기를 풍기면 사기가 꺾일 뿐만 아니라 투자자들이 투자하지 않을 테고 그러면 조직이 붕괴할 소지가 있다.

하버드대학교 경영대학원의 교수법은 은근히 확신 쪽으로 기운다. CEO는 최선의 방법을 알지 못할 수도 있지만 어쨌거나 행동해야 한다. 학생들은 각자 돌아가며 자기 의견을 밝혀야 했다. 이상적으로는 방금 막 지적돼 발표한 학생이 이미 그 사례를 '학습 팀'과 논의하여 주인공에게 맞는 최선의 선택을 설명할 준비가 되어 있어야 한다. 학생이 발표를 마치고 나면, 교수는 다른 학생에게도 의견을 개진하라고 한다. 학생들 성적의 절반과 사회적 지위의 절반 이상은 이들이 이런 논쟁에 얼마나 뛰어드느냐에 달려 있다. 한 학생이 자주, 게다가 강력하게 발언한다면 선수가 되는 것이고 반대라면 주변부에 머물게 되는 것이다.

학생들 상당수가 이 시스템에 쉽게 적응했다. 하지만 돈은 아니다. 그는 수업의 논의에 끼어드는 데 애를 먹었다. 어떤 수업에서는 거의 말을 안 했다. 그는 오직 자신이 뭔가 통찰력 있는 의견이 있다고 생각하거나, 누군가와 극명하게 의견이 다를 때만 발언하려고 했다. 이것은 타당한 말로 들리지만, 돈은 자신에게 할당된 발언 시간을 채울 수 있도록 발언하는 것을 좀 더 편안하게 느껴야 한다고 생각했다.

돈의 학교 친구들, 그러니까 그처럼 사려 깊고 사색적인 친구들은 수업 시간에 발언하는 것에 대해 오랜 시간 얘기했다. 수업 참여를 얼마나 하면 너무 많은 것이고 얼마나 하면 너무 적은 것인가? 다른 친구와 의견이 다르다고 공개적으로 얘기하는 것이 언제 건전한 토론으로 이어지고, 언제 경쟁적이고 서로 비판하는 듯한 분위기로 흐르는가? 돈의 친구 중 한 명은 그녀의 교수가 그날의 사례 연구에 관해 실제로 경험이 있는 사람이라면 누구라도 자기에게 미리 알려달라는 내용의 메일을 보냈다면서 걱정했다. 그녀는 교수의 말이, 자기가 지난주 수업 시간에 한 얘기처럼 멍청한 말을 하지 못하게 하기 위한 조처라고 확신했다. 또 다른 친구는 자기 목소리가 너무 작다고 걱정했다. "전 원래 목소리가 작거든요. 그래서 다른 사람들에게 보통으로 들리게 하려면 거의 소리를 지르게 되죠. 그래서 연습을 해야 돼요."

학교는 조용한 학생들을 말이 많은 학생으로 바꾸려고 노력한다. 교수들은 각자의 '학습 팀'이 있고, 팀에서 과묵한 학생들을 유도하는 기법으로 서로서로 말하도록 부추긴다. 학생들이 수업에서 자기 의견을 제대로 말하지 못하면, 그것은 학생 개인의 문제로 비칠 뿐 아니라 담당 교수의 문제로도 간주된다. 미셸 안트비Michel Anteby 교수는 이렇게 말했다. "누군가 학기가 끝날 때까지 발언하지 않으면 문제가 됩니다. 제가 제대로 하지 못했다는 뜻이거든요."

학교에서는 수업에 잘 참여할 수 있도록 웹페이지와 교육 시간도 마련해놓았다. 돈의 친구들은 자기가 가장 잘 기억하는 팁을 진지하게 나열했다.

"확신 있게 말하라. 고작 55퍼센트만 믿어도 100퍼센트 믿는 것처럼 얘기하라."

"수업을 혼자 준비하는 것은 잘못된 방법이다. 하버드대학교 경영대학원에서는 어떤 것도 혼자 하도록 되어 있지 않다."

"완벽한 대답을 고민하지 마라. 아무 말도 못하느니 가서 뭐라도 얘기하는 게 낫다."

대학 신문인 〈더 하버스The Harbus〉에도 '그 자리에서 말을 잘하는 법!'이나 '무대에서 존재감을 높이는 법', '오만함인가, 아니면 그저 자신감인가?'와 같은 제목의 기사가 조언으로 실렸다.

이러한 명제는 수업 시간 바깥으로도 확장됐다. 수업이 끝나면 학생들은 대부분 스팽글러 식당에서 점심을 먹는데, 한 학생은 이곳을 '고등학교보다 더 고등학교 같다'고 묘사했다. 그리고 날마다 돈은 자신과 씨름했다. 그가 원하는 대로 자기 아파트로 돌아가 혼자 점심을 먹으며 에너지를 보충해야 할까, 아니면 친구들과 함께 먹어야 할까? 억지로 스팽글러에서 같이 먹기로 하더라도, 사회적 압력이 그곳에서 끝나는 것은 아니다. 시간이 흐를수록 그러한 상황을 더 자주 접해야 할 것이다. 오후 친목 모임에 나가야 할까? 시끌벅적한 저녁 모임에는? 하버드대학교 경영대학원 학생들은 매주 며칠씩 떼로 모여 밖으로 나간다고 돈이 말했다. 반드시 참여할 필요는 없지만, 거기에 끼지 않으면 그룹 활동을 잘해내지 못할 것 같다.

돈의 친구들은 말했다. "이곳에서는 사교 생활이 익스트림 스포츠예요. 사람들은 항상 밖으로 나가죠. 하룻밤이라도 같이 안 나가면 다음 날 '어제 어디 갔었어?' 하고 물어요. 전 그게 제 일이라고 여기고 매일 밤 나갑니다." 돈은 친목 모임이나 저녁 모임, 술집 파티 등의 사교 이벤트를 준비하는 친구들이 사회적 지위가 가장 높다는 점을 발견했다. 돈은 말했다. "교수님들은 이곳의 친구들이 우리 결혼식에 올 사람들이라고 하죠. 폭넓은 인간관계를 형성하지 않고 이곳을 떠나면, 하버드대학교 경영대학원을 제대로 경험하지 못한 거나 다름없다고요."

밤이 되어 침대에 누울 때가 되면 돈은 기진맥진한 상태가 된다. 그리고 그는 때때로 정확히 무엇 때문에 그가 외향적으로 행동해야 하는지 모르겠다고 생각했다. 돈은 중국계 미국인인데, 한번은 여름방학에 중국에 가서 일하고 온 적이 있다. 그는 그곳의 사회적 기준이 이곳과 얼마나 다른지, 그가 그곳에서 얼마나 편안했는지 발견하고 놀랐다 했다. 중국에서는 사람들이 귀를 기울이고, 열변을 토하기보다는 질문을 던지며, 상대의 입장을 먼저 고려하는 일을 더 중시했다고 한다. 미국에서는 자신의 경험을 얼마나 잘 이야기로 풀어내느냐가 대화에서 중요한 반면, 중국에서는 불필요한 얘기로 상대의 시간을 빼앗는 것은 아닌지 염려하는 일이 중요했다.

"그해 여름에 저는 이렇게 생각했어요. '이제 왜 이 사람들이 나와 같은 민족인지 알겠군.'"

하지만 그곳은 중국이었고, 여기는 매사추세츠주의 케임브리지다. 그리고 학생들을 얼마나 '현실 세계'에 맞게 준비시키느냐로 하버드대학교 경영대학원을 평가한다면, 그곳은 일을 탁월하게 해내고 있는 것으로 보인다(결국 돈 첸은, 스탠퍼드대학교 경영대학원 연구에 따르면 유창한 언변과 사교 능력이 성공의 가장 중요한 지표가 되는 사업 문화로 들어가게 될 테니까). 그곳은 GE의 한 중간관리가 내게 말한 다음과 같은 세계였다. "이곳 사람들은 누군가에게 파워포인트 자료와 할 얘기가 없으면 사람을 만나려고도 하지 않죠. 그냥 자기 동료를 추천하는 것일 뿐인데도 다른 사람 사무실에 앉아서 자기 생각을 얘기해 줄 수가 없다는 말입니다. 장점과 단점을 들어가며 프레젠테이션을 해야 하죠. '테이크아웃 상자'를 들고 가세요."

자영업을 하거나 재택근무를 할 수 있는 상황이 아니면, 사람들은 대부분 사무실에 나가서 일해야 하고 복도에서 마주치는 동료들을 따스하고 자신감 있게 대해야 했다. 전문가들을 위한 워튼 프로그램에 실린 2006년의 한 기사에는 이렇게 쓰여 있다. "기업계는 애틀랜타 지역의 한 기업 트레이너가 말한 것과 비슷한 업무환경으로 가득하다. '여기서는 모두들 외향적으로 행동하는 것이 중요하고 내향적으로 행동하면 문제가 된다는 점을 인식하고 있어요. 그래서 사람들은 불편하거나 말거나 외향적으로 행동하려고 무진 애를 쓰지요. 말하자면 CEO가 마시는 싱글몰트 스카치를 마시고 적절한 헬스클럽에서 운동해야 한다는 거죠.'"

예술가와 디자이너를 비롯한 창조적인 업종의 사람들을 고용하는 기업들도 외향성을 선호하는 경향을 드러낼 때가 많다. 한 주요 언론사의 인사부장이 나에게 말했다. "우리는 창의적인 사람들을 모집하고 싶습니다." 내가 '창의적'이라는 것이 무슨 뜻이냐고 묻자, 그녀는 곧바로 대답했다. "외향적이고 재미있고, 이곳에서 일한다는 데에 흥분하는 거죠."

기업인들을 대상으로 하는 현대의 광고들은 왕년의 윌리엄스 럭셔리 면도 크림 광고와 접전을 벌일 것이다. 케이블사업 채널인 CNBC에 방영되는 한 광고에는 근사한 업무를 놓치게 된 어떤 직원이 등장한다.

보스가 테드와 엘리스에게: 테드, 엘리스가 자네보다 결단이 빨라서 엘리스를 판매 콘퍼런스에 보내기로 했네.

테드: (잠잠) ……

보스: 그래서, 엘리스, 목요일에 보낼……

테드: 그러실 순 없습니다!

다른 광고들은 외향성을 증강시켜주는 상품을 대놓고 선전한다. 2000년에 앰트랙Amtrak은 여행자들에게 "자신을 옭아매는 것들에서 떠나라"고 부추겼다. 나이키가 유명 브랜드가 된 데는 부분적으로 '저스트 두 잇Just Do It' 캠페인의 효과도 있다. 1999년과 2000년에 진행된 향정신성 약물 팩실Paxil의 광고는 '사회불안장애'로 알려진 극도의 수줍음을 치료해 준다면서 성격 개조에 성공한 이야기를 들려준다. 한 팩실 광고에는 잘 차려 입은 중역이 사업 거래를 성사시키고서 악수하는 장면이 나온다. 자막은 이렇게 나간다. "성공이 느껴진다." 또 다른 광고는 팩실이 없을 때 어떻게 되는지 보여준다. 한 사업가가 사무실에 홀로 남아 실의에 빠진 듯 주먹 쥔 손을 이마에 댄 채 중얼거린다. "좀 더 자주 참여하는 건데."

하버드대학교의 롤플레잉 게임, '아북극 생존 상황'

하지만 하버드대학교 경영대학원에서조차 조용하고 느린 의사결정보다 빠르고 독단적인 해법을 중시하는 리더십 방식이 잘못될 수도 있다는 증후들이 있다.

매년 가을 신입생들은 '아북극 생존 상황'이라고 부르는 정교한 롤플레잉 게임에 참여한다. "지금은 10월 5일 오후 약 2시 30분입니다. 여러분은 수상비행기를 타고 가다가 캐나다의 퀘벡과 뉴펀들랜드 북쪽 경계에 있는 아북극 지역의 동쪽 연안에 불시착했습니다." 학생들을 소규모 그룹으로 묶은 다음, 각 그룹이 비행기에서 15개의 물건을 구해낸 상황이라고 상상하라고 한다. 물건은 나침반, 침낭, 도끼 등이다. 그런 뒤에 학생들은 그룹이 생존하는 데 중요한 순서대로 물건을 배치해야 한다. 먼저 개별적으로 순서를 정해보고, 그룹으로 다시 정해본다. 다음에는 그 순서를 전문가가 정한 순서와 비교하여 얼마나 잘했는지 평가해 본다. 마지막으로 자기들 팀이 토론하는 모습을 찍은 동영상을 보며 무엇이 잘됐는지, 혹은 잘못됐는지 검토한다.

이 연습의 핵심은 시너지 효과를 가르치는 것이다. 개별 멤버보다는 팀의 순위가 높아지는 것을 성공적인 시너지 효과의 기준으로 봤다. 팀원 중 누구라도 팀 전체보다 순위가 높으면 그룹은 실패한 셈이다. 그리고 학생들이 자기주장을 지나치게 내세울 때 바로 그런 상황에 놓일 확률이 높다.

돈의 친구 중 한 명은 운 좋게도 북쪽 오지를 많이 경험한 친구와 같은 그룹이 되었다. 그 친구는 15개의 물건을 어떻게 순위를 매겨야 좋을지 여러 가지 좋은 의견을 내놓았다. 하지만 그룹은 그의 말을 듣지 않았다. 그가 자신의 견해를 너무 조용히 표현했기 때문이다.

그 친구는 이렇게 회고했다. "가장 목소리 큰 사람이 제안하는 대로 행동지침을 정하게 되었죠. 목소리 작은 사람이 아이디어를 내놓으면 그냥 무시되었고요. 무시된 아이디어들은 우리를 생존하도록, 문제에서 벗어나도록 도울 수 있는 것들이었지만 목소리 큰 사람들이 자기 생각을 말할 때 보여준 확신 때문에 결국은 무시되고 말았죠. 나중에 동영상을 보여주는데 정말 당혹스럽더 군요."

'아북극 생존 상황'은 상아탑 안에서 벌어지는 무해한 게임인 것처럼 보이지만, 여러분이 참여했던 회의들을 떠올려 본다면 아 마도 한 번쯤 (아니 여러 번) 가장 활발하거나 말 많은 사람의 의견 이 이기고 결국 모두에게 해로운 결과가 나온 경험이 있을 것이 다. 어쩌면 그때는 위험도가 낮은 상황이었을 수도 있다. 이를테 면 학부모회에서 월요일 저녁에 만날지 화요일 저녁에 만날지 결 정하는 일처럼 말이다. 하지만 중요한 일이었을 수도 있다. 엔론 의 최고 간부들이 긴급회의를 개최해 의심스러운 회계 관행을 발 표해야 하는지 말아야 하는지 결정하는 일(엔론에 관해서는 7장에서 다룬다)이나 아이를 떼어놓으면서까지 편모를 감옥에 보내야 하는 지 결정해야 하는 판사의 경우처럼 말이다.

나는 '아북극 생존 상황' 문제를 하버드대학교 경영대학원 교수 이자 리더십 스타일의 권위자인 퀸 밀스Quinn Mills와 논의했다. 밀 스는 예의 바른 남성으로, 가는 세로줄무늬 정장에 노란 물방울무 늬 타이를 하고 있었다. 그는 낭랑한 목소리로 능숙하게 말했다. "하버드대학교 경영대학원의 방침은 지도자들이 목소리가 커야 한다고 추정하며 제 견해에는 그것이 현실인 것 같습니다."

하지만 밀스는 '승자의 저주'로 알려진 흔한 현상도 지적했다. 이것은 두 회사가 제3의 회사를 인수하기 위해 경쟁하다가 가격이 너무 높아지는 바람에 경제활동이라기보다는 내적 전쟁이 되어버리는 상황을 가리킨다. 입찰에 참가해 승리한 회사는 상대에게 상품을 내어줄 수는 없으므로 부풀려진 가격에 회사를 매입하게 된다. "이런 일에서 승리하는 사람들은 대개 자기주장이 강하죠. 이런 현상은 어디서나 일어납니다. 사람들은 '어쩌다 이렇게 된 거지? 왜 이렇게 돈을 많이 준 거야?' 하고 묻습니다. 대부분은 상황에 휩쓸린 탓이라고 하지만, 그렇지 않아요. 대부분은 자기주장이 강하고 지배적인 사람들에게 휩쓸린 겁니다. 우리 학생들의 문제는 자기 방식대로 밀고 나가는 데 아주 뛰어나다는 겁니다. 하지만 그게 올바른 방식이란 뜻은 아니죠."

조용한 사람과 시끄러운 사람이 대체로 비슷한 숫자의 좋은 생각(과 나쁜 생각)을 떠올린다면, 시끄럽고 더 강한 사람이 늘 이기는 상황을 걱정해야 마땅하다. 좋은 아이디어가 묵살되고 나쁜 아이디어가 채택될 경우가 많을 것이라는 뜻이기 때문이다. 그룹 역학에 관한 연구들을 보면 실제로 이런 일이 벌어진다. 우리는 조용한 사람보다 시끄러운 사람이 더 똑똑하다고 인식한다. 학교 성적이나 SAT(대학입학 자격시험) 점수, 지능 테스트 점수를 보면 그것이 틀렸다는 점이 드러나는데도 말이다. 한 실험에서 서로 모르는 두 사람이 전화로 대화를 하는데, 더 많이 얘기한 사람이 더 똑똑하고 잘생기고 호감 가는 것으로 인식되었다. 우리는 말 많은 사람을 지도자로 보는 경향도 있다. 누군가 말이 많을수록, 다른 멤버들이 그 사람에게 주목하게 되고, 회의가 길어지면서 그 사람의 권한은 점점 커진다. 말을 빨리 하는 것도 도움이 된다. 우리는 말이 빠른 사람을 더 능력 있고 매력적인 것으로 평가한다.

말이 많은 사람이 통찰도 뛰어나다면 이런 현상은 모두 좋은 것이겠지만, 연구 결과를 보면 그런 상관관계는 없는 듯하다. 한 연구에서는 대학생들 그룹을 대상으로 함께 수학문제를 풀게 하고서 사람들의 지능과 판단력을 평가하게 했다. 먼저 말하고 자주 말한 학생들이 반복해서 가장 높은 점수를 받았다. 그들의 제안이 (그리고 SAT 수학 점수가) 말이 적은 학생들보다 나은 점이 없었는데도 말이다. 이 학생들은 또 다른 실험에서 한 신생회사의 사업 전략을 짜는 문제를 풀 때도 창의성과 분석력이 뛰어나다는 평가를 받았다.

조직행동학과 교수 필립 테틀록Philip Tetlock이 UC버클리에서 실시한 한 유명한 연구에서는 텔레비전 전문가들이, 즉 제한된 정보를 바탕으로 자신 있게 자기주장을 펼치는 것으로 생계를 유지하는 사람들이 무작위 추첨보다 정치와 경제 트렌드를 잘못 예측한다는 점이 발견되었다. 그리고 최악의 점쟁이는 가장 유명하고 가장 자신감 넘치는 이들이기 십상이다고 한다. 하버드대학교 경영대학원 강의실에서 자연스럽게 리더로 간주될 바로 그런 사람들 말이다.

미군에도 비슷한 현상을 지칭하는 이름이 있다. '애빌린으로 가는 버스'가 그것이다. 미군 전쟁대학에서 행동과학을 가르치는 스티븐 J. 게라스Stephen J. Gerras (퇴역)대령은 2008년에 〈예일대 동문

회지〉에 이렇게 말했다. "무더운 여름날 텍사스에서 한 가족이 베란다에 앉아 있는데 누군가 말합니다. '아 지루해. 우리 애빌린에 갈까?' 가족이 애빌린에 도착하자 누군가 말합니다. '있지, 솔직히 나 별로 오고 싶지 않았어.' 그러자 옆 사람이 말합니다. '나도 오고 싶지 않았어. 난 네가 오고 싶은 줄 알았다고.' 이런 식으로 흘러가죠. 군 내부의 어떤 그룹에서 대화를 나누고 있는데 누군가 '지금 우리 애빌린으로 가는 버스에 타고 있는 느낌이네요' 하고 말하면 붉은 깃발(위험 신호-옮긴이)이 올라갑니다. 거기서 대화를 끝내도 되죠. 이것은 군의 아주 강력한 문화유산입니다."

'애빌린으로 가는 버스' 일화는 행동을 시작하는 사람이 누구든 그 사람을 따라가려는 사람들의 성향을 보여준다. 그 행동이 무엇이건 상관없이 말이다. 마찬가지로 우리는 역동적인 연사에게 권한을 주는 경향이 있다. 매우 성공한 한 벤처 자본가는 나에게, 자기가 젊은 기업가들의 사업 아이디어를 주기적으로 듣는데, 그 친구들이 훌륭한 프레젠테이션 기술과 진정한 리더십 능력을 구분하지 못해서 속이 터질 때가 많다고 말했다. "걱정스럽게도 말은 잘해서 높은 자리에 올라갔지만 좋은 아이디어는 없는 사람들이 있어요. 잡담 능력과 재능은 혼동하기가 아주 쉽죠. 어떤 사람이 프레젠테이션도 잘하고 사람들과 잘 어울리면 그런 특성 때문에 보상을 받아요. 왜 그런 걸까요? 그런 특성도 물론 중요하지만, 우린 프레젠테이션에는 지나치게 무게를 싣고 내용과 비판적 사고에는 별로 무게를 싣질 않고 있어요."

신경경제학자 그레고리 번스Gregory Berns는 자신의 책『상식파괴자』에서 기업들이 프레젠테이션 기술에 지나치게 의존하면서 좋은 아이디어와 말도 안 되는 아이디어를 솎아내지 않을 때 어떻게되는지를 다뤘다. 그는 라이트 솔루션스Rite Solutions라는 소프트웨어 회사가 온라인 아이디어 시장을 활용해 직원들에게 아이디어를 공유하게 함으로써 스타일보다는 실질에 집중하는 방법을 설명했다. 회사의 사장인 조 마리노Joe Marino와 CEO인 짐 라브아Jim Lavoie는 자신들이 다른 곳에서 경험한 문제들을 생각해 이런 시스템을 만들었다. 라브아가 번스에게 말했다. "제가 전에 다니던 회사에서는 좋은 아이디어가 있으면 '좋아요, 그럼 심사위원회에게 발표하도록 약속을 잡죠' 하고 말했습니다." 여기서 심사위원회란 새로운 아이디어를 검토하는 사람들 집단을 말한다. 마리노가 그 후에 어떻게 됐는지 설명했다.

> 어떤 기술자가 좋은 아이디어가 떠오릅니다. 당연히 그 사람이 답을 알지 못하는 질문들이 나옵니다. "시장 규모는 얼마나 됩니까? 마케팅은 어떻게 할 생각이죠? 사업 계획은 어떻게 됩니까? 상품 가격은 얼마로 할 거죠?" 당혹스러운 질문입니다. 이런 질문에 답할 수 있는 사람은 별로 없어요. 심사위원회에서 통과하는 사람들은 최고의 아이디어가 있는 사람이 아닙니다. 프레젠테이션을 가장 잘하는 사람들이죠.

하버드대학교 경영대학원의 '큰 목소리 리더십' 모형과는 반대로, 효과적인 CEO들 중 상당수가 내향적인 사람들이다. 이를테면 찰스 슈워브Charles Schwab, 빌 게이츠, 브렌다 반스Brenda Barnes(새라 리Sara Lee의 CEO), 제임스 코플랜드James Copeland(딜로이트 투쉬 토마츠Deloitte Touche Tohmatsu의 전직 CEO)가 그렇다. 경영 구루 피터 드러커는 이렇게 썼다.

> 내가 지난 15년간 만나보고 함께 일해본 가장 효율적인 지도자들 중 일부는 사무실에 틀어박혀 지냈고 일부는 극도로 사교적이었다. 일부는 빠르고 충동적이었지만 일부는 상황을 곰곰이 살펴며 한참 고민한 뒤에야 결정을 내렸다. …… 내가 만난 효율적인 사람들의 한 가지 유일한 공통점은 그들에게 '뭔가'가 없다는 점이었다. 즉, 그들은 '카리스마'가 거의 없었고 그 말 자체도 거의 안 썼으며 그 단어가 뜻하는 바대로 행동하지도 않았다.

드러커의 주장을 지지하면서, 브리검영대학교 경영학 교수 브래들리 에이글Bradley Agle은 128개의 주요 기업 CEO들을 연구하여 최고경영진들에게 카리스마 있는 사람으로 인식되는 이들이 연봉은 더 많이 받았지만 실적은 좋지 않았다는 점을 발견했다.

우리는 지도자가 얼마나 외향적이어야 하는지를 과대평가하는 면이 있다. 밀스 교수는 이렇게 말했다. "기업을 이끌어가는 일은 대부분 소규모 회의로 결정되고, 그런 회의는 이메일 교환이나 동영상 토론처럼 원격 회의로 진행됩니다. 어마어마한 사람들을 앞에 두고 진행하는 게 아니에요. 대규모 그룹 회의도 어느 정도는 진행할 수 있어야죠. 회사의 지도자가 분석가들이 잔뜩 앉아 있는 회의실에 들어가서는 하얗게 겁에 질려 회의실에서 나가버릴 수는 없잖아요. 하지만 그런 건 자주 있지 않아요. 내가 아는 기업 지도자들 중에도 매우 내성적이어서 사람들 앞에서 하는 일에 매우 힘겨워하는 이가 많습니다."

밀스는 IBM의 전설적인 회장 루 거스트너Lou Gerstner를 예로 들었다. "이 학교를 나왔지요. 그 사람을 어떻게 평가해야 할지 모르겠군요. 그 사람은 대규모 연설을 해야 하고 실제로 할 때도 차분해보여요. 하지만 내 느낌에 그 사람은 소규모 그룹과 있을 때 엄청나게 더 편안해 하더군요. 사실은 그런 친구들이 많죠. 모두 그렇진 않지만 상당히 많습니다."

영향력 있는 경영이론가 짐 콜린스Jim Collins가 실시한 유명한 연구에 따르면, 20세기 말에 최고의 성과를 거둔 기업들 중 상당수는 그가 말하는 '5단계 지도자'가 이끄는 곳이었다. 이 예외적인 CEO들은 과시나 카리스마가 아니라 극도의 겸허함과 강력한 프로 의식으로 유명했다. 유명한 저서 『좋은 기업을 넘어 위대한 기업으로』에서 짐 콜린스는 다윈 스미스Darwin Smith의 이야기를 들려준다. 다윈 스미스는 킴벌리-클라크Kimberly- Clark의 책임자로 재직한 20년간 회사를 세계 유수의 제지회사로 탈바꿈시키고 시장 평균보다 4배나 높은 주식 수익률을 달성했다.

스미스는 수줍음 많고 온화한 남자로 J. C. 페니 정장을 입고 꺼

벙해보이는 검정 뿔테 안경을 끼고, 혼자서 위스콘신에 있는 농장을 어슬렁거리며 휴가를 보내고 있었다. 〈월스트리트 저널〉의 기자가 그의 경영방식을 묻자, 스미스는 어색할 정도로 오랫동안 빤히 기자를 응시하다가 한마디로 대답했다. "희한하게요." 하지만 그의 부드러운 태도에는 강렬한 결의가 숨어 있었다. CEO로 임명되고 얼마 후 스미스는 회사의 주요 사업인 아트지를 생산하던 제조공장을 팔아버리고 대신 소비자용 종이 생산품 사업에 투자하겠다는 극적인 결정을 내린다. 그의 생각에는 이것이 경제성도 있고 미래도 밝았기 때문이다. 모두가 그것을 엄청난 실수라고 말했고, 월 스트리트는 킴벌리-클라크의 주식을 하향 평가했다. 하지만 스미스는 대중에게 휩쓸리지 않고 자기가 옳다고 믿는 대로 했다. 그 결과 회사는 점점 튼튼해졌고 곧 경쟁자들을 따돌리게 되었다. 나중에 그의 전략에 관해 묻자, 스미스는 자기 일에 적격한 자질을 갖추기 위해 한시도 노력을 쉬지 않았다고 대답했다.

짐 콜린스는 조용한 리더십을 얘기하려는 의도가 아니었다. 조사를 시작했을 때 그가 알고자 했던 바는 어떤 특징들 때문에 특정 기업이 경쟁사들보다 뛰어나게 되었는가 하는 점뿐이었다. 그는 11개의 걸출한 기업을 선정해 깊이 파고들었다. 초기에는 리더십이라는 부분을 송두리째 무시했다. 단순한 대답을 피하고 싶었기 때문이다. 하지만 최고의 성과를 거두는 기업들의 공통점을 분석해 보니, CEO의 성격이 눈에 확 들어왔다. "그 기업들은 하나같이 다윈 스미스처럼 꾸밈없는 사람들이 이끄는 곳이었다." 이런 지도자들과 함께 일하는 사람들은 다음과 같은 단어로 그들을 묘사했다. '조용하다, 겸손하다, 소박하다, 말이 적다, 수줍어한다, 품위 있다, 온화하다, 자기를 내세우지 않는다, 절제되어 있다'.

짐 콜린스는 말했다. "교훈은 명백하다. 회사를 바꾸는 데 거인 같은 사람은 필요하지 않다. 우리에게 필요한 사람은 자신의 자아가 아니라 자신이 경영하는 기업을 키우는 지도자다."

내향적인 지도자들은 일을 어떻게 처리하나?

그렇다면 내향적인 지도자들은 외향적인 지도자와 어떻게 다르게 (그리고 때로는 어떻게 더 잘) 했을까? 그 한 가지 답은 펜실베이니아대학교 와튼스쿨 교수인 애덤 그랜트Adam Grant에게서 얻을 수 있다.

그는 구글에서부터 미 육군, 해군에 이르기까지 포춘 500대 기업의 경영자 및 군 지도자들과 상담하는 데 상당한 시간을 투자했다. 나와 처음으로 만났을 때 그랜트는 미시간대학교의 로스 경영대학원에서 가르치고 있었는데, 그곳에 있는 동안 외향성과 리더십의 상관관계를 보여주는 현재의 연구가 부족하다고 확신하게 되었다.

그랜트는 한 공군 대령에 관해 들려주었다. 대령은 장군 바로 아래 계급으로 수천 명의 병사를 통솔하면서 보안 등급이 높은 미사일 기지를 책임지고 있었다. 그는 그랜트가 만난 지도자들 가운데 가장 전통적인 내향성 사람이자 가장 훌륭한 지도자이기도 했다. 대령은 너무 많은 사람들과 함께 일하다 보면 초점을 잃어버리기 때문에 생각하고 재충전하기 위한 시간을 따로 마련했다. 그는 어조도 거의 바꾸지 않고 표정 변화도 거의 없이 조용하게 말했다. 자기 의견을 주장하거나 대화를 휘어잡는 것보다는 의견을 경청하고 정보를 모으는 데 더 관심이 있었다.

대령은 폭넓은 사람들에게 존경받았다. 그가 말할 때면 모두들 귀를 기울였다. 이것은 그다지 놀라운 면은 아니다. 군의 고위층에 있으면 사람들이 귀를 기울이게 마련이다. 하지만 이 대령은 사람들에게 권위만 존중받은 것이 아니라 통솔하는 방식도 존중받았다. 대령은 병사들이 주도적으로 일하려고 할 때 그것을 지지해 주었다. 부하들의 의견을 핵심적인 결정에 반영하고, 타당하다 싶은 아이디어를 채택하면서도, 자신에게 최후의 결정권이 있다는 점을 명확히 했다. 대령은 공로를 인정받는 일이나 책임을 맡는 것에도 관심이 없었다. 그저 가장 잘하는 사람에게 일을 맡겼다. 가장 흥미롭고 의미 있고 중요한 임무 중 일부를 위임했다는 뜻이다. 다른 지도자들이라면 스스로 맡았을 일들이다.

왜 기존의 연구에는 대령과 같은 사람들의 재능이 반영되어 있지 않았을까? 그랜트는 무엇이 문제인지 알 것 같았다. 첫째, 성격과 리더십에 관한 현재의 연구들을 가만히 들여다보니 외향성과 리더십 사이의 상관관계는 미미했다. 둘째, 이런 연구들은 실제 결과가 아니라 어떤 사람이 좋은 지도자라고 느꼈는지를 토대로 하고 있었다. 그리고 사람들의 인식은 문화적 편견이 반영된 것에 불과할 때가 많았다.

하지만 그랜트가 보기에 가장 흥미로운 점은 현재의 연구들이, 지도자가 맞닥뜨리게 될 다양한 상황들을 구분하지 않았다는 사실이다. 어쩌면 특정 조직이나 상황은 내향적인 지도자 유형에 잘 맞는 반면, 다른 상황은 외향적인 지도자 유형에 잘 맞을 수도 있어, 기존의 연구들은 이런 점을 구분하지 않았을지도 모른다.

그랜트는 어떤 상황에서 내향적인 지도자 유형이 필요할지 가설을 세웠다. 외향적인 지도자들은 직원들이 수동적일 때 집단의 성과를 향상시키는 반면, 내향적인 지도자들은 직원들이 능동적일 때 더 효과적이라는 가설이었다. 이런 가설을 실험하기 위해 그는 하버드대학교 경영대학원의 프란체스카 지노Francesca Gino와 노스캐롤라이나대학교 케넌-플래글러Kenan-Flagler 경영대학원의 데이비드 호프먼David Hofman과 함께 두어 가지 연구를 직접 실시했다.

첫 연구에서 그랜트와 동료들은 미국 5대 피자 체인점 중 한 곳의 데이터를 분석했다. 이들은 외향적인 사람들이 관리하는 매장의 주간 수익이 내향적인 사람들이 관리하는 매장의 주간 수익보다 평균 16퍼센트 높다는 점을 발견했다. 단 직원들이 독자적으로 움직이지 않고 시키는 일만 하는 수동적인 직원이었을 때만 그랬다. 내향적인 지도자들은 정반대의 결과를 낳았다. 이들이 능동적으로 작업 방식을 개선하려고 노력하는 직원들과 함께 일했을 때,

이들의 매장은 외향적인 관리자들이 경영하는 곳보다 14퍼센트 수익이 높았다.

두 번째 연구에서 그랜트와 동료들은 대학생 163명을 여러 팀으로 나누어 티셔츠를 10분 안에 최대한 많이 접도록 경쟁시켰다. 참가자들 모르게 각 팀에 배우를 2명씩 끼워넣었다. 어떤 팀에서는 배우들이 수동적으로 행동하며 지도자의 지침을 따랐다. 어떤 팀에서는 배우 중 한 사람이 "좀 더 효과적으로 할 수 있는 방법이 없을까요?" 하고 말했고, 다른 배우가 자기에게 일본 출신의 친구가 있는데, 그 친구가 셔츠를 빨리 접는 방법을 알고 있다고 대답했다. 그러고는 지도자에게 말했다. "가르쳐 주는 데 1~2분 정도 걸릴 텐데, 해볼래요?"

결과는 놀라웠다. 내향적인 지도자들은 제안을 받아들일 확률이 20퍼센트 높았고, 그들이 이끄는 팀은 외향적인 지도자들이 이끄는 팀보다 24퍼센트 나은 결과를 거두었다. 하지만 참가자들이 능동적이지 않았을 때, 그러니까 지도자들이 하라는 대로만 할 뿐 자신이 아는 셔츠 접는 법을 제안하지 않았을 때는 외향적인 지도자들이 이끄는 팀이 내향적인 지도자들이 이끄는 팀보다 22퍼센트 나은 결과를 달성했다.

직원들이 수동적이거나 능동적이라는 사실에 지도자들의 실적이 좌우되는 까닭은 무엇일까? 그랜트는 내향적인 사람들이 능동적인 사람들을 이끄는 데 유달리 잘 맞는다고 지적했다. 상대의 말을 잘 듣고 상황을 지배하는 데 무관심하다는 성향 때문에, 내향적인 사람들은 제안에 귀 기울이고 그것을 시도해 볼 확률이 높다. 이들은 사람들의 재능에서 도움을 받고 나서 더더욱 그들에게 능동적으로 행동하도록 독려하기 쉽다. 바꿔 말해서 내향적인 지도자들은 능동성이라는 선순환을 만들어낸다. 티셔츠 접기 연구에서, 팀원들은 내향적인 지도자들이 더 개방적이고 수용적이었다고 느꼈고 그 때문에 더 열심히 셔츠를 접었다고 말했다.

반면 외향적인 사람들은 자신의 흔적을 남기는 데 몰두하다 보니 다른 사람들의 좋은 아이디어를 놓치고 사람들이 수동성에 빠져들도록 할 소지가 있다. 프란체스카 지노는 말했다. "결국 지도자들은 말을 엄청 많이 하게 되고 사람들이 제시하려는 아이디어를 전혀 듣지 않게 될 때가 많더군요." 하지만 영감을 주는 타고난 능력으로, 외향적인 지도자들은 수동적인 일꾼들과 함께할 때 훨씬 나은 결과를 보여줬다.

이 분야의 연구는 아직 걸음마 단계에 불과하다. 하지만 그랜트의 원조를 받아 (그 자신도 특별히 능동적인 사람이니) 빠르게 성장할 것이다. 그의 동료 중 한 사람은 그를 '어떤 일이 시작되기로 예정된 시간보다 28분 전에 그 일이 일어나게 만드는 사람'이라고 묘사했다. 그랜트는 이 발견의 의미에 특히 흥분했다. 왜냐하면 빠르게 변화하는 24시간/7일 사업 환경에서 지도자에게 뭘 하라는 명령을 듣지 않고도 기회를 활용할 줄 아는 능동적인 직원들이 점점 조직의 성공에도 중요해지기 때문이다. 이러한 직원들의 기여를 극대화하는 방법을 알아낸다면 모든 지도자들에게 중요한 도구가 되어줄 것이다. 기업들이 리더의 자리에 '말 많은 사람'뿐 아니라 '잘 듣는 사람'을 키울 필요가 있다는 점도 중요하다.

그랜트에 따르면, 대중 언론에는 내향적인 지도자들이 대중 강연 기술을 연습하고 더 많이 웃어야 한다는 제안으로 가득하다. 하지만 그랜트의 연구 결과, 적어도 한 가지 중요한 측면은, 직원들이 주도적으로 일하도록 고무하는 면에서 내향적인 지도자들이 자연스럽게 행동하는 편이 낫다고 시사한다. 반면 외향적인 지도자는 "좀 더 삼가는, 조용한 방식을 받아들이고 싶어질지 모른다." 다른 사람들이 일어설 수 있도록 자신들이 앉는 법을 배우고 싶어질지도 모른다. 로자 파크스라는 이름의 여성이 자연스럽게 그렇게 한 것처럼.

로자 파크스의 숨은 일화와 모세의 〈출애굽기〉

1955년 12월, 몽고메리 버스에서 자리를 비켜주지 않겠다고 한 그날이 오기 전 몇 년 동안, 로자 파크스는 NAACP(전미유색인종촉진동맹)를 위해 은밀하게 일하면서 비폭력 저항 훈련까지 받았다. 게다가 그녀에게는 어린 시절부터 여러 일들로 인해 정치적 영감을 얻게 되었다. 예를 들어, 그녀가 어린 시절에 살던 집 앞으로 KKK가 행진한 일, 그녀의 오빠가 제2차 세계대전에서 미 육군 이등병으로서 백인 병사들의 목숨을 구하고 집으로 돌아왔으나 사람들에게 침 세례를 받은 일, 열여덟 살 정도의 흑인 배달 소년이 강간 누명을 쓰고 전기의자에서 처형된 일 등. 파크스는 NAACP 기록을 정리하고, 회비 납부 내역을 기록하고, 이웃의 어린아이들에게 책을 읽어주는 일을 했다. 그녀는 근면하고 명예로웠지만, 아무도 그녀를 지도자로 여기지 않았다. 파크스는 보병에 더 맞는 듯싶었다.

몽고메리 버스 운전기사와 결전을 벌이기 12년 전에 로자 파크스가 똑같은 남자와 똑같은 버스에서 맞닥뜨린 적이 있다는 사실을 아는 사람은 아마도 드물 것이다. 1943년 11월의 어느 날 오후, 파크스는 버스의 뒷문이 너무 붐벼서 앞문으로 차에 올랐다. 편견으로 똘똘 뭉친 것으로 유명한 운전기사 제임스 블레이크는 파크스에게 뒷문을 이용하라고 하면서 그녀를 버스에서 밀어냈다. 파크스는 자기를 건드리지 말라며 자기가 알아서 내리겠다고 조용히 말했다. 블레이크는 식식대며 "내 버스에서 내려"라고 말했다.

파크스는 그 말에 따랐지만, 그 전에 의도적으로 지갑을 떨어뜨리더니 '백인' 자리에 앉아서 지갑을 주워들었다. "직관적으로, 파크스는 레프 톨스토이가 명명하고 마하트마 간디가 받아들인 소극적 저항을 실천에 옮긴 것이다." 역사가 더글러스 브린클리Douglas Brinkley가 파크스에 관한 훌륭한 전기에 쓴 말이다. 브린클리에 따르면 그 일은 킹 목사가 비폭력이라는 개념을 널리 퍼뜨리기 10년도 더 전이었고, 파크스가 시민 불복종에 관해 훈련을 받기 한참 전이었지만, "그러한 원칙은 이미 그녀의 성격과 완벽하게 맞아떨어졌던 것이다."

파크스는 블레이크의 행동이 너무나 역겨워서 그 후로 12년간 그의 버스를 타지 않았다. 마침내 버스에 탄 날, 그러니까 파크스를 '시민권 운동의 어머니'로 만들어준 그날 그 버스에 탄 것도 브린클리에 따르면 순전히 방심하고 있다가 벌어진 것이었다.

파크스의 행동은 유례없이 용감한 일이었지만, 그녀의 조용한 힘이 진정으로 빛을 발한 때는 법정 다툼에서였다. 지역 시민권 지도자들은 그 일을 도시의 버스 법률에 도전할 시범 사례로 여기고 파크스에게 찾아가 소송을 걸라고 압박했다. 이것은 작은 일이 아니었다. 파크스에게는 병든 어머니가 있었다. 소송을 건다는 것은 자신은 물론 남편의 일자리도 잃어버린다는 뜻이었다. 남편과 어머니의 표현을 빌리면 '마을에서 가장 높은 전신주에 매달려 죽을 위험을 감수해야 한다'는 뜻이었다. 남편은 간청했다. "로자, 백인들이 당신을 죽이려 할 거야." 브린클리는 이렇게 썼다. "버스 사건으로 체포되는 것과 역사가 테일러 브랜치Taylor Branch가 말하듯 '그 금지된 공간에 자발적으로 다시 들어가는 것'은 전혀 다른 문제다."

하지만 파크스는 그녀의 기질 덕분에 완벽한 고소인이 되었다. 그녀는 신실한 기독교인이었을 뿐 아니라 정직한 시민이었기 때문에, 게다가 부드럽기까지 했기 때문이다. "상대를 잘못 만난 거지!" 보이콧에 참여한 사람들은 몇 마일씩 터벅터벅 걸으면서 말했다. 이 말은 '집합' 문구가 되었다. 그 힘은 그것이 얼마나 역설적인가 하는 점에서 나오는 것이었다. 보통 그런 문구는 지역의 유지처럼 힘 있고 사람들을 괴롭히는 거물과 맞붙었을 때나 쓰는 말이다. 하지만 파크스는 조용한 힘으로 난공불락이 되었다. 브린클리는 이렇게 썼다. "그 구호는 보이콧에 영감을 준 여인이, 신이 버리지 않을 상냥한 순교자라는 점을 떠오르게 했다."

파크스는 소송을 결정하기까지 뜸을 들였지만, 결국 소송하기로 했다. 파크스는 재판이 열리던 날 저녁에 열린 집회에 모습을 드러냈고, 그날 밤 새로운 몽고메리 권익개선협회 대표이던 마틴 루서 킹 주니어는 몽고메리의 흑인들 모두가 들고 일어나 버스를 보이콧하게 만들었다. 킹은 말했다. "어차피 일어날 일이었는데, 로자 파크스 같은 사람에게 일어난 것이 저는 기쁩니다. 누구도 그녀가 고결한 마음으로 해온 봉사활동을 의심할 수는 없기 때문입니다. 누구도 그녀의 인품을 의심할 수 없기 때문입니다. 파크스 여사는 꾸밈이 없지만, 고결함과 인품을 갖추었습니다."

그해에 파크스는 킹과 다른 시민권 지도자들과 함께 기금 모집 순회 연설에 동참하기로 했다. 파크스는 그때 불면증, 위궤양과 향수병에 시달렸다. 그녀는 자신의 우상인 엘리너 루스벨트를 만났고, 엘리너는 둘의 만남을 신문 칼럼에 이렇게 썼다. "그녀는 아주 조용하고 부드러운 사람이며 그런 그녀가 어떻게 확고하고 독립적인 태도를 취할 수 있었는지 잘 상상이 가지 않는다." 일여 년이 지난 뒤 보이콧이 마침내 끝나고 대법원의 판결에 따라 버스가 통합되었을 때, 파크스는 언론에서 잊혔다. 〈뉴욕타임스〉는 킹을 찬미하는 1면 기사를 두 번이나 다루었지만 파크스는 언급하지 않았다. 다른 신문들은 버스 앞에 앉아 있는 보이콧 지도자들의 사진은 실었지만, 파크스에게는 와서 같이 사진을 찍자는 요청을 하지 않았다. 그녀는 상관하지 않았다. 버스가 통합된 날, 파스크는 집에 머무르며 어머니를 보살피고 싶었다.

———

파크스의 일화는 우리의 역사가 이목을 피하려는 지도자들로 빛났다는 점을 생생하게 보여준다. 예를 들어 몇몇 연구자들에 따르면 모세는 성급하고 말 많은 유형으로 하버드대학교 경영대학원에서 자기주장을 펼치거나 장거리 여행을 조직하는 사람이 아니었다. 오히려 그와는 정반대로, 오늘날의 기준으로 보면 모세는 끔찍할 정도로 소심했다. 그는 말을 더듬거렸고 스스로도 의사 표현 능력이 떨어진다고 여겼다. 구약성경 〈민수기〉에서는 그를 '지구상의 어떤 남자보다 온순하다'고 묘사했다.

신이 불타오르는 가시덤불의 형상으로 처음 모세 앞에 나타났을 때, 그는 장인어른의 목동으로 일하고 있었다. 그는 자기 양을 소유하고 싶을 정도의 야심도 없었다. 그리고 신이 모세에게 유대인을 해방시키는 역할을 맡아야 한다고 계시했을 때, 모세가 기뻐서 펄쩍 뛰었던가? 그는 다른 사람을 대신 보내라고 말했다. "제가 무엇이건대 여호와를 만나러 가겠습니까? 저는 결단코 말이 능한 자가 아닙니다. 입이 뻣뻣하고 혀가 둔합니다."

신이 외향적인 형제 아론과 짝을 지어주자 그제야 모세는 임무를 맡겠다고 동의했다. 모세는 연설문 원고 작성자이자 장막 뒤에 있는 자요, 시라노 드 베르주라크(프랑스의 극작가-옮긴이)였을 것이고, 아론은 대중 앞에 서는 역할을 맡았을 것이다. 신이 말했다. "그는 너의 입과 같을 것이며 너는 그에게 신과 같을 것이라."

아론의 도움으로 모세는 유대인을 이집트에서 탈출시키고 40년간 사막에서 살아갈 수 있도록 도왔고, 시나이산에서 십계명을 받아왔다. 그리고 이 모든 일을 전형적으로 내향성 하면 떠오르는 능력으로 해냈다. 지혜를 구하려고 산에 올랐고, 그곳에서 배운 것을 모두 두 석판에 조심스럽게 기록했다.

우리는 모세의 진정한 성격을 〈출애굽기〉에서 끄집어내는 경향이 있다(고전 영화 〈십계The Ten Commandments〉에서 세실 데밀Cecil B. DeMille은 모세를 아론의 도움 없이 혼자 할 말 다하는 허풍쟁이로 묘사한다). 우리는 신이 왜 대중 강연 공포증이 있는 말더듬이를 예언자로 선택했는지 묻지 않는다. 하지만 우리는 물어야 한다. 〈출애굽기〉에는 자세히 설명되지 않았지만, 그 이야기를 따라가보면 내향성과 외향성이 음과 양의 관계였다는 점을, 언제나 매체가 곧 메시지인 것은 아니라는 점을, 사람들이 모세를 따른 까닭이 그가 말을 잘해서가 아니라 그의 말이 사려 깊었기 때문이라는 점을 유추할 수 있다.

웹의 시대, 내향성이 빛나는 순간들

파크스가 행동으로 말했고, 모세가 형제 아론을 통해 말했다면, 오늘날 또 다른 내향적인 지도자들은 인터넷을 통해 말한다.

『티핑 포인트』에서 저자 말콤 글래드웰Malcolm Gladwell은 '커넥터' 들의 영향력을 탐구했다. 이들은 '세상을 하나로 연결해 주고, 우리를 사회와 연결해 주는 본능적이고 타고난 재능이 있는' 사람들이다. 그는 '전형적인 커넥터'로 로저 호초Roger Horchow라는 매력적이고 성공적인 사업가 겸 〈레미제라블〉 같은 브로드웨이 히트작의 후원자를 '사람들이 우표를 모으듯이 사람을 모으는 사람'이라고 묘사했다. "대서양을 횡단하는 비행기에서 로저 호초의 옆자리에 앉게 되었다면, 그는 비행기가 활주로로 달려가는 순간부터 말을 시작할 것이고, 안전벨트 표시등이 꺼질 때쯤이면 당신은 소리 내어 웃고 있을 것이며, 목적지에 도착해서 착륙할 때쯤이면 시간이 언제 지나갔는지도 모를 것이다."

우리는 대개 '커넥터'를 글래드웰이 호초를 묘사한 바로 그 방식으로 이해한다. 말 많고, 외향적이고, 심지어 마음을 사로잡기까지 하는 인물 말이다. 하지만 크레이그 뉴마크Craig Newmark라는 겸손하고 이지적인 사람을 잠시 생각해 보자. 작은 키에 머리는 벗겨졌고 안경을 쓴 뉴마크는 IBM에서 17년간 시스템 엔지니어로 일했다. 그 전에는 공룡, 체스, 물리학에 푹 빠져 지냈다. 비행기에서 그의 옆자리에 앉게 된다면, 그는 아마 계속 책에 코를 처박고 있을 것이다.

하지만 뉴마크는 크레이그리스트Craigslist의 설립자이고 지분의 과반수를 보유한 사람이기도 하다. 크레이그리스트는 사람들을 서로 연결해 주는 웹사이트다. 2011년 5월 28일 현재, 크레이그리스트는 세계에서 7번째로 큰 영어 웹사이트가 되었다. 사용자는 70개국의 700개가 넘는 도시에 접속해 직업과 연인을 찾고 심지어 신장 기증자도 찾는다. 그들은 합창단에도 참여한다. 서로서로 하이쿠(각 행마다 5, 7, 5음으로 모두 17음으로 이루어지는 일본 고유의 단시형短詩形−옮긴이)를 읽어주기도 한다. 자신이 바람피운 일을 털어놓기도 한다. 뉴마크는 그 사이트를 사업체가 아닌 공유지로 묘사했다.

"사람들을 연결해서 천천히 세상을 바꾸는 것은 그 무엇보다 영적으로 가치 있는 일이죠." 뉴마크가 한 말이다. 허리케인 카트리나가 몰아친 뒤, 크레이그리스트는 길에 나앉은 가족들이 새 집을 찾도록 도왔다. 뉴욕시의 운수파업이 벌어지던 2005년에, 크레이그리스트는 카풀을 찾기 위한 장소였다. 한 블로거는 파업 때 크레이그리스트가 한 역할을 이야기하며 이렇게 적었다. "위기가 닥치면, 크레이그리스트가 사람들을 통솔한다. 크레이그는 어떻게 다양한 방식으로 사람들의 삶에 유기적으로 다가갈 수 있는 것일까? 그리고 크레이그리스트의 사용자들은 어떻게 다양한 방식으로 서로의 삶에 다가갈 수 있는 것일까?"

한 가지 답은 이것이다. 소셜 미디어는 하버드대학교 경영대학원 방식에 맞지 않는 수많은 사람들에게 새로운 형태의 리더십을 가능하게 해주었다.

2008년 8월 10일, 베스트셀러 저자이자 강연자며 여러 회사를 설립한 기업가요, 실리콘밸리의 전설인 가이 가와사키Guy Kawasaki 가 트위터에 이렇게 썼다. "믿기 어려울지 모르지만 난 내향적이다. 내게는 해야 할 역할이 있지만, 근본적으로 나는 혼자 지내길 좋아한다." 가와사키의 트윗으로 소셜 미디어 세계가 시끌벅적해졌다. 한 블로거는 이렇게 썼다. "그때 가이의 아바타는 자기 집에서 열린 대규모 파티에서 핑크색 깃털 목도리를 하고 있는 모습이었다. 가이 가와사키가 내향적이라고? 앞뒤가 안 맞는다."

2008년 8월 15일에는 소셜 미디어 가이드 사이트인 매셔블Mashable의 창립자 피트 캐시모어Pete Cashmore도 가세했다. "참으로 아이러니가 아닐까요? '사람이 중요해'라고 가장 열렬이 외치던 사람이, 현실 세계에서는 사람들을 많이 만나는 데 그다지 열광하지 않는다면 말이죠. 어쩌면 소셜 미디어는 우리가 현실에서 사교 생활을 할 때는 부족한 통제력을 제공해 주는지 모릅니다. 화면이 우리와 세상을 막아주는 벽이 되는 거죠." 그러더니 캐시모어는 고백했다. "저를 가이와 함께 내향적인 사람들 진영에 처넣어주세요."

정말로 연구 결과들을 보면 내향적인 사람들은 외향적인 사람들보다 자기 자신에 관한 깊은 사실들, 가족과 친구들이 보면 놀랄 만한 사실들을 온라인에 표현하고, '진짜 자신'의 모습을 온라인에서 드러낼 수 있다고 말하며, 몇몇 온라인 논의에 시간을 더 많이 쓰기 쉽다. 이들은 디지털로 소통하는 기회를 환영했다. 200명이 앉아 있는 강의실에서라면 절대로 손을 들지 않을 사람이 두 번 생각하지 않고 2천 명, 아니 200만 명이 보는 블로그에 글을 쓰기도 한다. 낯선 사람 앞에서 자기를 소개하는 데 어색해하는 바로 그 사람이, 온라인에서 자기를 드러내고 이 관계를 현실 세계로 넓히기도 한다.

———

'아북극 생존 상황'이 온라인으로 실시되어, 로자 파크스와 크레이그 뉴마크와 다원 스미스 같은 이들의 목소리가 모두 반영되었다면 어떻게 되었을까? 이 조난자들이 능동적이었고, 그들을 이끄는 사람이 내향적이어서 사람들이 기여하도록 차분하게 격려할 줄 아는 사람이었다면 어땠을까? 로자 파크스와 마틴 루서 킹 주니어처럼 내향적인 사람과 외향적인 사람이 키를 함께 잡는다면 어떻게 되었을까? 그들이라면 올바른 결론에 도달했을까?

그것은 알 수 없다. 애석하게도 내가 아는 어떤 사람도 이런 연구는 하지 않았다. 하버드대학교 경영대학원의 리더십 모델이 자신감과 빠른 의사결정에 비중을 많이 둔다는 점은 이해할 만하다. 자기주장이 강한 사람이 승리할 확률이 높다면, 사람들에게 영향을 미치는 능력에 따라 결과가 달라지는 지도자의 자리에서는 그런 기술도 유용할 것이다. 결단력은 자신감을 낳는 반면, 흔들림은 (혹은 흔들리는 것처럼 보이기만 해도) 사기를 꺾을 소지가 있다.

하지만 그런 면을 지나치게 중시할 소지도 있다. 어떤 환경에서는 조용하고 겸손한 리더십도 그와 동등하거나 심지어 더 효과적인 결과를 낳을 수도 있다. 하버드대학교 경영대학원 캠퍼스를 나서면서 나는 베이커 도서관에 들러 로비에 전시된 유명한 〈월스트리트 저널〉 만화를 봤다. 만화 속에는 한 초췌한 경영자가 가파르게 떨어지고 있는 수익률 도표를 바라보고 있었다.

경영자가 동료들에게 말한다. "이게 다 프래드킨 때문이라고. 그 인간은 사업 센스는 꽝인데 리더십 기술은 엄청나서 사람들이 다들 그 인간을 따라서 곤두박질친단 말이야."

신은 내향적인 사람을 사랑하는가?

하버드대학교 경영대학원을 동부 해안에 있는 글로벌 엘리트 집단 거주지라고 한다면, 내가 다음으로 들를 곳은 상당히 반대되는 기관이었다. 그곳은 드넓은 120에이커(약 13만 평)의 캠퍼스가, 한때 사막이었지만 현재 캘리포니아의 레이크 포레스트에 해당하는 지역에 놓여 있다. 하버드대학교 경영대학원과는 달리, 이곳은 들어가고 싶은 사람은 누구나 받아들였다. 가족들은 야자수가 늘어서 있는 광장에서 산책했고, 부드러운 숲속 길을 거닐었다. 아이들은 인조 개울과 폭포에서 장난을 치며 놀았고, 직원들은 골프 카트를 타고 다니면서 다정하게 손을 흔들었다. 뭘 입어도 좋다.

운동화와 슬리퍼도 아무 상관없다. 이곳 캠퍼스는 '주인공'이나 '사례 연구'와 같은 단어를 쓰는 말쑥한 정장 차림의 교수들이 아니라, 하와이안 셔츠와 갈색의 염소수염을 기른 친절한 산타클로스 유형의 사람들이 주도하고 있었다.

평균 매주 2만 2천 명이 참석하고 지금도 그 수가 늘어가는 가운데, 새들백 교회Saddleback Church는 미국에서 가장 크고 가장 영향력 있는 복음교회에 해당한다. 이곳의 리더이자 역사상 최고의 베스트셀러『목적이 이끄는 삶The Purpose Driven Life』의 저자인 릭 워렌Rick Warren은 오바마 대통령 취임식에서 기도를 했던 사람이다. 새들백 교회는 하버드대학교 경영대학원처럼 세계적으로 유명한 지도자들을 배출해내지는 않았지만, 사회에서 결코 작지 않은 역할을 수행한다. 복음교회 지도자들은 대통령들의 신뢰를 받고, TV에 수없이 방영되며, 수백만 달러짜리 사업을 운영한다. 이 중 가장 유명한 곳은 자체 제조회사, 녹화 스튜디오, 타임워너 같은 미디어 거물과 방송 계약을 맺는다.

새들백 교회는 하버드대학교 경영대학원과 한 가지 공통점이 있다. 성격 문화에 빚지고 있고 그것을 전파한다는 점이다.

2006년 8월의 어느 일요일 오전, 나는 새들백 교회 내의 여러 갈림길이 있는 광장 중심에 서 있었다. 나는 '월트디즈니 월드' 같은 곳에서나 볼 법한, 유쾌한 화살표로 위치가 표시된 예배당, 플라자 룸, 테라스 카페, 해안 카페의 표지판을 참고했다. 가까운 곳에 붙은 포스터에는 밝은 빨간색 폴로셔츠와 운동화를 신은 활짝 웃는 젊은 남자가 그려져 있었다. "새로운 곳에 가보고 싶으세요? 교통부는 어때요!"

나는 야외 책방을 찾고 있었다. 그곳에서 애덤 맥휴Adam McHugh 라는 지역 복음선교사와 만나기로 되어 있어서다. 그동안 나는 그와 연락을 주고받았는데, 맥휴는 자신이 내향적이라고 공언했고, 우리는 조용하고 이지적인 사람으로서 복음선교사, 특히 지도자로 살아가는 것이 어떤 일인지 대화를 나누었다. 하버드대학교 경영대학원에서처럼 복음주의 교회들도 외향성을 리더십의 필수조건으로 여기고, 때로는 그것을 대놓고 언명할 때도 있다. "성직자는 반드시 외향적인 사람으로서 신도들과 새로운 사람들을 열정적으로 끌어당겨야 한다. 팀 플레이어여야 한다." 이것은 교구민이 1,400명인 한 교구의 부목사를 모집하는 광고 문구였다. 또 다른 교회의 어느 고참 목사는 새로운 교구목사를 모집할 때 MBTI 평가가 어떤지 물어보라고 여러 교구에 권고했다고 나에게 온라인으로 털어놓았다. "첫 글자가 [외향성extrovert을 뜻하는] E가 아니라면, 재고하십시오. …… 우리 주님은 분명 그랬[외향적]습니다."

맥휴는 이러한 요건에 맞지 않았다. 그는 클레어몬트 매케나대학Claremont McKenna College 3학년 때 자신이 내향적이라는 점을 발견했는데, 자기가 그저 김이 모락모락 나는 커피를 홀로 마시며 시간을 보내기 위해 이른 아침에 일어난다는 점을 깨달았을 때였다고 한다. 그는 파티를 좋아하지만 일찌감치 귀가하는 편이었다. "다른 사람들은 점점 목소리가 커졌는데 저는 점점 조용해졌죠."

그는 마이어 브릭스 성격 검사 결과, 그처럼 시간을 보내고 싶어 하는 사람들을 가리키는 말인 '내향적인 사람introvert'이라는 단어 가 들어 있었다.

처음에 맥휴는 자기 혼자 지낼 시간을 더 많이 만들어내는 것이 좋았다. 하지만 복음 전파에 적극적으로 참여하게 되자 곧 그런 고독한 시간에 죄책감이 들기 시작했다. 그는 신이 자신의 선택을 탐탁지 않게 여기고 더 나아가 자신까지 그렇게 여긴다고 믿었다.

"복음선교 문화는 신앙심과 외향성을 하나로 묶습니다. 공동체와 더 많은 프로그램이나 이벤트에 참여하거나 사람들을 더 많이 만나는 일을 강조하죠. 내향적인 사람들에게는 그것을 실천하지 못한다는 점이 끊임없는 압력이 됩니다. 그리고 종교계에서는 그런 압력을 느낄 때 훨씬 더 위험하죠. '내가 원하는 만큼 잘해내지 못하고 있는 것 같아'라고 느끼는 게 아닙니다. '신께서 나를 기쁘게 여기시지 않는구나'라고 느끼게 되죠."

복음선교 공동체 외부에서 보면 이것은 깜짝 놀랄 고백으로 비칠 수 있다. 언제부터 '홀로 있음'이 7대 죄악에 속했던가? 하지만 동료 선교사라면, 맥휴가 말한 영적으로 실패했다는 느낌에 절절히 공감할 것이다. 현대의 복음주의는 한 사람을 만나서 개종시키지 못한다면 구원할 수 있는 한 영혼을 놓쳐버린 것이라고 말한다. 신앙이 튼튼한 사람들을 중심으로 공동체를 형성하라고 강조하며, 여러 교회에서는 신도들에게 상상할 수 있는 온갖 주제로 (요리, 부동산 투자, 스케이트보드) 과외 그룹에 참여하라고 권고한다(심지어 강요하기도 한다). 따라서 사교 모임에서 일찍 나올 때마다, 아침 시간을 혼자 보낼 때마다, 모임에 참석하지 않을 때마다 맥휴는 사람들과 연결할 기회를 날려버린 것이다.

하지만 아이러니하게도 맥휴가 한 가지 알게 된 사실이 있다면, 자신이 혼자가 아니라는 점이었다. 그는 주변을 둘러보다가 복음선교 공동체에서 자신과 똑같은 고민에 빠진 사람들이 엄청나게 많다는 점을 알게 되었다. 그는 장로교 목사로 임명받아 클레어몬트대학에서 대학생 지도자들과 팀을 꾸려 함께 일했는데, 그들 중 다수가 내향적이었다. 이 팀은 내향적인 방식의 리더십과 목사로서의 방향을 실험하는 일종의 연구소가 되었다. 이들은 대규모 그룹보다는 일대일이나 소규모 그룹 모임에 집중했고, 맥휴는 이 학생들이 삶의 리듬을 발견하여 그들에게 필요하고 그들이 즐기는 조용한 시간을 누릴 수 있도록, 그리고 다른 사람들을 이끌기 위해 에너지를 보존할 수 있도록 도왔다. 맥휴는 새로운 사람들을 만날 때 용기를 내어 자기 의견을 말하고 위험을 감수해 보라고 그들을 북돋웠다.

몇 년 뒤 소셜 미디어가 폭발하듯 성장하고 복음주의 블로거들이 자기 경험에 대해 글을 올리기 시작하면서, 복음주의 교회 내부의 내향적인 사람과 외향적인 사람들이 분리되고 있다는 증거들이 드디어 드러났다. 한 블로거는 가슴에서 우러나는 외침을 썼다. "외향적인 복음주의를 자부하는 교회에서 내향적인 사람으로서 어떻게 자기 자리를 찾아야 하는가? 교회에서 복음을 전파하라는 압력을 받을 때마다 죄의식에 사로잡히는 사람들이 아마도 많을 것이다. 하느님의 나라에는 세심하고 사색적인 사람들을 위한 자리가 있다. 차지하기 쉽지는 않지만, 있기는 있다." 또 다른 사람은 "주님을 섬기고 싶을 뿐 교구위원회에서 봉사하고 싶지는 않다. 보편적인 교회라면 사교적이지 않은 사람들을 위한 자리도 있어야 마땅하다"고 말했다.

맥휴는 이런 합창에 자신의 목소리를 더하여, 먼저 고독과 묵상이라는 종교적 관습을 더욱 중시하자고 블로그에 글을 올렸고, 나중에는 『교회에 있는 내향적인 사람들: 외향적인 문화에서 우리의 자리 찾기Introverts in the Church: Finding Our Place in an Extroverted Culture』라는 책을 집필했다. 그는 복음주의가 말하는 것 못지않게 듣는 것을 뜻하고, 복음주의 교회가 예배에 고요함과 신비로움을 더해야 하며, 신에게 더 조용하게 다가가는 길을 보여줄 수 있는 내향적인 지도자들에게 공간을 마련해줘야 한다고 주장했다. 결국 기도라는 것은 공동체뿐 아니라 묵상과도 연관되지 않는가? 예수에서 붓다에 이르는 종교 지도자들뿐 아니라 그보다 덜 알려진 성인과 수도사, 주술사와 예언자들은 항상 홀로 떠나서 계시를 체험하고 나중에 그것을 사람들과 나누었다.

———

내가 드디어 서점에 도착하니, 맥휴가 평온한 얼굴로 앉아서 기다리고 있었다. 그는 30대 초반에 키가 크고 어깨가 넓으며, 청바지에 검정 폴로셔츠와 검정 슬리퍼 차림이었다. 짧은 갈색 머리에 불그스레한 염소수염, 짧은 구레나룻을 기른 맥휴는 전형적인 X 세대처럼 보였지만, 대학교수처럼 부드럽고 차분한 어조로 이야기한다. 맥휴는 새들백 교회에서 가르치거나 예배를 드리지는 않지만, 우리는 이곳이 복음주의 문화에 매우 중요한 상징이기에 이곳에서 만나기로 했다.

예배가 곧 시작될 예정이라 한담할 시간이 조금밖에 없었다. 새들백 교회의 여섯 개 예배 장소를 제공하는데, 각기 다른 건물이나 천막에서 각기 다른 방식으로 진행됐다. '예배당', '전통적인', '열광적인 록', '복음성가', '가족', 마지막으로 '오하나섬 스타일' 예배가 있다. 우리가 예배당으로 들어가니, 워렌 목사가 설교를 시작하려 했다. 하늘을 찌를 듯한 천장에 강렬한 불빛이 십자가 모양으로 달려 있어서, 강당이 록 콘서트장처럼 보인다. 눈에 띄지 않는 나무 십자가가 방 한쪽에 매달려 있다는 점만 빼면.

스킵이라는 남자가 노래로 회중을 달구고 있었다. 가사는 다섯 개의 점보트론(도로 따위에 자리를 잡고 광고를 내보내는 대형 광고용 차량—옮긴이) 화면에 나가고, 배경으로 일렁이는 호수와 카리브해의 일몰 사진이 함께 나왔다. 마이크를 든 기술자가 홀 가운데 놓인 왕좌 같은 연단에 앉아, 카메라를 청중 쪽으로 향하고 있었다. 카메라가 한 십대 소녀에게 머물렀다. 길고 부드러운 금발머리에, 빛나는 파란 눈동자, 매력적인 웃음의 소녀는 가슴에서 우러나는 듯 노래를 불렀다. 나는 토니 로빈스의 '내면의 힘을 해방하라' 세미나를 떠올리지 않을 수가 없다. 토니가 새들백 같은 거대 교회들을 본떠서 자기 프로그램을 개발했을까, 아니면 그 반대일까?

"여러분 안녕하세요!" 스킵이 환하게 말하더니, 옆에 있는 사람들끼리 서로 인사하라고 한다. 사람들은 활짝 웃으며 손을 내밀면서 인사를 했고, 맥휴도 똑같이 하지만 그 웃음 안쪽에서는 부담감이 스며나오는 듯했다.

워렌 목사가 무대에 올랐다. 그는 반팔 폴로셔츠를 입고 유명한 염소수염을 기른 모습을 하고 있었다. 오늘의 목회는 〈예레미야서〉의 말씀에서 나온 것이라고 목사가 말했다. "사업계획도 없이 사업을 시작한다면 어리석은 일이 될 테지만, 사람들은 대부분 인생의 계획이 없습니다. 여러분이 사업의 지도자라면 〈예레미야서〉를 반복해서 읽을 필요가 있습니다. 그는 천재적인 CEO였기 때문이지요." 우리 자리에는 성경책 없이 그저 목회의 핵심 내용이 요약된 메모지와 연필만 있을 뿐이었다.

토니 로빈스처럼 워렌 목사는 진정으로 선의로 말하는 듯했다. 그는 무에서 이 거대한 새들백이라는 생태계를 창조했고, 전 세계에 좋은 일을 했다. 하지만 동시에 나는 이런 하와이식 예배와 점보트론식 기도의 세계에서 새들백 교회에 있는 내향적인 사람들이 자신을 좋은 사람으로 느끼기가 얼마나 어려울지 상상할 수 있었다. 예배가 진행되는 동안 나는 맥휴가 묘사한 소외감을 느꼈다. 이런 이벤트는 다른 사람들은 즐기는 듯 보이지만 나는 그런 느낌을 받지 못했기 때문이다. 내가 세상의 기쁨과 슬픔에 연결되었다고 느끼는 것은 언제나 사적인 모임에서였다. 내가 직접 볼 일은 없을 작가와 음악가들과 교감할 때도 곧잘 그렇게 느꼈다. 작가 프루스트는 이렇듯 독자와 작가가 합일하는 순간을 '고독의 한가운데서 일어나는 그 유익한 교감의 기적'이라고 말했다. 그가 종교적인 표현을 쓴 것은 결코 우연이 아니었다.

맥휴는 내 마음을 읽기라도 한 듯 예배가 끝나자 나를 봤다. 그는 부드럽게 분노하듯 말했다. "예배의 모든 것이 소통과 연관되죠. 사람들과 인사하는 것, 장황한 설교, 찬송, 기도, 예식, 의식 등 묵상할 공간을 주는 것들은 강조되지 않아요."

맥휴의 불편한 심기가 더욱더 통렬한 까닭은 그가 새들백 교회와 그것이 의미하는 모든 것을 진정으로 찬미하기 때문이다. "새들백 교회는 전 세계와 각 공동체에서 놀라운 일들을 하고 있어요. 새로운 사람들과 진심으로 연결되고 싶은 친근하고 우호적인 공간이죠. 교회가 이렇게 거대하다는 점을 감안하면, 또 사람들이 타인과 완벽하게 단절된 채 살아가기가 쉽다는 점을 감안하면 그건 매우 인상적인 사명이에요. 환영해 주는 사람들, 편안한 분위기, 주변 사람들과 만나는 일, 이 모든 것이 선의에서 비롯된 거죠."

하지만 맥휴는 예배 시작할 때 의무적으로 '웃으며 인사하는' 등의 관습을 고통스럽게 여겼다. 그리고 자신은 기꺼이 그것을 감수할 테고 거기에서 가치도 찾아낼 테지만, 다른 내향적인 사람들도 과연 그럴지 걱정했다.

"그런 외향적인 분위기는 저처럼 내향적인 사람들에게는 힘들 수도 있어요. 가끔 저는 그냥 마지못해 시늉만 한다는 생각이 듭니다. 새들백 교회 문화의 핵심인 표면상의 열정과 열의가 자연스럽게 느껴지질 않아요. 내향적인 사람들이 열정과 열의가 없다는 말이 아니라, 외향적인 사람들처럼 대놓고 표현하는 유형이 아니라는 말이죠. 새들백 교회 같은 곳에 있으면 자신이 경험한 신을 의심하기 시작할 소지가 있어요. '저 독실한 신자들처럼 나도 그렇게 믿음이 강할까' 하고요."

맥휴가 말하려는 바는, 복음주의가 외향성 이상을 극단까지 몰아갔다는 점이다. 예수를 큰 소리로 사랑하지 않으면, 진정으로 사랑하지 않는 것일까? 신과 영적으로 연결되는 것만으로는 부족하다. '공개적으로 전시되어야만 한다.' 맥휴 목사처럼 내향적인 사람들이 자신의 신앙을 의심하기 시작하는 것이 이상한 일일까?

자신의 영적, 직업적 소명이 신과의 연결에 좌우되는 맥휴 같은 사람이 자신의 의심을 고백하려면 용기가 필요하다. 그가 그렇게 한 것은 자신이 분투했듯 다른 사람들이 갈등하기를 바라지 않기 때문이고, 복음주의를 사랑하고 그것이 내향적인 사람들에게서 교훈을 얻음으로써 성장하기를 바라기 때문이었다.

하지만 그는 외향성을 그저 성격 특성이 아닌 덕의 표식이라고 여기는 종교 문화에서 의미 있는 변화가 찾아오려면 시간이 걸린다는 점을 알고 있었다. 의로운 행동은 아무도 우리를 보고 찬양할 사람이 없는 닫힌 문 뒤에서 하는 것이 아니라, 세상에 내놓는 것이다. 좋은 사람이면서 유용한 아이디어를 남들에게 전파하지 않을 수 없기에 토니 로빈스의 공격적인 판매 전략을 그의 팬들이 괜찮다고 여기듯, 말이 많은 것을 리더십의 필요조건이라고들 여기기 때문에 하버드대학교 경영대학원이 학생들에게 말이 많기를 기대하듯, 수많은 복음주의 선교사들은 성스러움과 사교성을 연관 지어 생각한다.

chapter 3

협력이 창의성을 죽일 때
새로운 집단사고의 등장과 '나 홀로 작업'의 힘

> 나는 단독 마구에 맞는 말이지,
> 2인용이나 팀워크에는 맞지 않는다.
> ······ 무엇이든 뚜렷한 목표를 달성하려면
> 생각과 지휘를 한 사람이 담당하는 것이
> 필수라는 점을 잘 알기 때문이다.
> ─알버트 아인슈타인

1975년 3월 5일. 캘리포니아주 멘로 파크, 어느 이슬비 내리던 추운 날. 평범해보이는 엔지니어 30명이 무직자인 고든 프렌치Gordon French라는 동료의 차고에 모였다. 이들은 자칭 홈브루 컴퓨터 클럽Homebrew Computer Club이라는 모임을 만들었는데, 이날이 첫 모임이었다. 이들의 사명은 컴퓨터를 일반인에게 보급하는 것. 당시 대다수의 컴퓨터가 대학이나 기업에서만 구비할 수 있는 자동차 크기의 괴팍한 기계였다는 점을 고려하면 쉬운 일은 아니었다.

차고는 안 그래도 외풍이 불지만, 그들은 사람들이 길가다 들어와 볼 수 있도록 축축한 밤공기에도 문을 열어놓았다. 스물네 살의 한 젊은이가 머뭇거리듯 들어오는데, 휴렛팩커드의 계산기 디자이너였다. 진지해보이는 그는 안경을 꼈고, 머리는 어깨까지 내려왔으며, 갈색 수염을 길렀다. 젊은이는 의자에 앉더니 다른 사람들이 '알테어Altair 8800'이라고 부르던 자가 조립 컴퓨터를 보면서 조용히 경탄했다. 〈파퓰러 일렉트로닉스Popular Electronics〉의 표지에 실리기도 했던 알테어 8800은 진정한 의미의 개인 컴퓨터는 아니었다. 사용하기도 힘들고, 비 내리는 수요일 밤에 차고에 나타나서 마이크로칩 얘기나 하는 사람들에게나 끌리는 모델이었다. 하지만 그것은 중요한 첫걸음이었다.

스티브 워즈니악Steve Wozniak이라는 이름의 이 젊은이는 알테어 이야기를 듣고 전율했다. 그는 세 살 때부터 전자기기에 집착했고, 열한 살 때는 잡지에서 첫 컴퓨터인 에니악ENIAC(Electronic Numerical Integrator and Computer)의 기사를 읽고서, 그 후로 아주 작고 다루기 쉬워서 집에서도 쓸 수 있는 기계를 만들겠다는 꿈을 품었다. 그리고 지금, 이 차고에서 그 꿈이 언젠가 실현될지 모른다는 소식이 들려온 것이다.

그의 회고록 『스티브 워즈니악』에는 위의 이야기도 대부분 담겨 있는데, 그는 책에서 나중에 회상하듯이, 자기와 비슷한 기질의 사람들에 둘러싸이게 된 것에도 들떴다. 홈브루 회원들에게 컴퓨터는 사회정의의 도구고, 이는 워즈니악의 생각과도 같았다. 그렇다고 그가 첫 모임에서 누군가에게 말을 걸거나 하지는 않았다.

그러기에는 너무 숫기가 없었기 때문이다. 그날 밤 그는 집에 가서 최초의 퍼스널 컴퓨터 디자인을 스케치하며, 오늘날 사용하는 바로 그 모양의 키보드와 화면을 그렸다. 석 달 뒤에는 그 기계의 프로토타입을 만들었다. 그리고 다시 열 달이 지난 뒤, 그와 스티브 잡스는 애플 컴퓨터를 공동으로 창업했다.

오늘날 스티브 워즈니악은 실리콘밸리에서 추앙받는 인물이며, (캘리포니아주 새너제이에는 '워즈 웨이'라는 길도 있다) 때때로 애플의 괴짜 영혼으로 불렸다. 그는 시간이 지나면서 대중 앞에서 말하는 법도 터득했고, 〈댄싱 위드 더 스타Dancing with the Stars〉에도 참가해 뻣뻣함과 명랑함의 사랑스러운 조화를 보여주기도 했다. 나는 언젠가 워즈니악이 뉴욕시의 한 서점에서 강연하는 모습을 보았다. 자리를 가득 메운 군중들은 1970년대의 애플 설명서를 보여주며, 그가 자기들에게 해준 일을 기렸다.

혼자 있는 시간이 최고의 능률을 올리는 시간

하지만 공로는 워즈니악만의 것이 아니었다. 그것은 홈브루에도 돌아가야 했다. 워즈니악은 그 첫 모임을 컴퓨터 혁명의 시발점이자, 자기 삶에서 가장 중요한 날이라고 말했다. 그러니까 워즈니악이 그토록 뛰어난 생산성을 발휘하게 된 조건을 복제하고 싶다면, 마음이 맞는 사람들의 모임이던 홈브루도 고려해야 했다. 워즈니악의 성취가 협력으로 창의성을 달성한 빛나는 사례라고 결론내려야 할지도 모른다. 혁신을 꿈꾸는 사람이라면 매우 사교적인 일터에서 일해야 한다고까지 결론지을 수도 있다. 하지만 그건 틀린 생각일 수도 있다.

워즈니악이 멘로 파크에서 열린 모임이 끝난 직후에 무엇을 했는지 생각해 보라. 그가 클럽 회원들과 옹기종기 모여서 컴퓨터를 디자인했는가? 아니다(2주마다 수요일 모임에 참석하기는 했지만). 그가 넓고 탁 트인 사무실 공간을, 아이디어가 타가수분할 수 있는 유쾌한 아수라장을 찾았는가? 아니다. 그가 첫 PC를 만들기까지 작업한 이야기를 읽어보면, 가장 눈에 띄는 점은 '그가 늘 혼자였다는 사실'이다.

워즈니악은 일의 대부분을 휴렛팩커드의 칸막이 안에서 해냈다. 그는 아침 6시 30분에 도착해서 아무도 없이 혼자 엔지니어링 잡지를 읽고, 칩 매뉴얼을 공부하고, 머릿속으로 디자인을 준비했다. 일이 끝나면 집에 가서 재빨리 스파게티를 만들거나 패스트푸드로 저녁을 때우고, 도로 사무실로 차를 몰고 달려가 밤늦게까지 작업했다. 그는 이런 고요한 자정과 홀로 맞이하는 일출의 시기를 최고로 황홀한 시간이었다고 묘사했다. 1975년 6월 29일 밤 10시 무렵, 그의 노력이 결실을 맺어 프로토타입이 마무리되었다. 그가 키보드에 몇 글자를 타이핑했더니, 그의 앞에 놓인 화면에 글자가 나타났다. 일반인들은 오직 꿈에서나 만날 수 있는, 도약의 순간이었다. 그리고 그 일이 일어났을 때 그는 혼자였다.

의도적이었다. 회고록에서 그는 창의적인 일을 하려는 아이들에게 이렇게 조언했다.

내가 만나본 엔지니어와 발명가들은 대부분 나처럼 수줍음이 많고 생각이 많다. 거의 예술가 같다. 사실 최고의 엔지니어와 발명가는 정말로 예술가다. 그리고 예술가들은 마케팅이나 무슨 위원회에 맞춰서 디자인하는 사람들 없이 발명품을 통제할 수 있을 때, 즉 '혼자 일할 때 가장 잘한다.' 나는 위원회에서 정말로 혁신적인 것을 만들어낸 적이 있다고는 생각하지 않는다. 너희가 발명가면서 예술가인 그런 드문 엔지니어라면, 받아들이기 힘들지 모르는 조언을 하려고 한다. 그것은 이것이다. '혼자 일해라. 혼자서 일하면 혁명적이고 특색 있는 상품을 디자인할 수 있을 것이다. 위원회는 아니다. 팀도 아니다.'

고독은 혁신의 촉매다

1956년에서 1962년 사이, 우둔한 동조자 정신ethos of stultifying con-formity으로 가장 잘 기억되는 그 시대에 UC버클리의 '성격 평가와 조사 연구소Institute of Personality Assessment and Research '에서 창의성의 특징에 관해 몇 가지 연구를 진행했다. 연구자들은 가장 눈에 띄게 창의적인 사람들을 먼저 추리고, 그런 뒤에 그들이 남다르게 된 까닭이 무엇인지 조사하려 했다. 그들은 각 분야에서 큰 공헌을 한 건축가, 수학자, 과학자, 공학자, 작가의 명단을 작성하고 그들을 UC버클리로 초대해 주말 동안 성격 테스트, 문제해결 실험을 하고 질문을 던져보았다.

그런 뒤 연구자들은 같은 직업에 종사하지만 그 분야에 별다른 공헌을 하지 못한 사람들을 데려다가 비슷한 과정을 반복했다.

후속 연구에도 반복되어 나타났지만 이 연구에서 가장 흥미로운 발견은 창의적인 사람일수록 내향적인 사람의 경향이 나타났다는 점이다. 이들은 대인관계 기술은 있지만 "딱히 사교적이거나 외향적이지는 않았다." 이들은 자신을 독립적이고 개인주의적이라고 묘사했다. 십대 때는 숫기가 없고 혼자 지냈다는 이가 많았다.

이런 발견은 내향적인 사람이 항상 외향적인 사람보다 창의적이라는 점을 뜻하지 않지만, 평생에 걸쳐서 지극히 창의적으로 활동해온 사람들 중에 내향적인 사람이 아주 많을 것이라는 점을 시사한다. 왜 그럴까? 조용한 성격에는 창의성에 불을 지피는 형용할 수 없는 자질도 따라오는 것일까? 어쩌면 그럴 수도 있다(6장에서 얘기해 보자).

하지만 내향적인 사람들의 창의성에 관해 그보다는 덜 명백하지만 놀라울 정도로 강력한 가설이 있다. 모두가 이 설명을 듣고 교훈을 얻을 수 있으리라. "내향적인 사람들은 홀로 일하기를 좋아하고, 고독은 혁신에 촉매가 될 수 있다." 영향력 있는 심리학자 한스 아이젱크Hans Eysenck도 지적했듯이 내향성은 "눈앞에 있는 일에 집중하게 하고, 일과 무관한 사회적·성적 문제에 에너지가 흩어지지 않도록 방지한다." 바꿔 말해서, 다른 사람들은 모두 테라스에서 술잔을 부딪치고 있는데 여러분 혼자 나무 아래에 앉아 있다면, 여러분 머리에 사과가 떨어질 확률이 더 높다는 것이다(뉴턴은 세계적으로 대단히 내향적인 사람에 해당한다. 윌리엄 워즈워스는 그를 이렇게 묘사했다. "영원히 항해하는 마음/생각이라는 기이한 바다를 헤치며").

뜻밖의 함정

이것이 옳다면, 즉 고독이 창의성에 중요한 열쇠라면 우리 모두 그런 취향을 개발하고 싶어질지 모른다. 아이들에게 독자적으로 일하는 법을 가르치고 싶어질지 모른다. 직원들에게 사생활과 자율성을 많이 보장해 주고 싶어질지도 모른다. 하지만 우리는 점점 반대로 하고 있다.

우리는 자기가 '창조적 개인주의'라는 멋진 시대에 살고 있다고 믿고 싶어 한다. UC버클리 연구자들이 창의성 연구를 실시하던 1900년대 중반을 뒤돌아보며 우월함을 느낀다. 1950년대의 풀 먹인 셔츠를 입던 동조자들과 달리, 우리는 아인슈타인이 우상파괴자처럼 혀를 내밀고 있는 포스터를 벽에 붙여둔다. 우리는 인디 음악과 영화를 소비하고, 스스로 온라인 콘텐츠를 생산한다(애플 컴퓨터 사의 유명한 광고 디자인에서 아이디어를 가져온 것이지만). 우리는 "다르게 생각한다think different."

하지만 우리가 가장 중요한 단체(학교와 직장)를 구성하는 방법을 보면 전혀 다른 이야기가 펼쳐진다. 그것은 내가 '새로운 집단사고New Groupthink'라고 이름 붙인 요즘의 현상을 보여준다. 그 현상은 일터에서 생산성을 억압하고, 점점 더 경쟁이 심화되는 세계에서 탁월함을 얻기 위해 필요한 기술을 얻지 못하게 가로막았다.

새로운 집단사고는 무엇보다 팀워크를 중시했다. 그것은 창의성과 지적 성취가 시끌벅적한 장소에서 나온다고 주장했다. 그것을 지지하는 강력한 후원자는 많다. "(지식 경제의 심장인) 혁신은 근본적으로 사회적이다." 저명한 저널리스트 말콤 글래드웰이 한 말이다. "우리 중 누구도 우리 전체보다 똑똑하지 않다." 조직 컨설턴트 워런 베니스Warren Bennis가 저서 『천재 만들어내기Organizing Genius』에서 한 말이다. 그 책의 첫 장에는 '훌륭한 그룹은 떠오르고 훌륭한 사람은 끝나고 있다'고 예고했다. 『끌리고 쏠리고 들끓다』라는 영향력 있는 책에서 클레이 셔키Clay Shirky는 "우리가 한 사람의 관할이라고 여기는 여러 일들은 사실 집단이 해야 할 일이다"라고 말했다. 심지어 그는 (미켈란젤로를 제외한 조수들은 다른 사람으로 대체 가능하든 말든 상관도 없다는 듯이) "미켈란젤로도 시스티나 성당의 천장 벽화를 그릴 때 조수를 두었다"고 말했다.

새로운 집단사고는 여러 기업에서 이미 수용했다. 이들 기업은 점점 더 직원들을 팀 단위로 조직했는데, 이런 관행은 1990년대 초반부터 인기를 끌었다. 2000년에는 미국 조직의 절반이 팀 조직을 활용한 것으로 추정됐고, 오늘날에는 경영학 교수 프레더릭 모지슨Frederick Morgeson에 따르면 거의 모든 조직이 팀 단위로 일한다고 했다. 한 조사에 따르면 고위 관리자들 중 91퍼센트가 성공의 열쇠로 팀을 꼽는다고 한다. 컨설턴트 스티븐 하빌Stephen Harvill은 그가 2010년에 일했던 30개의 주요 기업들(J. C. 페니, 웰스 파고Wells Fargo, 델 컴퓨터, 푸르덴셜 등) 중에 팀을 활용하지 않은 회사가 단 하나도 생각나지 않는다고 말했다.

몇몇 팀은 가상 팀이어서 서로 떨어진 곳에서 협력하지만, 어떤 팀은 팀 빌딩 훈련이나 연수, 직원들의 회의 참석 가능 날짜를 보여주는 온라인 달력, 사생활을 거의 보장하지 않는 물리적인 환경 등의 형태로 직접적인 관계 형성을 매우 중시했다. 오늘날의 직원들은 열린 사무실 공간에서, 각자 자기 방 없이 그저 건물 벽만이 건물을 지탱하고 있는 공간에서 일하며, 고참 경영진들도 다른 사람들과 마찬가지로 경계선 없는 자리에서 근무했다. 사실 오늘날 직원의 70퍼센트는 열린 공간에서 일한다. 프록터앤드갬블, 언스트앤드영, 글락소스미스-클라인GlaxoSmith-Kline, 앨코아Alcoa, H. J. 하인즈 등이 그런 식으로 사무실을 운영했다.

존스 랑 라살Jones Lang LaSalle이라는 부동산 중개업체의 책임자인 피터 미스코비치Peter Miscovich는 직원 한 사람당 사무 공간이 1970년대에 500제곱피트(46제곱미터)에서 2010년에는 200제곱피트(21.5제곱미터)로 줄어들었다고 말했다. 스틸케이스Steelcase의 CEO인 제임스 해켓James Hackett은 2005년 〈패스트 컴퍼니〉지에서 이렇게 말했다. "'나'에서 '우리'로 업무 환경이 바뀌었어요. 예전에는 직원들이 혼자 일하는 분위기에서 작업했는데, 오늘날에는 팀과 그룹으로 일하는 게 매우 중요하게 평가됩니다. 우리는 그것을 돕는 상품을 디자인하고 있죠." 이와 경쟁관계인 사무용품 제조회사 허먼 밀러Herman Miller사는 '협업과 팀으로의 전환'을 수용하는 새로운 가구 설계를 이미 도입했을 뿐 아니라 회사 내 최고 경영진들을 개인 사무실에서 열린 공간으로 재배치하기도 했다. 2006년에 미시간대학교의 로스 경영대학원에서는 한 강의실 건물을 허문 적이 있다. 그곳이 그룹 활동에 적합하지 않기 때문이라는 점도 작용했다.

새로운 집단사고는 '협동' 학습이나 '소그룹' 학습이라는 이름으로 점점 인기를 끌면서 학교에서도 실시되고 있었다. 여러 초등학교에서는 아이들이 교사를 마주보고 앉는 전통적인 좌석 배치를 4개 혹은 그 이상의 책상을 붙여서 '모둠'으로 만들어 수많은 그룹 학습 활동을 보조했다. 수학이나 작문처럼 단독 작업에 의지해야 하는 과목조차 그룹 프로젝트를 주어 가르칠 때가 많았다. 내가 방문한 어떤 4학년 교실에서는 '그룹 과제의 규칙'이라는 커다란 표지판이 붙어 있었는데 그중에는 '그룹의 다른 아이들도 모두 똑같은 질문이 있지 않으면 선생님에게 도움을 요청할 수 없다'는 규칙도 있었다.

2002년에 4학년과 8학년 교사 1,200명 이상을 대상으로 전국적으로 실시한 어떤 조사에서, 4학년 교사의 55퍼센트가 협력 학습을 선호한 반면, 교사가 주도하는 방식을 선호한 교사는 고작 26퍼센트뿐이었다. 4학년 교사의 35퍼센트, 8학년 교사의 29퍼센트만이 전통적인 방식으로 수업하는 비율이 전체의 절반을 넘은 반면, 4학년 교사의 42퍼센트, 8학년 교사의 41퍼센트가 수업 시간 중 적어도 4분의 1을 그룹 활동으로 채웠다. 젊은 교사들 중에서는 소규모 그룹 학습이 더욱 인기를 끌었는데, 이를 보면 이런 추세가 앞으로 어느 정도 지속되리라고 추측할 수 있었다.

협력 모형은, 학생들이 다른 학생들에게서 배울 때 학습에 주인 의식이 생긴다는 이론을 내세우는 정치적 진보 성향에 뿌리를 두지만, 내가 뉴욕, 미시간, 조지아주의 공립학교와 사립학교에서 면담한 초등학교 교사들에 따르면 그 방식은 기업계의 팀 문화에 따라 자신을 표현하도록 아이들을 길들이게 한다고 했다. 맨해튼의 한 공립학교 5학년 교사는 이렇게 말했다. "이런 교육방식은 독창성이나 통찰력이 아니라 언어 구사력에 따라 사람을 존중하는 기업계를 따른 겁니다. 말을 잘해서 이목을 끌 수 있는 사람이 돼야 하는 거죠. 능력이 아닌 다른 뭔가를 토대로 하는 엘리트주의입니다." 조지아주 디케이터에서 초등학교 3학년을 가르치는 교사가 이렇게 설명했다. "요즘은 기업계가 그룹으로 일하니까 학교에서도 그렇게 해요." 교육 컨설턴트 브루스 윌리엄스Bruce Williams는 이렇게 썼다. "협력 학습은 팀으로 일하는 기술을 향상시켜줍니다. 직장에서 절대적으로 필요한 기술이죠."

윌리엄스는 협력 학습의 주요 이점으로 리더십 훈련이 된다는 점을 지적하기도 했다. 실제로 내가 만난 교사들은 학생들의 관리 기술에 주목하는 듯 보였다. 애틀랜타 시내에 있는 한 공립학교에 방문했을 때, 3학년 교사가 혼자서 하기를 좋아하는 한 조용한 학생을 지적했다. "어느 날 아침에 저 아이에게 안전관리요원 일을 맡겨놓았어요. 저 아이도 리더가 될 기회를 얻을 수 있도록 하려고요."

이 교사는 친절했고 선의를 베풀었지만, 나는 모두가 전통적인 의미에서 지도자가 되기를 염원하지 않는다는 점을, 즉 누군가는 조화롭게 그룹에 섞이고 싶어 하기도 하고, 누군가는 독립적으로 행동하고 싶어 하기도 한다는 점을 우리가 이해한다면, 안전관리요원을 맡은 아이와 같은 학생들이 좀 더 잘 지내게 되지 않을까 싶었다. 가장 창의적인 사람들은 독립적인 부류에 들어갈 때가 많다. 재닛 파넬Janet Farrall과 리어니 크론보르Leonie Kronborg는 『재능있는 사람들을 위한 리더십 개발Leadership Development for the Gifted and Talented』에서 아래와 같이 썼다.

> 외향적인 사람들은 공공 부문에서 리더가 되는 경향이 있지만, 내향적인 사람들은 이론적이고 미적인 부분에서 리더가 되는 경우가 많다. 찰스 다윈, 마리 퀴리, 패트릭 화이트(오스트레일리아 소설가, 노벨 문학상 수상자 - 옮긴이), 아서 보이드(오스트레일리아 국민화가 - 옮긴이)와 같은 놀라운 내향적 지도자들은 새로운 사상을 만들어냈거나 현존하는 지식 체계를 바꾸어놓은 사람들이지만, 긴긴 시간을 혼자 지냈다. 따라서 리더십은 사회적인 상황에만 적용되는 것이 아니라, 예술의 새로운 기법을 개발한다든지 새로운 철학을 만들어낸다든지 심오한 책을 집필한다든지 과학적 도약을 이뤄내는 등 좀 더 조용한 환경에도 적용된다.

새로운 집단사고는 한순간에 일어난 현상이 아니다. 협력 학습, 기업의 팀워크, 열린 사무 공간 배치는 서로 다른 시기에 서로 다른 이유로 생겨났다. 하지만 이런 동향을 한데 묶어주는 강력한 힘은 웹의 도래였다. 그 덕분에 협력이라는 발상에 진지함과 멋스러움이 더해졌다. 인터넷에서는 지능을 공유함으로써 놀라운 것들이 창조되었다. 오픈소스 운영체계인 리눅스, 온라인 백과사전 위키피디아, 미국의 진보적인 시민 단체 무브온MoveOn.org. 등 각 분야를 합친 것보다 기하급수적으로 더 거대해지는 이런 공동의 제작물들은 감탄을 금할 수 없을 정도여서 사람들도 집단의식, 군중의 지혜, 크라우드소싱crowdsourcing의 기적을 경배하기에 이르렀다. '협업'은 성스러운 개념이 되었다. 성공을 이끄는 열쇠가 된 것이다.

하지만 우리는 과도하게 앞서나갔다. 투명성을 중요하게 여겨 온라인뿐 아니라 실생활에서까지 벽을 허물기에 이르렀다. 우리는 서로 다른 시간에 접속하고 비교적 익명으로 소통하는 인터넷에서 타당한 방식이, 얼굴을 맞대며 정치적으로 민감하고 음향학적으로 시끄러운 '개방형 사무 공간' 내부에서는 통하지 않을지도 모른다는 점을 깨닫지 못했다. 온라인과 실생활 교류의 차이점을 구분하기보다 온라인에서 얻은 교훈을 실생활에 적용하려 했다.

바로 그런 까닭에, 사람들이 개방형 사무 공간과 같은 새로운 집단사고의 측면을 이야기할 때 인터넷을 들먹이는 것이다. "직원들은 어차피 페이스북이며 트위터며 곳곳에 자기 생활을 다 드러내고 있어요. 굳이 칸막이 안에 숨기려고 할 필요가 없다는 얘기죠." 미스터 유스Mr. Youth라는 소셜 마케팅 회사의 CFO인 댄 라폰 테인Dan Lafontaine이 미국공영라디오 NPR에서 한 말이다. 또 다른 경영 컨설턴트도 비슷한 말을 했다. "사무실의 벽은 문자 그대로 벽입니다. 사고방식이 새로울수록 경계선도 덜 필요해지죠. 열린 사무 공간을 활용하는 기업들은 신생회사들이에요. 아직도 십대 인 WWW와 마찬가지죠."

인터넷이 얼굴 맞대고 하는 집단 작업을 장려한다는 점이 특히 아이러니한 까닭은 초기의 웹이 수많은 내향적 사람들에게 집단 형성을 도와준 매체였기 때문이다. 즉 파넬과 크론보르가 묘사한 것처럼 혼자 있는 시간을 갈구하는 사색형 지도자와 같은 사람들이 모여서 통상적인 문제해결 기법을 전복하고 초월하려 했을 때 유용한 매체였다는 말이다. 미국, 영국, 호주에서 1982년부터 1984년 사이에 일한 컴퓨터 전문가들 1,229명을 대상으로 실시한 어떤 연구에 따르면, 가장 초기의 컴퓨터 마니아들 중 상당수는 내향적인 사람이었다. "기술 분야에서는 오픈소스가 내향적인 사람들을 끌어당긴다는 게 정설입니다." 실리콘밸리의 컨설턴트이자 소프트웨어 개발자인 데이브 W. 스미스Dave W. Smith가 오픈소스 기법을 가리키며 한 말이다. 여기서 오픈소스 기법이란, 소스코드를 대중에게 공개해서 누구나 복사하고 개선하고 다시 배포할 수 있도록 하는 방식으로 소프트웨어를 제작하는 것을 말한다. 이런 사람들 중 상당수는 더 넓은 공익에 기여하려는 동기와 자신이 중요하다고 여기는 공동체에서 자신의 성취를 인정받고 싶다는 동기로 움직였다.

하지만 초기의 오픈소스 제작자들은 사무 공간을 공유하지는 않았다. 그들은 같은 나라에도 살지 않는 경우가 허다했다. 이들의 협업은 대부분 텅 빈 공간에서 일어났다. 이것은 사소한 문제가 아니다. 리눅스를 만들어낸 바로 그 사람들을 모아다가 일 년간 거대한 회의실에 자리를 준 뒤에 새로운 운영체제를 만들어내라고 해보라. 그다지 혁신적인 뭔가가 나올지 의심스럽다. 그 이유는 이 장의 나머지 부분에서 이야기하기로 한다.

그들은 의도적으로 혼자서 연습하고 탐구하고 몰입한다

연구 심리학자 앤더스 에릭슨Anders Ericsson은 열다섯 살에 체스를 두기 시작했다. 그는 제 딴에는 체스를 꽤 잘해서 점심시간에 친구들과 두면 모조리 이길 정도였다. 그러던 어느 날 학급에서 체스를 가장 못하던 친구에게 게임마다 지게 되었다.

에릭슨은 무슨 일이 일어났는지 궁금했다. 그는 『탤런트 코드The Talent Code』라는 책의 저자인 대니얼 코일Daniel Coyle과의 인터뷰에서 이렇게 회고했다. "그 일에 대해 정말 많이 생각했어요. 예전엔 내가 쉽게 이길 수 있던 녀석이 이제는 어떻게 쉽게 날 이길 수 있는 거지? 녀석이 연구도 하고 체스 클럽에도 나간다는 건 알았지만, 실제로 보이지 않는 곳에서 일어난 일은 뭐였을까?"

에릭슨의 이력을 움직인 원동력은 이것이다. '남다른 성과를 내는 사람들은 어떻게 해서 그 일을 잘하게 되는가?' 에릭슨은 체스, 테니스, 클래식 피아노와 같은 다양한 분야에서 해답을 탐구했다.

이제는 유명해진 한 실험에서 그는 동료들과 함께 서베를린 음악 아카데미라는 엘리트 집단에서 공부하는 전문 바이올린 연주자 세 그룹을 비교해 보았다. 연구자들은 교수들에게 학생들을 세계적인 솔로 연주자가 될 가능성이 있는 최고의 연주자들, 좋은 연주자들, 연주자보다는 바이올린 교사가 되기 위해 연습하는 연주자들, 세 그룹으로 나눠달라고 요청했다. 그런 다음 이들은 음악가들과 면담하면서 각 사람에게 하루 일과를 세세하게 기록해 달라고 요청했다.

이들은 각 그룹 사이에 엄청난 차이가 있다는 점을 발견했다. 세 그룹은 모두 거의 같은 시간, 그러니까 일주일에 50시간 이상 음악 관련 활동에 투자했다. 세 그룹 모두에게 시간을 투자해야 하는 유사한 과제가 제시되었다. 하지만 뛰어난 두 그룹은 음악 관련된 활동 시간 중 대부분을 혼자서 연습했다. 최고의 그룹은 일주일에 24.3시간, 즉 하루에 3.5시간 동안 혼자서 연습했는데, 이는 세 번째 그룹이 일주일에 9.3시간, 하루에 1.3시간 혼자서 연습한 것과 대조된다. 최고의 연주자들은 '혼자 연습하기'를 음악 관련 활동 중 가장 중요한 일로 꼽았다. 엘리트 음악가들은 (그룹으로 연주하는 사람들이라고 해도) 악단과 함께 연습하는 시간을 혼자서 연습하는 시간과 비교하면 '여가 시간'으로 여기고, 혼자 연습할 때 정말 해야 할 일을 해냈다.

에릭슨과 동료들은 다른 전문가들을 연구했을 때도 유사한 고독의 효과를 발견했다. 이를테면 토너먼트 급 체스 선수들의 기술을 예측하는 가장 좋은 방법은 진지하게 혼자서 연구하는 시간이 얼마나 되는가이다. 그랜드마스터는 보통 처음 체스를 배우는 10년 사이에는 혼자 연습하는 시간이 무지막지하게도 5천 시간에 이른다(중간급 선수들의 거의 다섯 배). 혼자서 공부하는 대학생들은 그룹으로 공부하는 학생들에 비해 시간이 흐름에 따라 더 많이 배우는 편이다. 팀 스포츠를 하는 엘리트 운동선수들조차 개인 연습에 상당한 시간을 투입할 때가 많다.

고독의 어떤 점에 그런 마법이 숨어 있는 것일까? 에릭슨에 따르면, 여러 분야에서 오직 혼자 있을 때만 '의도적 연습'을 할 수 있다고 한다. 이 연습은 그가 보기에 탁월한 성과의 문을 여는 열쇠였다. 의도적 연습을 할 때, 우리는 자신이 도달해야 할 정확한 지점을 알고 자기 성과를 향상시키기 위해 애쓰며, 자신의 진전 정도를 점검하고, 그에 따라 방향을 조정한다. 이런 기준에 못 미치는 연습 시간은 덜 유용할 뿐 아니라 거꾸로 역효과를 낳는다. 기존의 인지 기제를 개선하지 않고 오히려 강화하기 때문이다.

'의도적 연습'은 여러 가지 이유로 혼자 있을 때 가장 잘할 수 있다. 강한 집중력이 필요한데 다른 사람이 있으면 산만해질 소지가 있다. 강력한 동기도 필요하다(스스로 동기를 부여해야 할 때가 많다). 하지만 가장 중요한 건, 그 사람 자신에게 가장 힘겨운 일에 도전해야 한다. 에릭슨은 이렇게 말했다. 오직 혼자 있을 때만 "자신에게 힘겨운 일에 곧바로 도전할 수 있습니다. 자신이 하는 일을 더 잘하려면, 상황을 자기가 주도해야 하죠. 그룹 수업을 상상해 보세요. 그때는 전체 중에서 아주 작은 시간만을 주도하게 됩니다."

의도적 연습이 실제로 작용하는 모습을 보려면, 스티브 워즈니악의 이야기를 보면 된다. 홈브루 모임은 첫 PC를 만들어내도록 그에게 영감을 준 촉매제였지만, 그 작업을 가능하게 한 지식 기반과 작업 습관은 전혀 다른 것에서 비롯되었다. 워즈니악은 어린 시절부터 엔지니어링을 의도적으로 연습했다(에릭슨은 진정으로 전문성을 획득하려면 의도적 연습이 약 1만 시간 필요하다고 말했다. 일찍 시작하면 도움이 된다는 얘기다).

『스티브 워즈니악』에서, 워즈니악은 어린 시절 전자기기를 향한 자신의 열정을 묘사하면서 에릭슨이 강조한 '의도적 연습'의 모든 요소를 자기도 모르는 새 다 이야기했다. 첫째, 그는 동기가 부여되어 있었다. 그의 아버지는 록히드사에서 일하던 엔지니어로, 엔지니어가 사람들의 삶을 바꿀 수 있으며 '세상에서 열쇠가 되는 사람'에 해당한다고 워즈니악에게 가르쳤다. 둘째, 그는 힘겹게 한 걸음씩 전문성을 쌓아올렸다. 과학 박람회에 셀 수 없이 많이 가보았던 그는 이렇게 말했다.

나는 경력 전체에 도움이 될 핵심적인 능력을 습득했다. 그것은 바로 인내심이었다. 농담이 아니다. 인내심은 보통 평가절하된다. 3학년에서 8학년에 이르는 그 모든 프로젝트를 거치는 동안 나는 점진적으로 전자부품 조립하는 법을 터득했다. 공부는 만전이었다. …… 나는 결과를 별로 걱정하지 않고, 내가 하고 있는 것에 집중하면서 그것을 최대한 완벽하게 하도록 노력하는 방법을 터득했다.

셋째, 워즈니악은 혼자서 일할 때가 많았다. 이것은 반드시 그가 선택한 것은 아니었다. 기술적 성향이 있는 다른 아이들과 마찬가지로, 그는 중학교에 들어갔을 때 사회계층이라는 사다리에서 고통스럽게 굴러떨어지고 말았다. 소년일 때는 과학 솜씨로 인정을 받았지만, 이제 아무도 그런 것에 신경 쓰지 않는 듯했다. 그는 잡담을 싫어했고, 또래들과는 관심사가 맞지 않았다. 이 시기에 찍은 그의 흑백사진을 보면, 워즈니악은 짧은 군인 머리에, 얼굴은 잔뜩 찌푸린 채 전선과 스위치, 장치들로 만든 상자 같은 기계인 '과학 박람회에서 탄 덧셈/뺄셈기'를 자랑스럽게 가리키고 있었다. 하지만 그 시절의 곤란스러움도 그가 꿈을 추구하는 것을 막지는 못했다. 아마도 도리어 도움이 되었을 것이다. 이제 그는 자기가 너무 수줍음이 많아서 집 밖으로 나가지도 못할 정도가 아니었다면 컴퓨터를 많이 배우지 못했을 것이라고 말했다.

누구도 이런 고통스러운 청소년기를 스스로 선택하지는 않을 테지만, 사실 워즈니악이 십대에 경험한 고독과 평생 추구할 일이 될 주제에 대한 집중은 매우 창의적인 사람들에게는 전형적인 공통점이다. 심리학자 미하이 칙센트미하이Mihaly Csikszentmihalyi는 예술, 과학, 사업, 정부 각 부문에서 비범할 정도로 창의적인 사람

91명의 삶을 1990년부터 1995년까지 연구했는데 상당수가 청소년기에 사회적으로 주변부에 머물렀다. 이는 부분적으로 '또래들에게 기이하게 비치는 관심사에 강렬하게 호기심을 보이거나 집중한 까닭'이었다. 너무 사교적이라 혼자 지내지 못하는 십대는 재능을 개발하지 못했다. "음악 연습이나 수학 공부는 그들이 끔찍해하는 고독을 수반하기 때문이다."

청소년 소설 『시간의 주름A Wrinkle in Time』을 비롯해 60여 권을 저술한 저자 매들린 렝글Madeleine L'Engle은 아동기에 혼자서 책과 생각에 빠져 지낸 시간이 많지 않았다면 대담한 사색가가 되지 못했을 것이라고 말했다.

찰스 다윈은 소년일 때 쉽게 친구를 사귀기는 했지만 혼자서 오랫동안 자연을 산책하는 것을 더 좋아했다. 어른이 되어서도 달라지지 않았다. 그는 자신을 저녁 만찬에 초대한 저명한 수학자에게 이렇게 썼다. "친애하는 배비지 선생, 만찬 초대장을 보내주셔서 참으로 감사합니다만, 수락하기가 두렵군요. 그곳에서 만나게 될 몇몇 분들과 천국에 있는 모든 성인들에게 맹세코 모임엔 나가지 않는다고 말했기 때문입니다."

하지만 탁월한 성과는 의도적 연습으로 닦아놓은 토대만으로 달성할 수 있는 것이 아니다. 적절한 작업 조건도 필요하다. 그리고 오늘날의 직장에서 그런 조건은 놀랄 정도로 발견하기 어렵다.

열린 사무 공간이 생산성을 좀먹고 있다면?

컨설턴트가 누리는 한 가지 부수적인 혜택은 다양한 작업 환경을 가까이서 접해 볼 수 있다는 점이다. 애틀랜틱 시스템스 길드라는 컨설턴트 팀의 주임 컨설턴트 톰 디마코Tom DeMarco는 수많은 사무실을 돌아다녔는데, 어떤 곳은 다른 곳에 비해 훨씬 더 공간이 빽빽하게 구성되어 있었다. 그는 그런 교류가 성과에 어떤 영향을 미치는지 궁금했다.

이를 알아내기 위해 디마코는 동료 티모시 리스터Timothy Lister와 함께 '코딩 워 게임스Coding War Games'라는 연구를 고안해냈다. 이 게임의 목적은 최고와 최악의 컴퓨터 프로그래머의 특성을 알아내는 일이었다. 92개의 회사에서 일하는 개발자 600명 이상이 여기에 참여했다. 각 프로그래머는 근무 시간에 자기가 평소 일하는 자리에서 프로그램을 설계하고 코딩하고 테스트했다. 그리고 참가자마다 같은 회사의 파트너를 배당해두었다. 하지만 이 파트너는 참가자와 전혀 소통하지 않고 개별적으로 작업했다. 이것은 게임에서 아주 핵심이 되는 특징이었다.

결과를 보니, 성과 차이가 대단히 크다는 점이 드러났다. 최고의 프로그래머는 최악의 프로그래머에 비해 10 대 1의 비율로 성과가 높았다. 최고의 프로그래머는 중간 프로그래머보다도 약 2.5배 성과가 뛰어났다. 디마코와 리스터는 이런 깜짝 놀랄 차이의 원인이 무엇인지 알아내려고 했는데, 우리가 중요하다고 생각할 법한 요인들은, 이를테면 경력, 연봉, 작업에 투자한 시간 등은 결과와 거의 상관관계를 보이지 않았다. 10년 경력의 프로그래머도 2년 경력의 프로그래머보다 나을 것이 없었다. 중간치 이상을 달성한 절반의 프로그래머들은 그 이하의 사람들보다 평균 10퍼센트 연봉이 낮았다. 실력은 거의 두 배나 좋았는데 말이다. '무결점' 결과물을 내놓은 프로그래머들은 실수가 있는 사람들에 비해 시간을 더 많이 쓴 것이 아니라 오히려 약간 덜 썼다.

이 수수께끼 같은 현상에는 한 가지 흥미로운 단서가 있었다. 같은 회사에서 일한 프로그래머들은 같이 일하지 않았는데도 비슷비슷한 결과를 냈다. 이것은 최고의 성과를 낸 프로그래머들 중에 사생활, 개인 공간, 물리적 환경을 통제할 자유, 방해받지 않을 권리를 가장 많이 주는 회사에서 일한 사람이 압도적으로 많았기 때문이다. 최고의 성과를 낸 사람 중 62퍼센트가 업무 공간에서 사생활이 어느 정도 보장된다고 한 반면, 최악의 성과를 낸 사람 중에는 고작 19퍼센트만이 이렇게 답했다. 최악의 성과를 낸 사람 중에는 78퍼센트가, 최고의 성과를 낸 사람 중에는 고작 38퍼센트가 주변 사람들이 불필요하게 방해한 경우가 자주 있었다고 말했다.

'코딩 워 게임스'는 기술 분야에서 잘 알려져 있지만, 디마코와 리스터의 발견은 컴퓨터 프로그래머의 세계보다 훨씬 넓은 분야까지 발을 뻗었다. 광범위한 산업에서, 열린 사무 공간과 관련해 실시한 산더미 같은 데이터도 이 게임의 결과를 확증해 준다.

열린 사무 공간은 생산성을 깎아먹고 기억에 손상을 가하는 것으로 드러났다. 직원들의 높은 이직률과도 연관된다. 사람들이 아프거나 적대적으로 행동하거나 동기를 잃어버리거나 불안해하는 것과도 관련된다. 열린 공간에서 일하는 직원은 고혈압과 스트레스 과다로 고통받기 쉽고, 독감에 걸리기도 쉽다. 동료들과도 더 자주 다툰다. 동료들이 자기 통화 내용을 엿듣거나 컴퓨터 화면을 감시하지 않을까 걱정한다. 동료들과 사적이고 비밀스러운 대화를 하는 비율이 낮다. 시끄럽고 통제 불가능한 소음에 노출될 때가 잦은데, 이에 따라 심장박동이 빨라지고, 투쟁-도피 반응, 스트레스 호르몬인 코티솔이 분비되고, 사교적으로 냉담해지며 성마르거나 공격적, 비협조적인 성향을 보인다.

실제로 과도한 자극은 사람들의 학습을 저해하는 듯 보였다. 최근의 한 연구에서는 사람들이 도심의 거리에서 시끄럽게 걷기보다는 숲에서 조용히 산책할 때 더 잘 배운다는 점이 발견되었다. 다양한 분야의 지식노동자 3만 8천 명을 대상으로 실시한 다른 연구는 단순히 방해받는 것 자체가 생산성의 가장 큰 장애물이라는 점을 밝혔다. 현대의 사무실 전사戰士들의 귀중한 능력인 멀티태스킹조차 신화였다는 점이 드러났다.

이제 과학자들은 두뇌가 두 가지 일을 동시에 집중하지 못한다는 점을 알았다. 멀티태스킹처럼 보이는 행동은 사실 여러 가지 일을 왔다 갔다 하는 것에 불과하며, 이는 생산성을 떨어뜨리고 실수가 일어날 비율을 50퍼센트까지 높였다.

내향적인 사람들 중 다수는 이런 점을 본능적으로 알고 무리지어 지내지 않으려고 저항하는 듯했다. 캘리포니아주 오클랜드의 한 게임 설계사인 백본Backbone 엔터테인먼트는 초기에는 열린 사무 공간을 도입했지만 (상당수가 내향적이었던) 게임 개발자들이 만족하지 못했다. 크리에이티브 디렉터인 마이크 미카Mike Mika는 이렇게 말했다. "그냥 커다란 창고에 책상만 있고 벽도 없어서 다들 서로 볼 수 있었죠. 우리는 칸막이 방식으로 바꾸었지만 걱정스러웠습니다. 창의적인 업무에서는 사람들이 그걸 싫어하리라 생각하잖아요. 하지만 결과를 보니 다들 몸을 숨기고 사람들과 떨어져 지낼 곳이 있는 쪽을 더 좋아하더군요."

이와 비슷한 일이 2000년 리복 인터내셔널에서도 발생했다. 회사가 매사추세츠주 캔턴에 있는 신규 본부에 직원 1,250명을 통합한 것이다. 경영자들은 신발 디자이너들이 서로서로 접촉하면서 브레인스토밍 할 수 있는 사무 공간을 원하리라 가정했다(아마도 MBA를 할 때 얻은 아이디어이리라). 다행히도 이들은 먼저 신발 디자이너들과 면담했고, 디자이너들은 사실 평화롭고 조용한 환경에 있어야 집중할 수 있다고 그들에게 말했다.

이것은 제이슨 프라이드Jason Fried라는 웹 애플리케이션 회사 37시그널스의 공동 창업자에게도 낯설지 않았을 것이다. 2000년부터 10년간 프라이드는 대부분 디자이너, 프로그래머, 작가를 포함한 수백 명에게, 작업할 때 어떤 곳에서 일하고 싶은지 물었다. 그는 사람들이 자기들 사무실만 빼고 다른 데라면 어디라도 가서 일했다는 점을 발견했는데, 사무실들이 너무 시끄럽고 방해 요인이 많았던 것이다. 바로 그런 이유로 프라이드의 직원 16명 중 고작 8명만이 37시그널스가 있는 시카고에서 일하며, 이들조차 사무실에 안 나와도 되고 심지어 회의에 참석하지 않아도 됐다. 프라이드는 회의가 불필요하다고 생각했기 때문이다. 프라이드는 협력에 반대하는 사람은 아니다. 37시그널스 홈페이지에는 그들의 상품을 쓰면 생산적이고 유쾌하게 협력할 수 있다고 홍보되어 있다. 하지만 프라이드는 이메일, 모바일 메신저, 온라인 채팅 등과 같은 소극적인 협력 방식을 선호했다. 다른 직원들에게 그가 조언하는 말은? "다음 회의 취소해요. 다시 잡지 마세요. 그냥 기억에서 지워버려요." 그는 또 '말 없는 목요일'을 제안하여 직원들이 일주일에 한 번 서로 말하지 못하게 하자고도 했다.

프라이드가 인터뷰한 사람들은 창의적인 사람들이 늘 알고 있었던 점을 큰소리로 대변해 준다. 예를 들어 카프카는 일하는 동안 사랑하는 약혼녀가 옆에 있는 것조차 못 견뎠다.

당신은 언젠가 내가 글을 쓸 때 옆에 앉아 있고 싶다고 말했죠. 내 말 잘 들어요. 그러면 나는 전혀 쓸 수가 없어요. 글쓰기란 자신을 과도하게 드러낸다는 뜻이에요. 그 궁극의 자기표현과 투항, 그 순간에 한 인간이 다른 사람과 관계한다면 자기를 잃어버리는 것처럼 느끼고 따라서 제정신인 한 언제나 그런 일에서 움츠러들게 돼요……. 바로 그래서 글을 쓸 때는 결코 충분히 혼자일 수도 없고, 글을 쓸 때는 결코 충분히 고요할 수도 없고, 심지어 밤조차 충분히 밤이 아닌 거예요.

훨씬 더 유쾌한 닥터 수스로 알려진 시어도어 가이젤(미국 유명 그림책 작가-옮긴이)조차 일할 때는 개인 스튜디오에서 편안하게 자리를 잡는다. 벽에 스케치와 그림이 붙어 있는 그곳은 캘리포니아주 라호이아에 있는 자신 집 종탑이었다. 가이젤은 익살스러운 라임에서 풍기는 이미지와는 달리 훨씬 조용한 사람이었다. 그는 어린 독자들을 만나러 공공장소에 나가는 일도 삼가면서, 아이들이 『모자 속의 고양이』처럼 유쾌하고 외향적인 사람을 기대할 텐데 자신의 조용한 성격에 실망할 거라며 조바심쳤다. 그는 자신의 성향을 인정하며 이렇게 말했다. "덩어리로 뭉쳐 있으면 [아이들은] 무서워요."

무용지물이 된 브레인스토밍의 실체

개인 공간이 창의성에 필수라면, '동료 집단의 압력'에서 자유로워지는 것 역시 필수다. 알렉스 오즈본Alex Osborn이라는 전설적인 광고업자의 이야기를 생각해 보라. 오늘날에는 오즈본의 이름이 유명하지 않지만, 20세기 초반에 그는 동시대인들을 사로잡은 전설적인 르네상스 인간이었다. 오즈본은 광고 에이전시 BBDO(Batten, Barton, Durstine & Osborn)의 공동 설립자였지만 그가 정말로 두각을 나타낸 것은, 1938년에 한 잡지 기자가 그를 점심에 초대해 취미가 뭐냐고 물은 일을 계기로 저자가 되었을 때다. 그가 질문에 답했다.

"상상이요."

"오즈본 씨, 그에 관한 책을 써야 합니다. 그 일은 오랜 세월 적임자를 기다려왔어요. 더 중요한 주제는 없습니다. 주제에 어울리는 시간과 에너지, 철저함을 투자하세요."

그래서 오즈본은 1940년대와 1950년대에 책을 몇 권 집필했는데, 사실 BBDO의 책임자로 있으면서 그를 성가시게 한 문제를 다룬 것들이었다. 그것은 바로 직원들이 충분히 창의적이지 않다는 점이었다. 오즈본 생각에 이들은 좋은 아이디어는 있지만 동료들에게 심판받을까 두려워서 공유하기를 꺼렸다.

오즈본의 판단에, 그 문제의 해법은 직원들을 혼자 일하게 하는 것이 아니라 그룹으로 일하게 하면서 비판의 위협을 제거하는 것이었다. 그는 브레인스토밍이라는 개념을 만들었는데, 그것은 그룹 멤버들이 비판적이지 않은 분위기에서 아이디어를 짜내는 과정이다. 브레인스토밍에는 네 가지 원칙이 있다.

1. 아이디어를 비판하거나 심판하지 마라.

2. 자유분방하게 아이디어를 내라. 말도 안 되는 아이디어일수록 좋다.

3. 양을 늘려라. 아이디어가 많을수록 좋다.

4. 동료들의 아이디어를 토대로 새로운 아이디어를 더해 나가라.

오즈본은 판단이라는 족쇄에서 벗어나면 혼자보다 집단으로 하는 것이 더 나은 아이디어를 더 많이 낼 수 있다고 굳게 믿었고, 자신이 선호한 방법을 강력하게 옹호했다. "집단 브레인스토밍으로 얻는 결과의 양은 의심할 여지가 없다. 한 집단은 가정용 전자제품 홍보 아이디어를 45개 내놓았고, 기금 모집 캠페인은 56개, 담요 판매 활성화 방안으로는 124개를 내놓았다. 또 다른 사례에서는 15개의 집단이 동일한 문제를 놓고 브레인스토밍 하여 800개가 넘는 아이디어를 내놓았다."

오즈본의 이론은 엄청난 파문을 일으켰고, 기업 지도자들은 열정적으로 브레인스토밍을 받아들였다. 오늘날까지도 미국 기업에서 일하는 사람이라면 시시때때로 화이트보드와 마커로 가득한 방에 동료들과 함께 우르르 몰려들어가 초자연적으로 활기찬 진행자가 모두에게 자유로이 연상해 보라고 말하는 것을 듣게 된다.

오즈본의 혁신적인 아이디어에는 딱 한 가지 문제가 있었다. 집단 브레인스토밍이 실제로 효과가 없다는 사실이다. 이것을 입증한 첫 연구는 1963년에 실시되었다. 마빈 더넷Marvin Dunnette은 미네소타대학교의 심리학 교수로, 연구 과학자 48명과 광고담당 이사 48명을 모았다. 모두 미네소타광산제조회사Minnesota Mining and Manufacturing Company(포스트잇을 만든 3M으로 더 알려져 있다)에 소속된 남자 직원이었다. 그리고 그는 남자직원들에게 혼자서 브레인스토밍 하는 시간과 집단으로 브레인스토밍 하는 시간에 다 참여하라고 했다. 더넷은 광고담당 이사들이 집단 브레인스토밍에서 도움을 받으리라고 확신했다. 좀 더 내향적이라고 생각한 연구 과학자들은 집단 브레인스토밍에서 도움을 받을지는 자신이 없었다.

더넷은 48명을 4명씩 12그룹으로 나누었다. 각 그룹에 브레인스토밍 할 문제를 주었다. 이를테면 엄지손가락이 하나 더 있는 상태로 태어날 때 생기는 장점과 단점 같은 것이었다. 그리고 각 사람에게 스스로 브레인스토밍 할 유사한 문제도 내주었다. 그런 뒤 더넷과 동료들은 집단이 낸 아이디어와 혼자서 낸 아이디어를 헤아려 비교해 보았다. 같은 것끼리 비교하기 위해, 더넷은 각 개인의 아이디어를 다른 3명의 아이디어와 한데 묶어서, 마치 4명이 명목상 한 그룹으로 한 것처럼 했다. 또 이들은 아이디어의 질도 평가하여 '확률 점수'를 0에서 4까지 매겼다.

결과는 명백했다. 24그룹 가운데 23그룹의 사람들이, 집단으로 했을 때보다 혼자 했을 때 아이디어를 더 많이 냈다. 그리고 혼자서 할 때 아이디어의 질도 동등하거나 더 뛰어났다. 게다가 광고 담당 이사들도 내향적이라고 추정된 연구 과학자들과 비교할 때 집단 브레인스토밍에서 더 나을 것이 없었다.

그 후로 40년간 연구 결과는 놀랍게도 똑같은 결론을 제시했다. 연구들은 집단의 크기가 커질수록 성과가 나빠진다는 것을 밝혔다. 9명씩 묶은 그룹은 6명씩 묶은 그룹보다 아이디어 수도 적고 질도 떨어졌고, 6명씩 묶은 그룹은 다시 4명씩 묶은 그룹보다 성과가 나빴다. 조직심리학자 에이드리언 펀햄Adrian Furnham은 이렇게 썼다. "과학적 근거를 보면 기업 사람들이 집단으로 브레인스토밍을 하는 것은 정신 나간 짓이다. 재능 있고 의욕적인 사람들이 있다면, 창의성이나 효율성이 가장 중요한 상황에서는 혼자서 일하도록 장려해야 한다."

이것의 한 가지 예외는 온라인 브레인스토밍이다. 연구 결과, 온라인 집단 브레인스토밍은 적절히 관리만 하면 개인적으로 하는 것보다 더 나은 결과를 낼 뿐 아니라 집단이 커질수록 결과도 나아졌다. 학문 연구에서도 마찬가지다. 온라인으로, 물리적으로 멀리 떨어진 곳에서 협력하는 교수들은 혼자서 일하거나 얼굴을 보고 협력하는 교수들보다 더 영향력 있는 연구를 발표했다.

이것은 놀랄 일이 아니다. 이미 말했듯 애초에 '새로운 집단사고'가 생겨나도록 공언한 것도 온라인 협력의 이런 흥미로운 힘이었다. 대규모 온라인 브레인스토밍이 아니었다면 무엇이 리눅스, 위키피디아를 만들었겠는가? 하지만 우리는 온라인 협업의 힘에 너무나 감탄한 나머지 종류를 불문하고 집단 업무를 과대평가하면서 단독 업무를 희생시켰다. 우리는 온라인 집단에 참여하는 일이 일종의 단독 작업이라는 점을 깨닫지 못했다. 대신 온라인 협력의 성공을 현실 세계에도 도입할 수 있다고 가정했다.

실제로, 전통적인 집단 브레인스토밍이 효과가 없다는 수많은 근거에도 불구하고 그것은 그 어느 때보다 인기다. 브레인스토밍에 참가하는 사람들은 대개 자기들 그룹이 실제 성과보다 더 나은 성과를 거두었다고 믿는데, 이를 보면 인기 있는 한 가지 이유를 알 수 있다. 집단 브레인스토밍은 사람들이 애착을 느끼게 한다.

창의성이 아니라 사회적 응집력이 주요한 이점이라는 점을 이해한다면, 가치 있는 목표라 할 수 있다.

집단의 사회적 압력은 개인의 판단 능력도 마비시킨다

심리학자들은 보통 집단 브레인스토밍의 실패를 세 가지 이유로 설명한다. 첫째는 '사회적 태만'이다. 집단 속에 있으면, 어떤 사람들은 뒤로 몸을 기댄 채 다른 사람들에게만 시킨다. 둘째는 '생산 봉쇄'다. 한 번에 한 사람만 아이디어를 내거나 말할 수 있고, 나머지는 수동적으로 앉아 있을 수밖에 없다. 셋째는 '평가 불안'이다. 동료들 앞에서 멍청해보이면 어쩌나 하는 두려움을 말한다.

오즈본의 브레인스토밍 원칙은 이런 불안을 잠식시키기 위한 것이었지만, 연구에 따르면 사람들 앞에서 수치를 당하는 일을 두려워하는 마음은 강력했다. 일례로, 1988~89년 농구 시즌에서 NCAA 농구팀 중 두 팀이 관중 없이 11경기를 뛰었는데, 이유는 홍역으로 학교에서 학생들을 모두 격리해두었기 때문이다. 양 팀은 그들을 불안하게 할 팬 없이, 심지어 홈팀을 응원하는 팬조차 없이 시합해 훨씬 좋은 결과를 냈다. 예를 들면 자유투 확률이 높아졌다.

행동경제학자 댄 애리얼리Dan Ariely도 비슷한 현상을 발견했다. 그는 39명의 참가자에게 철자 순서를 바꾼 퍼즐을 내주고 혼자서 풀게 하거나 다른 사람이 지켜보는 가운데 풀게 했다. 애리얼리는 참가자들이 사람들 앞에서 하면 동기부여가 더 많이 돼서 더 좋은 결과를 내리라고 예측했다. 하지만 결과는 반대였다. 청중은 자극이 되기도 하지만 스트레스가 되기도 했다.

평가 불안의 문제점은 우리가 그것을 어찌할 수 있는 방법이 별로 없다는 사실이다. 혹자는 의지나 훈련, 혹은 알렉스 오즈본의 규칙 같은 것으로 극복할 수 있다고 생각할지 모른다. 하지만 신경과학 분야의 연구를 보면 판단에 대한 두려움은 우리가 상상한 것보다 훨씬 뿌리 깊고, 훨씬 광범위하게 영향을 미친다.

1951년에서 1956년 사이, 오즈본이 집단 브레인스토밍의 힘을 홍보하던 바로 그때 심리학자 솔로몬 애쉬Solomon Asch는 집단의 영향이 유발하는 위험에 관해 이제는 유명해진 일련의 실험을 실시했다. 애쉬는 학생 자원자들을 그룹으로 나누고 시각 테스트를 받게 했다. 그는 학생들에게 서로 길이가 다른 세 개의 선을 보여주고 서로 비교해 보도록 질문을 던졌다. 어떤 것이 길었는지, 어떤 것이 네 번째 선과 길이가 같았는지 등이었다. 이런 질문은 매우 단순해 학생의 95퍼센트가 모든 질문에 옳게 답했다.

하지만 애쉬가 그룹에 연기자를 섞어 그들에게 그릇된 답을 자신 있게 말하게 하자, 정답을 모두 맞힌 학생이 25퍼센트로 급감했다. 다시 말해서, 참가자의 75퍼센트라는 어마어마한 숫자가 적어도 한 개의 질문에 엉뚱한 답을 따라갔다는 말이다.

애쉬의 실험은 '동조의 힘'을 입증해낸 것이다. 오즈본이 거기에서 사람들을 해방시키려고 노력한 바로 그 시기에 말이다. 이 실험이 우리에게 알려주지 않은 부분은 '왜 우리는 쉽게 동조하느냐?'는 점이었다. 복종한 사람의 마음속에는 어떤 일이 벌어지고 있었을까? 또래 압력 때문에 선의 길이에 대한 인식이 변했을까, 아니면 알면서도 튀기 싫어서 틀린 답을 했을까? 수십 년간 심리학자들은 이 질문을 물고 늘어졌다.

오늘날 두뇌 스캔 기술 덕분에 우리는 그 답에 더 가까이 다가갈 수 있을지 모른다. 2005년 에머리대학교Emory University의 신경학자 그레고리 번스Gregory Berns는 애쉬 실험의 현대판을 실시해보기로 결심했다. 번스와 그의 팀은 19~40세 사이의 남녀로 구성된 자원자 32명을 모았다. 자원자들은 어떤 게임을 했다. 각 그룹 멤버에게 컴퓨터 화면으로 3차원 물체 2개를 보여준 뒤에 첫 물체의 방향을 돌리면 둘째 물체와 일치하겠는지 물어보는 게임이었다. 실험자들은 fMRI 스캐너를 이용해 자원자들이 집단의 의견에 반항하거나 동조할 때 자원자의 뇌를 촬영했다.

결과는 충격과 깨우침을 함께 주었다. 우선, 그것은 애쉬의 결과와 일치했다. 참가자들이 혼자서 게임을 할 때는 13.8퍼센트만 오답을 했다. 하지만 집단에서 다른 멤버들이 만장일치로 오답을 했을 때는 집단의 답을 따라가는 경우가 41퍼센트에 달했다.

하지만 번스의 실험은 '왜 우리는 쉽게 동조하느냐?'라는 점에도 빛을 밝혀주었다. 참가자들이 혼자서 게임할 때는 시각 인지 및 공간 인지와 연관된 후두엽과 두정엽 그리고 의식적인 의사결정과 연관된 전두엽의 뇌 영역이 그물망을 형성하며 활동하는 모습이 뇌 스캔에 잡혔다. 하지만 집단의 오답을 따라할 때는 뇌 활동 모습이 매우 달랐다.

떠올려보자. 애쉬의 의문은 사람들이 집단의 답이 틀렸다는 점을 알면서도 동조했는지, 아니면 집단 때문에 인식이 바뀌었는지 하는 점이었다. 번스와 그의 팀은, 전자가 맞다면 의사결정에 연관되는 전두엽 활동이 더 많이 일어날 것으로 보았다. 즉, 참가자들이 집단에 맞추기 위해 자신의 답을 의식적으로 버리기로 결정하는 활동이 찍히리라 예상한 것이다. 하지만 시각 인지 및 공간 인지와 연관된 부위의 활동이 늘어난다면, 반대로 무엇 때문인지 집단이 개인의 인식을 바꾸었다는 점을 시사하게 될 터였다.

정확히 그런 현상이 나타났다. 동조자들은 의사결정에 관여하는 전두엽 활동이 줄어들고 인지에 관여하는 뇌 활동이 늘어났다. 다시 말해서, 또래 압력은 불쾌할 뿐 아니라 실제로 우리가 문제를 보는 시각을 바꾸어놓을 수 있다.

이런 초기 단계의 발견은 집단이 마치 향정신성 약물과 비슷하다는 점을 시사한다. 집단이 답을 A로 본다면, 우리도 A가 답이라고 믿을 확률이 높아진다. 의식적으로 "흠, 잘 모르겠네. 하지만 다들 A가 답이라고 하니까 나도 그걸로 하지 뭐" 하고 말한다는 뜻은 아니다. 그렇다고 "사람들이 날 좋아해 주면 좋겠으니까, 답이 A인 척할래" 하고 말한다는 뜻도 아니다. 그보다 훨씬 뜻밖의 그리고 위험한 행동을 한다. 번스의 실험에 자원한 사람들 대부분은

'우연히 동일한 정답에 도달했다고 생각해서' 집단과 같은 답을 했다고 말했다. 바꿔 말하면 이들은 또래가 자기들에게 얼마나 영향을 미쳤는지 전혀 몰랐다.

이것이 사회적 두려움과 무슨 관계가 있을까? 애쉬와 번스의 연구에서 자원자들이 항상 동조하지 않았다는 점을 기억해보자. 사람들은 이따금 또래의 영향에도 불구하고 정답을 맞혔다. 그리고 이런 순간들에서, 번스와 그의 팀은 아주 흥미로운 점을 발견했다. 그 순간에는 편도체라는, 거절의 두려움 같은 불쾌한 감정과 연관되는 뇌의 작은 기관이 활발하게 움직였던 것이다.

번스는 이것을 '독립의 고통'이라고 부르는데, 이것은 중대한 의미를 갖는다. 선거에서부터 배심 재판과 다수결 원칙이라는 기본적인 개념에 이르기까지, 우리 사회의 가장 중요한 제도들은 반대 의견에 의존한다. 하지만 집단이 문자 그대로 우리의 인식을 바꿀 수 있고, 홀로 거기에 맞서려 할 때 원시적이고 강력하며 무의식적인 거절의 두려움이 깨어난다면, 이러한 제도의 건전함이란 우리가 믿는 것보다 훨씬 약한 듯싶다.

내향성과 외향성이 상생하기 위한 지혜로운 방법들

물론 내가 얼굴을 마주 보고 협력하는 상황을 단순화하기는 했다. 스티브 워즈니악은 결국 스티브 잡스와 협력했고, 두 사람이 짝이 되지 않았다면 오늘날의 애플은 없었을 것이다. 아버지와 어머니, 부모와 자녀 사이의 결속은 창조적인 협력의 행위다. 실제로 연구 결과들을 보면, 얼굴을 마주 보며 교류하는 상황은 온라인 교류로는 이끌어내지 못하는 신뢰를 준다. 이뿐 아니라 인구밀도도 혁신과 연관되어 있다. 숲에서 조용히 산책하는 것에 장점이 있기는 해도, 밀집된 도시에 사는 사람들은 도시생활이 제공하는 얽히고설킨 다양한 교류에서 도움을 받는다.

나도 이런 현상을 직접 체험해 본 적이 있다. 이 책을 쓰려고 준비하던 중, 나는 깔끔하게 정돈된 책상과 파일 캐비닛, 컴퓨터 공간과 충분한 자연광을 갖춘 자택 사무실을 조심스레 준비했다. 그렇지만 세상과 너무나 단절되었다고 느낀 나머지 그곳에서 단 한 줄도 쓰지 못했다. 대신 나는 이 책의 대부분을 내가 좋아하는 복잡한 동네 카페에 노트북을 가지고 가서 썼다. 내가 이렇게 한 이유는 새로운 집단사고의 옹호자들이 제안하는 바로 그 이유 때문이었다. 다른 사람들의 존재만으로도 내 마음이 도약하는 데 도움이 된 것이다. 그 커피숍에는 자기 컴퓨터를 내려다보고 있는 사람으로 가득했고, 그들의 얼굴에 비친 몰입한 표정이 뭔가 단서가 된다고 한다면 그곳에서 일을 잔뜩 해내는 사람은 나뿐이 아니었다.

하지만 카페가 내 사무실이 된 까닭은 현대의 학교와 직장에는 없는 몇 가지 구체적인 특징이 있기 때문이었다. 그곳은 사교적이지만 편안했고, 원하는 대로 오갈 수 있는 분위기라 불필요하게 얽힐 일이 없었고, '의도적으로 글쓰기를 연습'할 수 있었다. 나는 원하는 만큼 관찰자와 행위자 사이를 왔다 갔다 할 수 있었다. 또 환경도 통제할 수 있었다. 나는 매일 내가 사람들을 보는 것뿐 아니라 나도 사람들에게 보이고 싶으냐에 따라서 탁자 위치를 한가운데나 가장자리로 선택했다. 그리고 내가 그날 쓴 것을 조용하고 평화롭게 고치고 싶으면 언제든지 그곳에서 나올 자유가 있었다. 대개 나는 고작 몇 시간 후에 이 권리를 행사했다. 보통 사무실 직원들이 8시간, 10시간, 14시간씩 있다가 나오는 것과는 달랐다.

내 말은, 앞으로 나아가려면 얼굴을 마주 보며 협력하는 것 자체를 중지하지 말고 그 방식을 세심하게 다듬어야 한다는 얘기다. 먼저, 내향성-외향성이 공생하는 관계, 즉 리더의 역할과 기타 역할이 사람들의 타고난 장점과 기질에 따라 배분되도록 능동적으로 모색할 필요가 있다. 연구 결과들에 따르면 가장 효율적인 팀은 내향적인 사람과 외향적인 사람이 건전하게 섞여 있고, 리더십의 구조도 다양했다.

또 사람들이 만화경처럼 변하며 자유로이 교류할 수 있고, 집중하거나 그저 혼자 있고 싶을 때는 자신의 개인 사무 공간으로 사라질 수 있는 환경을 만들 필요가 있다. 학교는 아이들에게 다른 아이와 협력하는 방법을 가르쳐야 하지만—협력 학습은 적절히 잘 훈련하면 효과적이다—혼자서 의도적으로 연습하는 데 필요한 시간과 교육에도 더 투자해야 한다. 수많은 사람들이, 특히 스티브 워즈니악과 같은 내향적인 사람이 최고의 성과를 내려면 조용하고 사적인 공간이 필요하다는 점을 인식해야 한다.

어떤 기업은 침묵과 고독의 가치를 이해하기 시작하고 단독 작업 공간, 조용한 공간, 편안한 회의실, 카페, 독서실, 컴퓨터 비치 공간, 심지어 사람들이 타인의 작업 흐름을 방해하지 않으면서 편안하게 잡담할 수 있는 거리까지 마련해놓은 융통성 있는 열린 사무 공간을 만들고 있다. 픽사 애니메이션 스튜디오에는 1만 7천 평이 넘는 사내에 축구장 크기만 한 아트리움이 있고 그 안에 우편함, 카페테리아, 심지어 화장실까지 구비해놓았다. 직원들이 되도록 편안하게 우연히 마주치는 기회를 늘리자는 취지다. 동시에 직원들에게 개인 사무실, 칸막이, 책상, 작업 공간을 만들어 자기가 원하는 대로 장식하도록 격려했다. 마찬가지로 마이크로소프트에서는 사람들이 자기 개인 사무실을 누리지만, 직원이 언제 협업하고 싶고, 언제 혼자 생각해야 하는지 판단하게 해주는 미닫이문, 이동식 칸막이 등의 기능을 구현해놓았다. 이런 다양한 작업 공간은 외향적인 사람뿐 아니라 내향적인 사람에게도 도움이 된다고, 시스템 디자인 연구가 매트 데이비스Matt Davis가 말했다. 이유인즉 그것이 전통적인 열린 사무실에 비해 은거할 공간이 더 많기 때문이다.

나는 워즈니악도 이러한 추세를 인정하리라고 생각한다. 애플 PC를 개발하기 전, 워즈니악은 휴렛팩커드에서 계산기를 설계했는데 그가 그 일을 좋아한 부분적인 이유는 다른 직원들과 매우 편안하게 한담을 나눌 수 있었기 때문이다. 매일 오전 10시와 오후 2시가 되면 관리팀에서 도넛과 커피를 들고 들어왔고, 사람들은 서로 어울리며 아이디어를 공유했다. 이런 어울림이 남달랐던 것은 사람들이 소박하고 느긋했기 때문이다.

『스티브 워즈니악』에서 그는 휴렛팩커드가 능력주의 사회였다고 회고하면서 외모도 상관없고, 사내 정치를 벌여봐야 혜택도 없고, 누구도 그가 사랑하던 엔지니어 일을 그만두고 관리직으로 가라고 밀어붙이지도 않았다고 말했다. 그것이 바로 워즈니악에게는 협력이 뜻하는 바였다. 동료들과 도넛과 아이디어를 나눌 수 있는 것 말이다. 태평스럽고 비판적이지 않고 옷도 엉성하게 입는 동료들, 진짜 일을 하려고 칸막이 안으로 사라져도 신경도 안 쓰는 그런 동료들 말이다.

part 2

부모가 물려준 성격
VS.
현재 나의 성격

chapter 4

기질은 바꿀 수 없는 운명일까?

천성, 양육 그리고 난초 가설

> 어떤 사람들은 가장 확신이 없을 때조차
> 내가 가장 확신 있을 때보다 더 확신이 있다.
> ─로버트 루빈, 『불확실한 세상에서』

거의 10년 전

새벽 2시. 잠이 오지 않고, 죽고 싶은 심정이다. 나는 보통 때는 자살 충동을 느끼는 편이 아니지만, 이날은 큰 강연을 앞둔 전날 밤이라 이러면 어쩌나 저러면 어쩌나 하는 생각으로 마음이 날뛰었다. 입이 바짝 말라서 한 마디도 할 수 없으면 어쩌지? 청중들이 지루해하면? 무대에서 토해버리면 어쩌지?

옆자리에 누워 있던 켄은 뒤척거리는 내 모습을 지켜봤다. 켄은 나의 고뇌에 어리둥절했다. 전직 UN 평화유지군이던 그는 한때

소말리아에 매복을 한 적도 있지만, 나는 그때도 그가 지금의 나만큼 겁을 먹지는 않았으리라 생각했다.

"즐거운 일을 떠올려봐." 그가 내 이마를 쓰다듬으며 말했다.

나는 눈물이 맺힌 채 천장을 응시하며 "무슨 즐거운 일? 연단과 마이크가 눈앞에 있는데 어떻게 즐거울 수 있어?"라고 말했다.

"중국에는 자기 강연엔 눈곱만큼도 관심 없는 사람이 10억 명은 있어." 켄이 동정하듯 말했다.

이 말에 약 5초간 마음이 진정됐다. 나는 몸을 돌려 알람시계를 봤다. 드디어 6시 반이다. 적어도 최악의 시간, 그러니까 전날 밤은 끝났다. 내일 이맘때면 난 자유다. 하지만 그러기 전에 오늘을 헤쳐나가야 했다. 나는 우울하게 옷을 입고 코트를 걸쳤다. 켄이 아이리시 위스키와 크림, 벨기에 초콜릿으로 만든 베일리스를 건넸다. 나는 술은 잘 못하지만, 베일리스는 초콜릿 밀크셰이크 맛이 나서 좋다. "시작하기 15분 전에 이걸 마셔." 켄이 말하며 작별의 입맞춤을 했다.

나는 엘리베이터를 타고 아래층으로 내려가 나를 목적지까지 데려다주기 위해 기다리고 있는 차에 탔다. 목적지는 뉴저지주 외곽에 있는 커다란 기업 본부다. 차를 타는 시간은 어쩌다 내가 이런 상황에 빠지도록 자신을 방치했는지 생각하기에 충분했다. 나는 월 스트리트 법률회사에서 나와 스스로 컨설팅 회사를 차렸다. 대부분은 일대일이나 소규모 그룹 만남으로 일을 처리해 편안했다. 하지만 한 거대 미디어 회사의 법률 자문위원인 지인이 나더러 전체 경영진을 위해 세미나를 해달라고 요청했을 때, 나는 수락했다. 심지어 열광적으로! 그때 내가 왜 그랬는지 지금으로선 납득할 수 없다. 나는 홍수나 작은 지진 따위의 재난이라도 일어나 이 일을 하지 않아도 되길 기도했다. 그러고는 도시 전체를 내 드라마에 개입시킨 것에 죄책감을 느꼈다.

차가 강연 장소에 도착하자, 성공한 컨설턴트의 생기발랄한 모습처럼 하차했다. 진행자가 나를 강당으로 안내하는데, 나는 화장실 가는 길을 묻고는, 화장실 칸막이라는 나만의 공간에서 베일리스를 벌컥벌컥 마셨다. 그리고 잠시 가만히 서서 알코올이 마법이라도 부리기를 기다려본다. 하지만 아무 일도 일어나지 않았다. 난 여전히 공포에 떨고 있었다. 어쩌면 한 모금 더 마셔야 할지도 모른다. 아니다. 아침 9시밖에 안 됐는데 입에서 술 냄새라도 나면 어쩌려고? 나는 립스틱을 다시 바르고 강연장으로 돌아가, 대단해보이는 사람들이 강당을 채우는 동안 연단에서 메모지를 재배치한다. 나는 '뭘 하든 좋으니까 구토는 하지 말자'라고 중얼댔다.

몇몇 임원이 날 흘끗 올려다보지만, 대부분은 각자의 휴대전화를 쳐다보느라 여념이 없었다. 분명 내가 그들을 버거운 업무에서 해방시켜준 것이리라. 저들이 자그마한 타자기에 긴급 성명을 두드리고 있는 것을 그만둘 정도로 이목을 끌려면 어떻게 해야 하지? 바로 그때, 나는 다시는 강연을 하지 않겠노라고 다짐했다.

자극에 예민할수록 진지하고 조심스럽다

그 후로 나는 강연을 많이 했다. 불안을 완전히 극복하지는 못했지만, 시간이 흐를수록 대중 앞에서 말할 기회가 많았던 나는, 무대공포증이 있는 사람이라면 누구라도 도움이 될 만한 전략을 발견하게 됐다(더 자세한 이야기는 5장에서 하기로 하자).

여하튼 내 지독한 공포에 관해 들려준 이유는, 그것이 내향성에 관한 나의 가장 다급한 의문들 중에서도 중심에 있는 의문이기 때문이다. 저 깊은 어딘가에서, 대중 강연에 대한 내 두려움은 내가 중시하는 내 성격의 다른 면, 특히 부드럽고 이지적인 것들을 사랑하는 마음과 연결돼 있는 듯했다. 내게는 이런 조합이 드물지 않은 것으로 느껴졌다. 하지만 그것들은 정말로 연결되어 있을까? 연결되어 있다면 어째서일까? '양육', 그러니까 내가 양육된 방식의 결과일까? 우리 부모님은 둘 다 말투가 부드럽고 내성적인 성격이다. 어머니도 대중 앞에서 말하기를 싫어한다. 아니면 내 유전자 깊은 곳과 연결된 천성인 것일까?

나는 어른이 된 이래로 이런 의문을 계속 품고 지냈다. 다행히도 하버드대학교의 연구자들도 마찬가지였다. 그곳 과학자들은 인간 기질의 생물학적 기원을 밝히기 위해 두뇌를 조사하고 있다.

그러한 과학자 중에는 제롬 케이건Jerome Kagan도 있다. 그는 20세기가 낳은 위대한 발달심리학자 중 한 명이다. 케이건은 아동의 정서와 인지발달을 연구하는 데 한평생을 바쳤다. 일련의 획기적인 종적 연구들에서, 그는 아이들이 유아기부터 청소년기를 거치는 과정을 추적하면서 아이들의 생리와 성격을 기록했다. 이런 종적 연구는 시간도 많이 걸리고 비용도 많이 들며, 따라서 흔하지 않다. 하지만 케이건의 사례처럼 성과가 나올 때는 그 규모가 어마어마하다.

1989년에 시작해 아직도 진행 중인 그런 연구를 위해, 케이건 교수와 그의 팀은 하버드대학교 아동발달 연구소에 4개월 된 신생아 500명을 모았다. 45분짜리 실험으로, 신생아들이 내향적으로 클지 외향적으로 클지 알아낼 수 있으리라는 기대를 품고서 말이다. 최근에 4개월 된 신생아를 본 적이 있다면 이 주장이 얼마나 대담한지 감이 올 것이다. 하지만 케이건은 인간 기질에 관해 오랫동안 연구했고, 가설도 있었다.

케이건과 그의 팀은 4개월 된 신생아들을 세심하게 선별한 자극에 노출했다. 신생아들은 녹음한 목소리와 풍선 터지는 소리를 듣고, 색색의 모빌이 눈앞에서 춤추는 모습을 보고, 알코올을 묻힌 면봉의 냄새를 맡았다. 이런 새로운 자극에 신생아들은 극도로 다른 반응을 보였다. 약 20퍼센트는 팔다리를 휘저으며 기운차게 울었다. 케이건은 이 그룹을 '고 반응'이라 했다. 약 40퍼센트는 조용하고 차분하게 있으면서 때때로 팔다리를 움직이기는 했지만 극적으로 휘두르는 일은 없었다. 케이건은 이 그룹을 '저 반응'이라 했다. 나머지 40퍼센트는 양 극단의 중간에 있었다. 놀랄 정도로 직관에 반하는 가설에 따라, 케이건은 반응이 강한 신생아들 그룹, 즉 기운차게 팔다리를 흔들던 신생아들이 십대가 되어서 조용한 아이가 될 확률이 가장 높다고 예측했다.

신생아들 중 상당수가 두 살, 네 살, 일곱 살, 열한 살 때도 케이건의 연구실에서 새로운 사람과 사건에 관한 반응을 테스트하는 후속 실험을 계속했다. 두 살 때, 아이들은 방독마스크를 쓰고 실험실 가운을 착용한 여인, 광대 분장을 한 남자, 원격조정 로봇을 만났다. 일곱 살 때는 한 번도 만난 적 없는 아이들과 놀았다. 열한 살 때는 낯선 어른이 사적인 부분에 대해 면담했다. 케이건의 팀은 아이들이 이런 기이한 상황에 어떻게 반응하는지 관찰하고, 보디랭귀지에 주목하며 아이들이 얼마나 자주 즉흥적으로 웃음을 터뜨리고 말하고 웃음 짓는지 기록했다. 한두 명의 가까운 친구와 있는 것을 좋아하는가, 아니면 즐거운 무리와 있는 것을 좋아하는가? 새로운 곳에 방문하는 것을 좋아하는가? 위험을 무릅쓰는가, 아니면 좀 더 조심스러운가? 스스로 수줍음을 탄다고 생각하는가, 아니면 대담하다고 생각하는가?

상당수의 아이들이 케이건이 예측한 대로였다. 고 반응 신생아들, 머리 위에서 흔들리던 모빌에 소리를 지르던 20퍼센트의 신생아들이 진지하고 조심스러운 성격으로 자라날 확률이 높았다. 저 반응 신생아들, 즉 조용하던 아이들은 좀 더 느긋하고 자신 있는 유형으로 자랄 확률이 높았다. 다시 말해서, 고 반응과 저 반응은 각각 내향성과 외향성에 연결된다는 것이다. 케이건이 1998년 『갤런의 예언Galen's Prophecy』에 풀어놓았듯, "칼 융이 75년 전에 적어놓은 내향성과 외향성에 관한 묘사는 고 반응의 청소년과 저 반응의 청소년 비율에 무서우리만치 정확하게 맞아떨어진다."

케이건은 두 청소년을 내성적인 톰과 외향적인 랠프로 묘사했는데, 두 사람의 차이는 놀랄 정도였다. 어릴 적에 특히 수줍음이 많던 톰은 학교 성적도 좋고, 관찰력도 뛰어나며, 조용하고, 여자친구와 부모님에게도 헌신적이었다. 또 걱정이 많고, 스스로 배우고, 지적인 문제에 관해 생각하기를 좋아했다. 톰은 과학자가 꿈이다. 케이건은 톰을 T. S. 엘리엇과 수학자 겸 철학자인 앨프레드 노스 화이트헤드에 비유하며 말했다. "어릴 적에 수줍음이 많던 다른 유명한 내향적인 사람들처럼 톰은 정신적인 삶을 선택했다."

반면에 랠프는 느긋하고 자신감이 있었다. 랠프는 케이건 팀의 면담자를 자기보다 스물다섯 살 많은 권위자가 아니라 동료로 봤다. 랠프는 매우 영리했지만 최근에 영어와 과학 수업에서 낙제했다. 농땡이를 친 탓이다. 하지만 무엇도 랠프에게는 별로 걱정이 안 됐다. 그는 유쾌하게 자기 단점을 인정했다.

심리학자들은 '기질'과 '성격'의 차이를 논한다. 기질은 타고난 생물학적 기반의 행동과 정서 패턴으로 유아기와 초기 아동기에 나타난다. 성격은 문화적 영향과 개인적 경험이 뒤섞이면서 나타나는 복잡한 양상이다. 어떤 사람은 기질이 토대이고 성격이 그 위의 건물이라고 한다. 케이건의 연구는 유아의 특정한 기질을, 톰이나 랠프 같은 청소년기의 성격 유형과 연관 짓는 데 유용하다.

과소평가된 내향성의 장점

하지만 케이건은 팔을 휘젓던 신생아들이 조심스럽고 사색적인 톰 같은 청소년으로 자라고, 조용한 신생아들이 '학교야 이러거나 말거나 상관하지 않는' 솔직한 랠프 같은 청소년으로 자라날 확률이 높다는 점을 어떻게 알았을까? 그 답은 아이들의 생리에 있다.

낯선 상황에서 아이들이 보이는 행동을 관찰하는 것과 더불어, 케이건의 팀은 아이들의 심장박동, 혈압, 손가락 체온, 신경계의 다른 특징을 측정했다. 케이건이 이런 것을 측정하기로 한 이유는 편도체라는 뇌의 중요한 기관이 이런 것들을 통제한다고 믿었기 때문이다. 편도체는 변연계 깊은 곳에 있는데, 생쥐나 쥐와 같은 원시동물에서도 발견되는 조직이다. 때때로 '감정의 뇌'로 불리기도 하는 이 조직은 우리가 이런 동물들과 공유하는 본능들, 이를테면 식욕, 성욕, 두려움 같은 것들의 기저를 형성한다.

편도체는 두뇌의 감정 스위치로 기능하며, 감각 정보를 받아들여 뇌와 신경계에 어떻게 반응해야 할지 전달한다. 이것의 기능 중 하나는 하늘을 날고 있는 원반에서부터 쉭쉭거리는 뱀에 이르기까지 새롭거나 위협적인 것들을 즉각 감지하여 투쟁-도피 반응을 일으키는 신호를 몸 전체에 속사포로 보내는 일이다. 원반이 코앞으로 날아올 때 고개를 숙이라고 지시하는 것이 바로 편도체다. 방울뱀이 물려고 할 때 도망치는 것도 편도체다.

케이건은 특별히 자극을 잘 받는 편도체가 타고난 아이들이, 낯선 물체를 보게 되면 꿈틀거리고 소리를 지를 것이라고, 그리고 새로운 사람을 만나면 좀 더 경계해야 한다고 느끼며 자라날 것이라고 가정했다. 그리고 결과는 예상과 같았다. 바꿔 말해서, 펑크 로커처럼 팔다리를 휘두르던 4개월짜리 신생아들, 즉 '고 반응' 아이들은 외향적이기 때문이 아니라 그 작은 몸이 새로운 물체와 소리, 냄새에 강하게 반응했기 때문이라는 것이다. 조용한 아기들이 조용했던 이유도 앞으로 내향적으로 될 아이들이었기 때문이 아니라 실제는 정반대로 신경계가 새로운 것에 별 감흥이 없기 때문이었다.

아이의 편도체가 반응에 강할수록, 심장박동이 빨라지고, 동공은 더 확장되며, 성대도 더 긴장하고, 침에 스트레스 호르몬인 코티솔도 더 많이 분비될 확률이 높다. 뭔가 새롭고 자극적인 것에 대면할 때 신경이 더 거슬린다고 느끼기 쉽다는 얘기다. 고 반응의 아이는 자라면서, 처음으로 놀이공원에 갔을 때나 유치원에 가서 친구들을 만났을 때와 같이 다양한 상황에서 미지의 것에 대면하게 된다. 가장 눈에 띄는 점은 아이가 낯선 사람을 만나서 보이는 반응이다. 학교 첫날 어떻게 행동하는가? 모르는 아이들이 잔뜩 있는 생일잔치에서 불안해보이는가? 하지만 이때 우리가 보는 것은 단지 사람이 아니라 새로운 것 전반에 드러나는 아이의 민감도다.

고 반응과 저 반응은 내향성과 외향성에 이르는 유일한 생물학적 특징은 아마도 아닐 것이다. 전형적인 고 반응의 의미로 볼 때는 민감하지 않지만 내향적인 사람도 많고, 고 반응의 사람 중 소수는 커서 외향적인 사람이 되기도 한다. 그러나 케이건이 수십 년에 걸쳐 발견해낸 결과는 이런 성격 유형을 이해하는 데 우리의 가치판단까지 포함해서 극적인 전환점이 되었다는 것이다. 외향적인 사람들은 흔히 '친사회적'이라는 칭찬을 받는다. 다른 사람들에게 관심이 있다는 얘기다. 반면 내향적인 사람들은 사람을 좋아하지 않는다고 폄하한다. 하지만 케이건의 유아 실험은 사람과는 전혀 상관이 없었다. 아기들은 알코올을 묻힌 면봉을 맡고 소리를 질렀다(혹은 지르지 않았다). 풍선 터지는 소리에 사지를 흔들었다(혹은 조용히 있었다). 고 반응의 아이는 인간 혐오자가 될 아이가 아니다. 그저 환경에 민감하게 반응할 뿐이다.

정말로, 이 아이들 신경계의 민감도는 무서운 것뿐 아니라 일반적인 '알아차림'과 연관되어 있는 듯하다. 고 반응의 아이들은 사람과 사물을 접하면, 어떤 심리학자가 말했듯 '경계 주의를 기울인다.' 이들은 뭔가를 결정하기 전에 문자 그대로 여러 선택지를 비교하며 눈을 더 많이 움직인다. 마치 받아들인 정보를 좀 더 깊이 있게 (때로는 의식적으로, 때로는 무의식적으로) 처리하는 것 같다. 한 초기 연구에서, 케이건은 1학년 아이들에게 서로 일치하는 그림을 찾는 게임을 시켰다. 각 아이에게 먼저 의자에 앉아 있는 테디베어를 보여주고, 비슷한 그림 여섯 개를 보여주는데 그중 하나만 원래 그림과 일치한다. 고 반응 아이들은 다른 아이들보다 생각하는 데 시간이 더 많이 걸렸고 올바른 답을 할 확률도 더 높았다. 케이건이 이 아이들에게 단어 게임을 하게 하자, 이 아이들은 다른 충동적인 아이들보다 좀 더 정확하게 읽었다.

고 반응 아이는 자기가 본 것을 좀 더 깊이 생각하고 느끼며 일상의 경험들도 좀 더 세세하게 구분하는 경향을 보였다. 이것은 여러 가지 방식으로 표현될 수 있다. 아이가 사교적이라면 다른 아이들의 행동을 곰곰이 생각하는 데 상당한 시간을 보낼 수도 있다. 제이슨은 왜 장난감을 같이 가지고 놀려 하지 않았을까? 니콜라스가 우연히 메리에게 부딪혔을 때 메리는 왜 그렇게 화를 냈을까? 아이가 퍼즐 풀기, 그림 그리기, 모래성 만들기 등 특정한 일에 흥미를 보인다면, 남다른 집중력을 보이는 일이 많을 것이다.

연구 결과를 보면, 고 반응 아이는 다른 아이의 장난감을 실수로 부쉈을 때 저 반응 아이보다 죄책감과 슬픔을 더 강하게 느끼는 경향을 보였다. 물론 어떤 아이든 환경을 알아차리고 감정을 느끼지만, 고 반응 아이는 더 많이 보고 더 많이 느끼는 듯싶다. 과학 저널리스트 위니프리드 갤러거Winifred Gallagher에 따르면, 일곱 살짜리 고 반응 아이에게 여러 아이가 있는데 멋진 장난감을 어떻게 함께 가지고 놀아야 하느냐고 물어보면 이 아이는 '아이들 성을 알파벳 순서로 정리하고 A에 가장 가까운 애가 먼저 가지고 논다'는 식의 세밀한 전략을 들고 나오기 쉽다.

갤러거는 이렇게 썼다. "이 아이들은 이론을 실제로 적용하는 데 애를 먹는다. 이들의 섬세한 천성과 치밀한 계획이 운동장(외부 환경을 말함-옮긴이)에서 일어나는 복잡한 문제에는 어울리지 않기 때문이다." 앞으로 살펴보게 될 테지만, 이런 특징들, 즉 경계심, 차이에 대한 민감성, 복잡한 정서성 등은 오늘날 매우 과소평가되고 있는 능력들이다.

내향성과 외향성, 어디까지가 유전적인 대물림일까?

케이건은 공들인 연구 결과로 고 반응이 내향성의 한 가지 생물학적 기반이라는 점을 보여주었지만(이와 비슷한 또 다른 기반은 7장에서 살펴보기로 한다), 그의 발견이 강력한 이유는 우리가 이제껏 늘 느끼던 점을 확인시켜주기 때문이기도 하다. 케이건의 연구 중 일부는 심지어 문학의 신화 영역까지도 파고든다.

예를 들어, 케이건은 자신이 얻은 데이터를 근거로 고 반응이 파란 눈, 알레르기, 건초열 등의 신체 특징과 연관되며 고 반응 사람이 다른 사람보다 몸이 마르고 얼굴이 길 확률이 높다고 믿었다. 그런 결론은 추측성이고, 두개골 모양으로 사람의 혼을 점치던 19세기의 관행을 연상시킨다. 하지만 그것이 정확하다고 밝혀지든 아니든, 흥미롭게도 이런 특징은 우리가 소설 속 인물을 조용하고 내향적이며 이지적인 사람으로 그리려고 할 때 부여하는 특징들과 일치한다. 마치 우리의 문화적 무의식에 이런 생리적 성향이 깊이 뿌리내리고 있는 느낌이다.

이를테면 디즈니 영화를 보자. 케이건과 그의 동료들은 디즈니

애니메이션 제작자들이 신데렐라, 피노키오, 일곱 난쟁이 중 도피 같은 섬세한 인물들에는 파란 눈동자를 부여하고, 신데렐라의 이복자매, 일곱 난쟁이 중 그럼피, 피터팬 같은 성급한 인물들에는 검은 눈동자를 부여하는 것을 보면, 이들이 고 반응이 무엇인지 무의식적으로 이해하고 있다는 뜻이라고 한다. 수많은 책, 할리우드 영화, TV쇼에서도 호리호리한 몸에 코를 풀어대는 청년은 전형적으로 불행한 사람을 대변하지만, 사려 깊고 성적이 좋은 아이는 사교 모임에서 어쩔 줄 모르고 시나 천체물리학 같은 사색적인 활동에 재주가 있는 것으로 나온다(《죽은 시인의 사회》의 에단 호크를 떠올려보라). 케이건은 일부의 남자들이 흰 피부와 파란 눈의 여성을 좋아하는 이유가 무의식적으로 그 여성이 섬세하리라 여기기 때문이라고 주장하기도 했다.

성격에 관한 다른 연구들도 외향성과 내향성이 생리적인, 심지어 유전적인 토대와 연관된다는 전제를 지지했다. 천성과 양육을 분리하는 가장 흔한 방법은 일란성 쌍둥이와 이란성 쌍둥이의 성격 특성을 비교해 보는 것이다. 일란성 쌍둥이는 하나의 수정란에서 자라므로 유전자가 같은 반면, 이란성 쌍둥이는 두 개의 수정란에서 자라며 유전자의 약 50퍼센트만 평균적으로 동일하게 나타난다. 따라서 쌍둥이들의 내향성과 외향성 수준을 측정해 이란성 쌍둥이보다 일란성 쌍둥이가 좀 더 상호 관련성이 높다는 점을 발견한다면—과학자들은 이것이 참이라는 사실을 계속해서 밝히고 있다. 심지어 다른 집에서 자란 아이의 경우도—성격 특성이 유전적 기반을 따라간다고 결론 내려도 타당할 것이다.

이런 연구들은 무엇 하나 완벽하지 않지만, 내향성과 외향성이 원만성이나 성실성(양심성) 같은 다른 주요 성격 특성들과 마찬가지로 40~50퍼센트 유전적으로 대물림된다는 결과가 지속적으로 나오고 있다.

하지만 내향성에 관한 생물학적 설명이 전적으로 만족스럽다고 해야 할까? 처음으로 케이건의 책 『갤런의 예언』을 읽었을 때, 나는 너무 흥분해서 잠을 못 잤다. 이 책에는 내 친구들과 가족들, 나 자신이 (사실은 온 인류가) 신경계가 과묵한 유형과 그와 반대 유형으로 깔끔하게 분류되어 있었던 것이다. 마치 인간 성격의 수수께끼를 파헤치려는 수 세기 동안의 철학적 탐구가 바로 이런 눈부신 과학적 명료함의 순간으로 결실을 맺은 것은 아닐까 생각할 정도였다. 결국 '천성' 대 '양육' 문제에는 간단한 답이 있었다. 우리 모두는 성격을 강력하게 좌우하는 기질을 타고났다.

하지만 그렇게 간단할 리가 없다. 그렇지 않은가? 우리는 정말 타고난 신경계에 따라 내향적인 사람과 외향적인 사람으로 갈리는 것인가? 나는 아마도 고 반응의 신경계를 타고났을 테지만, 우리 어머니는 내가 터진 풍선에 발차기를 하거나 울거나 하지 않는 느긋한 아이였다고 주장했다. 나는 곧잘 자신을 의심하는 상상을 하지만, 내가 확신하는 일에는 상당한 용기도 있다. 나는 낯선 도시에서 보내는 첫날을 끔찍이 불편해하지만, 여행이라면 사족을 못 쓴다. 어릴 적부터 숫기 없는 아이였지만 자라면서 어느 정도는 극복했다. 더구나 나는 나의 이런 모순이 그리 특이하다고 생각하지 않았다. 이런 조화롭지 않은 특성들이 동시에 있는 사람은 무수히 많다. 그리고 사람들은 시간이 흐르면서 변하지 않는가? 게다가 자유의지는 어떻고? 우리는 자신이 어떤 사람인지, 어떤 사람이 될지 선택할 수 없는가?

나는 이런 질문을 직접 던지기 위해 케이건 교수를 찾아갔다. 내가 그에게 끌린 까닭은 그의 연구 결과가 너무나 설득력 있었기 때문이다. 뿐만 아니라, 거대한 '천성-양육' 논쟁에서 그가 상징하는 것 때문이기도 했다. 그는 1954년에 '양육' 편에 확고했는데, 그것은 당시 과학계의 정설이기도 했다. 당시에 기질이 타고난다는 발상은 정치적 다이너마이트여서, 나치의 우생학과 백인 우월주의의 망령을 떠오르게 했다. 반면, 아이가 빈 서판이어서 무엇이든 될 수 있다는 개념은 민주주의를 토대로 한 국가에 매력적으로 비쳤다.

하지만 케이건은 중간에 방향을 전환했다. 그는 말했다. "발길질을 하고 비명을 지르며, 저는 제가 발견한 데이터에 끌려갔던 겁니다. 기질이 제가 생각한 것보다, 제가 믿고 싶었던 것보다 훨씬 강력하다는 점을 인정할 수밖에 없었던 거죠." 1988년 〈사이언스〉지에 게재된 고 반응 아이에 관한 그의 초기 연구 결과는, 타고난 기질이라는 개념을 정당화하는 데 도움이 되었는데, 부분적으로는 그가 전에 '양육주의자'로서 명성이 워낙 강한 탓이기도 했다. 누군가 '천성-양육' 문제를 해결하도록 나를 도울 수 있는 사람이 있다면, 제리 케이건일 것이다.

———

　케이건은 하버드대학교 윌리엄 제임스 홀에 있는 자신의 사무실로 나를 안내하고는 내가 자리에 앉는 동안 눈도 깜빡이지 않고 나를 살펴봤다. 불쾌하지는 않았지만, 분명히 사람을 판별하는 눈이었다. 나는 그가 흰색 실험용 가운을 입은 만화 속 과학자처럼 이 시험관에서 저 시험관으로 화학물질을 옮기는 모습을 상상했다. 그러다가 '펑' 하고 연기가 나면 '자, 수전! 이제 자신이 정확히 누구인지 알겠지요?'라고 할 줄 알았다. 하지만 그는 내가 상상한 온화한 노교수가 아니었다. 인본주의로 물들어 있는 책을 썼고, 어린 시절의 자신을 불안하고 겁 많은 소년이었다고 묘사한 과학자에게는 아이러니지만, 나는 그가 순전히 위협적이라고 느꼈다. 나는 먼저 그가 동의하지 않는 전제와 관련된 질문을 던지면서 인터뷰를 시작했다. "아니, 아니, 그게 아니죠!" 그는 내가 코앞에 앉아 있는 것이 안 보이기라도 한 듯 우레와 같이 고함쳤다.

　고 반응인 내 성격이 최대한으로 가동됐다. 나는 늘 부드럽게 말하지만, 이제 속삭임보다는 좀 더 큰 소리를 내야 했다. 녹음된 우리 대화를 들어보면, 케이건의 목소리는 우렁차고 웅변조인데 내 목소리는 훨씬 조용했다. 나는 내 몸통이 팽팽하게 긴장해 있다는 것을 느꼈다. 고 반응을 잘 드러내주는 신호 중 하나다. 케이건도 분명 이것을 관찰하고 있으리라는 점을 생각하니 기분이 묘했다. 그도 내게 고개를 끄덕이며, 고 반응 사람들 중 상당수가 작가나 다른 지적인 직업을 택한다고 말했다. "거기서는 자기가 주도할 수 있어요. 문을 닫고, 커튼을 치고, 자기 일을 하면 됩니다. 뜻하지 않은 상황에 맞닥뜨리지 않게 되는 것이죠." 그는 교육 수준이 낮은 사람들은 문서 정리를 하거나 트럭 운전을 하는데 그 역시 같은 이유 때문이라고 말했다.

나는 '발동 시간이 좀 긴' 한 여자애에 관해 이야기를 했다. 그 아이는 새로운 사람을 보면 인사를 하기보다는 그들을 연구했다. 가족은 주말마다 해변으로 놀러가지만, 그 아이는 발을 물에 담그는 데도 한 세월이 걸렸다. 전형적인 고 반응이라고, 내가 언급했다.

케이건이 외쳤다. "아닙니다! 어떤 행동이든 한 가지 이상의 원인이 있어요. 그걸 절대로 잊으면 안 됩니다! 발동이 느린 아이는 물론 통계적으로 고 반응이기 쉽지만, 처음 3년 반을 어떻게 보냈느냐에 따라서 그렇게 될 수도 있어요. 작가나 저널리스트는 얘기할 때 일대일 관계를 찾으려고 하죠. 하나의 행동에 하나의 원인. 하지만 발동이 느린 것이나 수줍어하는 것이나 충동적인 것 등의 행동에는 원인이 여러 가지가 있다는 점을 분명히 알아두어야 합니다."

그는 민감한 신경계와 무관하게 혹은 상호작용하여 내향적인 성격을 만들어낼 수 있는 환경요인의 예를 술술 풀어냈다. 이를테면 어떤 아이는 세상에 관해 새로운 생각을 떠올리는 것이 좋아서 혼자 생각하는 데 시간을 많이 쏟는다. 혹은 건강에 문제가 생겨, 자기 몸에 어떤 일이 일어날지 알기 위해 내향적으로 될 수도 있다.

내가 대중 강연을 두려워하는 것도 마찬가지로 복합적일 수 있다. 나는 고 반응의 내향적인 사람이라 강연을 끔찍이 무서워하는 것일까? 어쩌면 아닐지도 모른다. 고 반응 사람들 중에는 대중 강연과 무대를 좋아하는 사람이 있고, 외향적인 사람 중 다수는 무대공포증이 있다. 대중 강연은 죽음의 두려움보다 훨씬 일반적인 현상으로, 미국에서 가장 흔한 두려움의 대상이다. 대중 강연 공포증은 어린 시절의 좌절을 비롯해 여러 원인이 있는데, 타고난 기질이 아니라 각각의 독특한 생애와 관련된다.

사실 대중 강연 공포증은 고 반응 신경계를 타고난 사람들에게 한정되지 않는, 원시적이고 본질적인 인간의 특성인지 모른다. 사회생물학자 에드워드 윌슨Edward O. Willson의 글을 토대로 한 어떤 이론에서는 우리 조상들이 사바나에 살 때, 주의 깊게 관찰 당한다는 것이 오직 한 가지를 뜻했을 것이라고 주장했다. 동물에게 추적당하고 있다는 것이다. 곧 잡아먹힐 것 같을 때, 우리는 똑바로 일어서서 자신 있게 말을 늘어놓을까? 아니다. 우리는 도망친다. 다시 말해서, 수십만 년 동안 진화는 우리에게 무대에서 당장 내려오라고 촉구했다. 청중들의 시선을 포식자의 눈빛으로 착각할 소지가 있는 탓이다. 하지만 청중은 우리가 그 자리에 있기를 기대할 뿐 아니라, 느긋하고 자신 있게 행동하기를 바랐다. 생리와 규약 사이의 이러한 갈등은 강연이 그토록 무시무시한 한 가지 이유가 된다. 그리고 청중이 옷을 벗고 있다고 상상하라는 조언이 긴장한 연사에게 도움이 안 되는 이유이기도 하다. 벌거벗은 사자나 멋지게 차려 입은 사자나 위험하기는 마찬가지니까.

하지만 모든 인간이 청중을 포식자로 착각하기 쉽다 하더라도, 투쟁-도피 반응을 일으키는 한계점은 사람마다 다르다. 청중들의 눈이 얼마나 위협적으로 보여야, '저러다 달려드는 거 아냐' 하고 느끼게 될까? 아드레날린 솟구침은 무대에 올라서기도 전에 일어날까, 아니면 정말로 야유를 보낼 듯한 사람이 몇 있어야 그런 반응을 일으키는 것일까? 편도체가 매우 민감한 강연자라면 강연 중간에 휴대전화를 보는 사람이나 지루한 듯 한숨을 쉬거나 찡그린 얼굴에 훨씬 더 쉽게 반응하게 되리라는 점을, 이제 이해할 수 있을 것이다. 그리고 정말로 연구 결과들을 보면 내향적인 사람들은 외향적인 사람보다 대중 강연을 훨씬 더 두려워하는 경향이 있는 것으로 나타난다.

케이건은 한 동료 과학자가 어떤 콘퍼런스에서 멋지게 강연하는 모습을 지켜본 일을 내게 이야기해줬다. 강연이 끝난 후, 동료는 케이건과 점심을 먹으면서, 자기는 매달 강연을 하니 무대에서는 능력 있는 연사로 보일지 몰라도 매번 겁이 난다고 털어놓았다. 하지만 케이건의 글을 읽고서 큰 영향을 받았다고 했다.

"자네는 내 인생을 바꿔놓았네. 여태 우리 어머니만 탓했는데, 이젠 내가 고 반응이라고 생각하거든."

그러면 내가 내향적인 것은 부모의 고 반응을 물려받아서인가, 아니면 부모의 행동을 모방해서인가, 아니면 둘 다인가? 잊지 말자. 쌍둥이 연구에서 얻은 유전 가능성 통계는 내향성-외향성이라는 특성이 후대에 전달되는 비율이 40~50퍼센트라는 점을 보여줬다. 이것은 내향성-외향성의 절반이 평균적으로 유전 소인에 따른 것이라는 말이다. 엎친 데 덮친 격으로 다른 유전자도 작용할 것이고, 케이건의 고 반응 역시 내향성을 유발하는 여러 가지 생리적 원인 중 하나일 것이다. 유전 가능성이 50퍼센트라는 말은 내 내향성의 50퍼센트가 부모에게서 물려받은 것이라거나, 나의 외향성 정도와 내 가장 절친한 친구의 외향성 정도의 차이 중 50퍼센트가 유전 때문이라는 얘기가 아닐 수 있다. 내 내향성의 100퍼센트가 모두 유전 때문일 수도 있고, 반대로 전혀 아닐 수도 있다. 아니면 헤아릴 수 없을 만큼 다양한 유전자와 경험의 조합 때문일 확률도 높다. 케이건에 따르면 '천성' 탓이냐, 아니면 '양육' 탓이냐는 질문은 눈보라가 기온 때문인지 아니면 습도 때문인지 묻는 것과 마찬가지다. 둘의 복잡 미묘한 결합이 지금의 우리가 있게 된 원인이다.

그러니 아마 나는 잘못된 질문을 던지고 있었던 것 같다. 어쩌면 성격의 몇 퍼센트가 천성 탓이고 몇 퍼센트가 양육 탓이냐는 수수께끼는 우리의 타고난 기질이 어떻게 환경과 또 우리 자유의지와 함께 작용하느냐 하는 의문보다 덜 중요한지 모른다. 기질은 어느 정도까지 운명인 것일까?

한편으로, 유전-환경 상호작용설에 따르면 어떤 특징을 물려받은 사람은 그 특성을 강화하는 경험을 추구하는 경향이 있다. 예를 들어 저 반응 아이들은 아장아장 걸을 무렵 벌써 위험을 자초하기 시작해 어른이 될 무렵에는 다른 어른들이 느끼는 위협에 눈 하나 깜빡하지 않게 된다. 언젠가 심리학자 데이비드 리켄David Lykken이 〈애틀랜틱〉에 이렇게 썼다. "담장에 몇 번 올라간 다음에는 곧 둔감해져서 지붕으로 올라간다. 다른 아이들은 하지 않을 온갖 것을 경험하게 된다. 음속의 장벽을 처음으로 깨뜨린 파일럿 척 예이거Chuck Yeager가 폭격기의 몸체에서 로켓추진 비행기로 옮겨 타 버튼을 누를 수 있었던 것도 그가 태어날 때부터 나와 그만큼 달랐기 때문이 아니라, 기질 때문에 나무 타기부터 시작해 차츰 위험하고 흥분되는 일에 지난 30년간 도전했기 때문이다."

반대로, 고 반응 아이들이 예술가와 작가, 과학자, 사상가로 자라날 확률이 더 높은 까닭은 새로운 것을 싫어하는 성향 탓에 익숙한 (그리고 지적으로 비옥한) 두뇌 속에서 더 시간을 많이 쓰기 때문이다. 미시간대학교 아동과 가족 센터의 책임자인 심리학자 제리 밀러Jerry Miller는 이렇게 말했다. "대학은 내향적인 사람으로 가득합니다. 대학교수에 관한 고정관념은 캠퍼스에서 마주치는 수많은 사람들의 경우 실제로 정확하게 맞아떨어집니다. 그들은 읽는 것을 좋아하고, 그들에게 생각보다 더 흥분되는 일은 없죠. 그리고 이것은 한편으로 사람들이 자라면서 무엇에 시간을 썼느냐와 관련되어 있어요. 바깥에서 뛰어다니는 시간이 많았다면 읽기와 공부에 쓸 시간은 그만큼 줄어들죠. 시간은 누구에게나 한정되어 있으니까요."

다른 한편으로 각각의 기질은 광범위한 결과로 나타날 가능성도 있다. 저 반응의 외향적인 아이가 안전한 환경에서 배려심 있는 부모 손에 양육된다면, 에너지 넘치는 성취가에 다채로운 성격의 사람으로 성장할 수도 있다. 버진그룹 회장 리처드 브랜슨과 오프라 윈프리 같은 사람이 되는 것이다. 하지만 같은 아이를 부주의한 사람이 돌보거나 아이가 주변 환경이 좋지 않은 곳에서 자란다면, 남을 괴롭히는 아이나 미성년 범죄자나 성인 범죄자가 될수도 있다. 리켄은 사이코와 영웅을 '같은 유전자 가지에서 나온 잔가지'라고 불러서 논란을 일으킨 바 있다.

아이들이 옳고 그름의 감각을 습득하는 메커니즘을 고려해 보자. 여러 심리학자들은 아이가 부적절한 행동을 하고서 부모에게 꾸중을 들었을 때 양심이 형성된다고 믿는다. 양육자의 못마땅한 반응에 아이는 불안해지고, 그것이 기분 좋은 느낌이 아니므로 반사회적 행동에서 멀어지게 된다. 이것은 부모의 행동 기준을 내면화하는 과정으로 알려져 있는데, 그 핵심에는 불안이 있다.

하지만 저 반응 아이들이 실제로 그렇듯, 다른 아이들보다 별로 불안을 느끼지 않는 아이들은 어떻게 될까? 이런 아이들에게 가치관을 심어주는 최선의 방법은 긍정적인 역할 모델을 보여주고 무모한 성향을 생산적인 활동에 집중하도록 돕는 것이다. 저 반응 아이스하키 팀원은 어깨를 낮춰서 상대편에 돌진하는 적법한 동작을 할 때 동료들에게 잘했다는 소리를 들으며 자긍심을 느낀다. 하지만 정도를 넘어서 팔꿈치를 들어올려 상대에게 뇌진탕을 입히면 페널티박스에서 대기해야 한다. 시간이 지나면서 아이는 위험과 적극성을 좋아하는 자기 기질을 슬기롭게 다스리는 법을 터득한다.

이번에는 같은 아이가, 참여할 수 있는 운동도 없고 달리 대담한 성격을 다스릴 만한 건설적인 대안이 없는 위험한 동네에서 자란다고 상상해 보라. 아이가 어떻게 비행에 빠지게 될지 상상이 될 것이다. 어쩌면 불운한 환경에서 자란 아이는 몇몇 사람이 말하듯 가난이나 무관심 때문에만 고통받는 것이 아니라, 대담하고 활력은 넘치는데 건전한 배출구가 없다는 비극에서 비롯되는지도 모른다.

난초 가설

고 반응 아이들의 운명도 주변 환경에 영향을 받는다. 어쩌면 보통의 아이들보다 더욱 그럴지도 모른다. 이는 〈애틀랜틱〉에 실린 훌륭한 글에서 데이비드 도브스David Dobbs가 '난초 가설'이라 명명한 새로운 이론이다. 이론에 따르면 어떤 아이들은 민들레와 같아서 어떤 환경에서나 잘 자랄 수 있다고 한다. 하지만 케이건이 연구한 고 반응 아이들을 비롯한 어떤 아이들은 난초와 유사해, 쉽게 시들지만 적절한 조건이 갖추어지면 강하고 근사하게 자랄 수 있다고 한다.

이런 견해를 지지하는 주도자이자 심리학 교수이며 런던대학교의 아동보육전문가인 제이 벨스키Jay Belsky에 따르면, 고 반응 신경계 때문에 이 아이들은 어린 시절의 역경에 금방 압도당하지만, 애정 어린 환경에서 자라면 다른 아이들보다 더 혜택을 많이 받을 수 있다. 다시 말해서, 난초 아이는 긍정적인 경험과 부정적인 경험 양쪽 모두에서 좀 더 강하게 영향을 받는다는 것이다.

과학자들은 고 반응 기질에 위험 요소들이 있다는 점을 꽤 오래 전부터 알았다. 이 아이들은 부모의 사이가 위태롭거나, 부모가 사망하거나, 학대당하는 것 등의 압박에 특히 상처받기 쉽다. 이 아이들은 이런 사건이 벌어지면 우울, 불안, 수줍음 등의 반응을 보이기 쉽다. 실제로 케이건이 수집한 데이터에서 반응성이 높은 아이들 중 4분의 1이 '사회불안장애'로 알려진 상태를 어느 정도 겪고 있는 것으로 나타났는데, 이것은 만성적이고 심각한 형태의 수줍음이었다.

과학자들이 최근까지도 깨닫지 못한 점은, 이런 위험 요소들에도 장점이 있다는 사실이다. 달리 말해서, 섬세함과 장점은 한 덩어리로 온다. 고 반응 아이가 좋은 양육과 보살핌을 받고 안정된 가정환경에서 자라면, 저 반응 아이들에 비해 정서 문제가 적고 사교 기술도 뛰어나다는 연구 결과가 나왔다. 이 아이들은 지극히 공감을 잘하고, 다정하며, 협조적이다. 타인과 잘 협동한다. 친절하고, 양심적이며, 잔혹함이나 부당함, 무책임함에 쉽게 흥분한다. 자신에게 중요한 일에 성공적이다. 벨스키에 따르면, 이들은 반드시 학급 반장이나 학교 연극의 주연이 되지는 않지만, 그렇게 될 수도 있다. "어떤 아이들에게는 학급의 우두머리가 되는 게 중요합니다. 어떤 애들은 공부를 잘하거나 친구들과 잘 어울리는 게 중요하죠."

고 반응 아이들의 장점에 관해서는 과학자들이 이제 막 시작 단계에 있는 흥미로운 연구에 기록되어 있다. 가장 재미있는 발견 중 하나는, 이 역시 도브스의 〈애틀랜틱〉 기사에 실린 내용인데, 붉은털원숭이라는 종과 연관된다. 이 동물은 인간과 DNA가 약 95퍼센트 일치하며 인간과 비슷한 정교한 사회구조를 형성하고 있다고 한다. 또한 인간과 마찬가지로 붉은털원숭이들도 세로토닌 수송단백질SERT 유전자, 혹은 5-HTTLPR로 알려진 유전자가 기분을 제어하는 신경전달물질인 세로토닌의 처리 과정을 조절한다고 한다. 이 유전자의 한 가지 특이한 변이, 즉 대립 유전자(때때로 '짧은 대립 유전자'로 불린다)는 고 반응 및 내향성과 연관된 것으로 추정되며, 힘들게 산 인간에게서 우울증 위험도가 높은 것과도 관련이 있는 듯했다. 유사한 대립 유전자가 있는 새끼 붉은털원숭이를 어미와 분리해 기른 실험과 같이 스트레스에 노출되면 비슷한 곤경을 겪지만, '긴 대립 유전자'를 타고난 붉은털원숭이들에 비해 세로토닌을 덜 효과적으로 처리했다. 이것은 우울증과 불안의 위험을 나타낸다. 하지만 유사한 대립 유전자가 타고난 붉은털원숭이 새끼를 어미에게 잘 양육받게 하면, 친구 찾기나 동맹 맺기, 갈등 해소하기 등의 핵심적인 사교 기술 면에서, 비슷한 조건의 '긴 대립 유전자'를 타고난 붉은털원숭이들만큼 잘하거나 그 이상으로 잘했다. 이 원숭이들은 집단의 지도자가 될 때가 많았는데, 세로토닌도 더 효과적으로 처리했다.

이 연구를 진행한 과학자 스티븐 수오미Stephen Suomi는 고 반응의 원숭이들이 성공한 까닭이, 집단 활동에 참여하기보다 그저 관찰하면서 사회적 역학의 법칙을 깊이 있게 흡수하는 데 엄청난 시간을 들였기 때문이라고 주장했다. 고 반응 아이가 또래 집단의 가장자리에서 맴돌며 관찰만 하다가, 때로는 몇 주나 몇 달간 그렇게 한 후에야 성공적으로 집단 안으로 들어가는 모습을 지켜본 부모라면 이 가설을 사실로 받아들일지도 모르겠다.

인간을 대상으로 한 연구들에서는 가정환경에서 스트레스를 받을 때, 세로토닌 수송단백질 유전자에 짧은 대립 유전자가 있는 청소년기의 소녀가 긴 대립 유전자가 있는 소녀보다 20퍼센트 더 우울해질 확률이 높은 반면, 안정된 환경에서는 우울해질 확률이 25퍼센트 낮은 것으로 밝혀졌다. 이와 유사하게, 짧은 대립 유전자가 있는 성인들은 스트레스가 많은 날을 보낸 뒤에는 다른 사람들보다 더 불안해했지만, 반대로 평온한 날에는 사람들보다 덜 불안해했다. 고 반응 네 살배기는 도덕적 딜레마에 맞닥뜨리면 다른 아이들보다 친사회적 반응을 보이는 경향이 높았다. 하지만 이런 차이는 엄마가 가혹한 훈육보다는 부드러운 훈육 방법을 썼을 때만 다섯 살이 되어서도 유지된다. 게다가 고 반응 아동이 든든한 환경에서 자랄 경우 감기와 기타 호흡기질환에 대한 내성이 더 강하지만, 스트레스를 많이 받고 자라면 이런 병에 더 쉽게 걸린다고 한다.

세로토닌 수송단백질의 짧은 대립 유전자는 다양한 인지 처리에서 더 뛰어난 성과를 보이는 것과도 연관된다. 이런 발견들은 매우 극적이어서 아무도 최근까지 그런 결론에 도달하지 못했다는 점이 주의를 끌 정도다. 주의를 끌 만하지만 아마도 놀랄 일은 아니다. 심리학자들은 사람들을 치유하도록 훈련받는데, 그런 까닭에 연구도 자연스레 주로 문제와 병리 현상에 집중되기 때문이다. 벨스키는 이렇게 썼다. "이건 거의 은유적으로 말해서, 선원들이 배를 좌초시킬지 모를 빙산의 흔적을 찾느라 너무 똑똑하고 너무 바쁜 나머지, 빙산 꼭대기로 올라가면 오히려 얼음으로 뒤덮인 바다를 헤쳐나갈 분명한 길을 찾아낼 확률이 높다는 사실을 이해하지 못하는 것과 같다."

벨스키는 내게 고 반응 아이의 부모가 엄청나게 행운이라고 말했다. "그들이 양육에 투자하는 시간과 노력이 실제로 차이를 만들어냅니다. 이 아이들을 역경에 쉽게 무너지는 유형으로 보기보다 가변성이 있다고 보는 것이 좋습니다. 나쁜 쪽으로도, 좋은 쪽으로도 쉽게 변할 수 있다는 말입니다." 그는 고 반응 아이에게 이상적인 부모가 어떤 사람인지 내게 유창하게 묘사했다. "아이의 신호를 읽고 개성을 존중할 수 있는 사람. 뭔가를 요구할 때는 혹독하거나 적대적인 방식이 아닌 온화하지만 단호하게 하는 사람. 호기심, 학업 성과, 만족감, 자제력을 장려하는 사람. 혹독하지 않고, 아이를 무시하지 않고, 일관성 있는 사람." 물론 이 조언은 모든 부모에게 아주 훌륭하게 들어맞지만, 고 반응 아이를 기를 때는 결정적으로 더 중요하다. 자신의 아이가 고 반응이라 생각한다면, 아이를 잘 기르기 위해 더 무엇을 할 수 있을지 이미 궁금해하고 있을지 모른다(11장에서 몇 가지 힌트가 소개된다).

하지만 난초 아이들조차 어느 정도의 역경은 견딜 수 있다고 벨스키는 말했다. 이혼을 예로 들어보자. 일반적으로 이혼은 특히 난초 아이들을 혼란스럽게 한다. "부모가 자주 티격태격하고 아이를 둘 사이에 끼워넣는다면, 주의하라. 쉽게 굴복하는 아이가 될 것이다." 하지만 이혼한 부모가 서로 잘 지내고, 아이에게 필요한 심리적 영양분을 제공한다면, 난초 아이도 잘 지낼 수 있다. 사람들은 대부분 이 메시지에 담긴 융통성을 환영할 것이다. 문제없는 어린 시절을 보내는 사람은 드물기 때문이다.

하지만 우리의 성격과 관련하여, 우리 모두가 환영하는 또 다른 종류의 융통성이 있다. 우리는 자신의 운명을 스스로 결정하고 싶어 한다. 자기 기질의 장점은 지키고, 싫어하는 면은 개선하거나 없애버리고 싶어 한다. 이를테면 대중 강연을 겁내는 것 같은 것이다. 타고난 기질과 운수에 맡겨야 하는 어린 시절의 경험을 넘어서서, 우리는 어른으로서 자신의 모습과 자신의 삶을 만들어나갈 수 있다고 믿고 싶어 한다.

과연 그럴 수 있을까?

chapter 5

기질을 뛰어넘다

자유의지의 역할 그리고 내향적인 사람을 위한 말하기 기술

> 즐거움은 지루함과 불안 사이의 경계에서,
> 즉 행동 능력과 눈앞의 장애물이
> 서로 균형이 맞을 때 찾아온다.
> —미하이 칙센트미하이

매사추세츠 종합병원 내 마르티노스 생체영상센터Athinolua A. Martinos Center for Biological Imaging의 복도는 특색도 없고 심지어 우중충하기까지 하다. 나는 발달신경촬영과 정신병리학 연구소 소장인 칼 슈워츠Carl Schwartz 박사와 함께 창문 없는 방의 잠긴 문 앞에 서 있었다. 탐구심으로 반짝이는 잿빛 눈동자에 희끗희끗해진 갈색 머리카락을 가진 박사는, 조용하지만 열의 있는 태도를 보였다. 주변 환경이 썩 좋지 않은데도, 그는 팡파르를 울리며 문을 열 준비를 했다.

방 안에는 현대 신경과학 분야에서 몇 가지 대단한 발견을 해

내는 데 기여한, 수백만 달러짜리 기능적 자기공명영상fMRI 장치가 있다. 이 장치는 사람이 특정한 생각을 하거나 구체적인 일을 처리할 때 뇌의 어느 부분이 활성화되는지 측정할 수 있어, 한때는 불가능하던 두뇌의 기능 지도를 만드는 일을 가능하게 해주었다. 슈워츠 박사는, fMRI 기술의 주요 발명자가 총명하지만 꾸밈없는 과학자인 케네스 쾽Kenneth Kwong이라는 사람인데, 그도 바로 이 건물에서 일하고 있다고 말해줬다. 이 건물 전체가 비범한 일을 해내는 조용하고 겸손한 사람들로 가득하다고 하면서, 박사는 감탄하듯 텅 빈 복도에 팔을 흔들었다.

박사는 문을 열기 전, 나더러 금귀고리를 풀고, 내가 대화를 녹음하려고 가지고 온 금속제 녹음기를 치워놓으라고 말했다. fMRI의 자기장은 지구의 중력보다 10만 배 강력해서 귀고리가 자성체라면 귀를 찢고 떨어져나간 뒤 횡 하고 방 반대편으로 날아갈 정도라고 했다. 나는 브래지어에 붙은 금속 고리가 걱정되지만 너무 부끄러워서 물어보지 못했다. 대신 브래지어의 고리와 같은 크기의 쇠붙이가 들어 있을 법한, 신발 버클을 가리켰다. 슈워츠 박사가 괜찮다고 해서 우리는 안으로 들어갔다.

우리는 빛나는 우주선처럼 누워 있는 fMRI 스캐너를 경배하듯 응시했다. 슈워츠 박사는 피험자들(십대 후반의 아이들)에게 스캐너에 머리를 넣고 누우라고 한 뒤, 그들이 얼굴 사진을 보는 동안 기계로 두뇌 반응을 점검했다. 박사는 특히 편도체의 활동에 관심이 많았다. 케이건 교수가 내향적인 성격과 외향적인 성격을 결정하는 데 대단히 중요한 역할을 한다고 밝힌 바로 그 강력한 기관 말이다.

슈워츠 박사는 케이건의 동료이자 후배고, 그의 연구는 케이건 교수의 성격에 관한 종적 연구를 이어받았다. 케이건이 예전에 고 반응과 저 반응으로 분류했던 신생아들이 이제는 성장했고, 슈워츠 박사는 fMRI 장치를 이용해 그들의 뇌를 훔쳐보고 있다. 케이건은 피험자들을 유아기부터 청소년기까지 추적했지만, 슈워츠는 그 후에 피험자들이 어떻게 되었는지 보고 싶었다. 고 반응 신생아, 저 반응 신생아들이 오랜 시간이 흐른 후 어른이 되었을 때 그들의 두뇌에도 기질의 흔적이 남아 있을까? 아니면 환경과 의식적인 노력의 조합으로 지워졌을까?

재미있게도 케이건은 슈워츠에게 그 연구를 하지 말라고 조언했다. 경쟁이 심한 과학 연구 분야에서는 중요한 결과를 내지 못할 만한 연구에 시간을 낭비하지 않는 편이 좋다. 그리고 케이건은 그 연구에서 별다른 결과가 나오지 않으면 어쩌나 걱정한 것이다. 신생아가 어른이 될 즈음이면 기질과 운명의 연결고리는 끊겼으리라고 생각했다는 얘기다.

슈워츠는 말했다. "저를 보호하려고 한 거죠. 재미있는 역설입니다. 제리는 이곳에서 유아들을 잔뜩 관찰하면서, 아이들이 사회적 행동에서만 극적인 차이를 보이는 게 아니라는 점을 알았거든요. 아이들은 모든 면에서 달랐죠. 문제를 해결할 때면 동공이 더 커졌고, 말할 때는 성대가 더 긴장했고, 심장박동도 독특한 패턴을 따라갔습니다. 이 아이들에게 생리적으로 다른 뭔가가 있다는 걸 암시하는 온갖 단서가 있었다는 말이죠. 하지만 그럼에도 불구하고 제리는 자신이 물려받은 지적 유산 때문에, 환경요인이 너무 복잡해서 나이가 든 뒤에도 기질의 흔적을 추적하기란 매우 힘들 거라고 생각하는 것 같았어요."

하지만 슈워츠는 자기도 고 반응 사람이라고 여기고, 자신의 경험에 비추어 케이건의 시간축보다 더 긴 시간이 지난 뒤에도 그런 흔적을 찾을 수 있으리라는 예감이 들었다.

슈워츠는 내가 자기 피험자인 것처럼 대하며 실험하는 방식을 보여줬다. 다행히 fMRI 스캐너에 들어가라고는 하시 않았다. 내가 책상에 앉아 있는 동안, 컴퓨터 모니터로 사진들을 넘기며 보여줬는데 모두 모르는 얼굴들이었다. 누군지 모를 흑인과 백인의 얼굴이 검은 배경에 떠 있었다. 사진이 점점 빠르게 넘어가자 내 심장 박동도 빨라지는 것이 느껴졌고, 슈워츠가 중간에 반복되는 사진을 넣었다는 것도 알아차렸다. 익숙해보이는 사진이 보이자 내가 좀 더 편안해지는 것 같았다. 내가 이런 반응을 말하자, 슈워츠는 고개를 끄덕였다. 이 슬라이드 쇼는 고 반응 사람이 낯선 이가 잔뜩 있는 방으로 걸어 들어가 "맙소사! 웬 사람이 이렇게 많아!" 하고 느낄 때의 감각을 재현하기 위해 모방한 환경이라고 했다.

내가 내 반응을 그저 상상해낸 것은 아닌지 혹은 과장하는 것은 아닌지 의문을 보이자, 슈워츠는 케이건이 연구한 고 반응 아이들 그룹의 초기 데이터를 전달받았는데 아나나 다를까, 이제는 성인이 된 이 아이들의 편도체가 대담한 아이였던 아이들의 편도체보다 낯선 얼굴들 사진에 더 민감하게 반응한 것으로 드러났다고 말했다. 양쪽 그룹 모두 사진에 반응하기는 했지만, 수줍음이 많던 아이는 좀 더 반응이 컸다. 다시 말해서, 고 반응이나 저 반응이라는 기질의 흔적은 어른이 되어서도 결코 사라지지 않았다. 고 반응 아이 중 몇몇은 새로운 것에 당황하지 않는 듯 보이는 사교성 좋은 십대로 자랐지만, 유전적으로 물려받은 특징이 사라진 것은 결코 아니었다.

슈워츠의 연구는 중요한 점을 시사한다. 우리는 성격을 개조할 수 있지만, 그것도 어느 정도까지다. 타고난 기질은 우리가 어떻게 살았든 간에 우리에게 영향을 미친다. 우리라는 존재의 상당한 부분은 유전자, 두뇌, 신경계에 따라 정해진다. 하지만 몇몇 고 반응 십대들에게서 나타난 융통성은 이와 반대되는 것을 암시하기도 한다. 우리에게는 자유의지가 있고, 그것을 이용해 성격을 만들어나갈 수 있다는 것이다.

이것은 모순되는 얘기처럼 들리지만, 그렇지 않다. 슈워츠 박사의 연구가 암시하듯 자유의지는 우리를 상당히 멀리 데리고 갈 수는 있어도, 유전적 한계를 넘어서까지 무한대로 멀리 데려가주지는 못한다. 빌 게이츠가 아무리 사교 기술을 갈고 닦는다 해도 빌 클린턴이 될 수는 없고, 빌 클린턴이 혼자 컴퓨터를 아무리 많이 한다 해도 빌 게이츠가 될 수는 없다.

이것을 '고무줄 이론'이라고 해도 좋겠다. 우리는 늘어져 있는 고무줄이다. 탄성도 있고 늘어날 수도 있지만 그것은 어느 정도까지다.

타고난 기질은 어떤 식으로든 우리에게 영향을 준다

왜 이렇게 되는지 이해하려면, 우리가 칵테일파티에서 낯선 이에게 인사할 때 뇌에서 어떤 일이 일어나는지 들여다보면 도움이 된다. 편도체와 그것을 핵심 부분으로 하는 변연계가 뇌의 아주 오래된 부분이라는 점을 떠올려보자. 너무나 오래되어 원시 포유류에게도 나름의 변연계가 있다. 하지만 포유류가 점점 복잡해지면서 변연계를 감싸는 신피질이라는 부분이 개발되었다. 인간의 피질, 특히 전두피질은 어떤 브랜드의 치약을 사느냐 하는 점에서부터 회의 일정을 잡고, 현실이 무엇인지 고민하는 일에 이르기까지 놀라울 정도로 방대한 기능을 수행한다. 이런 기능 중에는 부적절한 공포를 누그러뜨리는 일도 있다.

여러분이 고 반응 신생아였다면, 칵테일파티에서 낯선 이에게 인사할 때마다 앞으로도 계속해서 다소 흥분하게 될지 모른다. 하지만 여러분이 사람들 앞에서 비교적 능숙하게 대처할 수 있다고 느낀다면, 부분적으로 그것은 전두피질이 "진정하고 악수나 한 뒤에 웃음을 지어"라고 말해주기 때문이다.

사실 최근의 한 fMRI 연구에서, 사람들이 불쾌한 상황을 재평가하기 위해 혼잣말을 할 때 전전두피질prefrontal cortex의 활동이 증가하는 만큼 편도체의 활동은 감소하는 모습이 드러났다.

그렇다고 전두피질이 전능한 것은 아니다. 그것은 편도체를 완전히 차단하지는 않는다. 한 연구에서, 과학자들은 쥐를 조건화하여 특정 소리와 전기 충격을 연관 짓게 했다. 그런 다음 전기 충격을 가하지 않고 반복해서 소리를 들려주어, 쥐의 공포가 없어질 때까지 계속했다. 하지만 알고 보니 이러한 '학습해소unlearning'는 과학자들이 처음 생각한 만큼 완벽하지 않았다. 쥐의 피질과 편도체 사이의 신경 연결을 끊어버리자, 쥐는 다시 소리를 두려워했다. 이것은 공포 조건 형성이 피질의 활동으로 억눌려 있었지만 여전히 편도체에 존재하고 있었기 때문이다.

고소공포증과 같이 부적절한 공포가 있는 인간의 경우도 마찬가지다. 엠파이어스테이트 빌딩의 전망대를 반복해서 올라가면 공포가 사라지는 듯하지만, 스트레스를 받으면 되살아날지 모른다. 흥분한 편도체를 달래주는 일 외의 다른 일들로 피질이 바쁠 때 말이다.

이것은 왜 고 반응 아이들이 사회 경험을 얼마나 쌓든 자유의지를 얼마나 활용하든 간에 어른이 되어서도 몇몇 기질적인 면을 보유하는지 설명하는 데 도움이 된다. 나의 동료 샐리는 이 현상을 잘 보여주는 사례다. 샐리는 사려 깊고 재능 있는 편집자로서 스스로 수줍음 많은 내향성이라고 말하는 친구인데, 내가 아는 사람들 중 지극히 매력적이고 표현 능력이 뛰어난 축에 든다. 여러분이 샐리를 파티에 초대한 뒤, 나중에 파티 참가자들에게 누구와 만나서 가장 좋았느냐고 물으면 아마도 샐리라는 대답을 들을 가능성이 높다. 그녀가 생기 넘치고, 재치도 있고, 사랑스럽기까지 하다고 말할 것이다.

샐리는 자신이 얼마나 좋은 인상을 주는지 알고 있다. 그렇게 매력적이면서 그것을 모르기란 불가능하다. 하지만 그렇다고 편도체까지 그것을 안다는 뜻은 아니다. 샐리는 파티에 도착하면 가장 가까운 소파 뒤에 숨어버리고 싶을 때가 많다고 했다. 전전두피질이 활동을 개시해 샐리 자신이 얼마나 대화에 능한지 기억하기 전까지는 말이다. 그렇게 된 뒤에도, 평생 동안 축적된 '낯선이'와 '불안' 사이의 연관관계 데이터를 보유한 편도체가 승리할 때가 종종 있다. 샐리는 자기가 가끔 한 시간 동안 차를 몰고 파티에 가서는 도착한 지 5분 만에 나와버린다는 사실을 인정했다.

내 경험을 슈워츠의 발견에 비추어 생각해 보면, 나는 더 이상 수줍어하지 않게 된 것이 아니라는 점을 깨닫는다. 나는 그저 난간에서 뛰어내리지 않도록 자신을 타이르는 법을 배웠을 뿐이다. "전전두피질아, 고맙다!" 이제 나는 거의 저절로 그렇게 하기 때문에 그 일이 일어난다는 자체도 의식하지 못한다. 한 명이든 여러 명이든 낯선 사람과 대화할 때, 나는 밝게 웃으며 솔직한 태도로 대하지만 순간적으로 내가 줄타기를 하고 있는 듯한 느낌이 들 때가 있다. 이제 나는 수도 없이 많은 사회 경험이 쌓여서 줄타기가 내 상상일 뿐이고 떨어진다고 해봐야 죽지는 않는다는 점을 배웠다. 나 자신을 너무나 순간적으로 안심시키다 보니 스스로 그렇게 하고 있는 줄도 모른다. 하지만 이런 안심시키는 과정은 여전히 일어나고 있고, 때로는 그것이 통하지 않을 때도 있다. 케이건이 고 반응 사람들을 묘사하기 위해 애초에 사용한 단어가 '억눌린'이었는데, 내가 저녁 파티에서 가끔 느끼는 감정이 바로 그것이다.

———

이렇게 우리 자신을 (한계 내에서) 확장하는 능력은 외향적인 사람에게도 적용된다. 내 의뢰인인 앨리슨Alison은 사업 컨설턴트이자 어머니, 아내로서, 솔직하고 친근하며 쉼 없이 움직이는 외향적 성격이다. 덕분에 사람들은 그녀를 '자연의 힘'이라고 부른다. 앨리슨은 결혼생활도 만족스럽고, 두 딸들도 너무 사랑하며, 밑바닥에서부터 일으킨 컨설팅 회사도 운영하고 있다. 자신이 성취해낸 일에 자부심을 느끼고 있고, 또 그래야 마땅하다.

하지만 앨리슨이 늘 만족했던 것은 아니다. 고등학교를 졸업하던 해, 자신을 잘 들여다보니 자기 자신이 불만족스러웠다. 앨리슨은 대단히 총명하지만, 고등학교 성적표를 보아서는 그것을 알 수 없었다. 아이비리그대학교에 가기로 마음먹었지만 기회를 날려버린 것이다.

그리고 그녀도 그 이유를 알고 있었다. 앨리슨은 고등학교에 다니는 동안 사람과 어울리느라 바빴다. 앨리슨은 거의 모든 과외활동에 참가했고, 그러다 보니 공부할 시간이 많지 않았다. 앨리슨도 부분적으로는 부모가 딸의 사교 재능을 너무 자랑스러워한 나머지 더 열심히 공부하라고 말하지 않았다는 점을 탓해보았다. 하지만 대부분은 자기 탓으로 돌렸다.

어른이 되어 앨리슨은 그런 실수를 다시는 하지 않겠다고 결심했다. 그녀는 자신이 학부모 모임과 사업상 인맥 쌓기에 빠져들기가 얼마나 쉬운지 알고 있다. 그래서 가족에게 다른 전략을 세워달라고 했다. 앨리슨은 부모 모두가 내향적인 사람들에게서 태어난 외동딸이었고, 결혼도 내향적인 사람과 했으며, 어린 딸도 내향성이 강한 아이였다.

앨리슨은 주변에 있는 조용한 사람들의 파장에 동조하는 방법을 찾아냈다. 부모님 댁에 방문할 때면, 어머니가 하듯이 명상하거나 일기장에 글을 썼다. 집에 있을 때는, 늘 집에 있는 남편과 평화로운 저녁 시간을 보냈다. 그리고 오후 시간이면 엄마와 뒤뜰에서 살갑게 대화하기를 즐기는 딸과 함께 깊이 있는 대화에 빠져들었다.

앨리슨은 조용하고 사색적인 친구들까지 사귀었다. 가장 절친한 친구인 에이미는 자신처럼 에너지 넘치는 외향적인 사람이지만, 대다수의 친구는 내향적이다. "잘 들어주는 사람들이 정말 좋아요. 같이 커피 마시러 가는 건 바로 그런 친구들이죠. 그 친구들은 딱 들어맞는 설명을 들려줘요. 가끔은 나 스스로도 내가 비생산적인 행동을 하고 있다는 걸 모르는데 내향적인 친구들이 '이걸 잘못하고 있어. 게다가 전에도 이런 행동을 한 사례가 여기 열다섯 개나 있지.' 하며 말해주죠. 에이미는 눈치도 못 채는데 말이에요. 내향적인 친구들이 한 걸음 물러나서 관찰해 주는 덕분에 우린 정말로 친해질 수 있죠."

앨리슨은 여전히 떠들썩하지만, 어떻게 하면 고요해질 수 있는지, 어떻게 하면 고요함에서 도움을 받을 수 있는지 발견하게 되었다.

———

기질의 한계에 도달하기 위해 노력할 수도 있겠지만, 자신의 안전지대에 확실하게 들어가 있는 편이 나을 때도 많다.

내 의뢰인 에스더Esther의 이야기를 들어보자. 그녀는 거대 회사 법률 사무소에 근무하는 세법 변호사다. 자그마한 체구에, 갈색머리, 전조등처럼 환한 파란 눈동자, 통통 튀는 걸음걸이의 에스더는 수줍어하지도 않고 그런 적도 없다. 하지만 분명히 내향적이었다. 그녀가 하루 중 가장 좋아하는 시간은 아침에 가로수가 늘어서 있는 거리를 따라 버스정류장까지 걸어가는 고요한 10분간이다. 다음으로 좋아하는 시간은 사무실 방문을 닫고 일에 몰두할 때다.

에스더는 자신의 경력을 잘 선택했다. 수학자의 딸인 그녀는 무시무시할 정도로 복잡한 세금 문제를 생각하는 것이 좋았고, 그것에 관해 쉽게 토론할 수 있었다(7장에서는 내향적인 사람들이 왜 복잡한 문제를 잘 푸는지 살펴본다). 에스더는 커다란 법률사무소 내부에서 긴밀한 관계로 묶인 어떤 그룹의 최연소 멤버였다. 이 그룹에는 다른 세법 변호사가 5명 있었는데, 모두들 서로서로 일을 지원해주었다. 에스더의 일은 자신이 매료된 의문을 깊이 생각하고, 신뢰하는 동료들과 긴밀하게 협조하는 것이었다.

하지만 어쩌다 보니 에스더의 그룹이 주기적으로 다른 법률회사에 발표를 해야 하는데 그 일을 맡게 되었다. 그 때문에 에스더는 비참했지만, 그것은 그녀가 발표를 두려워해서가 아니라 즉석에서 말하는 것이 불편해서였다. 반면에 에스더의 동료들(하필이면 모두 외향적이었다)은 프레젠테이션을 하는 도중에 무슨 말을 할지 결정하는 즉흥적인 연사들이었고, 어떻게 해시인지 끝날 때가 되면 흥미진진하면서도 이해가 잘되도록 자기 생각을 전달할 줄 알았다.

에스더는 준비할 기회가 있을 때는 괜찮았지만, 가끔은 오전에 사무실에 도착하고 나서야 동료들이 그날 발표자가 에스더라고 말해줄 때도 있었다. 에스더는 동료들이 즉흥적으로 말할 수 있는 이유가 세법을 더 많이 이해하고 있기 때문이라고 여기고, 경험을 더 쌓으면 자기도 즉석에서 해낼 수 있으리라 생각했다. 하지만 에스더는 경험자가 되고 지식이 더 쌓여도 여전히 그렇게 할 수가 없었다.

에스더의 문제를 해결하기 위해, 자극을 얼마나 좋아하는가에 대한 내향적인 사람과 외향적인 사람의 또 다른 차이에 초점을 맞춰보자.

1960년대 후반부터 수십 년간, 영향력 있는 연구 심리학자인 한스 아이젱크는 인간이 너무 많이도 아니고 너무 적게도 아닌 '딱 맞는' 수준의 자극을 추구한다고 가정했다. 자극은 외부 세계에서 우리 안으로 들어오는 입력의 양이다. 그것은 잡음에서부터 사교 생활, 깜빡이는 불빛에 이르기까지 다양한 형태를 띤다. 아이젱크는 외향적인 사람들이 내향적인 사람들보다 더 자극을 좋아하고, 이것이 둘 사이의 여러 가지 차이를 설명해 준다고 믿었다. 내향적인 사람은 사무실 문을 닫고 일에 몰두하기를 좋아하는데, 이런 조용한 지적 활동이 최적의 자극을 주기 때문이다. 반면 외향적인 사람은 팀 빌딩, 워크숍을 조직하거나 회의의 의장을 맡는 등 전력량이 많은 활동에 몰두할 때 가장 잘한다.

아이젱크는 이런 차이의 기반이 '상행성 망양체부활계ascending reticular activating system, ARAS'라는 뇌 구조에 있다고 생각했다. ARAS는 대뇌피질과 기타 뇌 영역까지 연결되어 있는 뇌간의 일부분이다. 두뇌에는 우리가 깨어 있고, 경계하고 있으며, 에너지가 넘친다고 느끼게 하는 심리학자들 용어를 빌리자면 '각성되었다'고 하는 흥분 메커니즘이 있다. 반대의 상태를 유발하는 진정 메커니즘도 있다. 아이젱크는 ARAS가 뇌로 흘러 들어가는 감각 자극의 양을 통제함으로써 각성 과잉과 각성 미달 사이에서 균형을 맞춘다고 추정했다. 때로는 채널을 활짝 열어서 자극이 많이 들어갈 수 있게 하고, 때로는 채널을 제한해서 뇌가 자극을 덜 받게 하는 것이다. 아이젱크는 ARAS가 내향적인 사람과 외향적인 사람에게 각기 다르게 기능한다고 생각했다. 내향적인 사람은 활짝 열린 정보 채널이 있어서 자극이 넘쳐 과잉 각성 상태가 되는 반면, 외향적인 사람은 채널이 좁아서 각성 미달 상태가 되는 경향을 보였다. 각성 과잉은 불안을 일으킨다기보다는 똑바로 생각할 수 없다는 느낌을 유발한다. 이제 할 만큼 했으니 집에 가고 싶다고 느끼게 된다는 얘기다. 각성 미달은 소외감과 비슷하다. 심심하고, 근질거리고, 어쩔 줄 모르고, 나태해져서 마치 그새 다시 바깥에 나가야 할 것 같은 기분이 드는 상태다.

이제 우리는 실제로는 문제가 이보다 훨씬 복잡하다는 점을 알았다. 우선, ARAS는 소방차의 호스처럼 자극을 끄고 켜서 뇌 전체를 한꺼번에 정보로 넘치게 하지 않는다. 뇌의 서로 다른 부위가 각기 다른 시간에 각기 다른 정도로 각성된다. 둘째, 뇌가 강하게 각성된 상태는 우리가 각성되었다고 느끼는 상태와 늘 일치하지는 않는다. 그리고 각성에도 다양한 종류가 있다. 시끄러운 음악에 각성되는 것은 박격포 소리에 각성되는 것과 다르며, 후자 역시 회의를 주관할 때 각성되는 것과는 다르다. 우리는 특정 형태의 자극에 더 민감할 수 있다. 더구나 우리가 늘 적당한 수준의 각성을 추구한다는 말은 지나치게 단순하다. 축구 경기를 보는 열혈 팬은 과잉 자극을 갈구하지만, 이완 요법을 위해 온천에 가는 사람은 훨씬 낮은 자극을 추구한다.

그렇다 해도, 피질의 각성 수준이 내향성과 외향성의 본질을 파악하는 데 중요한 단서라는 아이젱크의 이론을 세계적으로 천 건이 넘는 연구들이 실험했는데, 결론은 성격심리학자 데이비드 펀더David Funder가 '반만 맞다'고 표현한 것에 가깝다. 그것도 여러 모로 중요한 면에서 그렇다. 기저에 깔린 원인이 무엇이건, 내향적인 사람들이 외향적인 사람에 비해 커피에서부터 쾅쾅거리는 시끄러운 소리, 둔중한 함성소리까지 다양한 자극에 실제로 더 민감하다는 증거는 상당히 많다. 그리고 내향적인 사람과 외향적인 사람이 최고의 성과를 내기 위해 필요한 자극 수준도 매우 다르다는 점 역시 그러하다.

1967년까지 거슬러 올라가지만, 여전히 심리학 수업에서 인기리에 시연되는 한 유명한 실험이 있다. 아이젱크는 내향적인 어른과 외향적인 어른의 혀에 레몬주스를 적셔서 누가 더 침을 많이 흘리는지 측정했다. 당연하게도, 감각 자극에 더 많이 각성되는 내향적인 사람들에게서 침이 더 많이 나왔다.

또 다른 유명한 연구에서는 내향적인 사람과 외향적인 사람에게 어려운 단어 게임을 하게 해서, 도중에 시행착오를 거치며 게임의 원칙을 배우게 했다. 사람들은 게임하는 동안 무작위로 잡음을 방출하는 헤드폰을 썼다. 그리고 자기에게 '딱 맞는' 수준으로 헤드폰의 음량을 조절했다. 평균적으로, 외향적인 사람들은 72데시벨의 잡음 수준을 선택한 반면, 내향적인 사람들은 55데시벨을 선택했다. 자신이 선택한 음량으로 게임을 할 때, 즉 외향적인 사람은 시끄럽게, 내향적인 사람은 조용하게 선택한 음량으로 게임을 할 때, 양쪽 다 거의 비슷하게 각성되었다(심장박동수와 다른 지표로 볼 때). 그리고 게임도 비슷하게 잘했다.

이제 양쪽 집단의 잡음 수준을 뒤집어서, 내향적인 사람은 외향적인 사람의 잡음 수준으로, 외향적인 사람은 내향적인 사람의 잡음 수준으로 하게 하자. 모든 것이 뒤바뀌었다. 내향적인 사람들은 시끄러운 잡음에 과도하게 각성되었을 뿐 아니라 성과도 낮았다. 게임을 배우는 데 실패한 횟수가 5.8에서 9.1로 올라간 것이다. 외향적인 사람도 마찬가지였다. 이들은 조용한 환경에서 각성이 덜 되어서 (아마도 지루했을 테고) 평균 7.3회를 틀렸다. 더 시끄러운 조건에서 5.4회 틀린 것과 대조된다.

———

반응성에 관한 케이건의 발견과 결합해 보면, 이러한 연구들은 우리 성격을 들여다볼 매우 강력한 렌즈가 된다. 일단 내향성과 외향성을 자극 수준에 대한 선호도 정도로 이해하고 나면, 자신의 성격에 잘 맞는 환경을 의식적으로 만들어낼 수 있다. 자극이 과하지도 않고 부족하지도 않게, 지루하지도 않고 불안하지도 않게 만드는 것이다. 성격심리학자들이 '최적 수준의 각성'이라 하고 내가 '스위트 스폿sweet spot'이라고 하는 것에 따라 생활을 구성하면, 전보다 더 활력 있고 생동감 있다고 느낄 수 있다.

'스위트 스폿'은 최적으로 자극되는 지점이다. 자기도 모르는 새 이미 그 지점을 찾고 있을지 모른다. 자신이 해먹에 만족스레 누워서 멋진 소설을 읽는다고 상상해 보라. 이것이 '스위트 스폿'

이다. 하지만 30분 후에 같은 문장을 5번 읽었다는 것을 깨닫는다. 이제 자극이 부족한 상태다. 그래서 친구에게 전화해서 점심을 먹으러 가자고 한다. 다시 말해서, 자극 수준을 높인 것이다. 블루베리 팬케이크를 먹으며 웃고 떠드니, 다행스럽게도 다시 스위트 스폿으로 돌아왔다. 하지만 이런 유쾌한 상태는, 여러분보다 자극이 훨씬 더 많이 필요한 외향적인 친구가 여러분에게 길거리 파티에 같이 가자고 꾀는 바람에 시끄러운 음악과 낯선 사람들에 노출되자 중단되고 만다.

친구의 이웃들은 아주 상냥해보이지만, 여러분은 시끄러운 음악 소리보다 크게 떠들어대야 한다는 데 압박을 느낀다. 그러자 '펑' 하고 단숨에 스위트 스폿에서 빠져나온다. 다만 이번에는 자극이 과하다는 점만 다르다. 그리고 여러분은 가장자리에서 누군가와 짝이 되어 깊이 있는 대화를 나누게 되거나 아예 거기서 나와서 다시 소설을 보게 될 때까지 계속 느낀다.

일단 자신이 스위트 스폿 찾기 게임을 하고 있다는 점을 이해하고 나면, 그것을 얼마나 더 잘할 수 있을지 상상해 보라. 자신의 일, 취미, 사교 생활을 조정해 최대한 '스위트 스폿'에 많이 머무르도록 할 수 있다. 자신의 스위트 스폿을 아는 사람들은 자신을 지치게 하는 일을 그만두고 새롭고 만족스러운 일을 시작할 힘이 있다. 이들은 함께 살 집을 구할 때도 가족 구성원의 기질에 맞춰서 할 수 있다. 내향적인 사람을 위해서는 아늑한 창문가와 여기저기 공간이 있는 곳을, 외향적인 사람을 위해서는 탁 트인 넓은 주방을 고르는 것이다.

자신의 스위트 스폿을 이해하면 삶의 모든 면에서 만족감을 높일 수 있지만, 얘기는 거기서 끝나지 않는다. 증거에 따르면, 스위트 스폿은 생사를 가를 만큼 중요한 결과를 낳을 수도 있다. 월터 리드 군연구소Walter Reed Army Institute of Research에서 군대 인사들을 대상으로 실시한 연구에 따르면, 내향적인 사람들은 잠이 모자랄 때 외향적인 사람들보다 더 잘해낸다고 한다. 잠이 부족하면 피질이 덜 각성돼, 기민함, 능동성, 에너지가 떨어지기 때문이다. 외향적인 사람이 운전하는데 잠이 온다면, 특히 주의해야 한다. 최소한 커피를 들이키거나 라디오 음량을 키워서 각성 수준을 올리기 전까지는 말이다. 반대로, 내향적인 사람이 시끄럽고 과도하게 교통 잡음이 많은 곳에서 운전할 때는 잡음 때문에 생각에 방해를 받을 수 있으므로 집중하도록 노력해야 한다.

이제 최적 수준의 자극에 대해 알았으니, 에스더가 연단에서 즉흥적으로 발표하는 것 때문에 겪는 문제도 이해가 간다. 과다 각성은 주의집중과 단기기억을 방해하는데, 이 둘은 즉석에서 말하는 능력에 핵심적이다. 그리고 대중 강연은 본질적으로 자극이 강한 활동이기에 내향적인 사람들은 주의력이 가장 필요할 때 그것에 방해를 받게 되는 셈이다. 에스더처럼 무대공포증이 없는 사람에게도 마찬가지다. 에스더는 '백년 묵은 변호사', 말하자면 그 분야에서 최고의 식견을 갖춘 변호사가 되더라도 여전히 즉석에서 말하는 일에는 결코 편안해지지 않을 것이다. 영구한 시간이 흘러도, 말할 때는 장기기억에 저장되어 있는 다량의 데이터를 처리하지 못한다고 느낄지 모른다.

하지만 자신을 이해하고 나자, 에스더는 동료들에게 발표할 일이 있으면 미리 알려달라고 강력하게 요청할 수 있게 되었다. 발표 내용을 연습해 실제로 연단에 섰을 때 스위트 스폿 상태를 유지할 수 있다. 의뢰인 미팅이나 인맥 교류 이벤트, 심지어 동료들과의 일상적인 회의에서도 똑같이 준비할 수 있다. 단기기억이나 즉흥적으로 생각하는 능력이 평소보다 약해질 수 있는 강한 자극이 동반되는 경우라면 언제든지.

———

에스더는 편안한 스위트 스폿을 찾아서 문제를 해결해냈다. 하지만 때로는 한계까지 자신을 밀어붙이는 것만이 유일한 방법이었다. 몇 년 전, 나는 대중 강연의 공포를 정복하겠노라고 다짐했다. 그리고 한참 우물쭈물하다가 뉴욕 대중 강연-사회불안 센터에서 열리는 워크숍에 등록했다. 의심은 있었다. 나는 그저 숫기 없는 평범한 사람처럼 느껴졌고, '사회불안'이라는 병리학적인 표현도 맘에 들지 않았다. 하지만 수업이 둔감화 훈련에 기초를 두고 있다는 점이 그럴듯하게 느껴졌다. 흔히 공포증을 다스리려고 사용하는 둔감화는 자신이 두려워하는 것에 자신을 (그리고 편도체를) 통제 가능한 수준 내에서 반복해서 드러내는 방법이다. 이것은 깊은 물에 풍덩 뛰어들어 무조건 헤엄쳐보라는, 의도는 좋지만 무익한 조언과는 매우 다르다. 그런 방법은 효과는 있을지 모르지만 공황 상태를 일으켜 두뇌에 공포, 두려움, 수치심을 더 깊이 각인한다.

나는 좋은 사람과 함께하게 되었다. 수업에는 약 15명이 참여했는데, 담당자는 찰스 디 카뇨Charles di Cagno라는 다부진 남자였다. 그는 따스한 갈색 눈동자에 섬세한 유머 감각이 있었다. 찰스 자신도 노출 요법의 베테랑이다. 그는 대중 강연 불안증으로 잠을 못 자는 일은 이제 없지만, 공포란 늘 교활한 적이기에 늘 경계해야 한다고 말했다.

워크숍은 내가 참가했을 때 이미 몇 주가 진행된 상태였지만, 찰스는 신규 참여자도 환영이라고 말해주었다. 그룹은 내 기대보다 훨씬 다채로웠다. 긴 곱슬머리에 밝은 립스틱을 바르고 뾰족한 뱀가죽 부츠를 신은 패션 디자이너도 있었고, 두꺼운 안경테에 딱 부러지는 사무적 태도로 자기가 멘사 회원이라는 것을 자주 얘기하던 비서도 있었고, 키가 크고 운동선수 같은 투자은행가도 두어명 있었고, 검은 머리와 생기 넘치는 파란 눈동자에 퓨마 운동화를 신고 신나게 뛰어다니지만 항상 공포에 짓눌려 있다고 우기던 배우도 있었고, 달콤한 웃음과 신경에 거슬리는 웃음소리의 중국계 소프트웨어 디자이너도 있었다. 일반적인 뉴요커들의 단면이라고 해야겠다. 디지털 사진기술 수업이나 이탈리안 요리 수업이라고 해도 좋았을 것이다.

물론 이것은 그런 수업이 아니었다. 찰스는 우리가 그룹 앞에서 각자 말을 할 테지만, 우리가 통제할 수 있는 불안 수준 이내에서 하겠다고 설명했다.

그날 저녁에 '러티샤'라는 이름의 무술 사범이 처음으로 하게 되었다. 러티샤의 임무는 로버트 프로스트Robert Frost의 시를 사람들 앞에서 큰 소리로 낭송하는 것이었다. 레게머리와 환한 웃음을 보면 러티샤는 아무것도 두려워하지 않는 듯 보였다. 하지만 그녀가 발표할 준비를 하며 연단에서 책을 펼치자, 찰스는 1에서 10까지 점수를 매긴다면 얼마나 불안하냐고 물었다.

"적어도 7이에요." 러티샤가 말했다.

"여유 있게 하세요. 두려움을 완벽하게 극복할 수 있는 사람은 별로 없어요. 더구나 다 티베트에 있죠."

러티샤는 또랑또랑하고 조용하게 시를 낭송했다. 목소리가 가냘프게 흔들렸다. 그녀가 끝내자 찰스는 자랑스럽게 활짝 웃었다.

"리사, 일어나세요." 찰스가 반짝이는 검은 머리에 눈부신 약혼반지를 낀 매력적인 젊은 마케팅 이사에게 말했다.

"이제 리사가 의견을 말해줄 차례예요. 러티샤가 긴장한 것 같던가요?"

"아뇨." 리사가 말했다.

"그래도 정말 무서웠는걸요." 러티샤가 말했다.

"걱정 마요. 아무도 몰랐으니까." 리사가 안심시켰다. 다른 사람들도 고개를 힘차게 끄덕였다.

"전혀 모르겠던데요." 다들 입을 모았다. 러티샤는 기쁜 듯 자리에 앉았다.

다음은 내 차례였다. 나는 임시 연단인 악보대에 서서 그룹을 마주 보았다. 들리는 것이라고는 천장의 실링팬이 돌아가는 소리와 바깥의 차량들이 빵빵대는 소리뿐이었다. 찰스가 내게 자신을 소개하라고 했다. 나는 심호흡 후 말했다.

"안녕하세요!" 나는 역동적으로 들리길 바라며 소리쳤다. 찰스는 경계한 듯 보였다.

"그냥 편하게 하세요."

내 첫 연습은 단순했다. 사람들이 묻는 몇 가지 질문에 답하기만 하면 됐다. 어디에 사세요? 무슨 일을 하시죠? 지난 주말에는 무엇을 하셨나요? 나는 보통 때처럼 부드러운 음성으로 대답했다. 그룹은 집중해서 들었다.

"수전에게 또 질문하고 싶은 사람 없어요?" 찰스가 물었다. 그룹은 고개를 흔들었다.

"자, 댄! 댄은 은행가에다 기준도 까다롭죠. 말해보세요. 수전이 긴장한 것 같았나요?" 뉴욕 증권시장 현장에서 보도하는 CNBC 저널리스트처럼 생긴 건장한 빨강머리에게 찰스가 말했다.

"전혀요." 댄이 말했다. 다른 사람들도 모두 끄덕였다.

"전혀 긴장한 것 같지 않던데요."

다들 러티샤에게 했던 것처럼 중얼거렸다.

"아주 외향적으로 보여요."

"정말 자신감 있어 보이던데요."

"할 말이 떨어지는 법이 없다니, 정말 행운이네요."

나는 자리에 앉으며 퍽 기분이 좋았다. 하지만 곧 그러한 의견을 받는 사람이 나와 러티샤뿐이 아니라는 점을 알게 되었다. 몇몇 사람도 그만큼 잘해주었다.

"정말 차분해보이던데요!" 이 말을 듣자 그들은 눈에 띄게 안심했다.

"저 사람들이 몰랐다면 누구라도 몰랐을 겁니다. 이 수업엔 왜 온 거죠?"

처음에 나는 왜 이런 안심되는 말이 그렇게 기분 좋았는지 몰랐다. 그러다가 내가 이 워크숍에 참여한 목적이 기질의 한계 바깥으로 나가보기 위해서였다는 점을 깨달았다. 나는 될 수 있는 한 최고의 연사이자 가장 용감한 연사가 되고 싶었다. 그런 말들은 내가 그 목표를 달성하는 길로 나아가고 있음을 보여주는 증거였다. 나는 내가 받은 의견들이 과하게 후하다고 생각했지만, 상관없었다. 중요한 것은 나를 잘 받아준 청중 앞에서 말을 했고, 기분이 좋았다는 점이다. 대중 앞에서 말하는 공포를 둔감화하기 시작한 것이다.

그 후로 나는 작게는 10명에서부터 많게는 수백 명에 이르는 청중 앞에서 수없이 얘기했다. 나는 연단의 힘을 받아들이게 되었다. 나로서는 그러자면 몇 가지 단계를 밟아야 하는데, 이를테면 강연을 모두 하나의 창조적인 프로젝트로 여기고, 준비를 마치고 나면 내가 그토록 좋아하는 '깊이 몰두하는' 느낌을 경험하는 것도 그런 단계에 해당된다. 그리고 내게 매우 중요한 주제에 관해서 말할 기회도 얻게 되는데, 정말로 그 주제에 관심이 있을 때 더욱 집중하게 된다는 것을 발견했다.

물론 늘 이렇게 할 수는 없다. 때때로 연사는 자신에게 별로 흥미 없는 주제로 이야기를 해야 한다. 특히 업무에서는 그렇다. 이것은 인위적으로 열의를 내는 데 어려움을 느끼는 내향적인 사람들에게 더 힘든 상황일 것이다. 하지만 이러한 고지식함에도 숨은 장점이 있다. 열의를 느낄 수 없는 주제에 관해 너무 자주 말해야 하는 상황이 되었을 때, 이직이라는 힘겹지만 중대한 선택을 하도록 동기부여가 되기 때문이다. 신념에서 나오는 용기를 담아 말하는 사람보다 더 용감한 사람은 없다.

chapter 6

엘리너는 프랭클린의
양심이었습니다

'쿨함'이 과대평가되는 이유

> 숫기 없는 사람은 낯선 이들의 이목을 분명 두려워하지만,
> 그 사람들을 두려워한다고 말하기는 매우 어렵다.
> 전투에서는 영웅처럼 대담하게 행동할 수도 있으나,
> 낯선 이들 앞에서는 하찮은 것들에 자신이 없다.
> —찰스 다윈

1939년 부활절 일요일, 링컨 기념관. 그 시대의 군계일학 가수
였던 메리언 앤더슨이 16대 대통령 동상이 서 있는 무대 앞으로
나왔다. 갈색 피부에 제왕 같은 풍모의 그녀가 7만 5천 명의 관중
을 응시했다. 정장 모자를 쓴 남자들, 나들이옷을 입은 여자들, 희
고 검은 얼굴들의 물결 속에서 그녀가 목소리를 높이며 시작했다.
단어 하나하나 또렷하고 명쾌했다. "나의 조국, 그대여. 달콤한 자
유의 땅이여." 관중은 눈물이 그렁그렁한 눈으로 넋을 잃고 바라
봤다. 그들은 결코 이런 날이 오리라 기대하지 않았다. 그리고 엘
리너 루스벨트가 없었더라면 오지 않았을 것이다.

같은 해, 앤더슨은 워싱턴 D. C.의 헌법 회관Constitution Hall (1929년
에 건설된 콘서트 홀−옮긴이)에서 노래할 계획이었지만 회관을 소유
한 애국여성회the Daughters of the American Revolution가 그녀의 인종 때문
에 제의를 거절했다. 미국 혁명 투사의 후손인 엘리너 루스벨트는
애국여성회에서 탈퇴하고, 앤더슨이 링컨 기념관에서 노래할 수
있도록 도와주었다. 그로써 거국적인 불길을 일으켰다. 엘리너 루
스벨트는 저항에 참여한 유일한 사람은 아니었지만, 명성을 잃을
지도 모를 위험을 무릅쓰고 그 문제에 정치적 영향력을 행사했다.

체질적으로 타인의 고난에서 눈을 돌리지 못했던 루스벨트 여
사에게, 사회적 양심에 따른 행위는 특별한 일도 아니었다. 하지
만 사람들은 그것이 얼마나 놀랄 만한 일이었는지 이해했다. 아프
리카계 미국인의 시민권 운동 지도자이던 제임스 파머James Farmer
는 루스벨트 여사의 용감한 저항을 이렇게 회고했다. "이것은 특
별한 일입니다. 프랭클린 루스벨트는 정치가였습니다. 자신의 모
든 행보가 정치적으로 어떤 결과를 낳을지 판단했지요. 그는 좋
은 정치가이기도 했습니다. 하지만 엘리너 여사는 양심에서 우러
난 말을 했고, 양심적인 사람으로서 행동했습니다. 그것은 다르
지요."

그것은 엘리너 여사가 평생을 프랭클린과 함께하면서 맡은 역
할 즉, 프랭클린의 보좌관, 프랭클린의 양심이었다. 어쩌면 그는
바로 그 이유로 여사를 택했는지 모른다. 다른 면에서 보면 두 사
람은 정말 어울리지 않는 한 쌍이었다.

두 사람은 프랭클린이 스무 살 때 만났다. 그는 엘리너의 먼 친척으로, 상류층 가정에서 곱게 자란 하버드대학교 졸업반이었다. 엘리너는 고작 열아홉에, 마찬가지로 부유층의 자녀였지만 가족들의 반대에도 불구하고 가난한 이들의 고통 속에 몸을 던지기로 했다. 맨해튼 빈민가인 동부 지역의 사회복지관 자원봉사자였던 엘리너는 창문도 없는 공장에서 지쳐 쓰러질 때까지 조화를 만들어야만 했던 아이들을 만났다. 하루는 엘리너가 프랭클린을 그곳에 데리고 갔다. 그는 인간이 그토록 비참한 환경에서 산다는 것을 믿을 수가 없었다. 그리고 자신과 같은 부유층의 여인이 미국의 이런 측면을 자신에게 보여준 사람이었다는 점 역시. 그는 단번에 엘리너에게 빠졌다.

하지만 엘리너는 주위 사람들이 프랭클린의 배우자감으로 여기던 밝고 재치 있는 유형이 아니었다. 오히려 정반대였다. 엘리너는 쉽게 웃지 않았고, 잡담을 지루해했으며, 진지하고, 수줍음이 많았다. 뼈대가 가늘고 명랑한 귀족 출신 엘리너의 어머니는 엘리너의 태도 때문에 그녀를 '할머니'라고 불렀다. 시어도어 루스벨트의 동생으로 인기와 매력을 겸비한 엘리너의 아버지는 엘리너를 볼 때마다 애지중지했으나 늘 술에 취해 있었고 엘리너가 아홉 살 때 돌아가셨다. 프랭클린을 만날 무렵, 엘리너는 그가 자신에게 관심을 보이리라고는 생각지 못했다고 한다. 프랭클린은 자신과 모든 면에서 반대였다. 대담하고 쾌활하며, 거부할 수 없는 함박웃음에, 그녀가 사람을 조심스러워하는 만큼 사람과 쉽게 사귀었다. "젊고 유쾌하고 잘생겼었죠. 난 숫기 없고 서툴렀고, 그가 춤추러 가자고 하면 너무 떨렸어요."

동시에, 프랭클린이 엘리너에게 부족하다고 말하는 사람도 많았다. 어떤 이는 그를 촐랑거리는 남자로, 평범한 학자로, 하찮은 한량으로 보았다. 그리고 엘리너가 자신을 아무리 낮게 평가해도, 그녀의 진지함을 알아보는 추종자가 부족하지는 않았다. 프랭클린이 엘리너의 마음을 얻게 되자, 몇몇 구혼자는 마지못해 루스벨트에게 축하 편지를 보내기도 했다. 어떤 사람은 이렇게 썼다. "나는 이제껏 만난 어떤 여성보다 엘리너 양을 존중하고 찬양합니다." 또 다른 사람은 이렇게 썼다. "당신은 엄청난 행운아로군요. 그런 사람을 부인으로 맞아들이는 것은 오직 소수의 남자만이 누릴 수 있는 특권이지요."

하지만 사람들의 의견은 프랭클린과 엘리너에게 중요한 문제가 아니었다. 둘에게는 상대방이 간절히 바라는 강점이 있었다. 그녀의 공감 능력과 그의 허세였다. "엘리너는 천사다." 프랭클린이 일기장에 쓴 글이다. 1903년에 엘리너가 청혼을 받아들이자, 그는 자기가 세상에서 최고로 행복한 남자라고 선언했다. 이에 엘리너는 연애편지를 무더기로 보냈다. 둘은 1905년에 결혼해 자녀를 여섯 두었다.

연애 때의 흥분에도 불구하고 두 사람은 서로 다른 면들 때문에 처음부터 문제를 겪었다. 엘리너는 친밀함과 무게 있는 대화를 갈구했지만, 프랭클린은 파티와 시시덕거리기와 잡담을 사랑했다. 두려움 외에는 두려워할 것이 없다고 선언한 남자가, 수줍음 때문에 고뇌하는 아내의 마음을 어찌 이해했겠는가. 1913년에 프랭클린이 미해군 차관보로 임명되었을 때, 사교 생활은 점점 더 미칠 듯 분주해졌고 무대는 점점 더 호화로워졌다. 엘리트 비공개 클럽들과 하버드대학교 친구들의 저택들 등, 그는 점점 더 늦은 밤까지 흥청망청했다. 반면 엘리너는 점점 더 일찍 집으로 돌아갔다.

그러는 동안 엘리너는 사회활동으로 일정이 꽉 차버렸다. 워싱턴의 권위자들 부인을 방문해 집 앞에 명함을 놓고 오거나 자기 집에서 공개 파티를 열어야 했다. 엘리너는 이 역할이 그다지 맘에 들지 않았기에, 루시 머서Lucy Mercer라는 사교 활동 비서를 고용했다. 이것은 좋은 아이디어처럼 보였으나, 1917년 엘리너가 아이들을 데리고 메인주로 여름을 보내러 가면서 프랭클린을 루시 머서와 단둘이 워싱턴에 남겨둔 것이 화근이었다. 두 사람은 평생 바람을 피우게 됐기 때문이다. 루시는 프랭클린이 애초에 결혼할 타입이었다고 할 정도로 생기 넘치는 미녀였다.

엘리너는 그의 여행 가방에서 연애편지를 우연히 발견한 날 프랭클린의 배반을 알게 되었다. 크게 상심했으나 결혼은 깨지 않았다. 그리고 두 사람은 낭만적인 관계를 다시는 회복하지 못했지만, 그 자리를 엘리너의 양심과 프랭클린의 자신감 결합이라는 어마어마한 대체물로 채웠다.

조용함을 넘어 섬세함을 가진 사람들의 특징

시간을 앞으로 돌려 우리 시대로 돌아오면, 비슷한 기질의 다른 여성, 즉 양심에서 우러난 대로 행동한 여인을 만나게 된다. 일레인 아론Elaine Aron 박사는 연구 심리학자로, 1997년에 첫 과학 출판물을 낸 후로 제롬 케이건과 다른 학자들이 '고 반응'이라 부른 것(때로는 '부정성'이나 '억눌림'이라 불리기도 했다)을 혼자 힘으로 재구성했다. 그녀는 이것을 '섬세함(감수성)'이라 부르며, 새로운 이름과 더불어 사람들이 그것을 새로이, 더 깊이 이해하도록 했다.

나는 아론이 캘리포니아주 마린 카운티의 워커 크릭 목장에서 열리는 연례행사 '매우 섬세한 사람들' 모임에서 기조 연설자로 나선다는 소식을 듣고, 재빨리 비행기표를 샀다. 연례행사장에서 심리치료사이자 행사 설립자 겸 주최자인 재클린 스트릭랜드Jacquelyn Strickland가, 섬세한 사람들이 서로 함께하며 도움을 받게 되기를 바라는 마음으로 이 행사를 시작했다고 설명했다. 그녀는 '낮잠 자기, 일기 쓰기, 빈둥거리기, 명상하기, 정리하기, 글쓰기, 사색하기'를 위해 고안된 방에서 자게 될 것이라며 내게 활동 지침을 건넸다.

"자신의 방에서 아주 조용하게 사람을 사귀어도 좋고(룸메이트의 동의를 얻고), 산책 때나 식사 시간에 공공장소에서 사귀면 더욱 좋습니다"라고 활동 지침도 설명했다. 이 모임은 의미 있는 토론을 좋아하고, 때로는 대화를 더 깊은 차원으로 끌어가 오직 자신들만 이해하는 경지로 이끄는 것을 좋아하는 사람들에게 맞춰져 있다. 행사가 열리는 주말 동안에 진지한 대화를 나눌 시간은 충분할 것이라고 했다. 하지만 자유롭게 해도 괜찮다고 했다. 재클린 스트릭랜드는 우리가 대부분 그룹 활동에 반드시 참여해야 하는 세월을 평생 견뎌왔으리라는 점을 알고, 며칠간이라도 다른 모델을 제시하고 싶어 했다.

워커 크릭 목장은 북부 캘리포니아의 훼손되지 않은 황야에 있는 1,741에이커(약 200만 평)의 땅이다. 하이킹 코스와 야생동물, 맑고 투명한 하늘을 선사하는 곳으로, 그 중심에는 아늑한 헛간 같은 콘퍼런스 센터가 있다. 6월 중순의 목요일 오후, 그곳에서 약 30명이 모였다. 그곳 벅아이Buckeye 산장에는 회색 카펫이 깔려 있고, 커다란 화이트보드, 햇살 좋은 삼나무 숲이 굽어보이는 커다란 유리창이 있다. 흔히 그렇듯 등록양식과 이름표가 쌓여 있는 곳 옆에는, 자신의 이름과 마이어 브릭스 성격 유형을 적는 플립차트가 있었다. 나는 목록을 훑어봤다. 다들 내향적인데, 재클린 스트릭랜드만 외향적이었다. 그녀는 따스하고 편안하며 표현이 풍부했다. 아론의 연구에 따르면, 섬세한 사람들의 대다수는 (전부는 아니지만) 내향적이라고 한다.

탁자와 의자는 큰 사각형으로 배치돼 모두들 서로 얼굴을 보고 앉을 수 있었다. 스트릭랜드가 우리에게 어떻게 이곳에 왔는지 이야기해 보라고 권했다(꼭 말하지 않아도 된다). 톰이라는 한 소프트웨어 엔지니어가 첫 순서로, 자신의 이야기를 열정적으로 묘사했다.

"섬세함이라는 특징을 설명하는 심리학적 토대가 있다는 것을 알고 나니 얼마나 안심이 됐는지 몰라요. 전 생각했죠. '연구가 있었어! 난 이런 거라고! 더 이상 사람들의 기대에 부응하려 하지 않아도 돼. 어떤 식으로도 사람들에게 미안해하거나 날 방어하려고 할 필요가 없어'라고요." 길고 좁은 얼굴, 갈색 머리, 그에 어울리는 수염을 기른 톰을 보니 에이브러햄 링컨이 떠올랐다. 그가 자기 아내를 소개하자, 아내는 두 사람이 얼마나 사이좋게 지내는지, 그리고 어쩌다가 아론의 연구를 알게 되었는지 이야기했다.

내 차례가 되자 나는 그룹 활동에 참여할 때마다 부자연스럽고 과장되게 나를 소개하지 않아도 된다고 느낀 적이 한 번도 없다고 이야기했다. 그리고 내향성과 섬세함의 관계에 흥미가 있다고 말했다. 여러 사람이 고개를 끄덕였다.

토요일 오전, 아론 박사가 벅아이 산장에 왔다. 박사는 스트릭랜드가 자신을 소개하는 동안 플립차트가 올라가 있는 이젤 뒤에서 장난스럽게 기다렸다. 그러더니 감각적인 재킷과 터틀넥에 코르덴 스커트 차림으로 '짜잔' 하고 웃으며 나타났다. 짧고 부슬부슬한 갈색 머리에, 따스하고 주름진 파란 눈이 꼭 무엇 하나 놓치지 않겠다는 듯했다. 오늘날은 품위 있는 학자인 아론 박사이지만, 틀림없이 서투른 소녀였을 것이라는 점을 즉각 알아볼 수 있었다. 그리고 박사가 청중을 존중한다는 점도.

곧바로 본론으로 들어간 박사는 다섯 가지 소주제에 관해 얘기할 수 있는데 첫째, 둘째, 셋째 주제를 우리더러 선택해 보라고 했다. 그러고는 속사포처럼 정교하게 숫자를 계산해 우리가 투표한 세 가지 주제를 결정했다. 사람들은 기분 좋게 잠잠해졌다. 어떤 주제를 선택하든 별로 상관은 없었다. 우리는 아론이 섬세함에 관해 이야기하러 왔다는 점과 우리의 의견을 반영하려고 한다는 점을 알고 있었다.

어떤 심리학자는 남다른 연구 실험을 해서 이름을 날린다. 아론은 다른 학자들의 연구를 다르게, 그것도 극적으로 다르게 바라보게 해준다. 소녀였을 때 아론은 '과민하다'는 소리를 자주 들었다. 손위의 두 형제는 강인했고, 백일몽을 꾸고 혼자서 생각하고 쉽게 상처받는 사람은 집에서 아론 혼자뿐이었다. 나이가 들어 가족의 울타리 밖으로 나가보니, 자신이 보통 사람과 다른 것 같은 점들이 눈에 띄었다. 그녀는 몇 시간이고 혼자 운전하면서도 라디오를 켜지 않아도 괜찮았다. 밤이면 또렷한, 때로는 불안한 꿈을 꾸었다. 이상할 정도로 진지했고, 긍정적이든 부정적이든 강한 감정에 시달릴 때가 잦았다. 일상에서 성스러움을 발견하기가 힘들었다. 오직 세상에서 벗어났을 때만 느낄 수 있는 듯했다.

아론은 자라서 심리학자가 되었고, 자신의 성격을 아끼는 원기 넘치는 남자와 결혼했다. 남편 아트에게 아론은 창의적이고 직관력 있고 생각이 깊은 사람이었다. 아론도 자신의 이런 면을 좋아했지만, 그것이 평생 느꼈던 끔찍한, 숨겨진 결점이 남들에게 받아들일 만한 정도로만 표면에 드러난 것일 뿐이라고 생각했다. 아론은 아트가 이런 결점에도 불구하고 자신을 사랑한 것이 기적이라고 여겼다.

하지만 한 동료 심리학자가 아론을 '매우 섬세하다'고 별 뜻 없이 묘사했을 때, 아론은 머리에서 불이 반짝했다. 마치 이 두 단어가 자신의 수수께끼 같은 결함을 설명해 주는 것만 같았다. 다만 동료는 그것을 전혀 결함이라고 말하지 않았다. 그저 중립적인 묘사였다.

아론은 새로운 통찰을 고민하다가, '섬세함(감수성)'이라는 특성을 연구하기로 마음먹었다. 별다른 성과가 없자, 긴밀하게 연결된 주제인 듯한 내향성에 관한 방대한 문헌을 검토했다. 케이건이 연구한 고 반응 아이들과 내향적인 사람들이 사회적 자극과 감각적 자극에 좀 더 민감한 경향을 보인다는 길고 긴 실험에 관한 문헌이었다. 이 연구들 덕분에 아론은 자신이 찾는 것을 어렴풋이나마 발견한 듯했지만, 그것만으로는 내향적인 사람을 제대로 그려내는 데 필요한 조각이 부족하다고 판단했다.

"과학자들이 느끼는 문제는, 그들이 행동을 관찰하려고 할 때 이런 내면의 것들은 관찰할 수가 없다는 점입니다." 과학자들은 외향적인 사람들의 행동은 쉽게 기록할 수 있다. 그들은 웃고, 말하고, 몸짓을 보일 때가 많기 때문이다. 하지만 "누군가 방 한구석에 가만히 서 있다면, 그 사람이 그러는 15가지 이유를 부여할 수도 있죠. 문제는 그 사람 안에서 어떤 일이 일어나는지는 사실 모른다는 겁니다."

하지만 아론은 내면의 행동도 행동이라고, 분류하기 어렵다고 해도 여전히 행동이라고 생각했다. 그렇다면 파티에 데려갔을 때 그다지 좋아하지 않는 것이 가장 두드러지는 특징인 사람의 내면 에서는 무슨 일이 일어나는가? 아론은 그것을 알아내기로 결심 했다.

아론은 먼저 자신이 내향적이라거나 자극에 쉽게 압도된다고 말한 39명과 면담했다. 아론은 그들에게 좋아하는 영화, 가장 어 릴 적 기억, 부모와의 관계, 친구들, 연애 생활, 창조 활동, 철학적 견해와 종교에 관해 물었다. 이런 내용을 토대로, 방대한 설문지 를 작성해 몇몇 대규모 집단에 제시했다. 그런 뒤에 그들의 반응 을 27가지 특성으로 묶었다. 그리고 이런 특성이 있는 사람들을 '매우 섬세하다'고 했다.

이 27가지 특성 중에는 케이건과 다른 학자들의 연구에서 이미 익숙한 것들도 있었다. 이를테면 매우 섬세한 사람들은 먼저 살핀 뒤에 뛰어드는 예리한 관찰자인 경우가 많았다. 이들은 자기가 놀 랄 만한 일은 되도록 제한하는 방식으로 삶을 안배했다. 시각, 소 리, 냄새, 고통, 커피에 민감했고, 누군가에게 관찰될 때(직장에서든, 연주회에서 연주할 때든)나 일반적인 가치를 평가받을 때(데이트할 때, 구직 인터뷰할 때) 힘들어했다.

하지만 이들은 통찰력이 있었다. 물질적이거나 쾌락주의적이기 보다는 철학적이거나 영적인 성향이 강했다. 이들은 잡담을 싫어 했다. 자신을 창의적이거나 직관적이라고 묘사할 때가 많았다(아 론의 남편이 아론을 그렇게 말했듯이). 꿈이 또렷하고, 다음 날에도 꿈을 기억할 때가 많았다. 음악, 자연, 미술, 물리적인 아름다움을 사랑했다. 지극히 강렬한 감정을 느꼈다. 때로는 기쁨의 물결을 예리하게 느끼지만, 슬픔과 비애와 두려움도 느꼈다.

매우 섬세한 사람들은 물리적인 환경과 정서적인 환경에서 들어오는 정보를 남다를 정도로 깊이 해석한다. 이들은 타인의 기분 변화나 다소 밝게 빛나는 전구처럼 다른 이들이 놓치는 세세한 것을 알아차린다.

최근에 스토니브룩Stony Brook대학교에 있는 과학자 집단이 이런 발견을 실험했는데, 피험자 18명에게 fMRI에 누워 있게 한 뒤 사진 두 쌍(하나는 담장이고, 하나는 건초 뭉치)을 보여주었다. 한 쌍에서는 사진들이 서로 매우 달랐고, 다른 쌍에서는 차이가 미묘했다. 각 쌍마다, 과학자들은 둘째 사진과 첫째 사진이 같은지 질문했다. 그들은 피험자들에게 미묘하게 다른 사진들을 보여주었을 때, 섬세한 사람이 그렇지 않은 사람보다 더 많은 시간을 쓴다는 점을 발견했다. 뇌에서도 사진의 영상과 이미 저장된 정보를 연관 짓는 영역의 뇌 활동이 더 활발하게 나타났다. 달리 말하면, 섬세한 사람들이 다른 사람보다 좀 더 정교하게 사진을 처리하면서 담장의 기둥과 건초더미를 좀 더 고민했다는 얘기다.

이 연구는 매우 최근에 진행되었고, 그 결과는 다른 맥락에서도 탐구하고 검증해야 했다. 하지만 그것은 제롬 케이건이 발견한 대로 고 반응의 1학년생이 같은 그림 찾기나 낯선 단어 읽기 등을 할 때 다른 아이들에 비해 이것저것 비교해 보는 데 더 시간을 많이 보낸다는 점과 유사한 얘기다. 그리고 이것은 스토니브룩대학교의 연구 지휘자인 야자 야길로비치Jadzia Jagiellowicz에 따르면, 섬세한 사람들이 유난히 복잡하게 생각하는 유형이라는 점도 시사했다. 또 왜 그들이 잡담을 그렇게 지루해하는지 설명하는 데도 유용할 수 있다. 그녀는 이렇게 말했다. "사고 체계가 복잡하다면, 날씨에 관해서나 휴가 때 어디에 갔는지 등을 얘기하는 건 가치관이나 도덕에 관해 얘기하는 것만큼 흥미롭지 않을 겁니다."

아론이 섬세한 사람들에 관해 발견한 또 다른 면은, 그들이 이따금 매우 감정이입을 잘한다는 점이다. 마치 타인의 감정으로부터 그들을 가로막는 장막과 세상에서 일어나는 비극적인 일들과 잔혹한 행위로부터 그들을 가로막는 장막이 얇은 느낌이었다. 이들은 남다르게 양심적이었다. 과격한 영화나 TV쇼는 피했다. 자신이 잘못을 저질렀을 때 그 일의 결과를 예리하게 인식했다. 사람들과 모인 자리에서는 보통 사람들이 '너무 무겁다'고 여기는 개인적인 문제 같은 주제에 집중할 때가 많았다.

아론은 자신이 뭔가 대단한 일에 발을 들여놓았다는 점을 깨달았다. 공감 능력이나 아름다움에 반응하는 것처럼 섬세한 사람들의 여러 특성들은 심리학자들이 '원만성圓滿性'이나 '경험 개방성' 등의 성격 특성에서 나타나는 면이라고 여긴 것들이었다. 하지만 아론은 그것들이 섬세함의 본질적인 일부이기도 하다는 점을 알았다. 그녀의 발견은 성격심리의 공인된 교리들에 은근한 의문을 던지는 것이었다.

아론은 자신의 발견을 학술지와 책에 발표하고, 자신의 연구에 관해 공개적으로 얘기하기 시작했다. 처음에는 어려웠다. 청중들은 그녀의 생각이 매력적이라고 말해주었지만, 그녀의 불확실한 발표 태도가 산만하다고 했다. 하지만 아론은 자신의 메시지를 전달하겠다는 강한 바람이 있었기에, 그녀는 견뎌냈고, 권위자답게 말하는 법을 터득했다. 내가 워커 크릭 목장에서 그녀를 만났을 때, 아론은 경험도 풍부하고 간명하며 확신에 차 있었다. 아론과 평범한 연사가 다른 점은 얼마나 성실하게 청중의 마지막 질문까지 답하려 했는가 하는 것뿐이었다. 아론은 극히 내향적인 사람으로서 얼른 집에 가고 싶어서 근질거렸을 텐데도 얘기가 끝나고 나서 사람들과 좀 더 함께 머물렀다.

매우 섬세한 사람들에 관한 아론의 묘사는 마치 엘리너 루스벨트 여사에 관해 얘기하는 것처럼 들렸다. 확실히 아론이 처음으로 자신의 연구 결과를 발표한 뒤로, 과학자들은 유전적으로 섬세함과 내향성을 보일 가능성이 있는 사람들(3장에서 언급한 붉은털원숭이와 관련하여, 세로토닌 수송단백질의 변이유전자가 있는 이들)에게 fMRI에 들어가게 한 뒤, 겁먹은 얼굴들, 사고 희생자들, 훼손된 시체들, 오염된 풍경들 사진을 보여주었더니 감정 처리에서 매우 중요한 기능을 하는 편도체가 강력하게 활성화되는 모습을 발견했다. 아론과 또 다른 과학자들 팀은 섬세한 사람들이 강렬한 감정을 느끼는 사람들의 얼굴을 보면 공감 능력과 연관된 뇌 부위와 강한 감정을 다스리는 뇌 부위의 활동이 다른 사람보다 더 많이 나타난다는 점도 발견했다. 마치 엘리너 루스벨트처럼 이들은 타인이 느끼는 것을 자기도 느낄 수밖에 없는 듯 보였다.

엘리너 부인과 루스벨트 대통령의 정치적 성공

1921년에 프랭클린 루스벨트는 소아마비에 걸렸다. 그 끔찍한 충격 때문에 그는 허약한 몸을 이끌고 시골로 들어가 여생을 살아갈까 생각했다. 하지만 엘리너는 그가 회복하는 동안 민주당과 계속 접촉했고, 심지어 모금을 위한 파티에서 연설하겠다고 동의하기까지 했다. 엘리너는 대중 강연이라면 끔찍이 무서워했고, 잘하지도 못했다. 목소리는 높은 음조였고, 엉뚱한 곳에서 초조하게 웃음을 터뜨렸다. 하지만 엘리너는 행사를 위해 연습했고, 연설을 해냈다.

그 후로 엘리너는 여전히 자신이 없었으면서도 곳곳에서 보이는 사회문제를 바로잡기 위해 일하기 시작했다. 그녀는 여성 문제의 옹호자가 되었고, 다른 진지한 사람들과 동맹을 맺었다. 1928년 프랭클린이 뉴욕 주지사로 선출되었을 때, 엘리너는 민주당 여성활동부의 책임자였고, 미국 정치계에서 가장 영향력 있는 여성이었다. 엘리너와 프랭클린은 그의 사교 수완과 그녀의 사회적 양심이 파트너가 되어 제대로 기능하고 있었다. 엘리너가 특유의 겸손한 말투로 말했다. "저는 어쩌면 그이보다도 사회의 여건에 관해 더 많이 알고 있었는지 몰라요. 하지만 그이는 정부에 관해서, 정부를 활용해서 상황을 개선하는 방법에 관해서 알았지요.
그리고 우리는 팀워크를 이해하기 시작했던 것 같아요."

프랭클린 루스벨트는 1933년 대통령에 당선되었다. 대공황이
한창일 때였는데, 엘리너는 전국을 다니면서 (한번은 석 달간 4만 마
일을 돌았다) 평범한 이들이 들려주는 불운한 이야기를 경청했다.
사람들은 다른 권력자들 앞에서와는 달리 엘리너에게는 마음을
열었다. 엘리너는 프랭클린에게 궁핍한 자들의 목소리가 되었다.
여행에서 돌아오면 자기가 본 것을 이야기하고 그에게 행동하라
고 촉구했다. 그녀는 애팔래치아 지역의 아사 직전인 광부들을 위
해 정부 프로그램을 만들도록 도왔다. 사람들을 일자리로 돌려보
내는 프랭클린의 프로그램에 여자와 아프리카계 미국인도 넣어야
한다고 그를 설득했다. 그리고 메리언 앤더슨이 링컨 기념관에서
노래하도록 도왔다. 역사가 제프리 워드Geoffrey Ward는 이렇게 말했
다. "그녀는 프랭클린이 분주한 와중에 간과하고 싶었을지 모를
문제들을 계속해서 이야기했다. 그가 높은 기준을 유지하게 했다.
그녀가 그의 눈에 시선을 고정하고 '프랭클린, 당신 ……해야 해
요' 하고 말하는 것을 한 번이라도 본 사람은 그것을 절대 잊지 못
했다."

숫기 없는 젊은 여성으로 대중 강연에 끔찍해하던 그녀가 공적
인 삶을 즐기게 되었다. 엘리너 루스벨트는 영부인으로는 최초로
기자회견을 열었고, 전당대회에서 연설하고, 신문 칼럼을 쓰고, 전
화 토론 프로그램에 참여했다. 나중에는 UN의 미국 대표가 되어,

남다른 정치 수완과 힘겹게 얻은 강인함을 발휘해 세계인권선언을 통과시키는 데 기여했다.

엘리너는 결코 자신의 연약함을 초월하지 못했다. 일생 동안 자칭 '그리젤다(중세 신화에 나오는 침묵에 빠져든 공주의 이름) 분위기'라고 한 어두운 감정에 시달렸고, '코끼리 가죽 같은 튼튼한 피부'를 만들려고 발버둥쳤다. "숫기 없는 사람은 언제까지나 그런 것 같아요. 그래도 극복하는 법은 배울 수 있지요." 하지만 어쩌면 바로 그러한 섬세함 덕분에, 그녀는 궁핍한 사람들과 쉽게 이야기하고 그들을 위해 행동할 만큼 양심적인 사람이 될 수 있었던 것인지도 모른다. 대공황 초반에 대통령으로 선출된 프랭클린은 자비심 많은 대통령으로 기억됐다. 하지만 프랭클린으로 하여금 미국인들이 얼마나 고통받고 있는지 알게 해준 것은 바로 엘리너였다.

섬세함과 쿨함의 차이

섬세함과 양심 사이의 관계는 오랫동안 관찰되었다. 발달심리학자 그라지나 코한스카Grazyna Kochanska가 실시한 다음의 실험을 상상해 보자. 한 친절한 여성이 아장아장 걷는 아기에게 장난감을 건네주며, 그것이 여성에게 매우 소중한 물건이니까 아주 조심해야 한다고 설명했다. 아기는 진지하게 고개를 끄덕이며 장난감을 가지고 놀기 시작했다. 얼마 후, 장난감이 극적으로 둘로 쪼개지지만 애초에 그렇게 되도록 조작되어 있었다.

여자는 성난 얼굴로 외쳤다. "저런!" 그러고는 아기가 다음에 어떻게 하는지 지켜본다. 나중에 보니 어떤 아기는 다른 아기보다 자신의 (이른바) 죄악에 더 죄책감을 느꼈다. 이 아기들은 먼 산을 보고, 자신의 몸을 감싸고, 더듬대며 잘못을 고백했고 얼굴을 감췄다. 그리고 가장 죄책감을 느끼는 아기를 가장 섬세하고, 가장 내향적으로 되기 쉬운 고 반응 아기라고 할 수 있다. 긍정적이든 부정적이든 모든 경험에 매우 민감하기에, 이 아기들은 장난감이 부서진 여성의 슬픔과 나쁜 짓을 저질렀다는 불안을 동시에 느끼는 듯했다(혹시 궁금하다면, 실험에서 여성은 '고친' 장난감을 가지고 재빨리 방으로 돌아가 아기에게 아무것도 잘못한 것이 없다고 설명해 주었다).

우리 문화에서 죄라는 말은 오염되어버렸지만, 아마도 양심의 가장 기초가 되는 요소 중 하나일 것이다. 매우 섬세한 이 아기들이 부서진 장난감을 보고 느낀 불안은 다음번에 누군가의 장난감을 망가뜨리지 않게 하는 동기가 된다. 코한스카에 따르면, 이 아기가 네 살이 되면 다른 또래들보다 속이거나 규칙을 어길 확률이 줄어들게 되는데, 심지어 들킬 리가 없다고 생각할 때도 그러하다. 그리고 이 아기들은 여섯 살이나 일곱 살이 되면, 공감 능력과 같은 높은 수준의 도덕적 특성을 드러낸다고 부모들이 말한다. 일반적인 행동 문제도 적다.

그녀는 이렇게 썼다. "기능적인, 적당한 죄책감은 앞으로 이타주의, 책임감, 학교생활에 적응하기, 부모와 교사, 친구들과 조화롭고 능력 있고 친사회적인 관계 형성하기에 도움이 될 수 있다."

이것은 지금 특별히 중요한 특성이다. 2010년 미시간대학교의 한 연구에서 오늘날의 대학생들이 30년 전의 대학생들보다 공감 능력이 40퍼센트 떨어질 뿐 아니라 그것도 거의 2000년 이후에 떨어졌다는 점을 보여준 상황이기 때문이다. 연구 과학자들은 공감 능력의 저하가 소셜 미디어, 리얼 TV 등 과열 경쟁이 만연한 상황과 연관된다고 추측했다. 물론 이런 특성이 있다고 해서 섬세한 아기가 천사라는 뜻은 아니다. 이 아기들도 다른 사람과 마찬가지로 이기적인 면이 있다. 때로는 고고하고 냉담하게 굴기도 한다. 그리고 수치심이나 불안과 같은 부정적인 감정에 휩싸이면 타인의 필요에 완전히 눈을 감아버린다고 한다.

하지만 매우 섬세한 사람들의 삶을 힘겹게 만들 수도 있는 그러한 수용성은 양심을 기르는 데 도움이 된다. 아론은 공원에서 만난 한 노숙자에게 먹을 것을 주라고 어머니를 설득하는 어떤 십대 남자아이와, 자기가 당혹스러웠을 때뿐 아니라 친구들이 놀림을 당할 때도 눈물을 보이던 여덟 살의 여자아이 이야기를 들려줬다.

우리는 이런 유형의 사람들을 문학 작품에서 흔히 접하는데, 아마도 수많은 작가들이 스스로 섬세하고 내향적이기 때문인 것 같다. 소설가 에릭 맬패스Eric Malpass는 『길고 긴 춤Long Long Dances』이라는 소설의 주인공인 조용하고 이지적인 남자에 관해 이렇게 썼다. "그는 다른 사람들보다 피부 가죽이 한 겹 얇은 상태로 살았다. 그는 타인의 고난에 더 아파했고, 삶의 충만한 기쁨에도 그러했다. 이것은 그를 강제로 펜을 잡고 그것들에 관해 쓰게 했다. 언덕을 걸으며, 슈베르트 즉흥곡을 들으며, 밤마다 9시 뉴스의 대부분을 차지하는 파괴의 소식을 안락의자에 앉아 시청하며[그는 마음이 움직였다]."

이 인물을 피부가 얇다고 묘사한 것은 비유적인 표현이지만, 알고 보면 상당히 문자 그대로의 표현이기도 하다. 연구자들이 성격 특성을 측정하기 위해 사용하는 실험 중에는 피부 전도율 실험이 있는데, 잡음과 강한 감정, 기타 자극에 반응해 땀이 얼마나 나는지 기록하는 실험이다. 고 반응의 내향적인 사람은 땀을 더 흘리고, 저 반응의 외향적인 사람은 적게 흘렸다. 이들의 피부는 문자 그대로 두껍고, 자극에 영향을 덜 받고, 만져보면 시원했다. 사실 내가 대화해 본 몇몇 과학자들에 따르면 바로 여기에서 사회적으로 '쿨하다'는 개념이 생겨났다고 한다. 저 반응일수록 피부도 시원해지고, 사람도 쿨해진다(그건 그렇고 반사회적 인격장애자는 이러한 바로미터의 극단에 있어서, 각성 수준과 피부 전도율, 불안 정도가 극도로 낮다. 이들이 편도체가 손상되었다는 증거도 어느 정도 있다).

거짓말 탐지기는 부분적으로 피부 전도율 실험이다. 거짓말이 불안을 야기하고, 그에 따라 피부에서 미미하게 땀이 난다는 가정에 따른 것이다. 나는 대학에 다닐 때 여름에 커다란 보석상의 비서로 일하려고 지원한 적이 있다. 지원 과정에서 거짓말 탐지기 테스트도 받아야 했다. 테스트는 작고 우중충하고 바닥에는 리놀륨이 깔려 있는 방에서 실시되었고, 시험관은 피부가 노랗고 곰보자국이 난 남자로 담배연기를 뿜어대었다. 남자는 나에게 먼저 시험 삼아 몇 가지 질문을 던졌다. 이름, 주소 등을 물어서 내 피부 전도율의 기본 수준을 알기 위한 절차였다. 그러더니 질문은 좀 더 예리해졌고 시험관은 점점 거칠어졌다. 구속된 적은 있는가? 물건을 훔친 적은? 코카인을 쓴 적은? 이 질문을 마지막으로 시험관은 나를 뚫어져라 쳐다보았다. 공교롭게도 나는 코카인을 써본 적이 정말 없었다. 하지만 그는 내가 해봤다고 생각하는 듯했다. 그의 얼굴에 드러난 힐난하는 듯한 표정은, 늙은 경찰이 용의자에게 확실한 증거가 있으니 거부해봐야 소용없다고 말하는 속임수와 똑같았다.

나는 그가 잘못 안 것이라는 점을 알았지만 그럼에도 얼굴이 붉어졌다. 그리고 예상한 대로 테스트 결과에는 내가 코카인 질문에서 거짓말을 한 것으로 나왔다. 내 피부는 너무 얇아서 가상의 범죄에조차 땀을 흘린 것이었다.

우리는 '쿨함'을 선글라스를 끼고, 손에는 술병을 쥔 채 태연한 모습을 생각하는 경향이 있다. 하지만 우리가 이러한 액세서리를 고른 것은 그저 우연이 아닐지도 모른다. 어쩌면 우리가 짙은 색 안경과 느긋한 보디랭귀지, 알코올을 기표로 채택한 것은 다름 아니라 신경계가 과열되었다는 신호를 그것들이 가려주기 때문인지도 모른다. 선글라스는 우리 동공이 두려움에 커지는 것을 타인이 보지 못하게 막아준다. 케이건의 연구를 보면, 이완된 신체는 저반응 사람의 특징이다. 그리고 알코올은 우리를 억누르는 것들을 제거하고 우리의 각성 수준을 낮춘다. 성격심리학자 브라이언 리틀Brian Little이 말했듯 풋볼 게임에 갔는데 누가 맥주를 권한다면, "사실 그들이 말하는 건 안녕하세요, 외향성 한잔하시죠"다.

십대들은 쿨함의 생리를 본능적으로 이해한다. 커티스 시튼펠드Curtis Sittenfeld의 소설『프렙Prep』은 기숙학교에서 생활하는 청소년들의 사회적 의식 절차들을 으스스할 정도로 정밀하게 파헤친다. 어느 날 주인공 리가 뜻하지 않게 학교에서 가장 쿨한 여자아이인 애스페스에게 자기 기숙사 방으로 오라고 초대받는다. 주인공 리가 처음으로 알아챈 것은 애스페스의 세계가 얼마나 신체적으로 자극적인가 하는 점이다. "문 밖에서부터 음악이 쿵쿵대는 소리가 들린다. 하얀 크리스마스 전구가 반짝이며 벽 위쪽에 죽 붙어 있고, 북쪽 벽에는 커다란 오렌지색과 초록색이 섞인 태피스트리가 걸려 있다. …… 난 지나치게 자극되어 조금 짜증스러워진다. 내가 [룸메이트와 함께] 쓰는 방이 너무 조용하고 밋밋해보이고, 우리 생활도 너무 조용하고 밋밋하게 느껴진다. 나는 애스페스가 애초에 쿨하게 태어났는지, 아니면 언니나 사촌이 그렇게 되도록 가르쳤는지 궁금했다."

운동을 즐기는 문화에도 쿨함의 저 반응 생리가 인식되어 있다. 초기 미국 우주비행사들의 경우, 저 반응과 관련되기도 하는 '적은 심박동수'는 신분의 상징이었다. 미국인으로서 지구 궤도를 처음으로 돌았고 나중에 대통령이 되기도 한 존 글렌 중령은 이륙 시 심장박동이 놀랄 정도로 쿨하여 동료들에게 경탄의 대상이 되었다(1분에 110번밖에 안 뛰었다).

하지만 신체적으로 '쿨함'이 부족한 것이 사회적으로는 우리 생각보다 훨씬 귀중한 요소일 수 있다. 그 냉혈한 시험관이 얼굴을 코앞으로 들이밀고 코카인을 한 번도 써본 적이 없느냐고 물을 때 얼굴이 새빨개지는 현상은 알고 보니 일종의 사회적 결합 장치였다. 최근의 한 실험에서, 코리너 데이크Corine Dijk가 이끄는 심리학자 팀은 60여 명의 피험자에게 자동차 사고를 내고 뺑소니를 치는 잘못을 저지른 사람들 사례나 누군가에게 커피를 쏟아 당혹스러워 하는 사람들 사례를 읽으라고 했다. 피험자들은 이 사람들의 사진을 보게 되었는데, 이들은 각기 네 가지 표정, 즉 수치심이나 당혹감(머리와 눈이 아래로 향하고 있다)의 표정, 수치심이나 당혹감으로 빨개진 얼굴 표정, 평소 얼굴의 표정, 평소 표정에 빨개진 얼굴 표정을 짓고 있었다. 그런 뒤에 피험자들은 이들이 얼마나 동정심 있고 신뢰할 만한지 평가해야 했다.

결과를 보니 얼굴을 붉힌 위반자들은 그렇지 않은 위반자들보다 훨씬 더 긍정적으로 평가됐다. 이것은 붉은 얼굴이, 타인에게 마음을 쓴다는 점을 보여주기 때문이다. UC버클리 심리학자로 긍정적 감정을 전문으로 연구하는 대커 켈트너Dacher Keltner는 〈뉴욕 타임스〉에 이렇게 표현했다. "2~3초 내에 얼굴이 빨개지면 '상관없는 게 아니다, 나도 내가 사회계약을 깼다는 것을 안다'는 뜻을 전달한다."

사실 고 반응 사람들이 빨개지는 얼굴을 가장 싫어하는 점(통제가 안 된다는 점) 때문에 그것이 사회적으로 유용한 것이다. 코리너 데이크에 따르면 '얼굴이 빨개지는 것을 의도적으로 통제할 수는 없기 때문에' 빨개진 얼굴은 당혹감의 진정한 신호가 된다고 했다. 그리고 켈트너가 말했듯 당혹감은 도덕적 감정이다. 그것은 겸손함과 겸허함을 보여주고 과격함을 피하고 사이좋게 지내고 싶다는 욕망을 보여준다. 그것은 얼굴이 빨개지는 사람을 고립시키기 위한 것이 아니라(얼굴이 잘 빨개지는 사람들은 이렇게 생각하는 경향이 있다), 사람들을 화합하게 해주는 것이다.

켈트너는 당혹감의 뿌리를 추적하다가 유인원들도 싸우고 나서 화해하려고 한다는 점을 발견했다. 이때 유인원들도 인간들처럼 당혹스러운 행동을 취했다. 먼 산을 보며 잘못을 시인하고 그만하겠다는 의도를 전달하고, 고개를 숙여 자신을 작아지게 하고, 입을 꼭 다물어서 억제하는 모습을 보였다. 인간에게서 나타나는 이런 행동을 '헌신의 행위'라고 켈트너는 말했다. 실제로 사람들의 얼굴을 읽어내는 훈련을 한 켈트너는 간디와 달라이 라마 같은 도덕적인 영웅들의 사진을 연구하여 그들이 매우 억제된 웃음과 비스듬한 시선을 보인다는 점을 발견했다.

심지어 켈트너는 『선의 탄생Born to be Good』이라는 책에서 스피드 데이트에서 한 사람에게 질문 하나만 할 수 있게 될 때 써먹는 질문이 다음과 같다고 밝혔다. "가장 최근에 겪은 부끄러웠던 일은 무엇이었나요?" 그런 뒤에 입술을 지그시 깨물고, 얼굴을 붉히며, 눈을 돌리는지 세심하게 관찰한 결과, 이렇게 말했다. "당혹감을 보여주는 단서들은 누군가가 타인의 판단을 얼마나 존중하는지 보여주는 순간적인 진술이다. 당혹감은 어떤 사람이, 우리를 서로서로 연결되게 해주는 규칙들에 얼마나 마음을 쓰는지 드러낸다."

다시 말하면, 타인의 생각에 마음을 쓰는 사람을 배우자로 고르는 편이 좋다. 너무 신경을 안 쓰는 것보다는 너무 신경 쓰는 편이 낫다.

얼굴 붉히기가 얼마나 큰 도움이 되든지 간에, 지극한 섬세함이라는 현상은 한 가지 명백한 의문을 떠오르게 한다. 매우 섬세한 사람들은 어떻게 진화의 냉혹한 선택 과정에서 살아남았을까? 대담하고 공격적인 사람이 대체로 승리했다면(종종 그렇게 보이는 것처럼), 섬세한 이들은 오렌지색 청개구리들이 그랬듯 어째서 수천 년 전에 인류의 무리에서 사라지지 않은 것일까?『길고 긴 춤』의 주인공처럼, 그들도 슈베르트 즉흥곡 초입부에 옆 사람들보다 더 깊이 감동하고, 골육이 으스러지는 장면에 다른 사람보다 더 움찔거리고, 누군가의 장난감을 망가뜨렸다고 생각하면 지독할 정도로 몸을 꿈틀거리는 아이였을지도 모르지만, 진화는 그러한 특성은 보상하지 않기 때문이다. 아니면, 보상하는 것일까?

일레인 아론은 여기에 대해 이렇게 생각했다. 아론은 섬세함이 그 자체로 선택된 것이 아니라, 보통 그것과 함께 따라오는 주의 깊고 사색적인 유형들이 살아남았을 것이라고 믿었다. "섬세하거나 '고 반응' 유형은 행동하기 전에 주의 깊게 관찰하는 전략을 택할 것이고, 따라서 위험과 실패, 에너지 낭비를 피하게 되었을 것이다. 그리고 이를 위해서 미묘한 차이를 감지하고 관찰하기 위해 특별히 고안된 신경계가 필요했을 것이다. 이것은 '확실한 데 걸기' 혹은 '뛰기 전에 살피기'라는 전략이다. 반면에 [다른 유형의] 적극적인 전략은 먼저 완벽한 정보 없이 위험이 있는 상황이라 하더라도 '먼저 저지르는 것'이다. '일찍 일어나는 새가 벌레를 잡고', '기회는 한 번뿐이기' 때문에 '승산이 없더라도 해보는' 전략이다."

사실 아론이 섬세하다고 여기는 사람들이라고 해서 섬세함과 연관되는 27가지 특성을 전부 보이지는 않는다. 어쩌면 빛과 잡음에는 민감하지만 커피나 고통에는 그렇지 않을 수도 있다. 어쩌면 감각적인 것에는 섬세하지 않지만 풍성한 내면세계가 있는 훌륭한 사색가일 수도 있다. 어쩌면 내향적이지 않을 수도 있다. 아론에 따르면 섬세한 사람의 70퍼센트만이 내향적이었고, 나머지 30퍼센트는 외향적이었다(비록 이 사람들은 전형적인 유형보다는 휴식 시간과 고독을 좀 더 많이 원하는 경향은 있지만). 이것은 섬세함이 생존 전략의 부산물로 생겨난 것이고, 전략을 효과적으로 활용하려면 전부가 아니라 몇 가지 특성만 있으면 되기 때문이라 한다.

아론의 관점을 뒷받침하는 증거는 매우 많다. 진화생물학자들은 한때 모든 동물종이 생태적 지위에 맞도록 진화했고, 그 지위에 맞는 행동양식이 하나뿐이며 그 이상에서 벗어난 종의 구성원들이 소멸할 것이라고 믿었다. 하지만 밝혀진 바, '관찰하고 기다리는' 부류와 '일단 저지르고 보는' 부류로 나뉘는 것은 인간뿐이 아니었다. 100개가 넘는 동물종이 거칠게 말하면 이런 식으로 구성됐다.

초파리부터 집고양이를 거쳐 산양까지, 개복치부터 갈라고원숭이를 거쳐 박새까지, 과학자들은 여러 종들의 구성원 중 약 20퍼센트는 '뜸을 들이는' 반면 나머지 80퍼센트는 '재빠른' 유형으로 주변이 어떻게 돌아가는지는 별로 신경 쓰지 않고 일단 돌진한다는 점을 발견했다(흥미롭게도 케이건 연구소에 왔던 신생아들 중 고 반응 아이의 비율도, 기억하겠지만 약 20퍼센트였다).

진화생물학자 데이비드 슬론 윌슨David Sloan Wilson은 '빠른' 동물과 '느린' 동물이 파티를 연다면 어떻게 될지 말했다. "어떤 빠른 개체들은 시끄러운 대화로 다른 개체들을 지루하게 만들어버릴 테고, 또 다른 빠른 개체들은 아무도 자기를 존중해 주지 않는다고 맥주에 대고서 중얼댈 것이다. 느린 개체들은 숫기 없고 섬세한 유형으로 가장 잘 설명할 수 있다. 이들은 자신을 내세우지 않지만 관찰력이 좋고 악당들은 보지 못하는 것들을 알아차릴 수 있다. 이들은 악당들의 목소리가 들리지 않을 만큼 먼 곳에서 흥미로운 대화를 이끌어가는 파티장의 작가요, 예술가다. 이들은 새로운 행동양식을 찾아내는 발명가지만, 악당들은 이들의 행동을 모방해서 특허를 훔친다."

때때로 신문이나 TV 프로그램에서는 동물의 성격에 관한 얘기를 보여주면서 숫기 없는 행동은 '꼴사납다' 하고, 대담한 행동은 매력적이고 찬양할 만하다고 묘사하기도 했다(우리 같은 부류의 초파

리군요). 하지만 윌슨은 이론처럼 양쪽 유형의 동물이 존재하는 까닭이 서로 철저하게 다른 생존전략을 구사하고, 각각 서로 다른 때 다른 방식으로 보상을 받기 때문이라고 여겼다. 이것은 진화론적 타협 이론trade-off theory으로 알려져 있는데, 어떤 특성이 항상 좋거나 항상 나쁜 것이 아니라 환경에 따라 생존가치가 달라지는 장단점이 뒤섞여 있다는 얘기다.

숫기 없는 동물은 먹을거리를 찾으러 멀리 가거나 자주 다니지 않고, 에너지를 아끼고, 방관자에 머무르며, 포식자가 잡으러 와도 살아남는다. 대담한 동물들은 자리를 박차고 나가서 먹이사슬의 저 위쪽에 있는 동물에게 규칙적으로 잡아먹히지만, 먹을거리가 희귀하거나 좀 더 위험을 무릅쓸 필요가 있을 때는 살아남는다. 윌슨이 펌프킨시드(개복치의 일종)가 잔뜩 있는 연못에 금속제 트랩을 던졌을 때(이것이 물고기에게는 지구에 비행접시가 착륙한 일처럼 불안한 사건으로 보이는 게 틀림없는 듯하다고 윌슨은 말했다), 대담한 물고기는 조사하고 싶은 마음을 어쩌지 못하고 윌슨의 트랩으로 마구 달려들었다. 숫기 없는 물고기는 연못 가장자리에서 신중하게 빙빙 돌아 윌슨이 잡을 수가 없었다.

반면, 윌슨이 정교한 그물 체계로 양쪽 유형의 물고기를 다 잡은 뒤 자기 실험실로 데려가자, 대담한 물고기는 재빨리 새로운 환경에 적응하여 숫기 없는 물고기보다 꼬박 닷새나 먼저 먹이를 먹기 시작했다. 윌슨은 말했다. "하나뿐인 최고의 [동물] 성격은 없다. 자연 선택에 따라 유지되는 다양한 성격이 있을 뿐이다."

진화론적 타협 이론의 또 다른 사례는 트리니다드 구피라는 어종이다. 이 구피들은 진화의 기준으로는 어마어마한 속도로 자신들이 살아가는 미기후(지면에서 1.5미터까지의 대기층 기후 - 옮긴이)에 적응할 수 있는 성격을 개발해냈다. 이들의 천적은 강꼬치고기다. 하지만 어떤 동네에는, 이를테면 폭포수의 상류에는 강꼬치고기가 없다. 여러분이 구피인데 그러한 매력적인 곳에서 자라난다면 '근심 걱정 없는 삶'에 어울리는 대담하고 느긋한 성격이 되기 쉬울 것이다. 반면 여러분의 가족이 폭포수 아래의 '나쁜 동네'에 살고 그곳에 강꼬치고기들이 위협적으로 돌아다닌다면, 아마도 좀 더 신중한 유형일 것이다. 나쁜 녀석들을 피하는 데 적격인 것이다.

재미있게도 이러한 차이는 학습된 것이 아니라 유전적이라서, 대담한 구피 새끼들이 나쁜 동네로 이사하더라도 어미의 대담함을 그대로 물려받는다. 경계심 강한 구피들에 비해 심각한 약점을 안게 된다 하더라도 말이다. 그래도 유전자가 변하는 데 오래 걸리지 않아서, 살아남은 구피들의 새끼는 조심스러운 유형이 된다. 경계심 많은 구피들의 경우도 어느 날 강꼬치고기가 싹 사라지면 똑같은 일이 벌어진다. 이들의 새끼가 세상에 걱정이라고는 없다는 듯 행동하는 물고기로 진화하는 데는 20년이면 된다.

———

타협 이론은 인간에게도 적용되는 듯하다. 과학자들은 외향성

(특히 새로움을 추구하는 면)과 연관되는 특정 유전자를 물려받은 유목민들이, 이 유전자가 없는 유목민보다 영양 상태가 좋다는 점을 발견했다. 하지만 정착 생활을 하는 이들 중에는 이 유전자가 있는 사람들의 영양 상태가 오히려 나빴다. 유목민이 침입자에게서 가축을 보호하고 사냥하는 데는 도움이 되는 바로 그 특성들이, 농사를 짓거나 시장에서 물건을 팔거나 학교에서 공부하는 등 한 곳에 머물며 지내는 일에는 장애가 있다는 것이다.

아니면 이런 타협은 어떤가? 외향적인 인간은 내향적인 인간보다 섹스 파트너가 많지만(번식하기를 바라는 어느 종에게든 혜택일 것이다), 간통도 더 많이 저지르고 이혼도 더 많이 한다. 이것은 그 자녀들에게 좋은 일이 아니다. 외향적인 사람은 운동을 더 많이 하지만, 내향적인 사람은 정신적 외상을 초래하는 부상이나 사고를 덜 당한다. 외향적인 사람은 더 폭넓은 인간관계에서 사회적 지지를 누리지만, 범죄도 더 많이 저지른다. 융이 거의 한 세기 전에 두 유형에 관해 말했듯이 "한쪽[외향적인 쪽]은 번식력이 뛰어나지만 저항력은 약하고 수명도 짧은 반면, 다른 한쪽[내향적인 쪽]은 다양한 자기 보존 수단이 있지만 번식력은 낮다."

타협 이론은 심지어 어떤 종에든 적용할 수 있다. 외로운 개체들이 자신의 DNA를 복제하는 데 혈안이 되어 있다는 관점에 대체로 동의하는 진화생물학자들 사이에서는, 종 전체의 관점으로 볼 때 집단의 생존을 돕는 특징을 보유한 개체들이 있다는 생각은 열띤 논쟁의 주제며, 얼마 전까지만 해도 그런 생각을 하면 학계에서 사실상 퇴출될 수도 있었다. 하지만 이러한 견해는 이제 천천히 받아들여지고 있다. 어떤 과학자는 섬세함 같은 특성의 진화론적 근거가 같은 종의 다른 구성원, 특히 가족들의 고통에 동정심을 강하게 느끼는 점이라고 추정하기도 했다.

하지만 그렇게까지 들어가지 않아도 된다. 아론이 설명했듯 동물 그룹이 생존하기 위해 섬세한 구성원들에 의지한다는 생각은 타당하다. "영양이 한 무리 있다고 가정해 보자……. 이들 중에는 쉬지 않고 풀을 뜯다가 행동을 멈추고 날카로운 감각으로 포식자가 오는지 감시하는 구성원이 있다. 그러한 섬세하고 조심스러운 개체가 있는 무리는 더 잘 살아남을 것이고, 따라서 새끼를 계속 번식하여 섬세한 개체가 계속 존재하게 된다."

그렇다면 인간이라고 달라야 할 이유가 무엇이겠는가? 풀 뜯는 무리들이 섬세한 영양에게 의지하듯 우리에게도 엘리너 루스벨트 같은 사람들이 필요하다.

'숫기 없는' 동물과 '대담한' 동물, '빠른' 동물과 '느린' 동물 외에도 생물학자들은 종마다 '매'와 '비둘기' 구성원들이 있다고 말한다. 예를 들어 박새를 보면, 어떤 개체는 다른 개체보다 훨씬 더 공격적이어서 마치 국제관계 수업에 나오는 사례 연구처럼 행동한다. 이 새들은 너도밤나무 열매를 먹고 사는데, 이것을 구하기 어려울 때는 매와 같은 암컷들이 더 잘해낸다. 예상했듯이 그 열매를 먹는 다른 경쟁자들과 재빨리 결투를 벌이기 때문이다. 하지만 너도밤나무 열매가 넉넉히 있는 철에는 비둘기 암컷들이—우연히도 좀 더 새끼를 잘 돌보는 어미다—매 암컷들보다 더 잘해낸다. 별 다른 이유도 없이 싸우느라 건강과 시간을 낭비하지 않기 때문이다.

반면에 수컷 박새들은 반대 양상을 보인다. 이것은 이들의 주요 역할이 먹이를 발견하는 것이 아니라 영역을 지키는 일이기 때문이다. 먹이가 귀할 때는 수많은 수컷 박새들이 굶어 죽어서 다른 새들이 살 수 있다. 그런데 열매가 충분한 시절이 되면 매 같은 수컷은 암컷 동지들과 같은 덫에 빠진다. 유혈이 낭자한 싸움으로 귀중한 자원을 허비해버리는 것이다. 하지만 좋은 시절, 그러니까 둥지를 틀 자리를 찾으려고 경쟁이 거세지는 시기에는 매 같은 수컷 박새들의 공격적인 기질이 보상받는다.

전쟁이나 두려움의 시기에는, 인간을 암컷 박새에 비유하면 열매가 부족한 시기에는 우리에게 가장 필요한 것이 공격적인 영웅 유형인 듯 보인다. 하지만 인류 전체가 전사들로 구성된다면, 바이러스성 질환이나 기후 변화와 같이 치명적인 위험이 내재되어 있지만 훨씬 더 조용하게 다가오는 위협에 맞닥뜨릴 때, 맞서 싸우는 것은 고사하고 그것을 알아차릴 사람도 없을 것이다.

전 부통령 앨 고어가 지구온난화를 알리기 위해 수십 년간 활동해온 경우를 생각해 보자. 고어는 여러 가지 면에서 내향적인 사람이다. 한 전직 보좌관은 말했다. "내향적인 사람 100명이 참석하는 연회나 행사에 가면, 들어갈 때보다 나올 때 힘이 빠져 있죠. 고어는 행사가 끝나면 휴식이 필요한 사람입니다." 고어는 자기가 선거 유세와 강연에는 약하다는 점을 인정했다. "정계 사람들은 대부분 등 두드리기나 악수하기 등에서 힘을 얻죠. 저는 토론에서 힘을 얻습니다."

하지만 그렇게 사색을 좋아하는 태도와 세세한 면에 집중하는 자세를 더하면—둘 다 내향적인 사람들에게 공통적으로 나타나는데—매우 강력한 조합이 탄생한다. 1968년, 고어는 하버드대학교 학생이던 당시 한 유명한 해양학자의 수업을 듣다가 온실가스 효과와 화석연료의 연관관계를 보여주는 초기 증거를 보게 되었다.

그는 사람들에게 자기가 알게 된 것을 말해주려 했다. 하지만 사람들은 들으려 하지 않았다. 마치 자기 귀에는 그토록 크게 울리는 알람 소리가 다른 사람들 귀에는 들리지 않는 느낌이었다.

"1970년대 중반 의회에 입성했을 때, 나는 지구온난화에 관한 최초의 청문회를 준비했다." 오스카상을 받은 〈불편한 진실〉에서 그가 회고하며 한 말이다. 이 영화에서 가장 자극적인 액션 장면은 앨 고어가 혼자서 여행 가방을 끌며 한밤중에 공항을 걸어가는 모습이었다. 그는 아무도 주목하지 않았다는 것에 정말로 어리둥절한 듯했다. "충분히 설득력 있는 이야기니, 의회가 거기에 반응하는 방식도 뭔가 크게 변하리라고 믿었다. 난 사람들이 깜짝 놀랄 거라고 생각했다. 하지만 그렇지 않았다."

하지만 케이건의 연구와 아론의 연구에 관해 우리가 알게 된 내용을 그도 알았다면, 동료들의 반응에 덜 놀랐을지도 모른다.

어쩌면 성격심리에 관한 통찰을 활용하여, 사람들이 경청하도록 유도했을 수도 있다. 그는 아마도 의회가 나라에서 가장 덜 섬세한 사람들로 구성되어 있으리라고 가정할 수 있었을 것이다. 그들이 케이건의 실험에 참여한 아이였다면, 뒤에 있는 엄마는 쳐다보지도 않고, 우스꽝스럽게 차려입은 광대와 방독마스크를 쓴 기이한 여자들 앞으로 행진하듯 다가갔을 것이다. 케이건의 내향적인 톰과 외향적인 랠프를 기억하는가? 그러니까 의회는 랠프들로 가득한 것이다. 그곳은 랠프 같은 사람들을 위해 만들어졌다. 이 세상의 톰들은 대부분 캠페인을 구상하고 로비스트와 한담을 나누는 데 시간을 쓰려고 하지 않았다.

랠프 같은 의원들은 생기 넘치고, 두려움 없고, 설득력 있는 멋진 사람일 수도 있다. 하지만 저 멀리 있는 빙하에 자그마한 균열이 난 사진을 보고서 경계심을 느끼지는 않을 공산이 크다. 이들은 좀 더 강렬한 자극을 받아야 귀를 기울이기 때문이다. 바로 그런 까닭에 앨 고어는 능란한 할리우드 유형들과 팀을 맺고 자신의 경고장에 특수효과를 빵빵하게 섞어서 〈불편한 진실〉을 만들어낸 다음에야 비로소 메시지를 전달할 수 있었다.

앨 고어는 자신의 장점인 타고난 집중력과 부지런함을 활용하여 지치지 않고 영화를 홍보했다. 그는 전국의 수십 개 영화관에 방문하여 관객들을 만났고, TV와 라디오 인터뷰에 헤아릴 수 없이 많이 등장했다. 지구온난화라는 주제에 관해서라면, 앨 고어는 정치가로서는 내지 못하던 또렷한 목소리를 냈다. 그에게 복잡한 과학적 퍼즐에 몰입하는 것은 자연스러운 일이었다. 이 주제에서 저 주제로 탭댄스를 추듯 왔다 갔다 하기보다 한 가지 주제에 집중하는 일도 자연스러운 일이었다. 주제가 기후 변화일 때는 청중에게 연설하는 일도 자연스러운 일이었다. 지구온난화에 관한 앨고어의 연설은 정치후보자일 때는 누리지 못하던 카리스마와 청중 장악력을 드러냈다. 왜냐하면 이 사명은 그에게 정치나 성격에 관한 것이 아니기 때문이다. 그것은 그에게 양심의 문제였다. "이것은 지구의 생존에 관한 문제입니다. 우리가 지구에 살 수 없게 된다면 누구도 선거에 이기고 지는 문제에 신경 쓰지 않을 것입니다."

여러분이 섬세한 유형이라면, 실제 모습보다 좀 더 정치가처럼 굴려 하고 좀 덜 조심스럽거나 하나에 몰두하는 것처럼 보이려고 하는 습관이 있을지 모른다. 하지만 이 장에서 나는 여러분에게 그러한 견해를 재고하라고 제안하고 싶다. 여러분과 같은 사람이 없으면, 우리는 문자 그대로 익사할 것이다.

———

워커 크릭 목장의 섬세한 사람들의 모임으로 돌아와서, 외향성 이상과 쿨함을 최고로 여기는 태도는 앞뒤가 뒤집힌 것이다. '쿨함'이 대담하거나 태연한 기질을 드러나게 하는 저 반응을 뜻한다면, 일레인 아론을 만나러 온 사람들은 매우 쿨하지 않은 사람들이다.

이곳의 분위기는 매우 독특하다는 점만으로도 놀랍다. 요가 수업이나 불교 사원에 가면 접할 수 있는 분위기지만, 다만 서로를 묶어주는 세계관이나 종교 없이 기질만 유사할 뿐이라는 점이 다르다. 아론이 말을 할 때면 그것을 쉽게 느낄 수 있다. 아론은 일반적인 대중들 앞에서 말할 때보다 매우 섬세한 사람들 앞에서 말할 때, 연사를 존중하는 고요한 분위기를 느낀 적이 많다는 점을 발견했다. 그리고 이것은 아론이 발표하는 내내 확인되었다. 하지만 그 분위기는 모임 기간 동안 계속 이어졌다.

나는 이곳에서만큼 "먼저 하세요"나 "고마워요"를 많이 들어본 적이 없다. 여름 캠프에서 하듯 긴 회의 테이블에 야외 카페테리아처럼 음식을 마련해둔 식사 시간이 되면, 사람들은 굶주린 듯 대화에 빠져들었다. 어린 시절 경험이나 연애생활 같은 매우 친밀한 주제 아니면 건강이나 기후 변화와 같은 사회문제를 놓고 일대일로 대화하는 사람이 많았다. 상대를 웃기려는 이야기는 별로 보기 어려웠다. 사람들은 서로 주의 깊게 경청하고 사려 깊게 반응했다. 아론은 섬세한 사람들이 부드러운 목소리로 말하는 것이, 상대들도 자신에게 그렇게 얘기해 주기를 바라기 때문이라고 언급했다.

미셸이라는 한 웹디자이너가, 강풍이 불어 자신을 다잡기라도 하듯 앞으로 몸을 기울이더니 말했다. "다른 곳에서는 누가 뭔가 말하면 사람들이 거기에 관해 논의를 하거나 하지 않거나 둘 중 하나예요. 여기서는 누가 뭐라고 말하면 누군가 '그게 무슨 뜻이에요?' 하고 물어요. 그리고 실제로 그 질문에 답을 듣게 되죠."

모임의 지도자인 스트릭랜드는 그렇다고 이곳에서 잡담을 하지 않는 것은 아니라고 말했다. 다만 대화가 시작될 때가 아니라 대화가 끝날 때 잡담을 한다고 했다. 대부분의 경우 사람들은 낯선 이를 만났을 때 분위기를 누그러뜨리려고 잡담을 하고, 일단 편안해지고 난 뒤에야 좀 더 진지하게 얘기한다. 섬세한 사람들은 반대로 한다. 스트릭랜드에 따르면, 그들은 먼저 깊이 들어간 뒤에야 잡담을 즐긴다. 섬세한 사람들은 있는 그대로 행동할 수 있게 해주는 환경에 있으면 다른 사람들과 마찬가지로 웃고 수다도 떤다.

첫날 밤 우리는 기숙사처럼 생긴 건물에 있는 각자의 방으로 돌아갔다. 나는 본능적으로 이 시간은 책을 읽거나 잠을 자고 싶은 때지만, 그 대신 베개 싸움(여름 캠프처럼)이나 시끄럽고 지루한 술 마시기 게임(대학 때처럼)을 해야 할 것이라고 마음을 다잡았다. 하지만 워커 크릭 목장에서 내 룸메이트는 토끼 같은 커다란 눈망울을 가진 스물일곱 살의 비서에, 작가가 되려는 야망이 있었다. 그래서 그녀는 기꺼이 조용히 일기를 쓰면서 시간을 보내려 했다. 나도 똑같이 했다.

물론 이 모임 기간 중에도 긴장감이 전혀 없지는 않았다. 어떤 사람들은 너무 말이 없어서 쌜쭉해보이기까지 했다. 가끔은 '자기 하고 싶은 대로 하기'라는 정책도, 다들 각자 제 갈 길로 가버리면서 서로 외로움만 커지는 원인이 되기도 했다. 사실 이곳에서는 보통

'쿨하다'고 하는 사회적 행동이 너무 부족해서 누구라도 나서서 농담을 던지거나 분위기를 띄우거나 술 종류를 돌려야 할 것만 같다는 생각도 들었다. 그래야 하지 않을까?

진실을 말하자면 나는 섬세한 부류들을 위한 숨 쉴 공간도 갈구하지만, 과장된 듯한 친근함도 그만큼 좋다. 나는 '쿨한' 사람들이 있어서 기쁘고, 이번 주말에 만나기로 약속한 그들이 그립기도 하다. 내 말소리가 너무 작아져서 꼭 나 자신에게 자장가를 부르는 기분이다. 가슴 깊은 곳에서는 다른 사람들도 그렇게 느끼지 않을까?

에이브러햄 링컨처럼 생긴 소프트웨어 엔지니어 톰이, 늘 친구들과 낯선 이들에게 방문을 활짝 열어두었던 예전 여자 친구 이야기를 들려줬다. 그녀는 모든 면에서 모험심이 강했고, 새로운 음식, 새로운 성 경험, 새로운 사람 모두 좋아했다. 두 사람은 잘되지 않았지만(톰은 결국 바깥세상보다는 두 사람의 관계에 좀 더 집중하려는 짝을 찾게 되었고 바로 그런 여성과 결혼해 행복하게 지내고 있다), 톰은 그녀와 함께였다는 것을 기뻐했다.

톰의 얘기를 들으며, 나는 내가 얼마나 남편 켄을 그리워하는지 떠올렸다. 그는 지금 뉴욕의 집에 있고, 전혀 섬세한 유형이 아니다. 가끔 그것 때문에 나는 속이 터졌다. 어떤 일로 내가 공감하거나 불안해서 눈물을 흘리면, 남편은 마음이 흔들리기는 하지만 내가 너무 그 상태로 오래 있는 것은 아닌지 점점 초조해했다. 하지만 나는 그의 이런 강인한 면이 내게도 좋다는 것을 알고, 그와 함께 지내는 것이 한없이 기쁘다. 나는 그의 꾸밈없는 매력을 사랑한다. 재미있는 얘기가 떨어질 틈이 없다는 점도 좋다. 하는 일마다 만나는 사람마다 특히 가족에게 마음과 혼을 쏟아붓는 그가 좋다. 하지만 무엇보다 나는 그가 동정심을 표현하는 방식이 좋다. 켄은 공격적일지 모르지만, 그리고 내가 평생 하려고 해도 못할 정도로 과격하지만, 그런 면을 자신이 아니라 타인을 위해 쓴다.

우리가 만나기 전, 그는 UN에서 일하면서 전 세계의 전쟁 지대를 돌아다녔는데, 특히 전쟁포로와 억류자들을 해방시키는 협상을 담당했다. 그는 악취가 진동하는 감방으로 가서, 기관총을 가슴에 차고 있는 캠프 사령관들을 제압해 여자라는 이유와 강간 폭행의 피해자라는 이유 외에 아무런 죄도 저지르지 않은 어린 소녀들을 풀어주겠다는 동의를 받아냈다. 오랜 세월 그 일을 한 뒤 그는 고향으로 돌아와 자신이 목격한 일을, 분노를 가득 담아 책과 기사로 써냈다. 그는 섬세한 사람처럼 쓰지 않았기에 수많은 사람들을 화나게 했다. 하지만 그는 필사적으로 염려하는 사람처럼 썼다.

나는 워커 크릭 목장에 가면 매우 섬세한 사람들의 세상을, 모두가 부드럽게 이야기하고 누구도 강압적으로 굴지 않는 세상을 고대하게 될 것이라고 생각했다. 하지만 오히려 균형을 바라는 내 바람만 더욱 커졌다. 이런 균형이 아마도 일레인 아론이 말하는 자연스러운 상태가 아닐까. 적어도 우리와 같은 인도-유럽어족 문화에서는, 아론이 보기에 '전쟁용사 왕'과 '성직자 보좌관'으로,

행정부와 사법부로, 대담하고 느긋한 프랭클린 루스벨트와 섬세하고 양심적인 엘리너 루스벨트로 오랜 세월 나뉜 채 이어져온 문화에서는 그럴 것 같다.

chapter 7

월 스트리트가 무너져도
워런 버핏만은 잘나가는 이유

내향적인 사람과 외향적인 사람의 사고방식은 어떻게 다른가?

> 토크빌*은 민주적이고 사업적인 미국의 생활방식에 수반되는 끊임없이 행동하고
> 결정하는 생활 때문에, 거칠고 적극적인 성격, 재빠른 결정,
> 기회를 즉각 잡는 것이 중시된다는 점을 알았다. 그리고 이 모든 활동이
> 생각의 정확함, 정교함, 신중함에 유익하지 않다는 점도 알았다.
> ─리처드 호프스태터, 『미국의 반지성주의』

　주식시장이 붕괴되던 해인 2008년 12월 11일 오전 7시 30분이 막 지난 시각, 재니스 돈Janice Dorn 박사의 전화기가 울렸다. 동부 해안에서는 장이 열려 또 한 차례 아수라장이 일어났고, 주택가격은 폭락했으며, 채권시장은 얼어붙어 GM은 파산의 벼랑에서 흔들리고 있었다.

　돈 박사는 늘 그렇듯 헤드셋을 차고 초록색 이불이 덮인 침대에 걸터앉아 전화를 받았다. 방은 거의 장식이 없었다. 가장 호화

---

* Alexis de Tocgueville. 프랑스의 정치학, 역사학자. 『미국의 민주주의』라는 책을 집필했다. ─ 옮긴이

로운 것은 돈 박사 자신이었다. 풍성한 빨강머리에 상앗빛 피부, 날씬한 몸매가 성숙해진 고다이버 부인(영국 귀족. 숭고한 지성의 상징. 화가 콜리어가 그녀를 붉은 머리에 상앗빛 피부로 묘사한 명화가 있음―옮긴이)처럼 보였다. 재니스 돈은 정신의학 박사이자, 신경과학 박사로 뇌 해부를 전공했다. 게다가 황금선물 시장의 적극적인 투자가에, 약 600여 명의 투자가들과 상담해 준 '재정 정신의학자'이기도 하다.

"여보세요, 재니스! 통화할 시간 좀 있어요?" 자신감 있는 음성으로 앨런이 말했다.

돈 박사는 시간이 없었지만, 30분마다 장에 들어오고 나가는 것에 자부심을 느끼던 단기투자자인 그녀는 어서 거래를 시작하고 싶었다. 게다가 돈 박사는 앨런의 목소리에서 필사적인 어조를 느꼈다. 박사는 통화를 하기로 했다.

앨런은 환갑의 중서부 지역 주민으로, 박사가 보기에 '세상의 소금'과 같은 근면하고 충직한 유형이었다. 그는 쾌활하고 자기주장이 확실한 외향적인 사람이었고, 수화기 너머로 자신에게 닥친 재앙을 얘기하고 있음에도 불구하고 기운을 잃지 않았다. 앨런과 그의 아내는 평생 일해 겨우겨우 은퇴 자금으로 100만 달러를 마련했다. 그러던 넉 달 전 어느 날 그는 주식시장에 대한 경험이 전무하면서도 GM 주식을 10만 달러어치 사야 한다는 생각을 하기에 이르렀다. 미국 정부가 자동차산업 분야에 긴급구제를 실시할 것이라는 기사를 읽은 탓이었다. 그는 이것이 '질 수 없는 투자'라고 확신했다.

그가 거래를 마친 후, 언론에서는 긴급구제 조치가 아예 진행되지 않을지도 모른다고 발표했다. 주식시장은 GM을 팔아넘겼고 주가는 급락했다. 하지만 앨런은 한 건 잡을 때의 스릴을 상상했다. 너무 생생해서 손으로 잡을 수도 있을 것 같았다. 그는 버텼다. 그러나 주가는 다시, 또다시 떨어졌고 그렇게 떨어지던 어느 날 마침내 앨런도 엄청난 손실을 보고 팔기로 결심했다.

그것으로 끝이 아니었다. 다음 뉴스에서 결국 긴급구제가 실시될 것이라고 하자, 앨런은 또다시 잔뜩 들떠서 10만 달러를 또 투자하며 지난번보다 낮은 가격에 주식을 사들였다. 하지만 똑같은 일이 반복되었다. 긴급구제가 또다시 불확실해지게 된 것이다.

앨런은 가격이 그다지 낮아질 리가 없다고 '추론했다'(이 단어에 작은따옴표를 쓴 것은 돈 박사에 따르면 앨런의 행동과 의식적인 추론이 사실상 무관했기 때문이다). 그는 버티면서, 자기가 결국 벌어들이게 될 돈을 아내와 함께 모두 쓴다면 얼마나 좋을까 하는 상상에 빠졌다. 그리고 주식은 또 떨어졌다. 마침내 주가가 7달러로 떨어졌을 때, 앨런은 주식을 팔았다. 그리고 또다시 긴급구제가 일어날 것이라는 소식을 듣자 마찬가지로 잔뜩 흥분해서 사들였다…….

GM의 주가가 2달러로 떨어졌을 때, 앨런은 가족 저축의 70퍼센트, 그러니까 70만 달러를 잃었다. 그는 망연자실했다. 그리고 돈 박사에게 손실을 만회하도록 도와줄 수 있느냐고 물었다. 돈은 그럴 수 없었다. "끝난 거예요. 다시는 그 돈을 되찾을 수 없을 겁니다.”

그는 자기가 뭘 잘못했느냐고 물었다. 거기에 관해서는 돈 박사에게도 여러 가지 생각이 있었다. 먼저 아마추어인 앨런은 애초에 거래를 하지 말았어야 했다. 그리고 돈을 너무 많이 걸었다. 자산의 5퍼센트, 즉 5만 달러 정도를 상한선으로 잡았어야 했다. 하지만 가장 큰 문제는 어쩌면 앨런의 통제를 벗어난 것이었을지도 모른다. 돈 박사는 심리학자들이 ‘보상 민감성’이라고 하는 것을 앨런이 과도하게 느끼고 있다고 생각했다.

보상 민감성이 높은 사람은 보상을 찾는 데 매우 의욕적이다. 승진이든, 복권으로 대박이 나든, 친구와 밖에서 즐거운 저녁 시간을 보내든. 보상 민감성은 사람이 성과, 돈, 사회적 지위와 영향력 같은 목표를 추구하게 하는 원동력이다. 사다리를 타고 저 멀리 있는 가지까지 올라가 최고의 열매를 잡으라고 하는 힘이다.

하지만 때때로 우리는 보상에 과하게 민감해진다. 보상 민감성이 지나치게 되면 온갖 문제에 빠지게 된다. 주식시장에서 대박을 치는 것 같은 먹음직스러운 보상을 생각하며 너무 흥분해서 지나치게 위험을 무릅쓰고 명백한 경고 신호를 무시한다.

앨런은 이러한 경고 신호를 잔뜩 받았지만 한탕하겠다는 생각에 너무 흥분해서 그것을 보지 못한 것이다. 사실 그는 보상 민감성이 미쳐 날뛸 때 일어나는 전형적인 패턴에 빠지고 말았다. 경고 신호들이 그에게 속도를 늦추라고 말하는 바로 그 순간, 그는 속도를 높였다. 추측을 토대로 한 수차례의 거래에 잃어서는 안 되는 돈을 내던지고 만 것이다.

금융의 역사는 브레이크를 밟아야 할 때 가속페달을 밟는 사람들의 사례로 가득하다. 행동경제학자들은 타 기업을 인수하는 경영자들이 경쟁자를 물리치는 데 혈안이 되어 자기가 초과지불하고 있다는 신호들을 무시한다는 점을 오랫동안 지적했다. 이것은 너무나도 빈번하게 일어나 이름이 생겼을 정도다. 이를 '거래의 열병'이라고 하는데, 그 후에는 '승자의 저주'가 찾아온다. AOL과 타임워너의 합병이 그 전형적인 사례다(이 일로 타임워너의 주주 가치가 2천억 달러 떨어졌다). 합병의 기준이던 AOL의 주식이 어마어마하게 과대평가되었다는 경고 신호가 많았는데도, 타임워너의 경영진은 만장일치로 거래를 승인했다.

"나는 그 거래에서 한 42년 전에 처음으로 사랑을 나눌 때 느꼈던 것과 같은, 아니 어쩌면 그 이상의 흥분과 열광을 느꼈다." 경영진의 일원이며 회사의 최대 주주인 테드 터너Ted Turner가 한 말이다. '테드 터너: 섹스보다 낫다'는 거래가 성사된 후에 〈뉴욕포스트〉에 실린 기사의 표제다. 나중에 왜 똑똑한 사람들도 때로는 지나치게 보상에 민감해질 수 있는지를 다루면서 저 표제에 관해 더 이야기하게 될 것이다.

'낡은 뇌'와 '새로운 뇌'의 줄다리기

이런 것들이 내향성이나 외향성과 무슨 상관이 있는지 궁금할

지도 모르겠다. 누구나 가끔은 좀 지나칠 때가 있지 않은가?

대답은 '그렇다'다. 다만 어떤 사람은 다른 사람들보다 좀 더 그렇다. 돈 박사는 외향적인 의뢰인들은 보상에 좀 더 민감해지기 쉬운 반면, 내향적인 의뢰인들은 경고 신호에 좀 더 주의를 기울이는 경향을 보인다고 말했다. 내향적인 사람들은 욕망이나 흥분을 좀 더 잘 조절했다. 불리한 상황에서 좀 더 자신을 잘 보호했다. "내향적인 투자자들은 '좋아요, 재니스! 지금 제가 한껏 들떠 있다는 거 알아요. 하지만 거기에 기대서 투자해서는 안 된다는 것도 알고 있어요' 하고 말할 수 있는 힘이 더 강해요. 내향적인 사람들은 계획을 짜고, 그대로 움직이면서 자신을 다스리는 데 훨씬 뛰어나죠."

내향적인 사람과 외향적인 사람이 보상을 상상할 때 왜 서로 다르게 반응하는지 이해하려면, 뇌 구조를 조금은 이해해야 한다고 돈 박사는 이렇게 말했다. 4장에서 보았듯이, 가장 원시적인 포유류에도 존재하는, 돈 박사가 '낡은 뇌'라고 부르는 변연계는 감정과 본능에 따라간다. 그것은 편도체를 비롯한 여러 조직으로 구성되는데, 때때로 뇌의 '감각센터'로도 불리는 측좌핵nucleus accumbens과 긴밀하게 연관되어 있다.

우리는 앞서 고 반응과 내향성을 다룰 때 편도체의 역할을 탐구하면서 낡은 뇌의 불안한 면을 살펴보았다. 이제는 탐욕스러운 면을 살펴보자.

돈 박사에 따르면 낡은 뇌는 우리에게 쉬지 않고 말하고 있다.

"그래, 그래, 그렇지! 더 먹어, 더 마셔! 섹스도 더 해! 위험한 일을 잔뜩 벌여! 쾌락이란 쾌락은 모두 누리고, 무엇보다도 생각은 집어치워!" 돈 박사의 생각에 이렇게 보상을 추구하고 쾌락을 사랑하는 부분에 자극을 받아, 앨런은 자신이 평생 저축한 돈을 카지노의 칩처럼 써버렸다.

우리에게는 신피질이라고 하는 '새로운 뇌'도 있는데, 변연계보다 훨씬 늦게 나타난 부분이다. 새로운 뇌는 사고하기, 계획하기, 언어, 의사결정을 책임진다. 우리를 인간답게 해주는 바로 그 기능들이다. 새로운 뇌는 우리의 정서생활에도 중대한 역할을 하지만, 이성의 자리이기도 하다. 그 역할 중에는 이렇게 말해주는 것도 있다. "안 돼, 안 돼, 그만둬! 그러지 마. 그건 위험하고 말도 안 되며 네게도 네 가족에게도 사회에도 이득이 되지 않아."

그렇다면 앨런이 주식시장에서 이득을 보려고 할 당시 그의 신피질은 뭘 하고 있었을까?

낡은 뇌와 새로운 뇌는 실제로 협력하며 일하지만, 늘 효과적으로 협력하지는 못한다. 가끔은 서로 충돌하기도 하는데, 그러면 어느 쪽이 더 강한 신호를 내느냐에 따라 우리의 행동이 좌우된다. 따라서 앨런의 낡은 뇌가 숨 막힐 듯 흥분되는 메시지를 새로운 뇌에 전달했을 때, 아마도 새로운 뇌는 신피질이 평소 하듯이 반응했을 것이다. 즉 낡은 뇌에게 속도를 늦추라고 했을 것이다. "조심해!"라고 말하지만 그 후에 일어난 줄다리기에서 패한 것이다.

누구에게나 낡은 뇌가 있다. 하지만 고 반응인 사람의 편도체가 평범한 사람보다 새로운 것에 더 민감하듯이, 외향적인 사람들은 내향적인 사람에 비해 보상을 추구하는 낡은 뇌의 욕망에 좀더 쉽게 굴복하는 듯하다. 사실, 일부 과학자는 보상 민감성이 외향성의 흥미로운 특성일 뿐 아니라 바로 그것이 외향적인 사람을 외향적인 사람으로 만드는 요인이라는 발상을 탐구해 보기 시작했다.

달리 말하자면 외향성은 최고라는 지위에서부터 성적 쾌락과 금전에 이르기까지, 보상을 추구하는 성향으로 특징지을 수 있다. 외향적인 사람들은 내향적인 사람보다 돈과 정치, 쾌락 면에서 더 야망이 큰 것으로 드러났다. 이 관점에 따르면, 이들의 사교성조차 이런 보상 민감성에 따른 것이라고 한다. 외향적인 사람들이 사람들과 어울리는 것은 그것이 본질적으로 만족스럽기 때문이다.

이런 보상 추구의 밑바탕에는 무엇이 깔려 있을까? 그 열쇠는 긍정적 감정인 듯 보인다. 외향적인 사람은 내향적인 사람보다 즐거움과 흥분을 더 많이 경험하는 경향이 있기 때문이다. 이러한 감정에 관해, 심리학자 대니얼 네틀Daniel Nettle은 성격에 관한 명쾌한 책에서 이렇게 설명했다. 이런 감정은 "귀중한 자원을 추구하거나 얻었을 때 나타나는 반응이다. 그 자원에 다가설수록 흥분은 커진다. 자원을 획득하고 나면 기쁨이 따라온다." 다시 말해 외향적인 사람은 소위 '열광의 도가니'에, 즉 힘이 넘치고 열의에 찬 느낌에 빠질 때가 빈번하다. 이 감각은 누구나 좋아하는 것이지만, 모두 똑같이 좋아하지도 않고 모두에게 똑같이 자주 일어나지도 않는다. 외향적인 사람들은 목표를 추구하고 달성하는 일에 좀 더 열광하는 듯싶다.

이런 열광의 기반에는 뇌의 여러 부분들이 활발하게 상호 작용하는 현상이 있는 듯하다. 이 부분들은 보통 '보상 시스템'이라고 하는데, 안와전두피질, 측좌핵, 편도체 등이 관여한다. 보상 시스템의 기능은 우리가 탐스러운 것을 얻을 생각으로 흥분하게 만드는 일이다. fMRI 실험을 보면 보상 시스템은 청량음료가 혀에 닿을 것이라는 기대, 돈, 매력적인 사람의 사진 등 온갖 잠재적인 즐거움의 원천 때문에 활성화된다.

보상 체계에서 정보를 전달하는 신경세포들은 부분적으로 도파민(뇌세포 사이에서 정보를 전달하는 화학물질)이라고 부르는 신경전달물질을 이용한다. 도파민은 쾌락이 예상될 때 거기에 반응하여 분비되는 '보상 화학물질'이다. 두뇌가 도파민에 더 잘 반응할수록 혹은 도파민을 더 많이 분비할수록 섹스나 초콜릿, 돈이나 지위와 같은 보상을 추구하려는 경향이 강해지기 쉽다고 몇몇 과학자들은 믿고 있다. 중간뇌 도파민 활동을 자극하면, 쥐들은 굶어 쓰러질 때까지 빈 우리 안을 흥분하며 뛰어다닌다. 코카인과 헤로인은 인간의 도파민 분비 신경세포를 자극하여 사람들을 도취 상태에 빠지게 한다.

외향적인 사람들의 도파민 경로는 내향적인 사람들의 경로보다 더 활발한 듯싶다. 외향성과 도파민과 두뇌의 보상 시스템 사이의 정확한 관계는 아직 확립되지 않았지만, 초기의 발견들은 흥미진진했다. 한 실험에서 코넬대학교의 신경생물학자인 리처드 데퓨Richard Depue는 내향적인 사람과 외향적인 사람들 그룹 각각에, 도파민 시스템을 활성화하는 암페타민을 주고서 외향적인 사람들이 더 강하게 반응한다는 사실을 발견했다. 또 다른 실험에서는 도박에서 이긴 외향적인 사람들이 같은 상태의 내향적인 사람보다 뇌의 보상 민감도와 관련한 영역에서 더 활발한 움직임이 나타났다. 또 다른 실험에서는 외향적인 사람이 내향적인 사람보다 보상 시스템의 핵심 요소인 내측안와전두엽medial orbitofrontal cortex이 큰 것으로 나타났다.

반면에 심리학자 네틀에 따르면 내향적인 사람은 '보상 시스템의 반응이 약하고 따라서 [보상의] 단서를 보더라도 자기 길에서 쉽게 벗어나지 않는다'고 한다. 이들은 '여느 누구와 마찬가지로 시시때때로 섹스와 파티와 지위에 끌리지만, 이들이 받는 자극은 비교적 적으며 따라서 이들은 그걸 얻으려고 무리하지 않을 것이다.' 한마디로 내향적인 사람은 그리 쉽게 열광하지 않는다.

과한 긍정적 감정은 경고 신호를 무시한다

어떤 면에서 외향적인 사람들은 행운아다. '열광'은 기분 좋은 샴페인 같은 느낌이 있다. 열심히 놀고 일할 연료가 된다. 위험을 무릅쓸 용기도 준다. 대중 강연처럼 너무 어려워 보이는 일을 할 수 있게 해주기도 한다. 누군가 관심 있는 주제에 관해 강연을 준비하느라 열심이라고 해보자. 그가 말하고픈 메시지를 전달하고 강연을 마치자, 청중이 일어서서 한참 동안 진지하게 박수를 친다. 어떤 강사는 강연장에서 나가면서 이렇게 생각할지 모른다. "하고 싶은 말을 전달했으니 기쁘지만 끝나고 나니 후련하네. 이제 일상으로 돌아갈 수 있겠군." 열광에 좀 더 민감한 다른 강사는 이렇게 느낄지 모른다. "끝내주는군! 저 박수 소리 들었어? 내가 인생을 바꾸는 얘기를 들려줬을 때 사람들 표정 봤어? 좋았어!"

하지만 열광에는 상당한 단점도 있다. "누구나 긍정적인 감정을 강조하는 게 좋을 거라고 가정하지만 그건 그렇지가 않죠." 심리학 교수 리처드 하워드Richard Howard가 축구에서 승리했을 때 폭력과 재산 피해가 일어나는 사례를 지적하며 내게 말했다. "반사회적이고 자기파괴적인 행동의 상당수가 긍정적인 감정이 강한 사람들이 저지르는 일이죠."

열광의 또 다른 단점은 위험과, 때로는 과도한 위험과 연관된다. 열광은 우리가 주의해야 할 경고 신호를 무시한 원인이기도 하다. 테드 터너가 (아마도 극도로 외향적인 듯한데) AOL-타임워너의 거래를 첫 성관계에 비유했을 때, 새로운 여자 친구와 하룻밤 보낼 생각에 너무 들떠서 결과가 어찌 될지는 별로 생각하지 않는 한 청소년과 마찬가지로 그도 그런 열광의 도가니에 빠져 있었다는 점을 이야기한 것일 수 있다.

이렇게 위험에 눈을 감아버리는 태도는 왜 외향적인 사람들이 내향적인 사람들보다 운전 중에 사망하고, 사고나 부상으로 병원에 입원하고, 위험한 섹스를 하고, 위험한 스포츠를 즐기고, 바람을 피우고, 재혼하는 확률이 높은지 설명하는 데 도움이 될 수 있다. 그리고 외향적인 사람들이 내향적인 사람보다 왜 더 자신을 과신하는지 설명하는 데도 유용하다. 여기서 과신이란, 능력에 어울리지 않게 자신감이 커진 것을 말한다. 열광은 케네디 가의 영광이기도 하지만, 케네디 가의 저주이기도 하다.

외향성과 내향성의 조직 내에서 역할 분담하기

외향성에 관한 이런 이론은 아직 초기 단계에 있으며, 절대적이지 않다. 외향적인 사람이 모두 보상을 갈구한다거나 내향적인 사람이 모두 위험 앞에서 속도를 늦춘다고 말할 수는 없다. 그래도 내향적인 사람과 외향적인 사람이 개인의 생활과 조직에서 하는 역할들을 재고해봐야 한다는 점은 말할 수 있다. 이 이론은 그룹으로서 의사결정을 할 때 외향적인 사람들이 내향적인 사람들의 말을 경청할 필요가 있다는 점을 시사한다. 특히 문제가 눈앞에 있을 때는 더더욱.

계산도 하지 않고 위험을 감수하고 위협을 보지 못했다는 점이 한 가지 원인으로 작용한 2008년 주식시장 붕괴 이후, 월 스트리트에 남자는 (혹은 테스토스테론은) 줄이고 여자는 늘리는 편이 좋지 않겠느냐는 추측이 유행했다. 하지만 키를 잡고 있는 사람들 중에 내향적인 사람이, 도파민이 훨씬 적은 사람이 좀 더 많았다면 어떻게 되었을지도 생각해봐야 할지 모른다.

몇몇 연구를 보면 이 질문의 답을 간접적으로 얻을 수 있다. 켈로그 경영대학원 교수 커밀리아 쿠넨Camelia Kuhnen은 외향성 중에서도 특히 스릴을 좋아하는 성향과 연관된 도파민 조절 유전자 DRD4의 변형이 재정적인 문제에 위험을 감수하는 성향의 강력한 예측 변수라는 점을 발견했다. 반면, 내향성 및 섬세함과 관련된 세로토닌 조절 유전자의 변형이 있는 사람들은 다른 사람보다 재정적 위험을 감수할 확률이 28퍼센트 낮았다. 이들은 정교한 의사결정이 필요한 도박을 할 때도 다른 사람들보다 뛰어났다(이 변형형이 있는 사람들은 이길 확률이 낮으면 위험을 피하는 성향을 보였고, 이길 확률이 높으면 좀 더 위험을 감수했다).

투자은행에서 일하는 투자자 64명을 대상으로 한 다른 연구에서는, 가장 성과가 좋은 투자자들이 감정적으로 안정된 내향적인 사람인 경향이 드러났다. 내향적인 사람들은 외향적인 사람들보다 만족을 유지하는 데도 더 뛰어난 것으로 보였다. 이것은 높은 SAT 점수, 소득, 신체용적지수BMI에 이르기까지 삶의 모든 문제와 연관된 중차대한 자질이다.

한 연구에서 과학자들이 피험자들에게 즉각 작은 보상(아마존 상품권)을 받거나 2~4주 후에 좀 더 큰 상품권을 받는 것 중 선택하게 한 적이 있다. 객관적으로 보면 당장은 아니어도 가까운 미래에 더 큰 보상을 받는 것이 좀 더 바람직한 선택이었다. 하지만 수많은 사람들이 '난 지금 받을래'를 선택했다. 그리고 그때, 이들의 보상 체계가 활동 중이었다는 점이 뇌 스캔 결과에 드러났다. 2주 후에 더 큰 보상을 받기 위해 버틴 사람들은 전전두피질이 더 활성화되었다. 새로운 뇌의 일부인 이 영역은 부적절한 이메일을 보내거나 초콜릿 케이크를 너무 많이 먹지 않도록 우리를 설득한다. 한 유사 연구에서는 전자들이 외향적이고 후자들이 내향적인 경향을 보였다.

월 스트리트 법률회사에서 신임변호사로 일하던 1990년대, 나는 한 은행을 대변하는 변호사들 팀에 들어가게 되었다. 이 은행은 다른 대출기관들에서 낸 서브프라임모기지론의 포트폴리오를 사들일까 말까 고민 중이었다. 내 임무는 실사였다. 그 대출이 적절한 서류 작업을 거쳐서 진행되었는지 문서를 확인하는 일이었다. 대출자들은 자기들이 갚아야 할 이자율을 제대로 통보받았는가? 이자율이 점점 올라간다는 점도?

서류는 알고 보니 부정행위가 한가득이었다. 내가 은행 입장이었다면, 이것을 보고 정말로 초조해졌을 것이다. 하지만 우리 법률 팀이 콘퍼런스 회의에서 위험에 조심하라는 말을 계속 하면서 내용을 요약했을 때, 은행가들은 전혀 동요하지 않는 듯했다. 그들은 대출을 낮은 금액에 사들일 때 얻을 잠재적인 이익을 생각하며, 그대로 거래를 진행하고 싶어 했다. 하지만 2008년에 찾아온 경기 대침체 때 수많은 은행이 실패하게 되었던 것도 바로 이렇게 위험과 보상을 잘못 계산한 탓이었다.

대출 포트폴리오를 검토하던 것과 거의 같은 시기에, 나는 월스트리트에서 회자되는 이야기를 들었다. 어떤 유망한 사업 건을 놓고 투자은행들끼리 서로 손에 넣겠다고 경쟁하고 있다는 얘기였다. 주요 은행들은 제각기 최고의 직원 부대를 파견하여 의뢰인을 설득하게 했다. 각 팀은 스프레드시트, '피치북'(투자은행들이 쓰는 마케팅 자료), 파워포인트 프레젠테이션 등 평소에 쓰던 도구들을 배치했다. 하지만 승리한 팀은 여기에 자신만의 연출을 추가했다. 이들은 FUD, 즉 Fear(두려움), Uncertainty(불안), Doubt(의심)의 머릿글자를 새긴 야구모자와 티셔츠를 맞춰 입고 회의장으로 들어간 것이다. 이때 FUD에는 강렬한 빨강 X로 사선이 그어져 있었다. FUD는 성 삼위일체가 아니라 불경 삼위일체였으므로. FUD 격파자들로 호소한 그 팀이 승리했다(FUD는 주로 고객에게 경쟁사 제품에 대한 두려움, 불안, 의심을 심어주는 전략을 말할 때 쓴다-옮긴이).

"FUD(그리고 그것을 잘 느끼는 사람)를 무시하는 태도가 대침체를 불러오는 데 일조했다"고 보이킨 커리Boykin Curry는 말했다. 그는 이글 캐피탈이라는 투자회사의 대표로서 2008년 붕괴를 코앞에서 목격한 바 있다. 공격적으로 위험을 무릅쓰는 사람들의 손에 힘이 너무 집중된 것이다. 그가 〈뉴스위크〉에 한 얘기를 들어보자. "20년간, 거의 모든 금융기관의 DNA가 위험할 정도로 변했다. 자리에 앉은 누군가가 레버리지와 위험을 늘려야 한다고 주장할 때마다 그 사람이 '맞다'는 것으로 판명났다. 이들은 더 대담해 졌고, 승진도 했으며, 자본을 더 많이 통제할 수 있게 되었다. 한편 주저하면서, 조심해야 한다고 주장하는 경영자는 '틀렸다'고 판명 되었다. 조심스러운 유형은 점점 위협을 느꼈고, 승진 기회를 박 탈당했다. 자본 통제력도 잃었다. 이런 일이 거의 모든 금융 단체 에서 날마다 벌어졌고, 결국 특정 부류의 사람이 상황을 통제하게 되는 상황에 이르렀다."

커리는 하버드대학교 경영대학원 졸업생으로, 그의 아내이자 팜비치 출신 디자이너인 셀러리 켐블Colerie Kemble과 함께 뉴욕 정 계와 사교계의 유명인사다. 이런 점을 감안하면 그는 자칭 '과감 하게 지르는' 군중이라고 표현한 무리의 정식 멤버로서, 내향성이 중요하다는 점을 옹호할 인물로 비칠 것 같지는 않다. 하지만 한 가지 그가 수줍어하지 않는 부분이 있다면, 그것은 전 세계적인 금융붕괴를 일으킨 장본인이 강압적이고 외향적인 사람들이라는 주장이다.

"특정 성격의 사람들이 자본과 기관과 권력을 좌지우지하게 된 다. 그리고 좀 더 조심스럽고 내향적이고 통계에 근거해서 생각하 는 사람들은 신임을 잃고 옆으로 밀려난다."

라이스대학교 경영대학원 교수로서 엔론사의 연구책임자로 일 한 적이 있는 빈센트 카민스키Vincent Kaminski는 과도하게 위험에 뛰 어드는 사람들이 조심스럽고 내향적인 사람들보다 상대적으로 너 무 높은 지위를 누리는 기업 문화에 대해 〈워싱턴 포스트〉에 언급했다(엔론은 2001년에 무모한 경영으로 파산 신청해 유명해진 기업이다). 말씨가 부드럽고 조심스러운 카민스키는 엔론 스캔들의 몇몇 영웅 중 한 사람이었다. 그는 중역들에게 너무 위험해서 생존까지 위협할 지경의 거래에 뛰어들었다며, 경보음을 울리려고 반복해서 노력했다. 최고위 간부들이 말을 들으려 하지 않자, 그는 그 위험한 거래에 서명하기를 거부하고 자기 팀에게 그 일에서 손을 떼라고 말했다. 엔론사는 회사 전반에 관련된 거래를 검토하는 그의 권한을 박탈했다.

『바보들의 공모Conspiracy of Fools』라는 책에 따르면 엔론사의 회장은 이렇게 말했다. "빈센트, 당신이 거래를 도와주지 않고 있다는 불만들이 제기되고 있습니다. 오히려 경찰처럼 구느라 시간을 허비하고 있다고 말입니다. 빈센트, 우린 경찰은 필요 없어요."

하지만 그들은 그가 필요했고, 그것은 지금도 마찬가지다. 금융 공황의 위험 때문에 2007년에 월 스트리트의 가장 큰 은행 중 몇 군데의 생존력이 바닥을 칠 때, 카민스키는 또다시 똑같은 일이 일어나는 것을 목격했다. "엔론의 악령이 모두 퇴치되지는 않았다고만 해둡시다." 같은 해 11월에 그가 〈포스트〉에 한 말이다. 그가 보기에 문제는 은행이 어떤 위험에 뛰어들려고 하는지 수많은 사람들이 이해하지 못한다는 점뿐이 아니었다. 문제는 그것을 이해하는 사람들도 계속해서 그것을 무시한다는 점이었다.

부분적으로는 성격이 맞지 않기 때문이었다. "에너지 투자가와 테이블 맞은편에 앉아서 이렇게 말한 적이 많죠. '이러저러한 상황이 벌어지면 당신의 포트폴리오는 붕괴할 것입니다.' 그러면 투자자는 내게 고함을 치기 시작하면서 나더러 멍청이라고, 그런 상황은 절대 일어나지 않을 거라고 말합니다. 문제는, 한편에는 회사를 위해 엄청난 돈을 벌어들이며 슈퍼스타로 취급받는 사람이 있고, 다른 한편에는 내향적인 '얼간이'가 있다는 겁니다. 상황이 이러니 누가 이기겠습니까?"

부정적 피드백에 내향성과 외향성은 어떻게 반응할까?

하지만 판단력이 열광에 가려지게 되는 메커니즘은 정확히 어떤 것일까? 재니스 돈의 의뢰인 앨런은 어떻게 평생 저축한 금액의 70퍼센트를 날릴지 모른다고 비명을 지르는 위험 신호를 싹 무시해버렸을까? 무엇 때문에 어떤 사람들은 FUD가 존재하지 않는 것처럼 행동하는가?

한 가지 답은 위스콘신대학교의 심리학자 조셉 뉴먼Joseph Newman이 실시한 일련의 흥미로운 실험에서 얻을 수 있다. 자신이 뉴먼의 실험에 참여하기 위해 그 연구실에 초대받았다고 상상해보자. 거기서 할 일은 게임이다. 점수를 많이 딸수록 돈을 더 많이 받는다. 컴퓨터 화면에 서로 다른 12개의 숫자가 스치듯 지나가는데, 아무런 순서 없이 한 번에 하나씩 나타난다. 독자는 마치 게임 쇼의 참가자처럼 버튼을 받고, 숫자가 나타날 때마다 버튼을 누르거나 누르지 않는다. '좋은' 숫자에 버튼을 누르면 이기고, 반대로

'나쁜' 숫자에 버튼을 누르면 점수를 잃는다. 버튼을 누르지 않으면 아무 일도 일어나지 않는다. 시행착오를 거치며, 독자는 4가 좋은 숫자고 9가 나쁜 숫자라는 것을 알게 된다. 그래서 다음에 9가 화면에 나타나면 버튼을 누르면 안 된다는 점을 안다.

가끔 사람들은 그러면 안 되는 줄 알면서도 나쁜 숫자에 버튼을 누르기도 한다. 외향적인 사람, 특히 매우 충동적인 경우는 내향적인 사람보다 이런 실수를 저지르기가 쉽다. 왜 그럴까? 외향적인 사람이 이런 문제에서 생각은 적게 하고 행동은 빨리 한다는 점을 보여준 심리학자 존 브레브너John Brebner와 크리스 쿠퍼Chris Cooper의 말에 따르면 이러하다. "내향적인 사람은 '조사하게 되어' 있고 외향적인 사람은 '반응하게 되어' 있다."

하지만 이런 수수께끼 같은 행동에서 더 흥미로운 면은, 외향적인 사람들이 잘못된 버튼을 누르기 '전에' 무엇을 하느냐가 아니라, 그 '후에' 무엇을 하느냐는 점이다. 내향적인 사람은 숫자 9에 버튼을 눌러서 자기가 점수를 잃었다는 점을 알면, 잘못을 되돌아보기라도 하듯 다음 숫자로 넘어가기 전에 속도를 늦춘다. 하지만 외향적인 사람은 속도를 늦추지도 않을뿐더러, 반대로 속도를 높인다.

이상한 일이다. 왜 이런 행동을 할까? 뉴먼은 이것이 완벽하게 이치에 맞는다고 설명했다. 보상에 민감한 외향적인 사람처럼 목표를 달성하는 데 집중하면, 그것이 회의론자든, 숫자 9든 그 무엇도 자기 길을 가로막지 못하게 하려는 것이다. 따라서 이런 장벽을 쓰러뜨리려고 속도를 높인다.

하지만 이것은 결정적인 과오다. 놀랍거나 부정적인 피드백을 만났을 때 더 오래 멈추었다가 시작할수록 거기에서 교훈을 얻을 가능성이 높아지기 때문이다. 뉴먼에 따르면, 외향적인 사람에게 강제로 멈췄다가 하라고 하면 이들도 내향적인 사람만큼 게임을 잘한다. 하지만 혼자 하게 내버려두면, 이들은 멈추지 않는다. 그러다 보니 눈앞에 빤히 보이는 곤경을 피하지 못한다. 뉴먼의 말을 빌리면, 테드 터너 같은 외향적인 사람이 기업 인수 경매에서 돈을 걸 때 바로 이런 일이 일어날 수 있다. "어떤 사람이 돈을 너무 높게 건다면, 그건 억제해야 할 반응을 억제하지 않았기 때문입니다. 결정에 영향을 미쳤어야 할 정보를 고려하지 않은 것이지요."

반면에 내향적인 사람은 보상을 낮잡아보도록, 말하자면 열광을 식히도록, 그리고 문제를 탐색해 보도록 기질적으로 프로그램되어 있다. "흥분하는 즉시 내향적인 사람들은 브레이크를 밟고 더 중요할지 모를 부차적인 문제들을 고려합니다. 그들은 자기가 흥분하거나 목표에 집중할 때 경계심이 커지도록 특별히 단련되어 있는 것 같습니다."

내향적인 사람은 새로운 정보를 자신의 기대치와 비교해 보는 경향도 있다고 한다. 이들은 이렇게 자문했다. "이게 내가 예상한 상황인가? 꼭 이렇게 됐어야 할까?" 그리고 상황이 자신의 기대치에 미치지 못하면, 실망의 순간(점수를 잃는 것)과 그 실망의 순간에 주위에서 무슨 일이 일어나고 있었는지(숫자 9에 버튼을 눌렀다는 것)를 연관 짓는다. 이런 작업으로 이들은 앞으로 경고 신호가 울릴 때 어떻게 반응해야 할지 좀 더 정확하게 예측했다.

내향적인 사람들의 탁월한 문제해결력

내향적인 사람들의 돌진을 기피하는 성향은 위험을 막아주는 울타리일 뿐 아니라 지적인 일에도 쓸모가 있다. 다음은 내향적인 사람과 외향적인 사람이 복잡한 문제해결에서 보여주는 상대적인 성과에 대해 발견된 점들이다. 초등학교 때는 외향적인 사람이 내향적인 사람보다 성적이 좋지만, 고등학교와 대학교에서는 내향적인 사람이 뛰어났다. 대학교 수준으로 가면, 인지능력보다 내향성이 학업 성과에 더 큰 영향을 미친 것이다. 한 연구에서는 141명의 대학생을 대상으로 미술과 천문학을 비롯하여 통계에 이르기까지 20개 과목의 지식을 테스트했는데, 내향적인 사람이 외향적인 사람보다 거의 모든 과목에서 더 많이 알고 있었다. 내향적인 사람은 대학원 학위와 성적 우수 장학금National Merit Scholarship 프로그램의 최종 후보 자리와 파이베타카파라는 우등생 단체의 회원에게 주는 열쇠를 불균형할 정도로 더 많이 보유하고 있었다. 이들은 왓슨-글레이저 비판적 사고 평가Watson-Glaser Critical Thinking Appraisal 시험에서 외향적인 사람들보다 더 좋은 점수를 받았다. 이것은 기업들이 고용과 승진에 폭넓게 사용하는 비판적 사고 평가법이다. 내향적인 사람은 '통찰력이 필요한 문제를 해결'

하는 데 두각을 나타내는 것으로 드러났다.

왜 그럴까? 내향적인 사람들이 외향적인 사람들보다 똑똑한 것은 아니다. 지능지수 결과를 보면 두 유형은 지능이 비슷했다. 그리고 여러 가지 임무에서, 특히 시간에 쫓기거나 사회적 압박을 받거나 멀티태스킹을 해야 할 경우 외향적인 사람들이 더 뛰어났다. 외향적인 사람은 내향적인 사람보다 정보 과부하를 잘 처리했다. 조셉 뉴먼의 말로는 내향적인 사람은 자기 반성에 상당 부분을 활용했다. 어떤 임무에서든 "우리에게 인지능력이 100퍼센트 있다고 할 때 내향적인 사람은 약 75퍼센트만 임무에 쓰고 나머지 25퍼센트는 다른 데 쓰는 반면, 외향적인 사람은 임무에 90퍼센트를 쓸 수 있죠." 이것은 임무라는 것이 대체로 목표 지향적인 까닭이었다. 외향적인 사람은 인지능력의 대부분을 눈앞의 목표에 할당하는 듯한 반면, 내향적인 사람은 일이 어떻게 진행되는지 파악하는 데 인지능력을 사용했다.

하지만 심리학자 제럴드 매슈스Gerald Matthews가 자신의 책에서 설명하듯, 내향적인 사람들은 외향적인 사람보다 좀 더 주의 깊게 생각했다. 외향적인 사람은 문제를 해결할 때 빠르고 간편한 접근법을 택해 정확성과 속도를 맞바꾸며, 하는 도중에 실수를 점점 많이 저지르고, 문제가 너무 어렵거나 뜻대로 안 되겠다 싶으면 아예 포기해버렸다. 내향적인 사람은 행동하기 전에 생각하고, 정보를 철저히 소화하고, 임무를 좀 더 오래 물고 늘어지며, 쉽게 포기하지 않고, 좀 더 정확하게 했다. 내향적인 사람과 외향적인 사람은 주의를 기울이는 방식도 서로 달랐다. 알아서 하게 내버려 두면, 내향적인 사람은 가만히 앉아서 이것저것 생각하고, 상상도 하고, 과거의 일을 회상하기도 하고, 미래의 계획을 세우기도 했다. 외향적인 사람은 주위에서 일어나고 있는 일에 좀 더 초점을 맞추는 편이었다. 마치 외향적인 사람은 '지금 상태'를 보는 반면 내향적인 사람은 '만약 ……한다면'이라고 묻는 것 같았다.

내향적인 사람과 외향적인 사람의 서로 상반되는 문제해결 유형은 다양한 맥락에서 관찰되었다. 한 실험에서는 심리학자들이 사람들 50명에게 조각 수가 많고 복잡한 직소퍼즐을 풀게 해보니, 외향적인 사람들이 내향적인 사람들보다 중간에 포기하는 경향이 높았다. 또 다른 실험에서는 리처드 하워드 교수가 내향적인 사람과 외향적인 사람에게 여러 개의 복잡한 미로를 차례로 줬는데, 내향적인 사람이 미로 문제를 더 정확히 풀었을 뿐 아니라 미로에 들어가기 전에 할당된 시간의 더 많은 부분을 쓴다는 점을 발견했다. 내향적인 사람들과 외향적인 사람들 그룹에게 레이븐 표준 매트릭스 검사Raven Standard Progressive Matrices라는, 5가지 유형의 문제가 점점 어려워지는 형태로 구성된 지능 검사를 받게 했을 때도 유사한 일이 벌어졌다. 외향적인 사람들이 처음 2개의 문제 세트에서는 더 잘해냈는데, 아마도 재빨리 목표에 집중하는 능력 때문인 듯했다. 하지만 좀 더 어려운, 인내심이 필요한 나머지 3개의 문제 세트에서는 내향적인 사람이 훨씬 더 좋은 결과를 냈다. 마지막에 있던 가장 어려운 문제 세트에서는 외향적인 사람들이 내향적인 사람들보다 아예 포기해버리는 경향이 훨씬 높았다.

내향적인 사람은 심지어 인내력이 필요한 사회적 임무에서도 외향적인 사람보다 뛰어난 결과를 내기도 했다. 펜실베이니아대학교 와튼스쿨 교수 애덤 그랜트(2장에서 언급한 리더십 연구를 실시한 사람)는 효율적인 콜센터 직원들의 성격 특성을 연구한 적이 있다. 그는 외향적인 사람들이 텔레마케터로 더 나을 것이라고 예측했지만, 알고 보니 외향성 수준과 권유 전화 솜씨와는 상관관계가 전혀 없었다.

그는 이렇게 말했다. "외향적인 사람들은 통화를 엄청 잘 시작해놓고도 뭔가 반짝거리는 물체가 자기 앞을 지나가면 집중력이 흩어져요." 반면에 내향적인 사람은 "아주 조용히 말하지만, 쾅쾅거리는 소리가 나도 계속 전화를 해요. 집중력과 결의가 강하죠." 이들보다 더 뛰어난 외향적인 사람들은 우연히도, 성실성(양심성)을 측정하는 다른 성격 테스트에서 유난히 높은 점수를 받은 사람들뿐이었다. 바꿔 말하면 내향적인 사람의 인내력은 사교 기술이 가장 중요하게 평가되는 임무에서도 외향적인 사람의 열광보다 한 수 위였다.

인내력은 그다지 눈에 띄지 않았다. 천재가 1퍼센트의 영감과 99퍼센트의 인내심으로 구성된다면, 문화적으로 우리 사회는 1퍼센트만을 떠받들고 있는 셈이다. 그 반짝임과 눈부심만을 사랑한다. 하지만 커다란 힘은 나머지 99퍼센트에 담겨 있다.

순전히 내향적이던 아인슈타인은 이렇게 말했다. "그건 내가 아주 똑똑해서가 아니라, 문제를 오래 물고 늘어져서다."

과도한 열광과 섬세한 민감성 사이 균형점 찾기

내가 재빠르게 앞으로 돌진하는 사람들을 폄하하거나, 사색적이고 조심성 많은 사람들을 맹목적으로 찬미하려는 의도로 말하는 것이 아니다. 요지는 우리가 '열광'을 과대평가하고 '보상 민감성'의 위험을 깔보는 경향이 있다는 사실이다. 우리는 행동과 반성 사이에서 균형을 찾아야 한다.

예를 들어, 쿠넨 교수의 말을 빌리면 누군가 투자은행의 직원을 뽑을 때, 보상에 민감하고 상승 장세에서 이윤을 낼 만한 유형뿐 아니라 정서적으로 좀 더 중립적인 유형의 사람도 뽑는 편이 나을 것이다. 중요한 일을 결정할 때는 한 가지 유형의 의견만 듣는 것이 아니라 양쪽 유형의 의견을 다 반영하는 것이 바람직하다. 그리고 보상 민감성이 어느 정도인 사람이든 각자 자신의 감정적 성향을 이해하고 시장 상황에 따라 그것을 억제할 수 있기를 바랄 것이다.

하지만 직원을 좀 더 면밀히 들여다봄으로써 이득을 얻는 것은 고용주만이 아니다. 우리도 좀 더 자신을 잘 들여다볼 필요가 있다. 보상 민감성 범위에서 자신이 어느 위치에 있는지 파악하면 잘 살아갈 수 있는 힘이 생긴다.

여러분이 열광에 잘 빠지는 외향적인 성격이라면, 운 좋게도 기운을 북돋는 감정을 많이 느끼게 될 것이다. 그것을 최대한 활용하자. 뭔가를 만들고, 사람들에게 영감을 주고, 크게 생각하자. 회사를 세우고, 웹사이트를 만들고, 아이들을 위해 나무 위에 정교한 오두막을 지어줘라. 하지만 자신에게 보호하는 법을 배워야만 하는 아킬레스건도 있다는 점을 잊지 말자. 재빨리 돈이나 지위, 흥분을 가져다줄 것처럼 보이는 일보다는 정말로 자신에게 의미 있는 일에 에너지를 쏟도록 자신을 단련하자. 일이 예상대로 풀리지 않는다는 경고 신호가 깜빡이면 잠시 멈추고 생각하도록 연습하자. 실수에서 교훈을 얻자. 여러분에게 고삐를 채워주고 여러분의 맹점을 보완해 줄 수 있는 상대(배우자나 친구, 사업 파트너 등)를 찾자.

그리고 투자해야 할 때가 되면, 혹은 무엇이건 위험과 보상을 슬기롭게 조절해야 하는 상황이 오면, 자신을 억제하자. 이렇게 하는 한 가지 좋은 방법은 중대한 결정의 순간에 보상을 떠올리는 것들을 주위에 두지 않는 것이다.

쿠넨과 브라이언 넛슨Brian Knutson은 도박 직전에 야릇한 사진을 본 남자들이 책상이나 의자 등의 중립적인 사진을 본 사람들보다 위험에 더 쉽게 뛰어든다는 점을 발견했다. 이것은 보상을 기대하는 심리 때문에 ─ 당장의 눈앞에 있는 주제와 상관이 있든 없든, 어떤 보상이라도 ─ 도파민으로 움직이는 보상 시스템을 작동시켜 생각 없이 행동하게 되는 탓이다. 아마도 이것은 직장에서 포르노를 보지 못하게 막아야 한다는 주장의 가장 강력한 이유일지도 모르겠다.

그리고 여러분이 내향적이어서 보상에 과도하게 민감해질까 걱정할 필요가 없는 편이라면? 언뜻 보면 도파민과 열광에 관한 연구들은 오직 외향적인 사람들만이 목표를 추구하면서 흥분감에 젖어 기뻐하며 열심히 일한다고 이야기하는 듯하다. 내향적인 사람인 나는 처음 이런 이야기를 들었을 때 의아했다. 내 경험에 비추어보면 그것은 맞지 않았다. 나는 언제나 내 일을 사랑했고 지금도 그러하다. 아침에 들뜬 마음으로 일어나 하루를 시작한다. 그렇다면 나 같은 사람들을 움직이는 힘은 무엇인가?

한 가지 답은 외향성에 관한 보상 민감성 이론이 정확하다고 하더라도 외향적인 사람이 모두 언제나 보상에 더 민감하고 위험에 둔감하다거나, 내향적인 사람이 모조리 한결같이 인센티브에 무감각하고 위협에 신경을 곤추세운다고는 말할 수 없다는 것이다. 아리스토텔레스 시대 이후로, 철학자들은 쾌락을 주는 듯한 대상에 다가가고 고통을 주는 듯한 대상에서 멀어지려는 이 두 가지 태도가 모든 인간 활동의 핵심이라고 말했다. 집단으로서 외향적인 사람들은 보상을 추구하는 듯 보이지만, 인간은 너나없이 각자의 접근·회피 성향이 있게 마련이고 때로는 상황에 따라 조합이 달라지기도 한다.

실제로, 오늘날 수많은 성격심리학자들은 위협을 경계하는 태도가 내향성보다는 '신경증neuroticism'의 특성에 가깝다고 말할 것이다. 신체의 보상과 위협 시스템 역시 서로 독립적으로 작용하는 듯하므로, 똑같은 사람이 보편적으로 보상과 위협 양쪽 모두에 섬세하거나 둔감할 수도 있다.

자신이 보상 지향적인지 위협 지향적인지, 그것도 아니면 양쪽 다인지 알고 싶다면 다음 진술들이 자신에게 '참'인지 거짓인지 생각해 보자.

보상 지향적이라면,

1. 뭔가 원하는 것을 얻으면 흥분되고 에너지가 넘친다.
2. 뭔가를 원하면 보통 바깥으로 나가서 찾으려 한다.
3. 좋아하는 것을 얻을 기회가 보이면 곧바로 흥분된다.
4. 좋은 일이 일어나면 크게 영향을 받는다.
5. 친구들에 비해 별로 겁이 없는 편이다.

위협 지향적이라면,

1. 비판이나 꾸중을 들으면 꽤 고통스럽다.
2. 누군가 내게 화가 나 있다는 것을 알 때, 혹은 그렇다고 생각할 때 제법 걱정스럽거나 신경이 쓰인다.
3. 뭔가 불쾌한 일이 일어날 것 같다고 생각하면 보통 매우 언짢아진다.
4. 매우 중요한 일을 엉성하게 했다고 생각할 때 걱정스럽다.
5. 실수를 저지를까 걱정된다.

하지만 내 생각에 자기 일을 사랑하는 내향적인 사람들을 설명해 주는 또 다른 중요한 이론은 영향력 있는 심리학자 미하이 칙센트미하이가 '플로_flow'라 명명한 상태와 관련하여 실시한 매우 다른 접근법이다. 플로란 장거리 수영이든 작사든 스모든 섹스든 어떤 활동에 완전히 몰입해 있다고 느끼는 최적 상태다. 플로 상태에서는 지루하지도 불안하지도 않고, 자신의 능력을 의심하지도 않는다. 자기도 모르는 새 몇 시간이 지나간다.

플로에 들어가는 열쇠는, 어떤 활동의 결과로 나오는 보상이 아니라 활동 자체를 목적으로 하는 것이다. 플로는 내향성이나 외향성과는 무관하지만, 칙센트미하이가 언급하는 여러 가지 플로 경험은 보상 추구와는 무관한 즉, 독서, 과수원 돌보기, 혼자서 유람선을 타고 바다에 나가기 등의 단독 활동과 관련된다. 플로는 사람들이 "사회 환경에서 자유로워져서 더 이상 보상이나 처벌의 관점으로만 반응하지 않는 상태에 들어갈 때 흔히 일어난다. 그러한 자율을 얻으려면, 스스로 보상해 줄 수 있어야 한다."

어떤 면에서 칙센트미하이는 아리스토텔레스를 초월한다. 그가 말하는 것은 접근이나 회피와는 무관한, 그보다 더 깊이 있는 뭔가와 연관되는 활동이 있다는 얘기다. 그것은 자신을 잊을 정도로 뭔가에 몰입할 때 찾아오는 충만감이다. "심리학 이론은 보통 우리가 배고픔이나 두려움 같은 불쾌한 조건을 제거하거나 아니면 돈이나 지위, 명예와 같은 앞으로의 보상을 기대하려는 욕구에 따라 움직인다고 가정한다. 하지만 플로 상태에서는 그저 계속하는 것 외에 다른 이유 없이도 며칠씩 쉬지 않고 일할 수도 있다."

여러분이 내향적인 사람이라면, 재능을 활용해서 플로를 찾아라. 여러분에게는 인내력과 복잡한 문제를 해결하려는 성향, 다른 사람들이 걸려드는 덫에 걸리지 않는 밝은 눈이 있다. 돈이나 지위와 같은 피상적인 보상의 유혹에서 비교적 자유로운 편이다. 사실 여러분에게 가장 큰 도전은 자신의 장점들을 조화시키는 일일 것이다. 여러분은 어쩌면 열의에 차고, 보상에 민감한 외향적인 사람처럼 보이려고 지나치게 애를 쓰느라 자신의 재능을 과소평가하거나 아니면 주변 사람들에게 과소평가를 받고 있다고 느낄지 모른다. 하지만 자신이 중요하다고 여기는 일에 집중할 때, 아마 자신의 에너지가 무한하다고 느낄 것이다.

그러니 자신의 본성에 충실하자. 느리게 천천히 가는 방식이 좋다면, 다른 사람들 때문에 경주를 해야 한다고 느끼지 말자. 깊이를 즐긴다면, 넓이를 추구하려고 자신을 몰아붙이지 말자. 멀티태스킹보다 하나에 집중하는 것이 좋다면, 그런 방식을 고수하자. 보상에서 비교적 자유롭기에 자신만의 길을 걸어가는 헤아릴 수 없는 힘을 얻게 될 것이다. 그러한 독립성을 좋게 활용하는 것은 각자의 몫이다.

물론 그것이 늘 쉽지만은 않다. 이 장을 쓰면서 나는 제너럴 일렉트릭의 전직 회장인 잭 웰치와 연락을 주고받았다. 그는 〈비즈니스위크〉에 '내면의 외향성을 발산하라'는 제목의 온라인 칼럼을 발표했는데, 내용은 내향적인 사람들에게 좀 더 외향적으로 행동하라는 요청이었다. 나는 외향적인 사람들도 좀 더 내향적으로 행동해야 할 때가 있다고 말하고서, 이 장에서 살펴본 대로 월 스트리트에도 내향적인 사람이 키를 쥐고 있는 사례가 많았더라면 도움이 되었을 것이라는 이야기를 그에게 들려주었다. 잭 웰치는 흥미를 보였다. 하지만 그는 말했다. "외향적인 사람들은 내향적인 사람들에게서 한마디도 못 들었다고 했을 겁니다."

웰치의 말도 일리가 있다. 내향적인 사람들은 좀 더 자신의 직감을 믿고 최대한 자기 의견을 나누려고 해야 한다. 그렇다고 외향적인 사람을 흉내 내라는 말은 아니다. 조용하게, 글로 전달할 수도 있고, 잘 제작된 강의로 전달할 수도 있고, 주변 사람들을 통해 제시할 수도 있다. 내향적인 사람을 위한 묘책은 지배적인 기준에 휩쓸리도록 자신을 방치하지 말고 자신만의 스타일을 존중하는 것이다. 2008년 경제위기로 이어지는 과정의 이야기에는 안타깝게도, 시티그룹의 전직 최고경영자 척 프린스Chuck Prince처럼 조심스러운 유형이지만 부적절하게 위험에 뛰어든 사례가 많았다. 척 프린스는 추락하는 시장에 위험한 대출을 실시한 전직 변호사인데, 그가 그렇게 한 이유는 '음악이 연주되는 한 일어나서 춤을 춰야 하기 때문'이었다.

보이킨 커리는 이 현상에 관해 이렇게 말했다. "애초에 조심스러운 사람이 과감해지는 거죠. 이 사람들은 '야, 더 과감한 사람들은 승진하는데 나는 못하잖아. 나도 더 과감해져야겠어'라고 생각하는 겁니다."

금융버블의 소용돌이에서도 번창하는 사람들

하지만 금융위기에 관한 이야기들에는 위기가 찾아오리라는 것을 내다보아 유명해진 (그리고 돈도 번) 사람들에 관한 또 다른 이야기들이 있다. 그리고 그런 이야기에는 바로 FUD를 포용하는 사람, 혹은 사무실 블라인드를 내려버리는 사람, 대중의 의견과 동료들의 압박에서 자신을 보호하고 홀로 집중하는 사람들이 등장한다. 2008년 금융시장 붕괴 때도 번창한 몇몇 투자자 중에는 바우포스트 그룹Baupost Group이라는 헤지펀드의 대표인 세스 클라먼Seth Klarman이 있다. 클라먼은 위험을 꾸준히 회피하면서 시장 이상의 성과를 지속적으로 올렸으며 자산의 상당 부분을 현금으로 보유한 것으로 알려져 있다. 2008년 금융붕괴 이후 2년간, 대다수의 투자자들이 헤지펀드에서 떼로 달아나던 때 그는 바우포스트의 관리 자산을 220억 달러까지 올리며 거의 두 배로 만들었다.

클라먼이 이런 결과를 달성한 방법은 명백하게 FUD에 기반한 투자 전략이었다. "바우포스트는 두려움의 열혈 팬입니다. 그리고 투자에서는 나중에 한탄하느니 미리 두려워하는 편이 분명히 낫습니다." 그가 투자자들에게 쓴 편지에서 한 말이다. 〈뉴욕타임스〉는 2007년에 '경영자가 시장 상황에 안달하는데도 여전히 시장을 이긴다'는 제목의 기사에서 클라먼을 '세계급 전사'라고 표현했다. 클라먼에게는 '각주를 읽으라'는 이름의 경주마도 있다.

보이킨 커리에 따르면 2008년 금융붕괴에 이르기까지 클라먼은 조심스럽고 겉보기엔 편집증적인 교훈을 지킨 몇 안 되는 사람이었다. "모두가 축하연을 벌이고 있을 때 그는 아마 지하실에 다랑어캔을 쌓아놓고 문명이 끝날 날을 대비했는지 모릅니다. 그러다 모두가 공황에 빠지자, 그는 사들이기 시작했죠. 단지 분석의 문제가 아니에요. 그건 정서적인 기질의 문제입니다. 아무도 보지 못한 기회를 볼 수 있다는 바로 그 특징 때문에, 그는 냉담하거나 무뚝뚝하게 비칠 수도 있죠. 분기 실적이 좋을 때마다 안달하는 사람이라면, 아마 피라미드의 꼭대기까지 올라가는 데 어려움이 있을 수도 있어요. 세스도 판매부장이었다면 그렇게 해낼 수는 없었을 겁니다. 하지만 그는 우리 시대가 나은 위대한 투자자입니다."

이와 유사하게, 2008년 금융붕괴로 가는 과정에 관한 책 『빅숏The Big Short』에서 저자 마이클 루이스Michael Lewis는 다가올 재앙을 내다볼 정도로 명민한 세 사람을 소개했다. 한 사람은 단독 헤지펀드 관리자인 마이클 버리Michael Burry로, '혼자 생각할 때 행복하다'고 말한 사람이다. 위기가 닥치기 전에 그는 캘리포니아주 새너제이에 있는 자기 사무실에서 몇 년간 혼자 있으면서 금융 문서들을 철저히 검토하고 시장 위험에 관한 자신만의 역발상을 다듬었다. 다른 두 사람은 찰리 레들리Charlie Ledley와 제이미 마이Jamie Mai라는 사교에 서투른 인물이었다. 이들의 전략은 모두 FUD를 토대로 했다. 이들은 하락 위험은 적지만 시장에서 뜻밖의 극적인 변화가 일어나면 짭짤한 이득을 가져다줄 것에 걸었다. 이것은 투자 전략이라기보다는 삶의 철학이었다. 대부분의 상황이 겉으로 보이는 것만큼 안정되지 않다는 믿음이었다.

마이클 루이스는 이것이 두 사람의 성격에 맞는다고 했다. "그들은 그 어떤 것에도 확신하지 않았다. 둘 다 사람들이, 그리고 그

연장선에 있는 시장이 본질적으로 불확실한 것들에 대해 지나치게 확신한다고 생각하는 성향이 있다." 2006년과 2007년에 서브프라임모기지 시장에 반대하여 베팅한 것이 옳은 것으로 입증되었고 그로써 1억 달러를 벌어들였는데도, "그들은 실제로 선풍적일 정도로 옳은 판단을 내린 사람들(그러니까 자기 자신들)이 어떻게 소심함과 의심과 불안함을 유지하여 그런 판단을 내릴 수 있었는지 의아해하기도 했다."

레들리와 마이는 소심함의 가치를 이해했지만, 다른 사람들은 지레 겁을 먹고 두 사람과 함께 투자할 기회를 포기해버렸다. 사실상 FUD에 대한 편견 때문에 수백만 달러를 희생한 셈이다. 레들리를 매우 잘 아는 보이킨 커리는 이렇게 말했다. "찰리 레들리가 대단한 건 엄청나게 보수적이면서도 훌륭한 투자자라는 점입니다. 위험을 줄이는 데 관심이 있다면, 찰리보다 더 나은 사람은 없을 겁니다. 하지만 모든 일에서 머뭇거리는 것처럼 보였기 때문에 자본을 모으는 데는 끔찍이도 형편없었죠. 잠재 고객들은 찰리의 사무실에서 나오면서 그가 확신이 없다는 이유로 그에게 돈을 맡기지 않으려고 했어요. 그러면서 자신감과 확신을 발산하는 경영자들이 운영하는 펀드에 돈을 쏟아부었죠. 물론 경기가 나빠지자 자신 있는 사람들은 고객의 절반을 잃었지만 찰리와 제이미는 대박을 냈어요. 통상적인 단서들로 자금관리자를 평가하려고 한 사람들은 다들 그릇된 결론에 도달했죠."

전설적 투자가의 성격 특성과 투자 철학

2000년 닷컴버블 붕괴와 관련한 또 다른 사례를 보면, 네브래스카주 오마하에 거주하던 자칭 내향적인 어떤 사람이 등장한다. 그는 그곳에서 한 번에 몇 시간씩 사무실에 혼자 처박혀 있는 것으로 유명했다.

전설적인 투자가이자 세계 최고의 부호인 워런 버핏Warren Buffett은 이 장에서 우리가 탐구할 바로 그 특성들을 활용했다. 지적인 인내심, 신중한 사고, 경고 신호를 보고 행동하는 것 등으로 자기 자신과 자신의 회사 버크셔 해서웨이의 주주들에게 수십 억 달러를 안겨주었다. 버핏은 주변 사람들이 흥분할 때 오히려 조심스럽게 생각하는 것으로 유명하다. "투자에서 성공은 지능지수와는 관계가 없어요. 일단 평범한 지능만 있으면, 그때부터 필요한 건 사람들을 곤란에 빠뜨리는 충동을 억제하는 기질입니다."

1983년 이후로 매년 여름이면 앨런&코라는 호화 투자은행과 아이다호주 선밸리Sun Valley에서 일주일간 콘퍼런스를 열었다. 이것은 평범한 콘퍼런스와는 다르다. 이것은 하나의 화려한 쇼로서 호화 파티와 래프팅, 아이스 스케이팅, 산악 사이클링, 플라이 낚시, 승마, 거기에 참가자들의 아이를 보살펴 줄 베이비시터 군단까지 동원됐다. 호스트는 언론의 비위를 맞추는데, 과거의 초대손님 목록에는 톰 행크스, 캔디스 버겐, 베리 딜러, 루퍼트 머독, 스티브 잡스, 다이앤 소여, 톰 브로코와 같은 유명한 이름들을 비롯하여 일간지 거물들, 할리우드 유명인들, 실리콘밸리 스타들이 들어 있다.

1999년 7월, 버핏을 다룬 뛰어난 전기 『스노볼The Snowball』을 집필한 앨리스 슈뢰더Alice Schroeder에 따르면 버핏도 초대받은 손님 중 한 사람이었다고 한다. 그는 가족 전체를 대동해 매년 그 행사에 참석했는데, 걸프스트림 제트기를 타고 도착해 다른 VIP 참가자들과 함께 골프 코스가 내려다보이는 콘도에 머물렀다고 한다. 버핏은 선벨리에서 보내는 여름휴가를 무척 좋아해, 가족들이 모이기에도 훌륭하고 자기도 친구들을 만날 수 있어서 훌륭한 장소라고 여겼다.

하지만 이때는 분위기가 달랐다. 과학기술 붐이 정점에 달한 때였고, 새로운 얼굴들도 보였다. 이들은 거의 하룻밤 사이에 부유하고 강력해진 기술기업들의 대표들과 그들에게 현금을 제공한 벤처 자본가들이었다. 이들은 잘나가고 있었다. 유명인 사진가 애니 리버비츠가 〈배너티 페어Vanity Fair〉 건으로 '언론 올스타 팀'을 촬영하려고 왔을 때, 그중 몇 사람은 로비를 해 사진에 등장하기도 했다. 그들은 자기가 미래라고 믿었다.

버핏은 이 그룹과는 확연히 구분되었다. 그는 수익 전망이 불확실한 회사들을 놓고 추측성으로 광분하는 일에 가담하지 않은 고전적인 투자자였다. 어떤 사람은 그가 과거의 유물이라고 비웃었다. 하지만 버핏은 콘퍼런스 마지막 날 기조 연설을 맡을 정도로 여전히 영향력이 막강했다.

그는 그 강연에 관해 오랫동안 열심히 생각했고 강연을 준비하느라 몇 주를 보냈다. 버핏은 데일 카네기 코스에 참가하기 전까지 대중 강연을 매우 무서워했다고 한다. 그는 애교 섞인 자조적 이야기로 관중을 달군 뒤에 매우 애를 써서 눈부실 정도로 세세하게 분석한 것을 보여주면서, 어째서 기술기업으로 달아오른 주식시장이 오래가지 않을 것인지 설명했다. 버핏은 자료를 연구했고, 위험 신호를 감지했으며, 그런 뒤에 그것이 무엇을 뜻하는지 멈추어 숙고했다. 이것은 그가 30년 만에 처음으로 대중 앞에서 상황을 예언한 말이었다.

슈뢰더의 말을 빌리면, 청중들은 김이 샜다. 버핏은 이들의 기분을 잡쳐놓았다. 사람들은 기립 박수를 쳤지만, 속으로는 그의 생각을 일축했다. "좋은 친구 버핏, 똑똑한 사람이지만 이번에는 기회를 놓쳤군."

같은 날 저녁, 멋진 불꽃놀이로 콘퍼런스가 마무리되었다. 늘 그렇듯 대성황이었다. 하지만 모임에서 가장 중요한 장면, 즉 워런 버핏이 군중들에게 시장의 경고 신호를 알려준 일은 다음 해가 되어 그가 예고했듯 닷컴 버블이 터졌을 때에야 드러났다.

버핏은 자신의 실적뿐 아니라, 자신만의 '득점표'를 따라가는 데에도 자부심을 느꼈다. 그는 세상을 두 부류로 나누면서, 자기 본능을 따라가는 사람들과 무리를 따라가는 사람들로 구분했다. 버핏이 한 투자자에게 이렇게 말한 적이 있다.

"내가 등을 대고 누워 있고, 시스티나 성당이 있죠. 난 거기에 계속 그림을 그리는 겁니다. 난 사람들이 '와, 정말 멋진 그림이군' 하고 말하면 기분이 좋아져요. 하지만 그건 내 그림이죠. 누군가 '파란색 말고 빨간색을 좀 더 넣으면 어떨까요?' 하고 말한다면, 그 사람하고는 작별입니다. 그건 내 그림이거든요. 그리고 난 그림이 얼마에 팔리느냐엔 관심 없어요. 그림은 절대 완성되지 않을 겁니다. 바로 그게 재미있는 거죠."

part 3

모든 문화는
외향성만을
선호하는가?

chapter 8

부드러움의 힘

바람은 울부짖으나, 산은 고요할 뿐

부드러운 방식으로 세상을 뒤흔들 수 있다.

―마하트마 간디

2006년 봄 어느 화창한 날, 캘리포니아주 쿠퍼티노 근처에 있는 린브룩 고등학교 졸업반에 다니는 중국 출신의 열일곱 살 마이크 웨이는 내게 아시아계 미국인 학생으로서의 경험을 이야기해 줬다. 마이크는 전형적인 미국식 복장인 카키색 바지에 바람막이 상의와 야구모자 차림이지만, 부드럽고 진지한 얼굴과 성긴 콧수염을 보면 풋내기 철학자의 오라가 느껴졌다. 그가 어찌나 나직이 말하는지 몸을 앞으로 숙여 들어야 할 정도였다.

"저는 학교에서 학급의 광대가 되거나 다른 애들과 사귀는 것보다 선생님 얘기를 잘 듣고 좋은 학생이 되는 데 더 관심이 있어요. 외향적이고 목소리 크고 과장된 행동을 하는 것이 내가 받는 교육에 영향을 미친다면, 그냥 공부에 집중하는 게 나아요."

마이크는 건조하게 이야기했지만, 이것이 미국의 기준과 얼마나 다른지 알고 있는 듯했다. 그의 이런 태도는 부모에게서 나왔다고 했다. "친구랑 밖에 나가서 놀거나 집에서 공부하거나 둘 중 하나를 선택할 수 있다면, 전 부모님을 생각해요. 그러면 계속 공부할 힘이 나죠. 아버지는 당신 일은 프로그램이고, 제 일은 공부라고 하세요."

마이크의 어머니도 행동으로 같은 교훈을 전하고 있었다. 전직 수학교사인 그녀는 미국으로 가족이 이민하여 가정부로 일할 때, 설거지를 하면서 영어 단어를 암기했다고 한다. 마이크는 어머니가 매우 조용하면서도 단호한 분이라고 말했다. "그런 식으로 공부하는 거 중국인들에겐 흔한 일이에요. 어머니에겐 힘이 있지만 다들 그걸 알아보지 못하죠."

모든 면으로 보아, 마이크는 부모의 마음을 뿌듯하게 하는 학생이었다. 그의 이메일 아이디는 'A-student'이고, 다들 탐내는 스탠퍼드대학교 입학 자격을 막 따냈다. 그는 사려 깊고 헌신적인 학생으로 어떤 공동체에서도 자기네 학생이라고 자랑스럽게 이야기할 만한 청년이었다. 하지만 고작 6개월 전에 〈월스트리트 저널〉에 실린 '새로운 백인들의 이동'이라는 글에 따르면 쿠퍼티노에서 백인 가족들이 단체로 빠져나가고 있다고 한다. 바로 마이크 같은 아이들 때문이다. 이들은 아시아계 미국 학생들의 하늘을 찌를 듯한 시험점수와 경외심을 불러일으키는 학습 습관 때문에 달아나고 있었다. 기사는 자녀들이 학업을 따라가지 못할까봐 백인 부모들이 두려워하고 있다고 했다. 한 인근 고등학교 학생의 말도 인용해두었다. "아시아계 학생이라면 자기가 똑똑하다는 걸 확인시켜주기만 하면 돼요. 백인이라면 그걸 증명해야만 하죠." 하지만 이 기사는 이런 뛰어난 학업 뒤에 숨은 원인은 파헤치지 않았다. 나는 그 동네의 학구적인 성향이 '외향성 이상'의 과도한 영향력에서 보호받기 때문은 아닌지 궁금했다. 그리고 만약 그렇다면 그것이 어떤 기분인지도 궁금했다. 나는 가서 알아보기로 했다.

흘끗 보기에 쿠퍼티노는 아메리칸 드림의 화신으로 보였다. 수많은 1세대, 2세대 아시아 이주민들이 이곳에 살면서 첨단기술 분야에서 일했다. 애플 컴퓨터의 본부는 인피니트 루프Infinite Loop 1번가에 있었다. 구글의 마운틴뷰 본사도 바로 근방이었다. 꼼꼼하게 관리된 자동차들이 번쩍이며 대로를 누비고, 드문드문 보이는 보행자들이 밝은 색상과 상쾌한 흰색이 섞인 막 다린 듯한 옷을 입고 돌아다녔다. 납작한 목장 형태의 매력 없는 집은 가격이 높지만, 구매자들은 아이들을 그곳의 유명한 학교에, 아이비리그를 점찍어둔 아이들과 함께 보낼 수 있으니 그만한 값어치를 한다고 여겼다.

2010년 쿠퍼티노의 몬타 비스타 고등학교에서 졸업한 615명 (이 중 77퍼센트가 아시아계 미국인이라고 학교 웹사이트에 적혀 있으며, 웹사이트의 일부가 중국어로 쓰여 있다)의 학생들 가운데 53명이 성적 우수 장학금 프로그램 세미파이널까지 올라갔다. 몬타 비스타 고등학교 학생들의 전체 평균 SAT 점수는 2009년에 2,400점 만점에 1,916점으로, 전국 평균보다 27퍼센트가 높았다.

내가 만난 학생들 얘기를 들으니 몬타 비스타 고등학교의 존경받는 아이들이 꼭 운동을 잘하거나 쾌활하지는 않다고 한다. 오히려 이 아이들은 학구적이고 때로는 조용하다고 했다. "똑똑하면 실제로 감탄의 대상이 되죠. 좀 이상한 성격이라도요." 한 한국계 미국인 고등학교 2학년생 크리스가 내게 말해줬다. 크리스가 이야기를 들려준 한 친구는, 가족이 아시아계 미국인이 거의 없는 테네시로 이사해서 그곳에서 2년을 살았다고 한다. 친구는 그곳 생활이 즐거웠지만, 문화적 충격을 경험했다고 한다. 테네시에서는 "제정신이 아닐 정도로 똑똑한 애들이 있었지만, 그 애들은 항상 혼자 지냈어요. 이곳에서는 정말 똑똑한 애들은 대개 친구가 많아요. 다른 애들 공부를 도와줄 수 있거든요."

쿠퍼티노에서 도서관은 쇼핑몰이나 축구장과 같았다. 마을 생활의 비공식적 중심지라는 말이다. 고등학생들은 공부를 유쾌하게 '괴짜 되기'라고 불렀다. 풋볼과 응원전은 그다지 높이 평가되지 않았다. "우리 풋볼팀은 텄어요." 크리스가 온화하게 말했다. 비록 최근 성적은 크리스가 암시하는 것보다 뛰어나지만, 형편없는 풋볼팀이 있다는 사실이 크리스에게는 상징적인 의미가 있는 듯했다. "걔들은 풋볼 선수라고 말할 수도 없다니까요. 재킷도 안입고 떼로 뭉쳐 다니지도 않아요. 제 친구가 졸업할 때, 학교에서 비디오를 틀었죠. 제 친구는 이랬어요. '뭐 하자는 거야? 풋볼 선수랑 치어리더가 나오는 비디오를 틀다니.' 이 동네에선 인기 종목이 아니었으니까요."

몬타 비스타 고등학교 로봇공학 팀의 교사이자 고문인 테드 신타Ted Shinta는 내게 비슷한 이야기를 들려줬다. "제가 고등학교에 다닐 때는 학교 대표팀 재킷을 안 입으면 학생회 선거에 투표도 하지 말라는 분위기였어요. 대부분의 고등학교에는 인기 집단이 있고 그 애들이 다른 애들 위에 군림하려고 들죠. 하지만 여기서는 인기 그룹의 아이들이 다른 아이들보다 힘이 있지는 않아요. 그러기엔 학생들이 너무 학구적이거든요."

한 지역 대학 상담자인 퍼비 모디Purvi Modi도 이에 동의했다. "내향성이 멸시되지 않아요. 수용되죠. 어떤 경우는 매우 존경받고 찬양받기도 합니다. 마스터 체스 챔피언이 되거나 밴드에서 연주하는 건 멋진 일이니까요." 어디서나 그렇듯 이곳에도 내향성-외향성 스펙트럼은 존재하지만, 마치 인구 전체가 몇 단계는 내향성쪽으로 쏠려 있는 느낌이었다.

중국계 미국인으로 동부 해안의 한 대학에서 학교생활을 막 시작하려는 한 여학생은 앞으로 만날 친구들을 온라인으로 만난 뒤이러한 현상을 발견하고서, 쿠퍼티노에서 나가면 어떻게 될까 걱정스러워했다. "페이스북에서 사람들을 몇 명 만났는데요, 너무 다르더라고요. 전 아주 조용하거든요. 파티나 사람들과 어울리는 걸 그다지 좋아하지 않지만, 거기 사람들은 다들 아주 사교적인 거 같았어요. 한마디로 내 친구들이랑은 완전히 달라요. 거기서 친구를 사귈 수나 있을지 모르겠어요."

그 여학생과 페이스북에서 대화한 한 친구가 팔로알토에 산다기에, 나는 그 친구가 여름에 자기 동네로 놀러오라고 하면 어떻게 할 것인지 물었다. "아마 안 갈 거 같아요. 만나는 거나 뭐 그런 건 재미있겠지만, 우리 엄마는 제가 바깥에 나가는 걸 별로 안 좋아하거든요. 공부해야 한다고요."

나는 그녀의 효심에, 그리고 공부를 사교 생활보다 우선시하는 것과 효심의 연관관계에 충격을 받았다. 하지만 쿠퍼티노에서 이것은 흔한 일이었다. 이곳 아시아계 미국인 아이들 중 상당수가 부모의 말에 따라 여름 내내 공부하고, 심지어 다가올 10월에 공부하게 될 미적분을 앞서가기 위해 7월에는 생일잔치에도 가지 않는다고 말했다.

"우리 문화 때문인 거 같아요." 스워스모어대학교 입학 예정인 차분한 고등학교 졸업반 티파니 랴오Tiffany Liao가 말했다. 그녀의 부모는 대만 출신이다. "공부하고, 처신 잘하고, 파문 일으키지 않고 조용히 지내는 게 몸에 뱄죠. 제가 어릴 적에 부모님 친구분 집에 가서 아무 말도 하고 싶지 않으면 책을 가지고 갔어요. 그게 꼭 방패가 되는 것 같았죠. 그럼 어른들은 '쟤 정말 학구적이구나!' 하고 말했어요. 그리고 그건 칭찬이었죠."

쿠퍼티노가 아닌 다른 곳에서도 미국의 엄마, 아빠들이 바비큐 앞에 모여 있는데, 그곳에서 책을 읽는 아이를 보고 미소를 짓는 장면은 상상이 안 된다. 하지만 아시아 국가에서 한 세대 전에 교육을 받은 부모들은 이런 조용한 유형으로 성장하도록 교육받았을 가능성이 많다. 동아시아 여러 나라의 수업을 보면, 전통적인 교육과정에 따라 듣기, 쓰기, 읽기, 암기하기에 중점을 둔다. 말하기는 아예 강조하지도 않고, 심지어 삼가라고까지 한다.

"고향의 교육은 이곳과는 아주 다르죠." 대만에 거주하다 1979년에 UCLA 대학원에 입학하려고 미국으로 건너왔고 현재 쿠퍼티노에서 거주 중인 학부형 형 웨이 치엔이 말했다. "거기서는 어떤 과목을 배우면 시험을 봐요. 적어도 제가 클 때는 과목을 자주 바꾸지 않았고, 학생들에게도 횡설수설하는 게 허락되지 않았어요. 일어나서 말이 안 되는 소리를 하면 꾸중을 들었죠."

형은 내가 이제껏 만난 사람 중 가장 쾌활한 외향적인 사람으로, 제스처가 크고 뱃속에서부터 나오는 웃음을 연신 터뜨렸다. 운동용 반바지, 운동화, 호박 장신구 차림으로 그녀는 나를 꼭 끌어안으며 인사하더니 나와 함께 아침을 먹으러 베이커리로 차를 몰았다. 우리는 각자 자기가 주문한 빵을 먹으면서 다정하게 얘기를 주고받았다.

심지어 형조차 처음으로 미국 스타일 수업에 들어갔을 때 문화적 충격을 받았다는 점은 시사하는 바가 크다. 그녀는 친구들의 시간을 빼앗고 싶지 않았기 때문에 자기가 수업에 끼어드는 것이 무례하다고 여겼다. 그리고 당연히 웃으며 이렇게 말했다. "저는 UCLA에서 조용한 학생이었어요. 교수님이 수업을 시작하면서

'토론을 해봅시다!' 하고 말하면 저는 친구들이 말도 안 되는 얘기를 늘어놓는 모습을 지켜보고 있었고, 교수님은 매우 인내심이 많아서 모두의 말을 경청하셨죠." 그녀는 익살스럽게 학생들을 과도하게 존중하는 교수님 흉내를 내며 고개를 끄덕였다.

"깜짝 놀랐던 기억이 나요. 어떤 언어학 수업이었는데, 학생들이 떠드는 내용은 아예 언어학과 상관도 없는 것이었어요. '와, 미국에서는 말만 하면 괜찮은 건가 보구나' 하고 생각했죠."

형이 미국식 수업 참여에 당황했다면, 그녀의 교수들도 말을 하지 않으려는 형의 태도에 똑같이 당혹스러웠을 것이다. 형이 미국으로 건너온 지 꼬박 20년이 지난 뒤, 〈새너제이 머큐리 뉴스〉에 '동양, 서양 교수법 전통이 충돌하다'라는 기사가 실렸다. 형처럼 아시아에서 태어난 학생들이 캘리포니아대학의 수업에 참여하지 않으려고 하는 것에 교수들이 실망한다는 얘기를 다룬 기사였다. 한 교수는 아시아계 학생들이 교수들을 숭배하는 태도를 가리켜 '경의의 장벽'이라고 꼬집었다. 다른 교수는 아시아계 학생들이 수업에서 말을 하도록 하기 위해 수업 참여를 성적에 반영하겠다고 다짐했다. 세 번째 교수는 이렇게 말했다. "중국에서는 배울 때 자신을 낮춰야 합니다. 다른 사상가들이 학생보다 너무나 뛰어나기 때문이죠. 이런 현상은 아시아계 미국 학생들에게서 반복되어 두드러지게 나타나는 문제입니다."

이 기사는 아시아계 미국인 공동체에 열렬한 반응을 일으켰다. 어떤 사람은 대학 측이 옳다면서, 아시아계 학생들이 서양의 교육 기준에 적응할 필요가 있다고 말했다. "아시아계 미국인들은 입을 다물고 있기 때문에 사람들에게 업신여김을 받아요." 모델마이너리티ModelMinority.com('모범이 되는 소수집단' 정도의 뜻—옮긴이)라는 냉소적인 이름의 웹사이트에 한 독자가 올린 글이다. 어떤 사람은 아시아계 학생들이 강제로 말을 하거나 서양의 방식에 동조하게 해서는 안 된다고 생각했다. 스탠퍼드대학교 문화심리학자인 김희정은 말하기가 늘 긍정적인 행동은 아니라고 주장하는 한 논문에 이렇게 썼다. "학생들의 방식을 바꾸려고 하기보다 대학에서 학생들의 침묵의 소리를 경청하는 법을 배울 수도 있겠죠."

동양계 학생의 내향성은 서양 사회에서 어떻게 발현되는가?

어떻게 아시아인들과 서양인들은 서로 똑같은 수업 상황을 보고서도, 한 집단은 '수업 참여'라고 명명하는데, 다른 집단은 '허튼소리'라고 명명하는 것일까? 의문의 답은 〈성격 연구 저널Journal of Research in Personality〉에 연구 심리학자 로버트 매크레이Robert McCrae 박사가 그린 세계지도에 있다. 매크레이 박사의 지도는 지리책에서 볼 만한 것이지만, 강수량이나 인구밀도가 아니라 성격 특성을 토대로 작성한 것이며, 거기에 나타나는 짙은 회색과 밝은 회색은—짙은 색이 외향성, 연한 색이 내향성—아주 뚜렷한 모습을 보여줬다. "아시아는 내향적이고 유럽은 외향적이다." 미국도 지도에 포함되었다면 아마도 짙은 회색이었을 것이다. 미국인들은 지구상에서 가장 외향적인 사람들에 해당하기 때문이다.

매크레이 박사의 지도는 대규모의 문화적 고정관념의 사례인 듯 보일지 모른다. 전 세계의 대륙을 성격으로 분류하는 일은 엄청난 일반화 작업이다. 중국에서도 조지아주 애틀랜타에서만큼 시끄러운 사람을 쉽게 찾아볼 수 있다. 그렇다고 그 지도가 한 국가 내부나 지역 내부의 세세한 문화적 차이를 설명해 주는 것도 아니다. 베이징 사람들은 상하이 사람들과 스타일이 다르고, 양쪽은 다시 서울이나 도쿄 사람들과 성향이 다르다. 이와 마찬가지로 아시아인들을 '모델 마이너리티'라고 부르는 것 역시, 개개인을 집단의 몇 가지 특성에 제한하려는 다른 표현들과 마찬가지로 그들을 틀에 가두고 얕잡아보는 행위다. 그것이 칭찬일 때조차 그렇다. 어쩌면 쿠퍼티노를 학업 성과가 뛰어난 학생을 배출하는 인큐베이터라고 부르는 것도 부적절한 표현일지 모른다. 몇몇 사람들에게 그 말이 얼마나 뿌듯한 얘기인지와 무관하게 말이다.

국가별 혹은 인종별로 융통성 없는 정형화는 나도 장려하고 싶지 않지만, 문화적 차이와 내향성이라는 주제 자체를 아예 회피한다면 아쉬운 일이 될 것이다. 아시아의 문화와 성격 유형에는 다른 나라들에서 배울 수 있고 배워야 하는 측면이 수없이 많이 있다. 학자들은 수십 년간 특히 동양과 서양의 성격 유형에 나타나는 문화적 차이를 연구했는데, 특히 내향성과 외향성이라는 특성은 전 세계적으로 측정 가능하며 매우 중요하다고 간주됐다. 인간 성격을 분류할 때 거의 모든 면에서 의견이 어긋나는 심리학자들

사이에서도 마찬가지다.

이 연구들 중 상당수가 매크레이의 지도와 같은 결과를 보여줬다. 한 연구는 상하이에 있는 8~10세 아이들과 캐나다 온타리오에 있는 같은 나이대의 아이들을 비교했는데, 캐나다에서는 수줍음 많고 섬세한 아이들이 또래들에게 따돌림을 받는 반면 중국에서는 인기 있는 놀이 상대였다. 중국에서는 이런 아이들이 리더의 역할에도 더 잘 어울리는 아이로 인식되기 쉬웠다. 섬세하고 과묵한 중국 아이들은 '동시dongshi'(이해심이 있다)라는 말을 듣는데, 이것은 이런 아이들에게 흔히 하는 칭찬이었다.

이와 비슷하게 중국의 고등학생들은 '겸손하고', '이타적이고', '정직하고', '근면한' 친구들을 좋아한다고 연구자들에게 말한 반면, 미국의 고등학생들은 '유쾌하고', '열정적이고', '사교적인' 아이들을 찾는다고 말했다. 중국에 관심을 집중하는 비교문화심리학자 마이클 해리스 본드Michael Harris Bond는 이렇게 썼다. "두 집단의 대비는 현저하다. 미국인은 사교성을 중시하고 편안하고 유쾌하게 어울릴 수 있는 특징을 높게 친다. 중국인은 더 깊이 있는 특징을 중시하며, 도덕적 미덕과 성취에 집중한다." 또 다른 연구에서는 아시아계 미국인과 유럽계 미국인에게 추론이 필요한 문제를 풀라고 하고서 문제를 푸는 동안 생각하는 바를 소리내어 말하라고 요청했는데, 아시아계 미국인은 조용하게 풀 때 성적이 훨씬 좋았던 반면, 백인들은 소리내어 말할 때 성적이 좋았다.

이런 결과는 아시아에서 전통적으로 구어를 대하는 태도에 익숙한 사람에게는 놀라운 일도 아니었다. 그들에게 말은 알아야 할 정보를 전달하는 수단이고, 조용함과 자기성찰은 깊은 사고와 고차원적인 진실을 보여주는 징표였다. 언어는 말하지 않고 내버려두는 편이 나은 것들을 드러내게 하는, 잠재적으로 위험한 무기였다. 그것은 사람에게 상처를 주고, 말하는 이를 곤경에 빠뜨리기 때문이다. 예를 들어 동양의 이런 격언들을 생각해 보자.

- 바람은 울부짖으나, 산은 고요할 뿐이로구나. _일본 속담
- 아는 자는 말하지 않는다. 말하는 자는 알지 못한다. _노자, 『도덕경』
- 침묵의 계를 지키려 별달리 노력하지 않아도, 홀로 거하니 저절로 말의 죄를 멀리하게 되는구나. _카모노 코메이(12세기 일본의 은둔자)

이제 서양의 격언과 비교해 보자.

- 강해지도록 화법의 달인이 되어라. 사람의 힘은 혀에서 나오며, 말은 싸움보다 강하노라. _기원전 2400년 전, 프타호텝(고대 이집트의 고관)의 금언
- 말은 문명 그 자체입니다. 말은 아무리 모순되는 경우라도 서로를 결합시킵니다. 우리를 분리시키는 건 침묵입니다. _토마스 만, 『마의 산』
- 삐걱거리는 바퀴에 기름칠한다. _작자 미상

이렇게 완연히 다른 태도 이면에는 무엇이 있을까? 한 가지 답은 아시아인들 사이에서는 교육을 숭배하는 자세가 널리 퍼져 있

다는 점이다. 특히 유교권 국가라 할 수 있는 중국, 일본, 한국, 베트남이 그러하다. 오늘날까지도 중국의 어떤 마을에서는 명나라 시대의 엄격한 과거 시험에 통과한 사람들의 조각상을 세워놓고 있다. 쿠퍼티노의 아이들처럼 여름에도 공부하는 데 시간을 할애한다면 그러한 탁월한 경지에 오르기도 훨씬 쉬워진다.

또 다른 설명은 집단 정체성에 있다. 아시아에서는 팀을 중심으로 움직이기는 하지만 서양인들이 생각하는 팀과는 방식이 달랐다. 아시아에서 개인은, 자신을 자신보다 더 큰 전체의 일부로 인식했다. 가족이든, 기업이든, 공동체든. 그리고 집단 내에서 조화를 이루는 일에 어마어마한 가치를 부여했다. 그들은 계층 내에서 자신의 위치를 받아들이며, 집단의 이익을 위해 자신의 욕구를 무시하기도 했다.

반대로 서양 문화는 개인을 중심으로 조직되어 있다. 우리는 자신을 온전한 개체로 바라봤다. 우리의 운명은 자신을 표현하고, 자신의 지복을 따라가고, 지나친 제약에서 벗어나고, 오직 우리만이 이 세상에서 해야 할 일을 하는 것이었다. 우리는 사교적일 수는 있지만, 집단의 의지에 굴복하지도 않고, 아니면 적어도 그렇게 생각하고 싶어 하지 않았다. 우리는 부모를 사랑하고 존경하지만, 복종이나 억제 등의 느낌을 주는 효심 같은 개념에는 분개했다. 다른 사람들과 만날 때면 온전한 개체로서 다른 온전한 개체들과 재미를 느끼고, 경쟁하고, 자리를 다투고, 그들을 이기고, 그들을 사랑하기도 한다. 서양에서는 신조차 주장이 강하고 목소리가 크며 지배하려 한다. 그의 아들은 친절하고 부드럽지만, 카리스마 넘치고 청중을 즐겁게 하는 영향력 있는 사람이다(〈지저스 크라이스트 슈퍼스타〉).

그렇다면 서양인들이 대담함과 언어 기술이라는, 개성을 키워주는 특성을 중시하는 반면 아시아인이 조용함과 겸손함, 섬세함이라는 집단 결속을 굳게 하는 특성을 중시하는 것도 그럴 법하다. 집단으로 산다면, 자제하거나 심지어 굴복하는 편이 훨씬 부드럽게 굴러갈 것이다.

이러한 선호도를 생생하게 보여주는 것으로, 최근에 실시한 fMRI 연구가 있다. 연구자들은 미국인 17명과 일본인 17명에게 지배적인 자세를 취하고 있는 남성들 사진(팔짱을 끼고, 근육은 터질 듯하고, 다리는 땅을 향해 똑바로 펴고 있는)과 굴종적인 자세를 취하고 있는 사진들(어깨는 구부정하고, 손은 사타구니 위에서 자기를 보호하려는 듯 깍지를 끼고 있고, 양다리가 딱 붙어 있는)을 보여주었다. 이들은 지배적인 사진이 미국인들의 두뇌에서 쾌락 중추를 활성화한 반면, 일본인의 경우는 굴종적인 사진이 쾌락 중추를 활성화했다는 점을 발견했다.

서양의 관점에서, 타인의 의지에 굴종하는 것이 뭐가 그렇게 매력적인지 이해하기란 쉽지 않다. 하지만 서양인에게 굴복처럼 보이는 일이 아시아의 여러 나라에서는 기본적인 예절로 보일 수도 있다. 2장에서 나왔던 중국계 미국인 하버드대학교 경영대학원 학생인 돈 첸은 자기가 아시아인 친구들과 부드러우며 느긋한 성격이라 상황에 딱 맞는 인물이라 여긴 절친한 백인 친구와 함께 어떤 아파트에서 함께 지냈던 일을 내게 들려주었다.

갈등이 일어난 것은 싱크대에 설거지 거리들이 쌓여가자 백인 친구가 아시아인 룸메이트들에게 자기 몫의 그릇을 닦으라고 말했을 때였다. 돈에 따르면 그것은 불합리한 불평이 아니었고 백인 친구도 자기가 예의 바르고 정중하게 요청했다고 생각했다. 하지만 아시아인 룸메이트들은 관점이 달랐다. 그들에게 백인 친구는 가혹하고 성난 것으로 비쳤다. 그런 상황에서 아시아인이라면 어조에 좀 더 주의했을 것이라고 돈은 말했다. 요청이나 명령이 아니라, 질문의 형태로 불만을 표시했을 것이라고도 했다. 아니면 아예 말을 꺼내지 않거나. 고작 지저분한 그릇 몇 개 때문에 전체를 불편하게 할 이유가 없다는 얘기다.

다시 말해 서양인에게 '아시아인의 경의'라 하는 태도가 사실은 타인의 감성에 깊이 마음을 쓰는 것이라는 얘기다. 심리학자 해리스 본드도 이렇게 말했다. "솔직하고 분명한 사회 분위기 속에서 자란 사람만이 [아시아의] 담화 양식을 '자기를 내세우지 않는다'고 명명할 것이다. 에둘러 표현하는 이 전통에서는 그것을 그저 '관계 존중하기'라고 표현한다." 그리고 관계 존중은 서양의 관점에서는 놀랄 만한 것으로 비칠 수 있는 사회 역학으로 이어졌다.

이를테면, 일본에서 '타이진 코퓨쇼'(대인공포증)로 알려진 사회 불안장애가 미국에서처럼 자기가 당혹스러운 상황에 빠지면 어쩌나 하는 과도한 두려움이 아니라, '타인'을 곤란하게 하면 어쩌나 하는 두려움의 형태를 취하는 까닭도 관계를 존중하기 때문이다. 티베트의 수도승들이 자비에 관해 조용히 명상함으로써 내면의 평화를 발견하는(그리고 두뇌 스캔에 따르면 기준치를 초과한 행복 수준에 도달하는) 것도 관계를 존중하기 때문이다. 그리고 히로시마 희생자들이 서로 살아남았다고 사과하는 것도 관계를 존중하기 때문이다. 리디아 밀릿Lydia Millet이라는 에세이스트는 이렇게 말했다. "그들의 공손함은 익히 알려진 것이지만 지금도 가슴을 울린다. 한 사람은 자기 팔의 피부가 조각조각 벗겨지고 있는데 고개를 숙이면서 이렇게 말한다. '죄송합니다. 당신의 아기는 살아남지 못했는데 저만 살아남다니.' 또 다른 사람은 오렌지처럼 입술이 부풀어오른 채로 죽은 엄마 옆에서 흐느끼고 있는 아이에게 진심 어린 어조로 말한다. '미안하구나. 내가 대신 갔어야 하는 건데.'"

동양의 '관계 중시하기'가 감탄을 자아내는 아름다운 전통이기는 하지만, 개인의 자유와 자기표현, 개인의 운명을 존중하는 서양의 전통도 아름답기는 마찬가지다. 핵심은 한쪽이 다른 한쪽보다 우월하다는 점이 아니라, 문화적 가치관에 심오한 차이가 있어 각 문화마다 선호하는 성격 유형에도 강력한 영향을 미친다는 점이다. 서양에서 우리는 외향성 이상을 지지하지만, 동양의 여러 나라에서는 (적어도 지난 수십 년간 서양화가 되기 전까지는) 침묵이 금이었다. 이런 대조적인 세계관 때문에 싱크대에 룸메이트의 그릇이 쌓일 때 각자 하는 말이 달라지는 것이다. 그리고 대학 수업에서 하는 말도 달라진다.

더구나 이것은 외향성 이상이 우리가 생각하듯 신성불가침의 영역이 아니라는 점을 보여준다. 따라서 가슴 깊은 곳에서 대담하고 사교적인 사람이 과묵하고 섬세한 유형을 지배하는 것이 자연스럽다고 생각했다면, 그리고 외향성 이상이 인간의 본질이라고 생각했다면, '로버트 매크레이의 성격 지도'가 보여주는 다른 진실을 들어보자. 조용하거나 말이 많거나, 조심스럽거나 대담하거나, 절제하거나 거리낌 없거나 등의 존재 방식은 각각의 강력한 문명을 보여주는 특징이다.

절반은 동양적, 절반은 미국적 정체성을 가진 아이들

얄궂게도, 이러한 진실을 마음속에 유지하기 가장 어려워하는 사람들 중 일부는 바로 쿠퍼티노에 거주하는 아시아계 미국인 아이들이다. 이들은 청소년기에서 벗어나 고향의 경계선 밖으로 나가게 되면, 나서서 말하고 시끄럽게 구는 것이 인기를 얻고 경제적으로 윤택해지는 데 필요한 티켓이라는 점을 발견한다. 이들은 부분적으로는 아시아인, 부분적으로는 미국인이라는 이중의식을 품고 살아가며 서로 반대 방향의 성향에 대해 의문을 가지게 된다. 아이들과 어울리느니 차라리 공부하겠다고 내게 말한 고등학교 졸업반 마이크 웨이는 이러한 이중성의 완벽한 본보기다. 우리가 처음 만났을 때, 그는 고등학교 졸업반이었고 아직 쿠퍼티노라는 고치에 둥지를 틀고 있었다. 그때 마이크는 일반적인 아시아인들에 대해 말했다. "교육을 엄청나게 중시하기 때문에 사교는 그다지 중요한 부분이 아니에요."

이듬해 가을에 마이크를 다시 만났을 때, 그는 스탠퍼드대학교 1학년생이었는데(스탠퍼드대학교는 쿠퍼티노에서 차로 고작 20분 거리지만 인구통계학적으로는 멀리 떨어진 세상이다) 불안정해보였다. 우리는 야외 카페에서 만났다. 우리 옆 테이블에는 남녀 혼성으로 구성된 운동선수들이 주기적으로 웃음보를 터뜨렸다. 마이크의 말에 따르면, 백인들은 자기들이 한 말이 너무 시끄럽다거나 멍청해보이면 어쩌나 하는 걱정이 덜한 듯하다고 했다. 마이크는 식사 시간의 대화가 피상적이라는 점, 그리고 1학년생 세미나에 들어가면 학생들이 수업 참여를 '헛소리하기'로 바꿔버리는 통에 짜증스러웠다고 했다. 그는 시간이 나면 대부분 아시아계 학생들과 어울렸는데, 부분적으로는 그 아이들이 자기와 외향적인 정도가 비슷했기 때문이다. 비아시아계 아이들과 있으면 원래 자신의 모습과 맞지 않는데도 정말로 흥분하거나 들뜬 듯이 행동해야 하는 것처럼 느끼게 된다는 것이었다.

"우리 기숙사는 50명 중에 4명이 아시아계예요. 그래서 그 친구들과 있으면 좀 더 편안해지죠. 브라이언이라는 녀석이 있는데, 아주 조용해요. 녀석한테는 좀 수줍은 듯한 아시아인의 특징이 엿보여요. 그래서 같이 있으면 편해요. 녀석이랑 같이 있으면 제 자신으로 있어도 될 것 같아요. 그냥 멋져 보이려고 뭔가 하지 않아도 되죠. 그런데 아시아계가 아니거나 그냥 시끄러운 사람들이 잔뜩 있으면 저도 뭔가 해야 할 것 같아져요."

마이크의 얘기를 들으면 그가 서양의 소통방식을 무시하는 듯하지만, 때로는 자신도 그렇게 시끌벅적하고, 나오는 대로 말할 수 있으면 좋겠다고 생각한다는 점을 인정했다. "그 친구들은 자기 성격을 좀 더 편하게 받아들여요." 백인 친구들을 가리키며 한 말이었다. 아시아계 아이들은 "자기 자신의 모습에 편안해하지 못하지만, 그렇다고 자신의 모습을 표현하는 것에도 불편해해요. 사람들 속에 있으면 항상 외향적으로 굴어야 한다는 압박을 느끼죠. 거기에 맞추지 못하면 사람들 얼굴에 표시가 나요."

마이크는 입학생들의 분위기를 녹여주려고 준비된 이벤트에 참여했던 이야기를 들려주었다. 샌프란시스코에서 실시된 보물찾기 놀이로, 학생들을 안전지대에서 벗어나게 하기 위한 방안이었다. 마이크는 시끌벅적한 그룹에 끼게 된 유일한 아시아계 학생이었고, 이들 중 몇몇은 게임 중 샌프란시스코 거리를 벌거벗고 달리다 한 지역·백화점에 들러서 이성의 옷을 사 입었다. 한 여학생은 빅토리아 시크릿 매장에 들어가 속옷만 남기고 옷을 벗었다. 마이크가 이 이야기를 세세하게 들려주는 동안, 나는 이 그룹이 정도가 지나치고, 부적절했다는 말을 마이크가 하려는 줄 알았다. 하지만 마이크는 다른 아이들을 비판하는 것이 아니었다. 자신을 비판하고 있었다. "사람들이 그럴 때, 문득 불편해지는 순간이 있어요. 제 한계를 보여주는 거죠. 가끔은 그 애들이 저보다 낫다는 생각을 해요."

마이크는 교수들에게도 비슷한 메시지를 받았다. 오리엔테이션이 있은 지 몇 주 후, 신입생 고문인 스탠퍼드대학교 의과대학 교수가 몇몇 학생들을 자기 집으로 초대했다. 마이크는 좋은 인상을 남기고 싶었지만 할 말이 전혀 떠오르지 않았다. 다른 아이들은 이런저런 농담도 하고 지적인 질문도 하는 듯 보였다. 마침내 나오면서 인사를 건네자, 교수가 그에게 짓궂게 말했다. "마이크, 너 오늘 너무 시끄럽더구나. 아예 날 날려버리던걸." 마이크는 자신이 미워졌다. "말하지 않는 사람들은 약하거나 뭔가 부족한 것으로 보여요." 그가 유감스러워하며 결론 내렸다.

물론 이런 느낌은 마이크에게 완전히 새로운 것이 아니었다. 그는 고등학교 때도 이런 경험을 어렴풋이나마 한 적이 있다. 쿠퍼티노가 거의 유교식 윤리에 따라 조용함과 공부와 관계 존중을 장려하는 분위기이기는 하지만, 그곳에서도 외향성 이상의 관습은 여전히 존재했다. 평일 오후에 지역 쇼핑센터에 가보면, 거만한 아시아계 미국인 십대 아이들이 삐죽삐죽한 머리 모양을 하고서, 어깨끈이 가느다란 탱크톱을 입고 눈동자를 돌려가며 농담 따먹기를 하고 있는 여자애들을 부른다. 일요일 오전 도서관에 가보면, 몇몇 아이들은 구석에서 열심히 공부하지만 어떤 아이들은 떠들썩한 테이블로 모여든다. 내가 쿠퍼티노에서 대화해 본 아시아계 미국인 아이들 중 소수만이 자신을 '내향적'이라고 인정했는데, 실제로 자신을 설명하는 말을 들으면 내향적인 아이들인데도 그것을 인정하지 않았다. 부모의 가치관을 깊이 따르고 있으면서도 아이들은 세상을 '전통적인' 아시아인과 '아시아계 슈퍼스타'

로 구분하는 듯싶었다. 전통적인 아시아인은 고개를 숙이고 다니고 숙제도 열심히 한다. 슈퍼스타는 공부를 잘하지만 수업 때 농담도 잘하고, 선생님에게 대꾸도 잘하고, 눈에도 잘 띈다.

마이크에 따르면, 부모보다 더 외향적으로 굴려고 의도적으로 애쓰는 학생들이 많다고 한다. "그 애들은 자기 부모님이 너무 조용하다고 생각하고 보란 듯이 외향적으로 굴어서 과잉 보상하려고 하죠." 어떤 부모들은 자기 가치관을 바꾸기 시작했다. "아시아계 부모들은 조용하게 지내면 인정받지 못한다는 점을 이해하고 아이들에게 발언도 하고 토론에도 참여하라고 권해요. 여기 발표와 토론 프로그램은 캘리포니아에서 두 번째로 규모가 커요. 아이들에게 큰 소리로 자신감 있게 말할 기회를 주죠."

그럼에도 내가 처음 쿠퍼티노에서 마이크를 만났을 때 그는 자신과 자신의 가치관을 대하는 태도가 손상되지 않은 상태였다. 마이크는 자기가 아시아계 슈퍼스타가 아니라는 점을 알았지만(그는 자신의 인기를 1부터 10까지 점수로 매기면 4점일 거라고 했다), 자신에게 만족하는 듯 보였다. 그때 마이크는 말했다. "좀 더 진지한 성격의 사람들과 어울리는 게 좋아요. 그러다 보면 조용한 사람들과 만나게 되더라고요. 싱글벙글하면서 동시에 지혜로워지기는 어려워요."

사실 마이크가 최대한 쿠퍼티노라는 고치를 누릴 수 있었던 것은 행운이었으리라. 좀 더 전형적인 미국의 공동체에서 성장하는 아시아계 미국인 학생들은 마이크가 스탠퍼드대학교 신입생으로서 마주했던 문제들을 훨씬 더 어릴 때 맞닥뜨린다. 유럽계 미국인과 중국계 미국인 2세인 십대 아이들을 5년이라는 시간을 두고 비교한 어떤 연구에서는, 중국계 아이들이 유럽계 아이들보다 청소년기 내내 훨씬 더 내향적이었고, 그 대가로 자긍심을 잃어야 했다. 내향적인 중국계 미국인 아이들은 열두 살 때는 자신에 관해 전혀 문제를 느끼지 못했지만, 열일곱 살이 되어 미국의 '외향성 이상'에 좀 더 노출되자 자존심이 수직 강하했다. 열두 살 때 문제를 느끼지 못한 것은 아마도 자신을 부모의 전통적인 가치체계에 따라 판단하고 있었기 때문인 듯하다.

동양계 커뮤니케이션학 교수가 계발한 외향성 훈련법

아시아계 미국인 아이들이 분위기에 적응하지 못해 받아야 하는 대가는 사회적 불안이다. 하지만 성장한 후에는 급료의 차이로 그 대가를 치러야 할 수도 있다. 니콜라스 레먼Nicholas Lemann이라는 저널리스트는『빅 테스트The Big Test』라는 자신의 책에서 한 무리의 아시아계 미국인들과 능력주의라는 주제에 관해 인터뷰를 했다. "능력주의가 졸업식 날 끝나버리고 그 후로는 아시아계가 뒤처지기 시작한다는 정서가 지속적으로 제기된다. 이들이 성공하는 데 적절한 문화적 스타일을 갖추지 못했기 때문이라는 것이다. 너무 수동적이고, 인간관계에서도 '만나서 반갑다'고 살갑게 대하지 못한다는 얘기다."

내가 쿠퍼티노에서 만난 다수의 전문직 종사자들도 이 문제로 힘겨워하고 있었다. 한 부유한 가정주부는 자기가 나가는 사교 모임의 남편들이 다들 중국에서 직장을 구했다고 털어놓으면서, 이제 쿠퍼티노와 상하이를 오간다고 했다. 이들의 조용한 성격이 그 동네에서 일하는 데 제약이 된다는 점도 한 가지 이유였다. 미국 회사들은 "그 사람들이 프레젠테이션 때문에 일을 제대로 처리하지 못한다고 생각해요. 사업을 하다 보면 말도 안 되는 것들을 잔뜩 가져다가 그걸 발표해야 하죠. 우리 남편은 늘 자기가 할 말만 하고 그걸로 끝내버리거든요. 거대 기업들을 보면 최고경영자 중에 아시아계는 거의 없죠. 그 회사들은 사업에 대해서는 아무것도 모르더라도 프레젠테이션을 잘할 수 있는 사람을 고용해요."

한 소프트웨어 엔지니어는 내게, 자기가 직장에서 다른 사람들에 비해 얼마나 무시당하고 있다고 느끼는지 말해주었다. "특히 유럽 출신 사람들, 생각도 하지 않고 말하는 사람들과 비교해서 그렇다"고 했다. 중국에서는 "조용하면 현명한 것으로 보입니다. 여기는 정반대죠. 여기서는 말하는 걸 좋아해요. 어떤 아이디어가 있는데 아직 완전히 무르익지 않았다고 해도, 사람들은 말을 뱉어요. 제가 의사소통을 더 잘한다면 제 업무도 훨씬 더 인정받을 겁니다. 제 관리자는 저를 인정하기는 하지만 제가 아주 일을 잘했다는 걸 몰라요."

그러더니 그 엔지니어는 프레스턴 니Preston Ni라는 이름의 대만 태생 커뮤니케이션학과 교수에게서 미국 스타일의 외향성에 관해 훈련받은 적이 있다고 털어놓았다. 쿠퍼티노 바로 근방에 있는 풋힐 칼리지에서, 프레스턴 니는 '외국계 전문직 종사자를 위한 의사소통 성공'이라는 이름의 하루짜리 프로그램을 진행했다. 이 강의는 실리콘밸리 말하기 협회Silicon Valley SpeakUp Association라는 지역 단체를 통해 온라인으로 홍보됐다. 이 협회의 사명은 '외국에서 태어난 전문직 종사자들이 대인기술을 개발해 삶에서 성공하도록 돕는 것'이다. 조직 홈페이지에는 이런 문구가 적혀 있다. "마음을 말하라! 모두 다 함께 SVSpeakup에서 더 많이 성취하자."

아시아인의 관점에서 자기 마음을 말한다는 것이 어떻게 보이는지 궁금해서, 나는 그 수업에 등록했고 몇 주가 지난 어느 토요일 오전, 현대적인 강의실의 책상에 앉아 있었다. 북부 캘리포니아산의 태양이 대형 유리창으로 쏟아져 들어왔다. 전부 다 해서 수강생이 약 15명이었는데, 상당수가 아시아계였지만 몇몇은 동부 유럽과 남아메리카도 있었다.

프레스턴 니 교수는 친근한 외모의 남자로, 중국식 폭포수 그림이 있는 금색 넥타이와 정장 차림을 하고, 수줍은 웃음을 건네며 미국의 기업문화를 개괄해 주기 시작했다. 미국에서 성공하려면 알맹이도 중요하지만 스타일도 중요하다고 그는 경고했다. 공평하지 않을 수도 있고, 한 사람의 공헌을 판단하는 최선의 방법이 아닐지도 모르지만, "카리스마가 없으면 세상에서 가장 똑똑한 사람이라 해도 여전히 무시당하게 될 겁니다."

다른 여러 나라에서는 이렇지 않다고 한다. 중국의 공산당 지도

자는 연설할 때 대본을 보여주는 텔레프롬프터가 아니라 종이를 보고 읽는다고 한다. "그가 지도자라면, 모두가 그 애기에 귀를 기울여야 합니다."

교수는 지원자가 없느냐고 묻더니 포춘 500대 회사에 다니는 20대 인도 출신 소프트웨어 엔지니어 라즈를 강의실 앞으로 불러냈다. 라즈는 실리콘밸리 유니폼인 셔츠와 치노 바지를 입었지만, 그의 몸짓은 방어적이었다. 그는 방어하듯 가슴 위로 팔짱을 끼고 선 채로, 등산화로 바닥을 계속 긁어댔다. 그날 이른 아침에 각자 자기소개를 할 때, 그는 뒷줄에 앉아 떨리는 목소리로 '어떻게 하면 좀 더 대화할 수 있는지' 그리고 '더 개방적으로 바뀔 수 있는지' 배우고 싶다고 했다. 프레스턴 니 교수는 남은 주말에 무엇을 할 계획인지 사람들에게 말해주라고 라즈에게 요청했다.

"한 친구랑 저녁을 먹으려 해요. 그런 다음 내일은 아마 하이킹을 하러 갈 거예요." 라즈가 교수에게 시선을 고정한 채 거의 들릴락말락한 목소리로 말했다. 교수가 라즈에게 다시 해보라고 말했다. "한 친구와 저녁을 먹을 거고, 그런 뒤에는, 웅얼…… 웅얼……, 하이킹 하러 갈 겁니다."

"제가 받은 인상은 당신에게 일은 얼마든시 술 수 있지만 당신을 그다지 주목할 필요는 없다는 겁니다. 명심하세요. 실리콘밸리에서는 최고로 똑똑하고 능력 있는 사람일지라도 자신의 작업을 보여주는 것 외에 달리 자신을 표현할 수 없다면 과소평가를 받게 될 겁니다. 외국계 전문직 종사자들 중 상당수가 그걸 체감하죠.

지도자가 아니라 영광된 노동자가 되는 겁니다." 사람들은 공감한다는 듯 끄덕였다.

"하지만 있는 그대로의 모습을 지키면서도 목소리로 좀 더 자신을 드러내는 방법이 있습니다. 아시아인들은 말할 때 몇 개의 제한된 근육만 활용하죠. 그럼 먼저 호흡부터 시작해 볼까요."

그 말과 함께 교수는 라즈에게 뒤로 누우라고 한 다음 영어 모음 5개를 발음하라고 했다. "A…… E…… U…… O…… I……." 라즈가 읊조리자 목소리가 강의실 바닥에서 위로 떠올랐다. "A…… E…… U…… O…… I…… A…… E…… U…… O…… I……." 교수는 드디어 라즈가 다시 일어날 준비가 되었다고 판단했다.

"자, 수업이 끝난 뒤에 무슨 재미있는 일을 하실 생각이죠?" 교수가 격려하듯 손바닥을 마주치며 물었다.

"오늘밤에는 친구네 집에 가서 저녁을 먹을 거고, 내일은 다른 친구랑 하이킹을 갈 겁니다." 라즈의 목소리는 전보다 더 컸고, 사람들은 열심히 박수를 쳤다.

바로 교수 자신이, 노력하면 어떤 일이 일어날 수 있는지 보여주는 역할 모델이었다. 수업이 끝난 뒤 나는 그의 사무실을 방문했는데, 그는 처음 미국에 왔을 때 자기가 얼마나 수줍음이 많았는지 말해주었다. 그러고는 외향적인 행동이 자연스러워질 때까지 어떻게 훈련할 수 있는 상황(여름 캠프나 경영대학원 등)에 자신을 몰아넣었는지도 이야기해 주었다.

요즘 그는 성공적인 컨설팅 사무실을 운영하면서, 야후, 비자, 마이크로소프트를 비롯한 의뢰인들에게 그가 힘써서 습득한 기술을 가르치고 있다고 했다. 하지만 아시아에서 말하는 '부드러운 힘'으로 화제가 넘어가자(그는 이것을 '불이 아니라 물로 이끄는 리더십'이라고 표현했다), 서양의 소통방식 때문에 잘 보이지 않던 그의 일면이 보이기 시작했다. "아시아 문화에서는 원하는 것을 얻는 미묘한 방법이 있죠. 꼭 공격적이지는 않지만, 매우 결단력 있고 능란하게 할 수 있어요. 결국 그것으로 많은 것을 달성할 수 있죠. 공격적인 힘은 사람을 때려눕히지만, 부드러운 힘은 사람을 끌어당기거든요."

나는 교수에게 부드러운 힘의 실례를 들려달라고 요청했고, 그는 아이디어와 마음을 장점으로 가지고 있던 의뢰인들에 관해 눈을 반짝이며 이야기해 주었다. 이 사람들은 여성 모임이나 다양성 모임 등의 직원 모임의 설립자로서, 활력보다는 신념으로 사람들을 그 일에 동참하게 한 이들이다. 교수는 '음주운전에 반대하는 어머니'와 같은 모임에 관해서도 이야기해 주었는데, 이들은 카리스마가 아니라 관심의 힘으로 사람들의 삶을 바꿨다. 이들의 소통기술은 메시지를 전달하기에 충분하지만, 이들의 진정한 힘은 알맹이에서 나온다.

"결국 아이디어가 좋으면 사람들은 바뀝니다. 어떤 공정한 대의에 마음을 쏟아부으면, 그것이 거의 보편적인 법칙일 경우, 그 대의를 공유하려는 사람들이 끌려오게 마련입니다. 부드러운 힘은 조용한 끈기를 말합니다. 내가 얘기하는 사람들은 매일 일대일의 관계에서 상당한 끈기를 보여주죠. 그들은 결국 팀을 이루게 됩니다." 부드러운 힘은 테레사 수녀, 붓다, 간디처럼 우리가 역사를 통틀어 가장 존경하는 사람들이 사용한 것이라고 한다.

나는 교수가 간디를 언급했을 때 충격을 받았다. 나는 내가 만난 쿠퍼티노의 고등학생들 거의 전부에게 어떤 지도자를 존경하느냐고 물었는데, 수많은 아이들이 간디라고 말했다. 그의 어떤 면이 그들에게 그토록 영감을 준 것일까?

간디의 위대함은 자제력에서 시작되었다

간디의 자서전을 보면 그는 기질적으로 수줍음이 많고 조용했다. 어린 시절 그는 무엇이든 무서워했다. 도둑, 유령, 뱀, 어둠, 특히 다른 사람들을 무서워했다. 그는 책에 파묻혀 지냈고, 수업이 끝나면 누군가와 얘기해야 할까봐 두려워 곧장 집으로 달려갔다. 청년이 되어 채식주의자 모임의 실행위원회에서 처음으로 리더의 자리에 뽑혔을 때도, 그는 모임에는 꼬박꼬박 참석하면서도 너무 수줍어서 말을 못했다.

"나한테는 말도 제법 잘하는데 왜 위원회 회의만 가면 입도 뻥긋하지 않는 거지? 넌 바지저고리야." 위원회 회원 중 한 사람이 그에게 한 말이다. 위원회에서 정치적 투쟁이 벌어졌을 때, 간디는 의견이 뚜렷했지만 너무 무서워서 말을 하지 못했다. 그는 자기 생각을 글로 기록해 회의 때 그것을 읽을 생각이었다. 하지만 결국은 주눅이 들어 그마저도 못하고 말았다.

간디는 시간이 흐르는 동안 수줍음을 통제하는 법을 알게 되었지만, 완전히 극복하지는 못했다. 그는 즉석으로는 연설을 하지 못했고, 가급적이면 어디서든 연설은 피하려 했다. 나이가 들어서도 간디는 이렇게 썼다. "대화에 열중해 있는 친구들의 모임에는 나가고 싶어질 것 같지도 않고 그럴 수도 없을 것 같다."

하지만 수줍음뿐 아니라 그에게는 독특한 강점이 있었다. 그것은 일종의 자제력인데, 그것에 대해서는 간디의 생애에서 거의 알려지지 않은 부분을 살펴봄으로써 가장 잘 이해할 수 있다. 젊은 시절 그는 법을 공부하려고 영국으로 가기로 결심했는데, 이는 그가 속한 하위카스트인 모디 바니아Modhi Bania의 지도자들의 뜻에 반하는 일이었다. 이 카스트에 속한 사람들은 육류를 먹어서는 안 되었는데, 지도자들은 그가 영국에서 채식주의를 지킬 수 없으리라 생각했다. 하지만 간디는 이미 사랑하는 어머니에게 고기를 먹지 않겠다고 서약했으므로 영국에 가도 문제가 없다고 보았다. 그는 "자네는 카스트의 명령을 묵살할 참인가?"라는 공동체의 책임자인 셰스의 말에 이렇게 말했다. "저도 어쩔 수 없습니다. 카스트가 이 문제를 방해해서는 안 된다고 생각합니다."

쾅! 그는 제명당했다. 그리고 젊고, 영어를 할 줄 아는 변호사라는 타이틀로 성공의 가능성을 품고 몇 년 뒤 고국으로 돌아왔을 때조차 이 조치는 풀리지 않았다. 공동체는 그를 어떻게 다루어야 할지를 놓고 둘로 갈렸다. 한쪽은 그를 받아들였지만 다른 한쪽은 그를 추방했다. 이것은 간디가 자기 여동생이나 어머니, 장인처럼 같은 카스트의 사람들 집에서 밥을 먹거나 뭘 마시는 것조차 허용되지 않는다는 뜻이었다. 간디도 다른 사람이라면 다시 가입하게 해달라고 항의했으리라는 점을 알았다. 하지만 그는 그럴 의미를 찾지 못했다. 그는 저항해봐야 오히려 보복만 당하리라는 점을 알았다. 그래서 셰스의 뜻을 따르며, 심지어 가족들과도 거리를 두고 지냈다. 그의 여동생과 처가 식구들은 자기 집에 그를 몰래 초대할 의향이 있었지만 그는 그들을 말렸다.

이렇게 순종한 결과는? 카스트는 더 이상 그를 괴롭히지 않았을 뿐만 아니라 그 구성원들, 그리고 그를 추방한 사람조차 나중에 그가 정치와 관련한 일을 할 때 아무런 대가 없이 그를 도왔다. 그들은 간디를 애정 어리고 관대하게 대했다. 간디는 편지에 이렇게 썼다. "이런 좋은 일들이 모두 '무저항' 덕분이라고 확신한다. 내가 카스트에 들어가려고 저항했다면, 카스트를 여러 분파로 나뉘게 만들려고 했다면, 사람들을 도발했다면, 그들은 틀림없이 내게 보복했을 것이며 나는 영국에서 돌아오는 즉시 폭풍우를 비켜가기는커녕 소요의 소용돌이에 휘말려버렸을 것이다."

다른 사람 같으면 저항하려고 했을 법한 일을 순순히 받아들이기로 마음먹는 이러한 태도는 간디의 삶에서 반복해서 나타났다. 그는 남아프리카에서 젊은 변호사로 일하면서 그곳의 법정에 등록하려고 신청했다. 그곳 변호사협회는 인도인이 참여하는 것을 원치 않았기에, 신청을 방해하려고 뭄바이 대법원에 보관돼 있어 간디가 손에 넣을 수 없는 자격증 원본을 보내라고 했다. 간디는 분개했다. 그는 이렇게 장벽을 치는 진정한 이유가 차별 때문이라는 점을 알았다. 하지만 그는 감정을 드러내지 않았다. 대신 인내심 있게 협상하여 마침내 변호사협회에서 지역의 유력 인사에게서 진술서를 받는 데 동의하기에 이르렀다.

그가 법정에서 선서를 하는 날, 수석재판관이 그에게 터번을 벗으라고 명했다. 간디는 그때 자신의 진정한 한계를 알게 되었다. 이 일에 저항하면 정당화되기는 하겠지만, 간디는 사소한 일로 싸워서는 안 된다고 믿었기에 터번을 벗었다. 간디의 친구들은 화를 냈다. 그들은 간디가 연약하다고 하면서 자신의 소신대로 맞서 싸웠어야 했다고 말했다. 하지만 간디는 자신이 타협의 미덕을 알게 되었다고 느꼈다.

내가 간디의 이름과 그의 업적을 빼놓고 이런 이야기를 들려주었다면, 여러분은 그를 매우 수동적인 사람이라고 여겼을지도 모른다. 그리고 서양에서 수동성은 죄악이다. 메리엄 웹스터 사전에 따르면 '수동성은 외부의 행위자에게 행위를 당하는 것'을 뜻한다. 그리고 '고분고분하다'는 뜻도 된다. 간디 자신도 결국은 '소극적 저항passive resistance'이라는 말이 연약함을 뜻한다고 느껴 그 표현을 버리고 대신에 '진실을 단호하게 추구한다'는 뜻의 '사티야그라하satyagraha'라고 명명했다.

하지만 '사티야그라하'라는 말이 암시하듯 간디의 수동성은 연약한 것이 절대로 아니었다. 그것은 궁극의 목표에 초점을 맞추어, 중간에 일어나는 불필요한 충돌에 에너지를 빼앗기지 않겠다는 뜻이었다. 간디는 자제력이야말로 자신의 가장 큰 자산이라 여겼다. 그리고 그러한 힘의 근원은 '수줍음'이었다.

> 자연스레 나는 내 생각을 드러내지 않고 자제하는 습관이 들었다. 어떤 말도 무신경하게 펜 끝이나 혀끝에서 나가는 일이 거의 없었다. 나는 진리의 숭배자에게 침묵이 영적인 규율의 일부라는 점을 경험으로 배웠다. 세상에는 말하고 싶어서 어쩔 줄 모르는 사람들이 매우 많다. 이러한 말들은 세상에 어떤 유익을 가져다준다고 하기 어렵다. 그것은 엄청난 시간 낭비다. 수줍음은 나를 수호해 주는 방패였다. 그 덕분에 나는 성장할 수 있었다. 그리고 그것은 진실을 구별하는 데도 도움이 되었다.

수학, 과학에 재능 있는 아시아 아이의 집중력과 인내심

부드러운 힘은 마하트마 간디와 같은 도덕적인 모범에만 해당하는 것이 아니다. 예를 들어, 아시아인이 수학이나 과학 분야에서 엄청나게 뛰어난 성과를 보인다는 얘기를 생각해 보자. 프레스턴 니 교수는 부드러운 힘을 '고요한 인내'로 정의하는데, 이러한 특징은 간디의 정치적 승리에서 그랬듯 학문적인 탁월함을 나타내는 데도 핵심적이다. 고요한 인내에는 지속적인 주의 집중이 필요하다. 사실상 외부 자극에 대한 자신의 반응을 제한해야 한다.

국제 수학·과학 성취도 비교연구TIMSS, Trends in International Mathematics and Science Study 시험은 전 세계 아이들에게 4년마다 실시되는 표준 수학·과학 시험이다. 이 시험이 끝날 때마다 연구자들은 결과를 토막토막 분석해서 각국 학생들의 성과를 비교한다. 그 결과 한국, 싱가포르, 일본, 대만과 같은 아시아 국가들이 지속적으로 상위에 올랐다. 이를테면 TIMSS가 처음 실시된 1995년에는 한국, 싱가포르, 일본이 중학생 수학 점수에서 전 세계적으로 가장 높은 평균 점수를 획득했고, 과학에서는 세계 4위권에 들어갔다. 2007년, 연구자들은 특정 국가에서 몇 명의 학생이 수학 부문에서 슈퍼스타 자리라고 할 수 있는 상급 국제 기준Advanced International Benchmark에 도달했는지 측정했는데, 두각을 나타낸 대다수의 학생이 몇몇 아시아 국가에 편중되어 있다는 사실을 발견했다. 싱가포르와 홍콩의 4학년 학생 중 약 40퍼센트가 상급 기준에 도달했거나 그것을 초과했고, 대만과 한국, 싱가포르의 8학년 학생 중에는 약 40~45퍼센트가 목표를 달성했다. 세계적으로 상급 기준에 도달하는 학생들의 퍼센트 중간값은 4학년이 고작 5퍼센트고 8학년은 2퍼센트뿐이었다.

아시아와 다른 나라들 사이의 이런 두드러진 차이를 어떻게 설명해야 좋을까? TIMSS 시험에 담겨 있는 흥미로운 정보를 하나 살펴보자. 시험을 치르는 학생들은 과학을 얼마나 좋아하는지, 책장 서너 개를 채울 정도로 집에 책이 많은지 등 학생 자신에 관한 따분한 질문지에도 답해야 한다. 이것을 작성하는 데 시간이 오래 걸리고 이것이 최종 점수와 아무런 상관도 없기 때문에 상당수의 학생들이 질문에 다 답하지 않고 빈칸을 많이 남겨둔다. 하지만 알고 보니 교육학 교수 얼링 보Earling Boe에 따르면, 질문지의 질문에 더 많이 답하는 학생들이 TIMSS 시험에서도 더 좋은 결과를 내는 경향이 있다고 한다. 바꿔 말해서 뛰어난 학생들은 수학과 과학 문제를 해결하는 데 필요한 인지능력이 있을 뿐 아니라, 그 외에도 유용한 성격 특성이 있다는 얘기다. 고요한 인내심 말이다.

다른 연구들에서도 아시아의 어린아이들에게서 남다른 정도의 인내심이 발견되었다. 예를 들어 비교문화 심리학자 프리실라 블링코Priscilla Blinco는 일본과 미국의 1학년 학생들에게 다른 아이들이나 교사의 도움 없이 혼자서 난해한 퍼즐을 풀게 한 다음, 아이들이 얼마 동안이나 시도해 보다가 포기하는지 비교해 보았다. 일본 아이들은 평균 13.93분 동안 퍼즐을 풀려고 하다가 그만두겠다고 한 반면, 미국 아이들은 고작 9.47분만 버텼다. 미국 아이들 중에는 27퍼센트 이하만이 일본 학생들의 평균 시간까지 참았지만, 일본 아이들 중에는 고작 10퍼센트만이 미국 아이들의 평균 시간이 되자 포기했다. 블링코는 이런 결과를 일본인들의 끈기와 연관 지었다.

아시아인들과 아시아계 미국인들에서 나타나는 이러한 고요한 끈기는 수학과 과학에만 한정되지 않는다. 처음으로 쿠퍼티노에 다녀온 지 몇 년이 지난 뒤, 나는 스워스모어 칼리지에 입학할 예정인 고등학생으로, 어린 소녀 시절부터 심지어 사람들 앞에서도 책 읽기를 무척 좋아한다며 부모가 매우 칭찬하던 티파니 랴오라는 여학생을 다시 만나보았다. 우리가 처음 만났을 때 티파니는 대학 입학을 준비 중이던 열일곱 살의 앳된 소녀였다. 그때 그녀는 동부 해안으로 가서 새로운 사람들을 만나게 된다는 생각에 들뜨기도 했지만, 대만의 인기 있는 음료인 버블티를 자기 말고 아무도 마시지 않는 곳에서 살 생각을 하니 두렵기도 하다고 말했다.

이제 티파니는 대학 졸업반이 되어 세상 경험도 풍부해지고 세련되어졌다. 스페인에서 공부도 했다. 노트에는 유럽 대륙의 느낌이 풍기도록 서명도 해두었다. '아브라소(Abrazo는 스페인어로 '포옹'을 뜻함-옮긴이), 티파니.' 페이스북 사진에는 아이 같던 모습이 사라지고, 여전히 부드럽고 친근하지만 경험이 묻어나는 듯한 미소가 걸려 있다.

티파니는 저널리스트가 되겠다는 꿈을 실현하기 위한 길을 가고 있었는데, 그때 막 대학 학보의 편집장으로 선출되었다고 했다. 티파니는 사람들 앞에서 먼저 말을 하거나 모르는 사람에게 전화를 걸 때 얼굴이 확 달아오르는 것을 느낀다며 자기가 아직도 수줍음이 많다고 했지만, 자기 생각을 말하는 데 훨씬 익숙해졌다. 그녀는 자칭 '조용한 특성들' 덕분에 편집장이 될 수 있었다고 여겼다. 티파니에게 부드러운 힘은 주의를 집중해서 경청하고, 철저하게 기록하고, 인터뷰할 사람을 만나기 전에 깊이 조사해 보는 것을 뜻했다. 그녀는 내게 이런 글을 써보냈다. "이런 과정에 따르니까 저널리스트로 성공하는 데 도움이 되었어요." 티파니는 고요함의 힘을 받아들이게 된 것이다.

———

내가 처음으로 마이크 웨이(자기도 친구들처럼 아무 제약 없이 행동할 수 있으면 좋겠다고 한 스탠퍼드대학교 대학생)를 만났을 때, 마이크는 내게 고요한 리더 같은 것은 없다고 말했다. "누군가 확신이 있더라도, 말을 하지 않으면 사람들이 어떻게 알겠어요?" 나는 그렇지 않다고 말했지만, 조용한 사람들이 주변 사람들에게 자신의 확신을 전달할 수 없다는 점을 마이크가 조용하면서도 매우 확신 있게 말했기에, 마음 깊은 곳에서 나는 그가 하는 말이 일리가 있는 것은 아닐까 하고 생각했다.

하지만 그것은 프레스턴 니 교수가 아시아 스타일의 부드러운 힘에 관해 이야기하는 것을 듣기 전이었고, 내가 '사티야그라하'에 관한 간디의 이야기를 읽기 전이었고, 저널리스트로서 티파니의 빛나는 미래를 생각해 보기 전의 일이었다. 확신은 확신이라고, 쿠퍼티노의 아이들이 내게 가르쳐 주었다. 그것이 몇 데시벨로 표현되는지와 무관하게 말이다.

part 4

어떻게 사랑하고,
어떻게 일할 것인가?

chapter 9

원래의 나보다 더 외향적으로
행동해야 하는 순간은 언제인가?

사람에게는 자신이 의견을 존중하는
무리들의 숫자만큼이나 다양한 사회적 자아가 있다.
사람은 일반적으로 이 각각의 무리를 대할 때
자신의 다른 면을 드러낸다.
– 윌리엄 제임스

    브라이언 리틀Brian Little 교수를 만나보자. 그는 전직 하버드대학
교 심리학 강사였고, 때로 대학 교육 부문의 노벨상이라고 일컫는
3M 교육 장학금3M Teaching Fellowship도 받은 바 있다. 땅딸하고 다부
지며 매력적인 안경잡이 리틀 교수는 우렁찬 바리톤 음성을 자랑
하며, 불쑥 무대에서 빙빙 돌며 노래를 부르는 습관과 옛날 배우
들처럼 자음은 강조하고 모음은 길게 늘여서 발음하는 버릇이 있
다. 그는 로빈 윌리엄스와 알베르트 아인슈타인을 섞어놓은 인물
로도 알려져 있는데, 청중을 즐겁게 하는 농담을 할 때면(매우 자주
일어나는 일이다), 청중보다 자신이 더 즐거워하는 듯 보였다. 하버

드대학교에서 그의 강의는 늘 수강생이 초과되고, 기립 박수로 끝나는 일도 흔했다.

반면에, 내가 이제 묘사하려는 사람은 매우 다른 부류로 보인다. 그는 캐나다의 외딴 숲에 보유한 2천여 평의 땅에 한적한 집을 짓고 아내와 함께 살면서 자식들과 손자들이 때때로 방문하는 것을 제외하면 혼자 지낸다. 그는 여가 시간에 음악을 만들고, 책과 글을 읽고 쓰며, 자칭 'e-서한'(원문은 e-pistle로, 원래는 epitsle인데 email의 e를 앞으로 빼서 표현한 것-옮긴이)이라는 장문의 글을 친구들에게 이메일로 보낸다. 사람을 만날 때는 일대일 만남을 좋아한다. 파티에서는 되도록 서둘러 누군가와 조용히 대화할 기회를 마련하거나 아니면 시원한 공기 좀 마시겠다며 밖으로 나간다. 너무 오래 바깥에서 돌아다니거나 갈등이 유발되는 상황에 너무 오래 놓여 있으면, 그는 문자 그대로 병에 걸리기도 했다.

내가 앞서 언급한 '만능 엔터테이너' 교수와 지금 말한 정신적인 생활을 선호하는 은둔자가 실은 동일 인물이라고 하면 여러분은 놀라겠는가? 아닐 수도 있다. 사람은 누구나 상황에 따라 다르게 행동하는 법이라는 점을 감안한다면 말이다. 하지만 우리가 그렇게 융통성 있게 행동할 수 있다면, 내향적인 사람과 외향적인 사람의 차이를 구분하는 일이 의미가 있을까? 내향성과 외향성이라는 개념 자체가 너무 편리한 이분법은 아닐까? 내향적인 사람은 현명한 철학자, 외향적인 사람은 두려움 없는 지도자? 내향적인 사람은 시인이거나 괴짜 과학자, 외향적인 사람은 운동선수거나 치어리더? 누구나 다 양쪽 면이 조금은 있지 않은가?

심리학자들은 이것을 '사람 대 상황' 논쟁이라고 한다. 고정된 성격 특성은 실제로 존재하는가, 아니면 사람들이 처하는 상황에 따라 달라지는 것인가? 리틀 교수와 얘기해 보면, 그는 대중에게 비치는 모습과 교육 부문에서 받은 포상에도 불구하고 자신이 철저한 극단적 내향인이라고 말할 것이다. 행동뿐 아니라 신경생리학적인 면으로도 그러한데, 그는 앞서 4장에서 언급한 레몬주스 실험에서 시작하자마자 침을 흘렸다. 이런 말을 들으면 '사람 대 상황' 논쟁에서 그가 '사람' 편에 확고하게 자리하게 되는 것처럼 보인다.

리틀 교수는 성격 특성이 존재하며, 그것이 우리 삶에 심오한 영향을 미친다고 생각했다. 그리고 그 성격 특성은 생리학적 메커니즘에 기반을 두면서 일생 동안 비교적 안정적이라고 믿었다. 이러한 견해를 믿는 사람들은 넓은 어깨들, 즉 히포크라테스, 밀턴, 쇼펜하우어, 융, 최근에는 fMRI 장비와 피부 전도율 실험을 믿는 사람들 위에 올라서 있다.

논쟁의 반대편에는 상황주의자라고 알려진 심리학자들이 있다. 상황주의는 수줍어하거나 공격적이거나 양심적이거나 쾌활하다는 식으로 사람을 설명하기 위해 쓰는 단어들을 비롯해 우리가 사람들에 관해 일반화하는 생각들이 오해의 소지가 있다는 주장이다. 알맹이가 되는 자아란 존재하지 않고, 오직 상황 X, Y, Z에 따른 여러 자아만 있을 뿐이라는 것이다. 상황주의가 떠오르게 된 것은 1968년에 심리학자 월터 미셸Walter Mischel이 『성격과 평가Personality and Assessment』라는 책에서 고정된 성격 특성이라는 개념에 의문을 제기하면서부터다. 미셸은 브라이언 리틀과 같은 사람들의 행동을 예측하는 데 상황적인 요인들이 소위 성격 특성보다 더 중요하다고 주장했다. 그 후로 몇 십 년간 상황주의가 득세했다. 이 시기에 등장한 포스트모던의 자아개념은 사회적인 삶이 하나의 공연이며, 사회적인 가면이 우리의 진정한 자아라는 것이었다. 『자아표현과 인상관리The Presentation of Self in Everyday Life』를 집필한 어빙 고프먼Erving Goffman과 같은 이론가들에게 영향을 받은 수많은 연구자들은 성격 특성이라는 것이 실제로 무슨 의미가 있는지 의심했다. 성격 연구가들은 일자리를 구하기가 힘들었다.

하지만 '천성인가, 양육인가' 하는 논쟁이 상호작용론으로, 즉 두 가지 요인이 모두 우리를 만들어내는 데 기여하며 실제로 양쪽이 서로에게 영향을 미친다는 주장으로 대체되었듯이 '성격인가, 상황인가' 하는 논쟁도 좀 더 섬세한 이론으로 바뀌었다. 성격심리학자들은 우리가 오후 6시에는 사교적인 기분이 들다가도 오후 10시가 되면 혼자 지내고 싶어질 수 있다는 점과 이러한 변동이 실제로 존재하고 상황에 따라 달라진다는 점을 인정했다. 하지만 이러한 차이에도 불구하고 진실로 고정된 성격이라는 것이 존재한다는 전제를 뒷받침하는 증거가 산더미처럼 많다는 점 역시 강조했다.

오늘날은 미셸조차도 성격 특성이 존재한다고 인정하지만, 그는 그런 특성이 어떤 양상을 띠면서 나타나는 경향이 있다고 여겼다. 예를 들어, 어떤 사람들은 또래나 손아랫사람과 있을 때는 공격적이지만, 권위 있는 사람과 있을 때는 고분고분한 반면, 어떤 사람들은 그와 정반대였다. 거절에 민감한 사람들은 스스로 안정을 느낄 때는 마음이 따뜻하고 애정이 있지만, 거절당했다고 느낄 때는 적대적이고 상대를 통제하려고 했다.

하지만 이런 편리한 타협점은 우리가 5장에서 살펴본 자유의지의 문제와 유사한 의문을 떠올리게 한다. 우리는 자신이 어떤 사람이고 어떻게 행동하느냐를 결정하는 생리학적 한계가 있다는 점을 안다. 그렇다면 우리는 가능한 한 그 범위 내에서 행동을 조정하려고 해야 할까, 아니면 있는 그대로의 모습으로 행동해야 할까? 어떤 시점이 되면 행동을 통제하는 것이 무익해지거나 사람의 진을 빠지게 하는 것일까?

월 스트리트에서 일하는 내향적인 사람이라면, 잭 웰치가 〈비즈니스위크〉 온라인 칼럼에서 조언했듯이 주중에는 나가서 어울리고, 더 자주 말하고, 팀원들 및 기타 동료들과 교류하고, 끌어낼 수 있는 최대한의 에너지를 활용하려고 분투하고, 자신의 진정한 모습은 조용한 주말을 위해 아껴두어야 할까? 외향적인 대학생이라면, 주중에는 공부에 집중하면서 지내고 자신의 진정한 모습은 소란스러운 주말을 위해 아껴두어야 할까? 사람들이 성격을 이런 식으로 세밀하게 조정할 수는 있을까?

내가 이러한 의문에 대해 들은 답 가운데 유일하게 좋았던 것은 브라이언 리틀 교수에게서 얻은 답이었다.

핵심 목표가 생기면 행동의 한계를 뛰어넘는다

1979년 10월 12일 오전, 브라이언 리틀은 몬트리올에서 남쪽으로 40킬로미터 떨어진 리슐리외강에 있는 캐나다 왕립사관학교 생장Royal Military College Saint-Jean으로 상급 장교들에게 강연을 하러 갔다. 내향적인 사람들이 그렇듯, 그는 연설을 위해 철저히 대비하여 무슨 말을 할지 리허설을 했을 뿐 아니라 최신 연구 결과도 인용할 수 있도록 만반의 준비를 했다. 그는 연설하는 동안 자칭 고전적인 내향성 상태에 들어가 강의장을 끊임없이 둘러보며 청중이 불만족스러워하는지 점검하고 필요에 따라 상황을 조정했다. 통계 수치를 보여주기도 하고, 유머를 한마디 던지기도 하는 식으로 강의를 이끌어갔다.

강연은 성공이었다. 너무 잘해서 매년 와서 해달라고 요청받을 정도였다. 하지만 그 후 대학에서 그를 점심 식사 자리에 초대했는데, 고급 장교들과 함께하자는 제의에 그는 몸서리를 쳤다. 브라이언 리틀은 그날 오후에 다른 강연을 하기로 되어 있었는데, 앞으로 한 시간 반 동안 잡담에 에너지를 쓰고 나면 탈진해버리리라는 점을 잘 알고 있었다. 그는 오후의 강연을 위해 에너지를 보충해야 했다.

그는 재빠르게 머리를 굴려 자기가 선박 디자인에 흥미가 있다하고서 이번 방문 기회를 이용해 리슐리외강을 지나가는 배들을 바라볼 수 있겠느냐고 물었다. 그러고는 점심시간 동안 감탄하는 듯한 표정을 지으며 강변을 위아래로 거닐었다.

그 후 수년간 그는 그곳 사관학교로 강연하러 갔고, 수년간 점심시간이면 상상 속의 취미에 빠져서 리슐리외 강변을 거닐었다. 그러다 결국 캠퍼스가 육지로 둘러싸인 곳으로 이전해버리는 바람에 변명거리가 떨어지자, 리틀 교수는 유일한 탈출구인 남자화장실로 숨어버렸다. 강의가 끝날 때마다 그는 화장실로 달려가 칸막이 안에 숨었다. 한번은 한 군인이 문 밑으로 리틀 교수의 신발을 확인하고는 신이 나서 그에게 말을 걸었다. 그 후로 교수는 밖에서 자신을 보지 못하도록 화장실 벽에 발을 올리고 버틴 자세로 숨어 있었다. 화장실에서 쉬는 것은 내향적인 사람이라면 알 만한 놀라울 정도로 흔한 일이다. 한번은 리틀 교수가 캐나다에서 가장 유명한 토크쇼 진행자 피터 조스키Peter Gzowski에게 말했다. "강연이 끝나면 저는 화장실 9번 칸에 들어가 있답니다." 그러자 피터가 곧바로 응수했다. "저는 쇼가 끝나면 8번으로 가는데."

리틀 교수처럼 철저하게 내향적인 사람이 어떻게 대중 앞에서 효과적으로 연설할 수 있는지 궁금할지도 모르겠다. 그가 들려주는 답은 간단한데, 그것은 그가 거의 혼자 힘으로 만들어낸 '자유특성이론Free Traits Theory'이라는 새로운 심리학 분야와 연관된다. 자유특성이론에 따르면, 우리는 특정한 성격 특성(이를테면 내향성)을 타고나거나 문화적으로 함양되지만, '개인에게 핵심이 되는 프로젝트'를 위해 거기에서 벗어난 행동을 할 수 있다는 것이다.

달리 말하면, 내향적인 사람들도 자기가 중요하다고 생각하는 일, 자기가 아끼는 사람, 혹은 다른 귀중한 것을 위해 외향적인 사람처럼 행동할 수 있다는 것이다. 자유특성이론은 어째서 내향적인 남편이 외향적인 아내를 위해 깜짝 파티를 준비하거나 딸의 학교에서 열리는 학부모회에 참여할 수도 있는지 설명해 준다. 또 어떻게 외향적인 과학자가 실험실에서는 삼가는 태도로 일할 수 있는지, 어떻게 상냥한 사람이 사업 협상에서 비정하게 행동할 수 있는지, 어떻게 심술쟁이 삼촌이 조카에게 아이스크림을 사주면서 조카를 부드럽게 대할 수 있는지 설명해 준다. 이런 사례들에서 드러나듯 자유특성이론은 여러 가지 다른 맥락에 적용되지만, 특히 외향성 이상의 세계에서 살아가는 내향적인 사람들과 연관된다.

리틀 교수에 따르면, 의미도 있고 스스로 통제할 수도 있고 스트레스가 심하지 않으며 사람들이 지지해 주는 '자기만의 핵심 프로젝트'에 몰두할 때 우리의 삶은 극적으로 향상된다. 누군가 "어떻게 돼가?"라고 물어볼 때, 그저 건성으로 대답할 수도 있겠지만 그 질문의 진정한 답은 자신에게 핵심이 되는 프로젝트가 얼마나 잘돼가고 있느냐에 따라 달라진다.

바로 그런 까닭에, 완벽하게 내향적인 리틀 교수가 열정적으로 강연할 수 있는 것이다. 그는 현대판 소크라테스처럼 학생들을 깊이 사랑한다. 그들의 마음을 열고 그들의 행복에 마음을 쓰는 일은 그에게 핵심 프로젝트다. 리틀 교수가 사무실 문을 개방해두면 학생들은 교수가 록 콘서트 티켓을 무료로 나눠주기라도 하는 듯 길게 복도에 줄을 선다. 20년이 넘도록 학생들은 매년 추천서를 써달라고 그에게 부탁하는데, 그 양이 수백 통에 달한다. "브라이언 리틀 교수님은 제가 만나본 교수님들 중에 가장 재미있고 흥미롭고 학생들을 아끼는 분입니다. 교수님이 제 인생에 미친 수없이 많은 긍정적인 영향들을 어떻게 설명할 수 있을까요." 한 학생이 리틀 교수에 관해 적은 글이다. 그래서 브라이언 리틀 교수에게는 타고난 경계를 넘어서는 데 필요한 에너지를 투입하는 일도 핵심이 되는 프로젝트(즉 학생들의 마음에 불을 지피는 일)가 열매를 맺도록 하기 위한 것이기에 정당화될 수 있다.

언뜻 보기에 자유특성이론은 우리의 귀중한 문화유산 중 하나에 역행하는 듯 보인다. 흔히 인용되는 셰익스피어의 조언 "너 자신에게 충실하라"는 우리의 철학적 유전자에 깊이 각인되어 있다. 사람들은 일정 시간 이상 거짓된 모습을 보인다는 생각에 거리낌을 느낀다. 그리고 자신의 거짓된 자아가 진짜라고 우리 자신을 설득함으로써 성격에서 벗어난 행동을 시도해 보지만, 이유도 모른 채 결국 소진되어버리고 만다. 리틀 교수의 이론이 천재적인 부분은 이러한 불편함을 깔끔하게 해결해 준다는 점이다. 그렇다. 우리는 외향적인 척만 하고 있을 뿐이고, 그러한 진실하지 않은 행위는 도덕적으로 모호할 수도 있지만(지치는 것은 말할 것도 없고), 사랑이나 직업적 소명을 위한 것이라면 우리는 셰익스피어가 조언한 그대로 행동하고 있는 것이다.

자유특성이론을 능숙하게 활용할 수 있게 되면, 누군가 자기에게 맞지 않는 행동을 하고 있는지 알아보기가 매우 어렵다. 리틀 교수의 학생들은 교수가 스스로 내향적이라고 주장하면 보통 잘 믿지 못했다. 하지만 리틀 교수는 전혀 특이한 예가 아니다. 수많은 사람들이, 특히 리더의 자리에 있는 사람들이 어느 정도의 외향성을 가장하고 있다. 일례로 내 친구 엘렉스를 생각해 보자. 사교적으로 능숙한, 재무서비스 회사의 책임자인 엘렉스는 누군지 밝히지 않는다는 조건으로 솔직하게 인터뷰를 해주었다. 엘렉스는 7학년 때 가장된 외향성을 스스로 터득했다고 하면서 다른 애들이 자기를 이용한다고 느껴 그렇게 하기로 결심했다고 말했다.

"나는 지상에서 최고로 착한 사람이었지만, 세상은 내 맘 같지가 않더라. 문제는 그저 착한 사람이기만 해서는 짓밟히고 만다는 거야. 난 사람들이 내게 그런 짓을 저지르도록 방치하는 삶은 거부하기로 했어. 난 생각했어. 좋아, 이 상황을 타개할 처방은 뭐지? 처방은 고작 하나뿐이었지. 사람들을 내 맘대로 할 수 있어야 하는 거였어. 착한 사람이 되고 싶다면 내가 교장 선생이 돼야 했던 거지."

하지만 어떻게 그런 목표를 달성할 수 있을까? "사회 역학을 공부했지. 이제껏 네가 만난 그 누구보다 더 열심히." 엘렉스는 사람들이 말하는 방식, 걷는 방식을 관찰했다. 특히 지배적인 남성의 자세를 꼼꼼히 살폈다. 그는 자신의 모습을 조정하여, 근본적으로는 수줍어하는 부드러운 사람으로 남으면서 이용당하지는 않게 되었다. "내가 짓밟힐 수 있는 뭔가 힘든 일이 있으면, 난 '이걸 어떻게 할 수 있는지 배워야 해' 하고 생각했어. 그래서 지금은 전쟁 준비가 돼 있지. 그렇게 되면 사람들이 짓밟지 못하거든."

엘렉스는 타고난 장점들도 활용했다. "경험해 보니까 남자들은 기본적으로 한 가지밖에 안 하더군. 여자 따라다니기. 여자를 따라다니고, 여자를 잃어버리고, 여자들 얘기를 하지. 난 이런 식이었어. '완전 돌고 도는군. 난 여자들이 정말 좋은데.' 그러다 보니 여자들이랑 친밀감을 형성할 수 있었지. 그래서 앉아서 여자들 얘기를 하는 대신, 난 여자들을 알게 됐어. 난 여자들과의 관계와 운동을 잘한다는 점을 이용해서 남자들을 휘둘렀지. 아, 그리고 시시때때로 주먹질을 해줘야 돼. 나도 그랬어."

오늘날 엘렉스는 소탈하고, 상냥하고, 휘파람 불며 일하는 태도를 보였다. 난 그가 기분이 상해 있는 것을 본 적이 없다. 하지만 협상 테이블에서 그와 반대편에 서면 그가 스스로 터득한 호전성을 볼 수 있다. 그리고 그와 함께 저녁 약속을 잡으려고 하면 그의 내향적인 면을 볼 수 있다.

"난 문자 그대로 아내와 우리 애들 빼고는 친구 하나 안 만나고도 몇 년씩 지낼 수 있어. 너랑 날 봐. 넌 내 가장 친한 친구지만 우리가 얼마나 자주 얘기하는 것 같아? 네가 전화할 때뿐이지! 난 사람들 만나고 다니는 걸 좋아하지 않아. 내 꿈은 100만 평짜리 땅에 집 짓고 가족이랑 조용히 사는 거야. 그 꿈속에 친구들은 없어. 그러니까 대중들 앞에서 내가 어떤 모습을 보이든 난 내향적인 사람이야. 난 본질적으로 예전의 나와 똑같다고 생각해. 엄청나게 수줍음이 많지만 그걸 보상하는 거지."

가짜 외향성과 자기감시

하지만 이렇게까지 자신과 다른 행동을 할 수 있는 사람이 얼마나 될까(하고 싶은지 아닌지는 일단 제쳐두고)? 리틀 교수는 우연히도 대단한 연기자고, 수많은 CEO들도 그런 듯하다. 그렇다면 나머지 사람들은 어떨까?

몇 년 전, 리처드 리파Richard Lippa라는 한 연구 심리학자가 이 질문에 대답해 보기로 했다. 그는 내향적인 사람들을 자기 연구실로 불러 수학을 가르치는 연기를 하면서 외향적인 사람처럼 행동해 보라고 요청했다. 그러고는 그와 그의 팀이 비디오카메라를 들고 그들이 걸을 때의 보폭과 학생들과 눈을 마주치는 횟수, 말하는 데 쓰는 시간, 말하는 속도 및 음량, 각 강의 시간의 전체 길이를 측정했다. 그들은 피험자들이 얼마나 외향적으로 보이는지도 평가했는데, 그 기준은 녹음된 음량과 보디랭귀지였다.

리파는 그런 뒤에 실제로 외향적인 사람들을 불러다가 똑같은 실험을 하고서 결과를 비교했다. 그는 외향적인 사람들 그룹이 좀 더 외향적으로 느껴지기는 하지만, 몇몇 '가짜'들도 놀라울 정도로 연기를 잘한다는 점을 발견했다. 사람들은 대부분 어느 정도까지는 연기하는 방법을 아는 듯하다. 자신의 보폭이나 말하고 웃는데 들이는 시간 등의 요인 때문에 외향적이거나 내향적으로 보일수 있다는 점을 의식적으로 알지 못하더라도 무의식적으로는 알고 있는 셈이다.

그럼에도 우리가 자기표현을 통제하는 데는 한계가 있다. 이것은 부분적으로 '행동 누출behavioral leakage'이라는 현상 때문에 일어난다. 무의식적인 보디랭귀지로 우리의 진정한 모습이 새어나가는 것을 말한다. 외향적인 사람이라면 눈을 맞추었을 텐데 순간적으로 살짝 딴 곳을 본다든지, 외향적인 연사라면 무대에 좀 더 머물렀을 텐데 청중에게 이야기해야 하는 부담이 늘어나게 되면 능숙하게 대화의 흐름을 바꾼다거나 하는 식이다.

리파의 실험에서 가짜 외향성을 보여준 사람들은 어떻게 진짜처럼 보일 수 있었을까? 알고 보니 외향적인 사람처럼 연기하는데 특별히 뛰어난 사람들은 대체로 심리학자들이 '자기감시self-monitoring'라고 부르는 특성에서 매우 높은 점수를 받았다. 자기감시가 뛰어난 사람들은 상황에 따른 사회적 요구에 자기 행동을 맞추는 데 아주 능숙했다. 이들은 단서들을 찾아서 자기 행동을 교정했다. 로마에 가면 로마인들처럼 행동한 것이다. 이는 『대중에게 보이는 모습, 사생활에서의 실상Public Appearances Private Realities』의 저자이자 자기감시 지수Self-Monitoring Scale를 만들어낸 심리학자 마크 스나이더Mark Snyder의 말이다.

내가 만난 사람 중 자기감시가 가장 뛰어난 이는 '에드거'라는 남자로, 그는 뉴욕 사교계에서 유명하기도 한 매우 인기 있는 인물이다. 그와 그의 아내는 평일 저녁이면 거의 매일 모금 행사나 기타 사교 모임을 주최하거나 그런 모임에 참석했다. 그는 말하자면 '무서운 아이enfant terrible'로, 그 익살맞고 터무니없는 행동으로 사람들에게 자주 회자됐다. 하지만 에드거는 자신이 내향적이라고 자인했다. "사람들과 이야기하는 것보다 앉아서 책 보면서 생각하는 게 훨씬 좋죠."

그런데도 그는 사람들과 이야기한다. 에드거는 그에게 자기감시를 기대하는 매우 사교적인 가정에서 자라났고, 거기에 부응하려는 이유도 있었다. "전 정치가 좋아요. 정책도 좋고, 뭔가 일을 벌이는 것도 좋고, 제 방식대로 세상을 바꾸고 싶어요. 그래서 인위적인 일을 하죠. 다른 사람 파티의 손님이 되는 건 별로 좋아하지 않아요. 그렇게 되면 제가 사람들을 즐겁게 해줘야 하거든요. 하지만 우리 집에서 파티를 하는 건 괜찮죠. 그러면 실제로 사교적인 사람이 되지 않더라도 중심에 서게 되니까요."

다른 사람이 주최한 파티에 실제로 참석하게 되면, 에드거는 자기 역할을 하느라 매우 열심이다. "대학 내내 그리고 최근에도 저녁 파티나 칵테일파티에 가기 전, 시기적절하고 재미있는 일화가 담긴 색인카드를 3개에서 5개 정도 준비해요. 파티가 있는 날 준비하는 거죠. 뭔가 퍼뜩 떠오르면 적어두는 거예요. 그러고는 저녁때가 되면 적당한 기회를 봐서 말을 꺼내요. 가끔은 화장실에 가서 제가 적어둔 얘기가 뭐였는지 다시 봐야 할 때도 있어요."

하지만 시간이 지나면서 에드거는 저녁 파티에 색인카드를 가지고 가지 않게 되었다. 그는 여전히 자신이 내향적이라고 여기지만, 외향적인 역할에 매우 익숙해져서 자연스럽게 이야기들이 떠오르게 되었다. 실제로 최상의 자기감시자들은 특정한 상황에서 원하는 효과와 감정을 만들어내는 데도 능숙할 뿐 아니라, 그렇게 하면서 스트레스도 덜 받는다.

에드거 같은 사람들도 있지만, 반대로 자기감시가 약한 사람들은 자기 행동을 내면의 나침반에 따라 결정한다. 이들은 사회적인 상황에서 쓸 수 있는 행동 레퍼토리와 가면이 제한되어 있다. 이들은 저녁 파티에서 재미있는 일화를 몇 개나 들려줘야 하느냐는 것처럼 상황에 따른 단서에 덜 민감하며, 단서가 뭔지 알고 있다 해도 역할 놀이에 흥미가 별로 없다. 마치 자기감시가 약한 사람과 자기감시가 강한 사람은 서로 다른 청중들에게 연기하는 것과 같다고 마크 스나이더는 말했다. 한쪽은 자기 내면의 청중에게, 한쪽은 바깥의 청중에게 연기하는 것이다.

자신이 얼마나 자기감시가 뛰어난지 알고 싶다면, 스나이더의 자기감시 지수에서 가져온 몇 가지 질문들에 답해보자.

- 사교 장소에서 어떻게 행동해야 좋을지 불확실할 때, 다른 사람들의 행동을 보고 단서를 얻는가?
- 영화나 책, 음악을 고를 때 친구들의 조언을 자주 구하는 편인가?
- 서로 다른 상황과 서로 다른 사람들 앞에서 아주 다른 사람처럼 행동할

때가 많은가?

- 다른 사람들을 흉내 내기가 쉬운가?

- 옳은 목적을 위해서라면 누군가의 눈을 똑바로 마주하고 무표정하게 거짓말을 할 수 있는가?

- 실제로는 누군가를 싫어하면서 그들에게 친근하게 대하여 그들을 속이는 일이 있는가?

- 사람들을 즐겁게 하거나 사람들에게 좋은 인상을 주려고 연기를 하기도 하는가?

- 자기가 실제로 느끼는 것보다 더 감정을 깊이 느끼는 것처럼 보일 때가 종종 있는가?

이 질문들에 '그렇다'고 답한 숫자가 많을수록 자기감시가 더 강한 것이다. 이제 이런 질문들에도 답해보자.

- 당신의 행동은 대개 진정한 자신의 느낌이나 태도, 신념을 표현하는 것인가?

- 이미 믿고 있는 생각이 아니면 그것을 옹호해서는 안 된다고 생각하는가?

- 누군가를 즐겁게 하거나 그들의 호감을 사기 위해 자신의 의견을 바꾸거나 행동방식을 바꾸는 것을 거부하겠는가?

- 누군가의 몸짓을 보고 그 의미를 알아맞히는 게임이나 즉석 연기와 같은 게임을 싫어하는가?

- 서로 다른 사람과 서로 다른 상황에 맞게 자신의 행동을 바꾸는 데 어려움을 느끼는가?

이 질문들에 '그렇다'고 답한 숫자가 많을수록 자기감시가 약한 것이다.

리틀 교수가 성격심리학 수업에 자기감시라는 개념을 소개했을 때, 어떤 학생들은 자기감시가 강한 사람이 되는 것이 윤리적인 일인가 하는 문제로 매우 흥분했다고 한다. 자기감시가 강한 사람과 약한 사람이 서로 사랑하는 경우처럼, 어떤 뒤섞인 연인들은 그 일로 헤어지기도 했다고 한다. 자기감시가 뛰어난 사람들의 눈에는 자기감시가 약한 사람들이 뻣뻣하고 사교적으로 어설프게 비칠 수 있다. 자기감시가 약한 사람들의 눈에는 자기감시가 뛰어난 사람들이 순응주의에 기만적으로 비칠 수 있다. 마크 스나이더의 말에 따르면, 원칙보다는 실리를 따지는 사람인 것이다. 실제로 자기감시가 뛰어난 사람은 자기감시가 약한 사람보다 거짓말을 잘하는 것으로 드러났는데, 이는 자기감시가 약한 사람들이 지적하는 도덕적 입장을 지지하는 듯 보인다.

하지만 리틀 교수는 자기감시가 매우 뛰어나지만 윤리적이고 동정심도 많은 사람으로, 이와 의견을 달리한다. 그는 자기감시를 일종의 겸손한 행동으로 봤다. 그것은 모든 것을 자신의 욕구와 관심에 끼워맞추기보다는 자신을 상황에 맞추는 것이다. 자기감시라고 해서 모두 청중과 연기를 토대로 하는 것은 아니다. 좀 더 내향적인 경우라면 스포트라이트에는 별로 관심이 없고 남에게 실례를 저지르지 않는 데 좀 더 관심이 있을 것이다. 리틀 교수가 연설을 뛰어나게 잘하는 것은 부분적으로 그가 계속 자기를 감시하며 청중들이 보여주는 즐거움이나 지루함 등의 미묘한 신호를 포착하고 필요에 따라 강의를 조정하기 때문이다.

핵심 프로젝트를 찾기 위한 3가지 중요 단계

가장할 수 있다면, 연기 기법을 완벽히 터득할 수 있다면, 자기를 감시하면서 사회적 기준에 자신을 맞추고 사회적 단서에 주의를 기울이는 법을 제대로 터득할 수 있다면, 그렇게 하는 것이 좋을까? '자유특성이론은 현명하게 활용하면 효과적이지만 지나치면 재앙을 일으키기도 한다'가 그는 대답했다.

최근에 나는 하버드대학교 법대 행사에 패널로 참여한 적이 있다. 여성이 법대에 입학하게 된 지 쉰다섯 번째 해가 되는 것을 기념하는 행사였다. 전국의 여성 졸업생들이 축하하기 위해 모였다. 패널의 발표 주제는 '서로 다른 목소리로: 강력한 자기표현을 위한 전략'이었다. 발표자는 4명이었다. 법정 변호사, 판사, 대중 강연 코치, 나. 나는 내가 할 말을 세심하게 준비했다. 내가 하고 싶은 역할이 뭔지 이미 알고 있었다.

먼저 대중 강연 코치부터 시작했다. 그녀는 어떻게 하면 사람들을 뒤집어지게 할 강연을 할 수 있는지 이야기했다. 판사는 우연히도 한국계 미국인이었는데, 아시아인들이 모두 조용하고 공부를 열심히 한다고 사람들이 가정하지만 실제로 자기는 외향적이고 자기주장이 확고하다면서 그런 시선이 속상하다고 말했다. 금발에 아담한 그리고 엄청나게 거침없던 변호사는 자기가 반대심문을 하려는데 판사가 "물러서세요, 호랑이 변호사!" 하고 꾸짖었던 일화를 들려주었다.

내 차례가 되자, 나는 자신을 호랑이로도, 미신 파괴자로도, 청중을 날려버리는 강사로도 보지 않는 여성들을 대상으로 삼았다. 나는 협상 능력이 금발머리나 가지런한 치아처럼 타고난 것이 아니며, 테이블이 떠나가라고 쿵쿵 쳐대는 과격한 사람들만을 위한 것도 아니라고 말했다. 누구나 뛰어난 협상가가 될 수 있고, 사실 조용하고 우아하게 행동하며, 말하기보다는 듣고, 본능적으로 갈등보다 조화를 추구하는 것이 유리할 때가 많다고 말했다. 이렇게 하면 상대의 에고에 불을 지피지 않고도 공격적인 입장을 취할 수 있다고 했다. 그리고 경청하면 협상 상대를 움직이는 진정한 동기가 무엇인지 파악하고 양쪽 집단을 만족시킬 창의적인 해결안을 찾아낼 수도 있다고도 말했다.

나는 위협적인 상황에서 차분함과 안정을 유지하기 위한 심리적 비법을 알려주기도 했다. 이를테면 정말로 자신감 있다고 느낄 때 자신의 얼굴과 몸이 어떻게 움직이는지에 주의를 기울이고, 그런 척해야 할 때 바로 그 자세를 취하는 것이다. 연구 결과들에 따르면, 웃음을 짓는 일처럼 단순한 신체적 동작만으로도 더 강하고 행복하다고 느낄 수 있고, 반대로 얼굴을 찌푸리면 기분이 더 나빠질 수 있다.

당연하게도 패널의 얘기가 끝나자 청중들은 패널 참가자들과 얘기를 나누기 위해 다가왔고 나를 찾아온 이들은 내향적인 이들과 가짜로 외향적인 이들이었다. 그들 중 두 여성이 내 기억에 뚜렷이 남아 있다.

한 사람은 앨리슨이라는 법정 변호사였다. 앨리슨은 날씬한 몸매에 머리를 꼼꼼하게 손보았지만, 얼굴은 창백하고 파리하며 불만족스러워 보였다. 그녀는 한 법률사무소에서 10년이 넘도록 법정 변호사로 활동했다고 한다. 이제 적절한 수순이라고 여기고 법무 자문위원으로 일하려고 여러 회사에 지원하고 있는데, 문제는 자기 마음이 그 일에 끌리지 않는다는 점이었다. 그리고 당연히 그녀는 일자리 제의를 한 군데서도 받지 못했다. 이제까지 쌓아온 자격 덕분에 마지막 인터뷰까지는 갈 수 있었지만 최후의 관문을 통과하지 못한 것이다. 그리고 앨리슨도 왜인지 알고 있었다. 그녀에게 인터뷰를 잡아준 헤드헌터가 계속 같은 피드백을 해주었던 것이다. 그 일에 맞는 성격이 아니라는 얘기였다. 자칭 내향적인 앨리슨은 이 피할 수 없는 판결에 관해 이야기할 때 고통스러운 표정이었다.

두 번째 여성은 질리언으로, 자신이 사랑하는 환경보호 단체에서 간부로 활동하고 있다고 했다. 질리언은 친절하고 유쾌하며 현실적인 사람으로 비쳤다. 운 좋게도 질리언은 자신이 중요하게 생각하는 주제에 관해 정책 문건을 작성하거나 조사하는 데 상당한 시간을 쓰고 있었다. 하지만 이따금은 회의를 주관하고 발표를 해야 했다. 이런 회의가 끝나고 나면 매우 만족스러웠지만 그녀는 스포트라이트를 받고 싶지 않았고, 그래서 무서울 때 어떻게 하면 차분하게 대응할 수 있을지 내게 조언을 구했다.

자, 앨리슨과 질리언은 무엇이 달랐을까? 둘 다 가짜로 외향적인 척하는 사람이었고, 앨리슨은 시도했으나 실패했고, 질리언은 성공하고 있다고 말할 수 있을 것 같다. 하지만 앨리슨의 문제는 자신에게 중요하지 않은 프로젝트를 위해 자기 성격과 다르게 행동해야 한다는 점이었다. 앨리슨은 법을 사랑하지 않았다. 그녀가 월 스트리트 변호사가 되려고 한 까닭은 그 일이 힘 있고 성공적인 변호사들이 하는 일인 것처럼 보였기 때문이며, 따라서 짐짓 꾸민 그녀의 외향성은 더 깊이 있는 가치에서 나온 행동이 아니었다. 앨리슨은 이렇게 생각하지 않았다. 그녀의 마음속에서 일어나는 생각은 이런 것이었다. '난 내가 아주 중요하게 여기는 일을 진전시키기 위해 이걸 하는 거고, 이 일이 끝나고 나면 내 진정한 모습으로 돌아갈 거야. 성공으로 가는 길은 내가, 내가 아닌 누군가가 되는 거야.' 이것은 자기감시가 아니라 자기부정이다. 줄리언은 일시적으로 다른 기질을 발휘해야 하는 가치 있는 일을 위해 성격에서 벗어난 행동을 하지만, 앨리슨은 자신에게 근본적으로 문제가 있다고 믿었다.

우리에게 핵심이 되는 프로젝트를 파악하기가 늘 쉽지는 않다.

그리고 내향적인 사람에게는 이것이 특히 어려울 수도 있다. 상당한 시간을 외향적인 기준에 동조하느라 직업을 고를 때가 되면 자신의 취향을 무시하는 것이 지극히 일반화되어 있다. 이들은 법대나 간호대, 마케팅 부서에 있으면서 불편하다고 느낄 수도 있지만, 중학교 때나 여름 캠프 때만큼은 아니라고 생각한다.

나 역시 한때 그런 입장이었다. 나는 기업 변호사로 활동하는 것이 즐거웠고 잠시 동안은 내가 타고난 변호사라고 확신했다. 나는 너무나 그렇게 믿고 싶었다. 이미 수년을 법대와 현장 연수에 투자했고, 월 스트리트 법조계의 상당한 부분에 매력을 느꼈기 때문이다. 동료들은 지적이고 친절하고 배려심 있었다(대부분). 벌이도 좋았다. 사무실도 자유의 여신상이 내다보이는 고층건물의 42층에 있었다. 나는 영향력 있는 사람들 주변에 있으면 번성할 수 있으리라고 생각하며 흐뭇했다. 그리고 난 대부분의 변호사들에게 핵심적인 '하지만'과 '만약'이라는 말을 꺼내는 데도 제법 능숙했다.

법률이 내게 소중한 프로젝트가 아니었다는 점을, 심지어 전혀 동떨어진 것이었다는 점을 깨닫는 데 거의 10년이 걸렸다. 이제 나는 내 소중한 프로젝트가 무엇인지 주저하지 않고 말할 수 있다. 남편과 아들들, 글쓰기, 이 책의 가치 홍보하기. 일단 이것을 깨닫고 나자, 바꿔야 했다. 나는 월 스트리트 변호사로 일한 시간을 국외 거주자로 살던 시간으로 여겼다. 그것은 매력적이고 흥미진진했다. 내가 그 일을 하지 않았더라면 만나지 못했을 재미있는 사람들도 수없이 만났다. 하지만 나는 늘 외국인이었다. 나 스스로 직업을 변경하기까지 수많은 시간을 보냈고 사람들이 자기 직업을 찾아나가도록 돕는 데도 상당한 시간을 보내고 나니, 자신에게 핵심이 되는 프로젝트를 알아내려면 세 가지 중요한 단계를 밟아야 한다는 점을 알게 되었다.

첫째, 어린아이일 때 무엇을 좋아했는지 회상해 보라. 어릴 적에, 크면 뭐가 되고 싶으냐는 질문에 뭐라고 대답했는가? 그때 했던 구체적인 답변은 표적에서 빗나갔을 수도 있지만, 그 아래 깔려 있던 충동은 그렇지 않았을 것이다. 어릴 때 소방관이 되고 싶었다면, 소방관이 자신에게 어떤 의미였는가? 고통에 빠진 사람들을 구조하는 좋은 사람? 저돌적인 사람? 아니면 그저 트럭을 모는 것이 좋았는가? 댄서가 되고 싶었다면, 그 의상을 입고 싶어서였는가, 아니면 박수 소리가 너무 듣고 싶어서였는가, 아니면 번개 같은 속도로 빙빙 도는 것이 즐거워서였는가? 그때 여러분은 지금보다 자신을 더 잘 알았을 것이다.

둘째, 자신이 끌리는 일에 주의를 기울이자. 법률회사에서 일할 때 나는 기업법에 관련해서는 가외로 일을 맡겠다고 자원한 적이 한 번도 없지만, 비영리 여성 리더십 조직을 위해서는 무료로 봉사한 적이 무척 많았다. 그리고 법률회사의 젊은 변호사들을 위해 멘토링과 훈련, 자기계발을 맡은 위원회에 참여한 적도 많았다. 이제 이 책을 보고 알았겠지만, 나는 위원회에 맞는 유형은 아니다. 하지만 이 위원회의 목표들이 나에게 활력을 주었고, 그래서 나는 거기에 참여했다.

셋째, 자신이 부러워하는 일에 주의를 기울이자. 질투는 추한 감정이지만 진실을 알게 해준다. 우리는 대부분 자신이 갈망하는 것이 있는 사람을 시샘한다. 내가 나의 질투를 알게 된 것은 예전 법대 동기들이 모여서 동문들의 경력에 관해 이야기를 주고받은 이후였다. 동기들은 감탄하며 그리고 질투하며, 주기적으로 대법원에서 변호하던 한 학우에 관해 얘기했다. 처음에 나는 비판하고 싶었다. 이내 '잘됐네!' 하고 생각하며 내 관대함을 칭찬했다. 그러다가 쉽게 관대하게 생각할 수 있었던 것은, 내가 대법원에서 변호를 하고 싶은 열망도 없고 변호사 업무에 따라오는 다른 포상을 얻고 싶은 열망도 없기 때문이라는 점을 깨달았다. 그렇다면 나는 누가 부러운 것인지 생각해 보니, 즉각 답이 튀어나왔다. 내 대학 동기들 중 나중에 작가가 되거나 심리학자가 된 사람들이었다. 요즘 나는 이 두 가지를 내 나름의 방식으로 추구하고 있다.

내향적인 사람을 위한 휴식법, '회복 환경'을 만들어라

하지만 핵심 프로젝트를 위해 애를 쓴다고 하더라도, 너무 자신과 동떨어진 행동을 하거나 너무 오래 해서는 곤란하다. 리틀 교수가 강연이 끝난 뒤에 화장실에 가서 숨었던 일을 기억하는가? 그런 행동을 보면 역설적이게도 자신에게서 벗어나는 행동을 하는 가장 좋은 방법은 되도록 자신에게 충실해지는 것이다. 그러자

면 일상생활에서 되도록 '회복 환경restorative niche'을 많이 만들어두
는 일부터 해야 한다.

'회복 환경'이란 리틀 교수가 만든 말로, 있는 그대로의 모습으
로 돌아가고 싶을 때 가는 장소를 가리킨다. 리슐리외강처럼 물리
적인 장소일 수도 있고, 판매를 위해 전화하는 사이사이에 조용히
쉬는 것처럼 시간적인 공간일 수도 있다. 직장에서 큰 회의가 잡
혀 있으면 주말에 사람들 만나는 계획을 취소한다는 뜻이 될 수도
있고, 요가나 명상을 한다거나 직접 만나는 대신 이메일로 대화한
다는 뜻도 된다. 가족과 친구들을 위해 시간을 내는 것이 직업이
나 마찬가지던 빅토리아 시대의 여성들조차 매일 오후가 되면 쉬
기 위해 혼자 지내는 것이 일반적이었다.

운 좋게도 자신의 개인 사무실이 있다면, 연속되는 회의들 중간
에 자신의 사무실 문을 닫는 것도 회복 환경을 선택하는 한 방법
이다. 어디에 앉을지 세심하게 선택하고 언제 어떻게 회의에 참여
할지 결정하여 회의 도중에도 회복 환경을 마련할 수 있다. 『불확
실한 세상에서In an Uncertain World』라는 책에서 클린턴 행정부 재무
장관을 지낸 저자 로버트 루빈Robert Rubin은 이렇게 자신을 묘사했
다. "대통령 집무실에 있든 수석보좌관 사무실에 있든 늘 중심에
서 멀리 떨어진 자리에 있고 싶었고, 테이블 다리 옆이 내 지정석
이었다. 그러한 작은 물리적인 거리 덕분에 나는 좀 더 편안하다고
느꼈고, 살짝 떨어진 관점에서 발언하거나 방 안의 공기를 읽을 수
있었다. 나는 내가 간과되면 어쩌나 하는 걱정은 없었다. 얼마나

멀리에 앉아 있든 서 있든, 언제나 이렇게 말할 수 있었기 때문이다. '각하, 제 생각엔 이건 이렇고 저건 저렇고 그건 그렇습니다.'"

새로운 일자리를 받아들이기 전에, 육아 휴가나 간호 휴가 계획을 세우거나 건강보험 계획을 짤 때처럼 세심하게 회복 환경이 있는지 평가해 본다면 삶이 한결 나아질 것이다. 내향적인 사람들은 이렇게 자문해야 한다. 이 일을 하면 읽기, 전략 세우기, 쓰기, 조사하기와 같이 내 성격에 맞는 활동에 시간을 쓸 수 있을까? 개인적인 작업 공간을 받게 될까, 아니면 열린 사무 공간의 끝없는 압박에 시달려야 할까? 직장에서 회복 환경을 충분히 얻을 수 없다면, 저녁이나 주말에 스스로 회복 환경을 마련할 만큼 충분한 자유 시간을 가질 수 있을까?

외향적인 사람들도 회복 환경을 찾아보면 좋다. 그 일에는 말하고 여행하고, 새로운 사람을 만나는 일이 많을까? 사무 공간은 충분한 자극을 줄까? 직업이 자신과 완벽하게 궁합이 맞지 않는다면, 일이 끝난 후에 열기를 분출할 정도로 시간을 융통성 있게 쓸 수 있을까? 직무설명서를 잘 살펴보라. 나와 면담한 매우 외향적인 한 여성은 한 자녀양육 웹사이트의 '커뮤니티 운영자'라는 위치에 매우 흥분해 있었다. 그러다 날마다 오전 9시에서 오후 5시까지 컴퓨터 앞에만 앉아 있어야 한다는 사실을 깨달았다.

때로는 전혀 예상하지 못한 직업에서 회복 환경을 발견하기도 한다. 내 예전 동료 중에는 법정 변호사로 대부분의 시간을 자료 조사하고 변론취지서를 작성하며 혼자서 멋지게 보내는 이가 있다. 맡은 사건들이 대부분 합의로 끝나기 때문에 그녀는 법정에 갈 일이 매우 드물어서 막상 가야 할 때 거짓으로 외향적인 척하는 기술을 쓴다고 해도 상관없을 정도였다. 나와 면담한 한 내향적인 행정직 사무원은 자신의 경험을 살려서 '가상 사무원들'을 위한 코칭 서비스를 제공하고 정보 센터 역할을 하는 인터넷 사업을 차렸다. 그리고 다음 장에 가면 내향적인 자신의 모습을 유지함으로써 매년 회사의 판매기록을 갈아치운 슈퍼스타 판매원 이야기를 읽게 될 것이다. 이 세 사람은 모두 명확하게 외향적인 업무 분야를 택해서 그것을 자신에게 맞게 바꾸어, 대부분의 시간에 자신의 성격에 맞게 행동하면서 근무를 하나의 키다란 '회복 환경'으로 뒤바꿔버렸다.

회복 환경을 찾기가 늘 쉽지만은 않다. 여러분은 토요일 저녁이면 난롯가에 앉아 책을 읽고 싶을지 모르지만, 배우자는 그때 자기 친구들이 잔뜩 모이는 자리에 여러분이 함께 가주기를 바란다면 어떻게 되겠는가? 또는 여러분은 판매 전화를 돌리는 중간 중간에 개인사무실로 돌아가 쉬고 싶지만, 회사가 정책을 바꾸어 개방된 사무 공간으로 만들어버렸다면 어떻게 되겠는가? 자유특성이론을 활용하려면 친구들, 가족들과 동료들의 도움이 필요하다. 그런 이유로 리틀 교수는 우리가 '자유특성계약'을 맺어야 한다고 힘주어 이야기했다.

이것은 '자유특성이론'의 마지막 조각이다. 자유특성계약이란 우리가 일정 시간은 자신의 성격에 맞지 않는 행동을 하기로 하되, 나머지 시간에는 자신의 모습 그대로 지낼 수 있게 하는 것이다. 아내는 토요일 밤마다 밖으로 나가고 싶어 하고 남편은 난롯가에서 쉬고 싶어 한다고 할 때 '반은 나가고 반은 집에 있는다'는 답을 찾아낸다면, 이것이 '자유특성계약'이다. 가장 절친한 외향적인 친구가 결혼하는데, 결혼선물 받는 날이나 약혼 축하잔치나 처녀 파티에는 참석하겠지만, 결혼식 전에 사흘간 그룹 활동을 하는 것은 건너뛰어도 친구가 이해해 준다면 그것도 자유특성계약이다.

친구나 연인처럼 우리가 기쁘게 하고 싶은 사람, 우리의 진정한 모습을 사랑하는 사람과는 자유특성계약을 협상할 수 있을 때가 많다. 직장생활은 그보다 조금 까다로운데, 아직 대다수의 기업들이 이런 식으로 생각하지 않기 때문이다. 지금으로서는 에둘러서 가야 할 것이다. 경력 상담사 쇼야 지치Shoya Zichy가 내게 들려준 자기 고객 이야기를 보자. 내향적인 재무분석가인 그 여성은 고객들에게 설명을 해야 하지 않으면 자기 사무실에 끊임없이 들락거리는 동료들과 대화를 해야 했다. 그녀는 완전히 탈진해서 회사를 그만둘 참이었다. 그때 지치가 휴식 시간을 달라고 협상해 보라고 제안했다.

이 여성은 월 스트리트 은행에서 일했고 그곳은 매우 내향적인 사람의 필요에 관해 솔직하게 논의하기에 부적합한 문화였다. 그래서 그녀는 자신의 요구를 어떻게 포장할지 세심하게 고민했다. 그녀는 전략 분석이라는 자기 일의 특성상 집중할 수 있는 조용한 시간이 필요하다고 상사에게 말했다. 일단 경험에 기대어 자신의 주장이 타당하다는 점을 설명하고 나니, 자신에게 심리적으로 필요한 것을 요청하기가 쉬워졌다. 일주일에 이틀은 집에서 일하겠다는 것이었다. 상사는 좋다고 말했다. 하지만 우리가 자유특성계약을 가장 잘 맺을 수 있는 상대는 바로 우리 자신이다. 물론 그러자면 먼저 저항하려는 마음부터 극복해야 한다.

여러분이 독신이라고 해보자. 여러분은 사람이 많은 바에 가기는 싫지만 친밀감이 너무 간절하다. 아늑한 곳에서 저녁을 함께하고 파트너와 긴긴 대화를 나눌 수 있는 오랜 기간의 연애 관계를 맺고 싶다. 이 목표를 달성하기 위해, 사교 모임에 나가기로 자신을 채찍질하겠다고 자신과 계약을 맺는다. 그렇게 해야만 짝을 만나서 장기적으로 모임에 나가는 횟수를 줄일 수 있기 때문이다. 그렇다 해도 자신이 편안하게 견딜 수 있을 정도로만 모임에 나가기로 한다. 그것이 어느 정도나 될지, 일주일에 한 번일지 한 달에 한 번일지 분기에 한 번일지 등을 미리 정해둔다. 그리고 목표치를 넘겼다면 죄책감을 느낄 필요 없이 집에서 지낼 권리를 획득하는 것이다.

아니면 재택근무 할 수 있는 조그마한 사업을 시작해서 배우자와 아이들과 시간을 더 많이 보내려고 늘 꿈꾸었을지도 모른다. 이 일을 하려면 어느 정도의 교류는 필요하므로 자신과 자유특성계약을 맺는다. 매주 한 번씩은 환담 파티에 나가기로 한 것이다. 모임에 나갈 때마다 적어도 한 번은 진실한 대화를 나누고 (방 안의 공기를 파악하는 것보다는 그 편이 쉬울 것이므로) 다음 날 그 사람과 따로 만나기로 한다. 그런 뒤 집으로 가서 다른 교류의 기회를 거절하더라도 언짢아하지 않고 지내는 것이다.

성격에 벗어난 행동이 오래 지속되면 건강을 해친다

리틀 교수는 자신과 자유특성계약을 제대로 맺지 못할 때 어떤 일이 일어나는지 아주 잘 알고 있었다. 이따금 리슐리외강이나 화장실로 여행을 떠난 것 외에도, 그는 언젠가 내향성과 외향성 양쪽에서 가장 에너지를 많이 잡아먹는 요소들이 섞여 있는 일정을 따라야 한 적이 있었다. 외향적인 쪽으로는 쉴 새 없는 강연과 학생들과의 만남, 학생 토론 그룹 지켜보기, 수많은 추천서 작성하기 등이 있었다. 내향적인 쪽으로는 이 모든 일들을 아주 진지하게 처리해야 했다.

"이 일을 바라보는 한 가지 방식은 내가 외향적인 사람에게나 어울리는 일들에 너무 많이 연관되어 있다고 생각하는 것일 테지만, 내가 정말로 외향적이었다면 더 빠르고 덜 섬세하게 추천장을 작성했을 것이고, 강의 준비에 그만큼 시간을 들이지도 않았을 것이고, 사교 모임을 끝낸 후 진이 빠지지도 않았을 겁니다." 또 교수는 자칭 '평판의 혼란'이라는 것 때문에도 힘겨웠다고 하는데, 이는 그가 엄청나게 열광적이고 에너지가 넘친다고 알려진 데다 그런 평판이 저절로 불어난 탓이었다. 사람들이 아는 그의 모습이 그러했기에, 그는 그러한 모습을 보여줘야 한다고 느꼈다.

자연히 리틀 교수는 정신적으로 뿐 아니라 신체적으로도 탈진하기 시작했다. 아무러면 어떤가. 그는 학생들을 사랑했고, 그의 일을 사랑했고, 그 모든 것을 사랑했다. 그러던 어느 날 의사에게 양측 폐렴에 걸렸다는 선고를 받았다. 너무 바빠서 알아차리지도 못했다. 그의 뜻과는 달리 부인이 그를 병원에 끌고 가다시피 해서 간 것이었고, 다행스러운 일이었다. 의사들은 그대로 방치했더라면 교수가 죽었을 것이라고 했다.

양측 폐렴과 지나치게 바쁜 생활은 누구에게나 일어날 수 있지만, 리틀 교수의 경우는 성격에서 벗어난 행동을 너무 오랫동안, 그것도 회복 환경도 없이 지속한 결과로 나타난 일이었다. 양심적인 자세 때문에 자신이 감당할 수 있는 범위를 넘어선 만큼을 떠맡게 될 때, 우리는 평소라면 재미있을 일에도 흥미를 잃게 된다. 건강도 나빠질지 모른다. 우리가 감정을 다스리고 바꾸려 노력할 때 들어가는 '감정 노동'은 스트레스, 탈진, 심지어 심혈관 질환 같은 증상이 늘어나는 것과도 연관된다. 리틀 교수는 자신의 성격에 맞지 않는 행동을 장기간 계속하면 자율신경계의 활동이 늘어나게 되고, 그에 따라 면역 기능에도 타격을 줄 수 있다고 생각한다.

한 괄목할 만한 연구에서는 부정적인 감정을 억누르는 사람들이 나중에 가서야 뜻하지 않은 방식으로 그 감정들을 분출하게 되는 경향이 있다고 했다. 심리학자 주디스 그로브Judith Grob는 피험자들에게 구역질나는 이미지들을 보여주면서 감정을 숨기라고 요청했다. 심지어 사람들에게 입에 펜을 물어서 얼굴이 찌푸려지지 않게 하라고 하기도 했다. 실험 결과, 자연스럽게 반응해도 괜찮았던 그룹에 비해 이 그룹이 사진을 보고 덜 구역질이 났다고 보고했다. 하지만 나중에 감정을 억눌렀던 사람들은 부작용을 겪어야 했다. 기억이 손상되었고, 억눌렀던 부정적인 감정이 그들의 세계관에도 영향을 미친 듯했다. 그로브가 그들에게 이를테면 'gr_ss'라는 단어에서 빠진 철자를 채워넣으라고 하자, 이들은 'grass'(풀)보다는 'gross'(역겨운)로 쓰는 경향이 강했다. 그로브 박사는 이렇게 결론 내렸다. "[부정적인 감정을] 주기적으로 억누르는 사람들은 세상을 좀 더 부정적인 빛깔로 바라보게 될 소지가 있다."

바로 그런 까닭에 리틀 교수는 휴식기에 들어가, 대학에서 은퇴 후 캐나다 시골집에서 아내와 함께 지내는 시간을 향유하고 있다. 교수는 아내인 수 필립스Sue Phillips(칼리턴대학교의 공공정책 및 행정학 대학원 책임자)가 자신과 매우 비슷해서 자유특성계약 없이도 관계를 잘 유지할 수 있다고 말했다. 하지만 자기 자신과 자유특성계약을 맺은 덕분에 교수는 필요 이상으로 돌아다니지 않으면서도 흔쾌히 학자이자 교수로서의 일을 지속할 수 있게 되었다. 그런 뒤에 그는 집으로 가서 아내 수와 함께 난롯가 의자에 몸을 파묻혔다.

chapter 10

소통의 틈새

반대 유형의 사람들과 어떻게 대화해야 하는가?

두 성격의 사람이 만나는 일은
마치 두 가지 화학물질이 접촉하는 것과 같다.
반응이 일어난다면, 양쪽이 다 바뀐다.
– 칼 융

내향적인 사람과 외향적인 사람이 기질의 남과 북이라면, 즉 한 스펙트럼의 양 극단이라면 어떻게 그 둘이 서로 사이가 좋을 수 있을까? 그런데도 두 유형의 사람들은 우정에서도, 사업에서도, 사랑에서도 서로 끌릴 때가 많다. 이들은 함께 있음으로써 커다란 즐거움과 상호 존중하는 마음을, 서로 부족한 부분을 채워주는 느낌을 누린다. 한쪽은 주로 듣고, 한쪽은 주로 말한다. 한쪽은 아름다움에 민감하지만 동시에 가혹한 비판에도 민감하고, 한쪽은 하루하루를 기분 좋게 살아간다. 한쪽은 생계를 벌어들이고 한쪽은 아이들의 놀이 시간을 챙긴다. 하지만 이러한 조합도 각 구성원이 서로 반대쪽으로 힘을 가하면 문제가 생길 수도 있다.

그레그와 에밀리는 내향적인 사람과 외향적인 사람이 만나 부부가 된 사례로, 서로 같은 무게로 사랑하고 화도 나게 했다. 그레그는 이제 막 서른이 되었는데, 통통 튀는 걸음과 계속 눈을 덮어버리는 짙은 색 더벅머리, 헤픈 웃음이 특징이다. 사람들은 보통 그를 사교적이라고 묘사했다. 에밀리는 성숙한 스물일곱 살로, 그레그가 말이 많은 만큼 말수가 적다. 우아하고 낮은 음성으로 말하는 그녀는 적갈색 머리를 뒤로 묶어 틀어올렸고, 내리깐 눈썹 틈새로 사람들을 응시할 때가 많다.

그레그와 에밀리는 상대를 훌륭하게 보완해 준다. 그레그가 없으면 에밀리는 일하러 갈 때를 제외하면 집 밖으로 나가는 것조차 잊어버릴지 모른다. 하지만 에밀리가 없으면, 그레그는 (사교적인 사람으로서는 역설적이게도) 혼자라고 느낀다.

두 사람이 만나기 전에 그레그의 여자 친구는 대부분 외향적이었다. 그레그는 그런 관계가 즐거웠지만 여자 친구를 깊이 알게 된 적이 없었다고 말하면서, 둘이 언제나 '어떻게 하면 여러 사람과 어울릴까?'만 궁리했기 때문이라고 했다. 그레그는 에밀리 이야기를 할 때면 일종의 경외감을 느끼는 듯, 마치 그녀가 자신과 달리 더 깊은 내면으로 들어갈 수 있다고 느끼는 듯 말했다. 그리고 에밀리가 자기 세상의 중심점이라고 말했다.

에밀리는 그레그의 원기 왕성함을 보물처럼 여겼다. 그레그 덕분에 행복하며 살아 있다고 느낀다는 것이다. 에밀리는 늘 외향적인 사람들에게 끌렸다. 그녀가 보기에 그들은 대화에 필요한 일을 모조리 맡아줬다. 그들에게 그건 일도 아니었다.

문제는 둘이 함께한 5년간 거의 비슷비슷한 싸움을 계속한다는 점이다. 그레그는 친구가 많은 음악 마케터로, 금요일 저녁마다 저녁 파티를 주최하고 싶어 했다. 격식 없는 활기찬 모임과 잔뜩 쌓여 있는 파스타 사발, 흘러넘치는 와인 병들. 그는 대학 졸업반이었을 때부터 금요일 저녁 파티를 이끌었고, 그날들은 그에게 일주일의 하이라이트이자 그의 정체성을 구성하는 중요한 요소였다.

에밀리는 매주 있는 이 이벤트가 두려워졌다. 미술관의 근면한 전담 변호사이자 자기 얘기를 잘 안 하는 그녀가 일을 마치고 집에 돌아와서 가장 하고 싶지 않은 것은 사람들을 즐겁게 하는 일이었다. 에밀리에게 주말을 시작하는 완벽한 방법은 그레그와 단둘이 영화관에 가서 조용한 시간을 보내는 것이었다.

이것은 타협할 수 없는 차이처럼 보인다. 그레그는 일 년에 저녁 파티를 52번 열고 싶어 하고, 에밀리는 한 번도 열고 싶어 하지 않았다. 그레그는 에밀리가 좀 더 노력해야 한다고 말했다. 그는 에밀리가 반사회적이라고 비난했다. "난 사회적이야. 당신을 사랑하고, 가족을 사랑하고, 내 친구들을 사랑해. 난 그냥 저녁 파티가 싫을 뿐이야. 사람들은 파티에서 제대로 교류하는 게 아냐. 그저 어울릴 뿐이야. 내가 모든 에너지를 당신한테 쏟아붓는 게 다행인 줄 알아. 당신은 자기 에너지를 사방팔방에 뿌려버리잖아."

하지만 에밀리는 금세 뒤로 물러났다. 싸움이 싫기 때문이기도 하지만, 자기 생각이 의심스럽기 때문이기도 하다. '어쩌면 난 반사회적인지도 몰라. 어쩌면 내게 문제가 있는지도 몰라.' 두 사람이 이 문제로 다툴 때마다 에밀리는 어린 시절의 기억들이 물밀듯 몰려왔다. 정서적으로 튼튼한 여동생보다 자기가 학교에서 얼마나 힘들었는지. '누군가 방과 후에 모이자고 말했는데 자기는 집에 있고 싶었을 때 어떻게 거절해야 하는지' 따위의 사교상의 문제에서 그녀가 다른 사람들보다 걱정이 많은 것처럼 느껴져서 마음이 어땠는지. 에밀리는 친구들이 많았지만 (그녀는 언제나 친구를 사귀는 데 재주가 있다) 떼로 몰려다닌 적은 없다.

에밀리는 타협안을 제시했다. 그녀가 여동생을 만나러 나가고 없는 동안에 저녁 파티를 열면 어떨까? 하지만 그레그는 혼자서 저녁 파티를 주최하고 싶지 않았다. 그레그는 에밀리를 사랑하고 에밀리와 함께 있고 싶으며, 그녀를 알게 되면 누구라도 그런 생각을 했다. 그런데 무엇 때문에 에밀리가 빠져야 한다는 말인가?

이 질문은 그레그에게 단순히 자존심이 상하는 문제를 넘어선다. 그에게 혼자 지낸다는 것은 일종의 크립토나이트(슈퍼맨을 약하게 만드는 물질–옮긴이)와 같다. 약해진 느낌이 드는 것이다. 그는 함께 모험하는 결혼생활을 고대했다. 부부가 된다는 것이 생활의 중심이 되리라고 상상했다. 그리고 자기는 결코 인정한 적 없지만, 결혼한다는 것은 그에게 다시는 혼자 있을 필요가 없다는 뜻이었다. 하지만 지금 에밀리가 자기 없이 사람들과 어울리라고 말하고 있다. 그는 결혼계약의 근본적인 부분을 에밀리가 철회하고 있는 것만 같았다. 그리고 아내가 정말로 뭔가 잘못됐다고 믿었다.

나는 시끌벅적한 파티보다 의미 있는 대화를 원해요

"나에게 문제가 있는 걸까?" 에밀리가 이렇게 자문하는 것도, 그레그가 이런 비난을 하는 것도 놀라운 일은 아니다. 어쩌면 성격 유형에 관한 가장 흔하고도 파괴적인 오해는 내향적인 사람들이 반사회적이고 외향적인 사람들이 친사회적이라는 생각이다. 하지만 이제까지 살펴보았듯, 양쪽 다 옳지 않다. 내향적인 사람과 외향적인 사람은 서로 다르게 사회적이다. 심리학자들이 '친밀감 욕구'라고 부르는 것은 내향적인 사람에게나 외향적인 사람에게나 다 있다. 사실 친밀감을 매우 중요하게 여기는 사람들은, 저명한 심리학자 데이비드 버스David Buss가 말하듯 시끄럽고 외향적이고 파티의 중심인물인 외향적인 사람이 아닐 때가 많다. 그런이들은 절친한 친구들과 어울리는 사람, 시끌벅적한 파티보다 진지하고 의미 있는 대화를 좋아하는 사람이기 쉽다. 에밀리 같은 사람일 확률이 높다는 얘기다.

반대로, 외향적인 사람들은 다른 이들과 어울리면서 꼭 친밀감을 찾지는 않는다. 심리학자 윌리엄 그라치아노Walter Graziano는 이렇게 말했다. "장군이 누군가를 이끌려는 욕구를 채우기 위해 병사들이 필요하듯, 외향적인 사람들은 사회적 충격을 느끼려는 욕구를 채우기 위해 사람들이 모인 공간이 필요한 듯 보입니다. 외향적인 사람들이 파티에 등장하면 그 사람이 왔다는 걸 다들 알아차리죠."

다시 말해 외향성의 정도는 친구의 숫자에는 영향을 미치는 듯하지만, 자신이 얼마나 좋은 친구인가에는 영향을 미치지 않는 듯하다. 대학생 132명을 대상으로 베를린의 훔볼트대학교에서 실시한 한 연구에서, 심리학자 옌스 아스펜도르프Jens Aspendorf와 수잔 윌퍼스Susanne Wilpers는 학생들이 친구들이나 가족들과 관계를 맺는 데 여러 성격 특성이 어떻게 작용하는지 알아내기로 했다. 그들은 소위 5가지 주요 특성인 내향성-외향성, 원만성, 경험 개방성, 양심성(성실성), 정서적 안정성에 집중했다. 수많은 성격심리학자들은 인간의 성격이 이 5가지 특징으로 요약될 수 있다고 믿었다.

아스펜도르프와 윌퍼스는 외향적인 학생들이 내향적인 학생들보다 새로운 친구를 더 쉽게 사귀리라고 예측했고 실제로도 그러했다. 하지만 내향적인 사람들이 정말로 반사회적이고, 외향적인 사람들이 친사회적이라면, 가장 조화로운 관계를 유지하는 사람들도 외향성이 가장 강한 사람들이라고 가정할 수 있다. 그런데 결과는 전혀 그렇지 않았다. 실제로 갈등이 가장 적은 관계를 유지하는 학생들은 원만성에서 높은 점수를 얻었다. 원만한 사람들은 따스하고 다정하며 애정이 많다. 성격심리학자들은 단어들이 나열되어 있는 컴퓨터 화면 앞에 사람들을 앉게 하면 이들이 '보살피다', '위로하다', '돕다'와 같은 단어들에 더 긴 시간을 집중하고 '납치하다', '공격하다', '희롱하다'와 같은 단어에 덜 집중한다는 사실을 발견했다. 내향적인 사람이나 외향적인 사람이나 원만하기는 똑같다. 외향성과 원만함 사이에는 아무런 상관관계가 없다. 이것은 왜 어떤 외향적인 사람들은 사교 생활에서 얻는 자극을 사랑하면서도 가장 가까운 사람들과 딱히 잘 지내지는 않는지 이해하게 해준다. 그리고 이것은 왜 에밀리처럼 친구들을 잘 사귀는 것으로 미루어 볼 때 매우 원만한 유형인 듯한 내향적인 사람들이 가족과 가까운 친구들에게는 관심을 마구 퍼주지만 잡담은 싫어하는지 이해하는 데도 유용하다. 그레그가 에밀리를 '반사회적'이라고 꼬집을 때, 그것은 전혀 어긋난 말이다. 에밀리는 원만하고 내향적인 사람이 할 만한 방식으로, 즉 그레그를 사회생활의 중심으로 만드는 방식으로 결혼생활을 돌본다.

그러지 않을 때도 있다. 에밀리는 직장에서 매우 바쁘고, 때때로 밤에 집으로 돌아오면 거의 기력이 남아 있지 않다. 에밀리는 그레그를 보면 언제라도 기쁘지만, 가끔은 나가서 저녁을 먹거나 활기차게 대화하느니 조용히 그의 곁에서 책이나 읽고 싶다. 그저 그의 곁에만 있어도 충분하다. 에밀리에게 이것은 지극히 자연스럽지만 그레그 입장에서는 에밀리가 동료들을 위해서는 애를 쓰면서 자기에게는 애를 쓰지 않아서 속이 상한다.

이것은 내가 인터뷰한 내향적-외향적 부부에서 고통스러울 정도로 흔히 나타나는 역학이었다. 내향적인 사람들은 필사적으로 쉴 시간을 갈구하고 배우자가 이해해 주기를 바라는데, 외향적인 사람들은 함께 있기를 갈구하고 다른 사람들이 배우자의 가장 좋은 모습을 즐기는 것 같다는 데 분개한다.

외향적인 사람으로서는 내향적인 사람이 힘겨운 하루를 보내고 나서 에너지를 재충전하는 일이 얼마나 필요한지 이해하기가 어려울 수도 있다. 일터에서 잠 한숨 제대로 못 자고 일만 하느라 완전히 지친 몸으로 집에 돌아와 말할 기운도 없어 하는 배우자는 누구라도 이해하겠지만, 사회적인 자극 과잉도 사람을 지치게 할 수 있다는 점을 이해하기는 쉽지 않다.

내향적인 사람이 자기가 과묵하게 행동하는 것이 상대에게 얼마나 상처가 될 수 있는지 이해하기도 어렵기는 마찬가지다. 나는 '새라'라는 한 여성과 인터뷰를 했다. 그녀는 명랑하고 활발한 고등학교 영어교사로, 밥이라는 내향적인 법과대학 학장과 결혼했다. 밥은 낮에 기금을 모집하는 일을 하고, 저녁에 돌아오면 무너져버린다. 새라는 결혼생활을 이야기하며 외롭고 속상해서 눈물을 흘렸다.

"일을 할 때 그이는 놀랄 정도로 재미있어요. 다들 그이가 너무 재미있다며 그런 사람과 결혼하게 되어 행운이라고 말하죠. 전 그 사람들 입을 틀어막고 싶어요. 밤마다 저녁을 먹고 나면 그이는 벌떡 일어나서 부엌을 정돈해요. 그러고는 혼자서 신문을 읽으며 자기 사진 작업을 하죠. 9시쯤 되면 침실로 와서 TV를 보며 제 옆에 있으려고 해요. 하지만 그때조차도 실제로는 저랑 함께 있는

게 아니에요. 그이는 우리가 TV를 보는 동안 제가 자기 어깨에 머리를 기대는 걸 좋아해요. 이건 평행 놀이parallel play(같이 노는 것처럼 보이지만 실제로는 혼자서 노는 놀이–옮긴이)의 어른판이라니까요." 새라는 밥에게 직업을 바꾸라고 설득하는 중이다. "그이가 하루 종일 컴퓨터 앞에만 앉아 있을 수 있는 일로 바꾼다면 우리가 멋진 생활을 할 수 있을 거라고 생각하지만, 그이는 계속 기금 모집 일만 하고 있죠."

새라와 밥처럼 남성이 내향적이고 여성이 외향적인 부부들을 보면, 우리는 성격 갈등을 성별 차이로 착각하고 '화성인들'이 동굴로 들어갈 필요가 있고 '금성인들'이 교류를 더 좋아한다는 전통적인 이야기를 늘어놓기 쉽다. 하지만 이러한 사회적 욕구의 차이가 성별 때문이든 기질 때문이든 간에 중요한 점은 그것을 해결할 수 있다는 점이다. 일례로, 『버락 오바마, 담대한 희망』에서 오바마 대통령은 미셸과 결혼한 지 얼마 안 되어 첫 책을 집필할 때의 이야기를 털어놓았다. "기차간식 아파트(기차간처럼 방을 통과해야만 다음 방으로 갈 수 있는 구조로 되어 있는 싸구려 아파트–옮긴이)의 안쪽에 있는 내 사무실에 숨어서 저녁 시간을 보낼 때가 많았다. 내가 보통이라고 생각하던 일에 미셸은 자주 외로워했다." 그는 자신의 성격 유형을 글쓰기라는 일과 어릴 때 거의 외동으로 자란 경험 탓으로 돌리면서 시간이 흐르는 동안 그와 미셸이 상대의 욕구를 채워주는 방법과 그런 욕구가 타당한 것이라는 점을 배웠다고 말했다.

내향성, 외향성도 갈등해결에 차이가 있다

내향적인 사람과 외향적인 사람은 상대의 문제해결 방법을 이해하기도 힘겨울 수 있다. 나의 의뢰인 중에는 '실리아'라는 이름의 변호사로, 옷을 깔끔하게 입는 여성이 있었다. 실리아는 이혼하고 싶어 했지만, 남편에게 알리기가 두려웠다. 그런 결정을 내린 데는 타당한 이유가 있었음에도 남편이 옆에 있어달라고 애걸하면 죄책감에 무너질 것만 같다는 것이다. 무엇보다 실리아는 자신의 결정을 남편에게 따뜻하게 전달하고 싶어했다.

우리는 두 사람의 대화를 역할 놀이로 해보았다. 내가 남편 역할을 맡았다. 실리아가 먼저 말했다.

"이 결혼 끝내고 싶어. 이번엔 진심이야."

"난 이 결혼을 유지하려고 할 수 있는 건 전부 다 했어. 어떻게 나한테 이럴 수 있어?" 내가 간청했다.

실리아는 잠시 생각에 잠겼다.

"정말 오랫동안 이 문제에 대해 생각해봤는데, 이게 맞는 결정인 거 같아." 그녀가 딱딱한 목소리로 말했다.

"어떻게 하면 당신 마음을 바꿀 수 있을까?"

"못 바꿔." 실리아가 단호히 말했다.

남편이 어떻게 느낄지 잠시 느껴보다가, 나는 할 말을 잃고 말았다. 실리아는 너무 냉정하고 기계적이었다. 11년간을 함께 산 남편이랑 이혼하려는 참인데 말이다. '그녀는 그 문제가 상관없는 걸까?' 난 실리아에게 다시 해보라고 하면서 이번에는 좀 더 감정을 실어보라고 했다.

"안 돼요. 할 수가 없어요." 하지만 그녀는 해냈다.

"이 결혼 끝내고 싶어." 그녀는 슬픔에 목이 메어 말했다. 그러더니 걷잡을 수 없이 울기 시작했다.

실리아의 문제는 감정이 부족한 것이 아니었다. 자제력을 잃지 않고 감정을 드러내는 것이 과제였다. 실리아는 화장지에 손을 뻗으면서 재빠르게 자신을 추스르더니 차갑고 냉정한 변호사 목소리로 돌아가고 말았다. 그녀는 두 가지 기어에는 언제든지 접속할 수 있었다. 주체할 수 없는 감정, 아니면 초연한 듯한 냉정함.

내가 실리아의 이야기를 들려주는 까닭은 그녀가 여러 면에서 에밀리를 비롯해 내가 인터뷰한 사람들과 매우 닮았기 때문이다. 에밀리는 이혼이 아니라 저녁 파티에 관해 이야기하는 상황이지만, 그녀가 소통하는 방식은 실리아를 연상시켰다. 그레그와 의견이 갈릴 때, 에밀리는 조용하고 건조한 목소리가 되고 태도는 살짝 무관심한 느낌을 풍겼다. 그녀는 단지 공격성을 최소화하려고 할 뿐이지만 (에밀리는 분노를 불편해한다) 겉으로 보기에는 감정적으로 한 걸음 물러나려는 것 같았다. 한편 그레그는 문제를 해결하려고 점점 몰입하면서 정반대로 목소리를 높이며 적대적인 분위기를 풍겼다. 에밀리가 뒤로 물러나는 듯 보일수록 그레그는 더 혼자라고 느끼고 더 상처받다가 분개하게 된다. 그레그가 화를 낼수록 에밀리는 점점 더 상처받고 혐오감을 느끼며, 점점 더 뒤로 물러나게 됐다. 곧 이들은 벗어날 수 없는 파괴적인 악순환에 빠지고 마는데, 한편으로 양쪽 다 자기가 적절한 방식으로 다투고 있다고 믿기 때문이다.

성격과 갈등해결 방식이 연관되어 있다는 점에 익숙하다면 이런 양상이 낯설지 않을 것이다. 남성과 여성이 갈등을 해결하는 방식이 다르듯이 내향적인 사람과 외향적인 사람들도 그러하다. 연구들을 보면, 내향적인 사람들은 갈등을 피하려는 반면 외향적인 사람들은 정면으로 부딪히려고 솔직하고 심지어 따지기 좋아하는 방식으로 다툼을 벌이는 데 불편함을 느끼지 않았다.

이것은 정반대의 접근방식이므로 양쪽 다 마찰을 일으키게 되어 있다. 에밀리가 갈등을 그다지 신경 쓰지 않았다면, 그레그의 직접적인 말에 강하게 반응하지 않았을 수 있다. 그레그가 좀 더 부드러웠다면 상황을 억제하려는 에밀리의 시도를 이해했을 수도 있다. 사람들이 서로 양립할 수 있는 방식으로 갈등을 대할 때, 불화는 서로의 관점을 확인하는 기회가 될 수도 있다. 하지만 그레그와 에밀리는 상대가 인정하지 않는 방식으로 다툴 때마다 서로에 대해 조금씩 '덜' 이해하게 되는 듯싶다.

그렇다면 두 사람은 적어도 싸우는 동안에는 실제로 서로를 조금씩 덜 좋아할까? 심리학자 윌리엄 그라치아노의 명쾌한 연구는, 이 질문의 답이 '그렇다'일지 모른다는 점을 시사한다. 그라치아노는 61명의 남성 학생들을 팀으로 나누어 가상 풋볼게임을 하게 했다. 참가자의 절반은 서로 협력하는 게임을 했는데 그와 관련해 이런 얘기를 들었다. "풋볼에서 좋은 결과를 내려면 팀원들이 서로 잘 협력해야 하기 때문에 풋볼은 우리에게 유용하다." 나머지 절반에게는 풋볼이 팀들 간의 경쟁이라는 점이 강조되는 방식으로 게임을 하게 되었다. 그런 뒤에 각 학생은 자기 팀원들과 상대팀 경쟁자들에 관한 조작된 신상 정보와 슬라이드를 시청했고, 그러고 나서 선수들에 대해 어떻게 느끼는지 평가하게 했다.

내향적인 사람들과 외향적인 사람들 사이의 차이는 현저했다. 내향적인 사람들 중에 협력 방식의 게임에 배정된 사람들은 내향적이지만 경쟁방식의 게임에 배정된 사람들에 비하여 모든 선수를 (경쟁자뿐 아니라 자기 팀원들도) 긍정적으로 평가했다. 외향적인 사람들은 정반대였다. 이들은 경쟁방식의 게임을 할 때 모든 선수들을 더 긍정적으로 평가했다. 이런 발견은 매우 중요한 점을 말해준다. 내향적인 사람들은 우호적인 상황에서 만난 사람들을 좋아하지만, 외향적인 사람들은 자기와 경쟁하는 사람들을 더 좋아했다.

이와 매우 다른 한 연구에서도 놀라울 정도로 유사한 결과가 나왔다. 로봇이 중풍 환자들의 재활훈련을 돕는 과정이 포함된 연구였는데, 내향적인 환자들은 부드럽고 편안하게 말하도록 고안된 로봇과 훈련할 때 더 나은 반응을 보이며 교류도 더 오래 했다.

"힘들다는 거 알지만 환자님을 위한 일이랍니다."

"잘하셨네요, 계속 그렇게 하세요."

반면에 외향적인 환자들은 좀 더 자극적이고 공격적인 언어로 말하는 로봇과 훈련할 때 더 열심히 했다.

"고작 그것밖에 못하세요! 더 잘하실 수 있잖아요!"

"훈련에 집중하셔야죠!"

이러한 발견은 그레그와 에밀리가 흥미로운 도전에 직면했다는 점을 시사한다. 그레그는 더 강하게 혹은 더 경쟁적으로 행동하는 사람들과 있을 때 사람들을 더 좋아한다면, 그리고 에밀리는 서로 아껴주는 협조적인 사람들을 더 좋아한다면, 어떻게 저녁 파티 문제에 관해 타협점을 찾을 수 있을까? 그것도 애정 어린 방식으로?

미시간대학교 경영대학원에서 실시한 한 연구에서 흥미로운 답을 발견할 수 있다. 이 연구는 서로 반대되는 성격으로 결혼한 사람들에 관한 것이 아니라, 서로 다른 문화에서 일하는 협상가들에 관한 것이다. 홍콩과 이스라엘 출신의 MBA 학생 76명에게, 그들이 앞으로 몇 달 뒤에 결혼하게 될 텐데 결혼 피로연을 담당할 외식 업체와 협상을 마무리해야 하는 상황을 상상해 보라고 했다. 업체와의 회의는 동영상으로 진행되었다.

몇몇 학생들에게는 친근하고 잘 웃는 업체 운영자를 동영상으로 보여주었고, 다른 학생들에게는 짜증스럽고 적대적인 업체 운영자를 보여주었다. 하지만 외식 업체 매니저가 하는 말의 요지는 양쪽 모두 동일했다. "다른 부부도 똑같은 결혼식 날짜를 원한다. 하든지 말든지 해라."

홍콩 출신의 학생들은 이스라엘 출신 학생들과 사뭇 다르게 반응했다. 이들은 적대적인 경영자보다는 친근한 경영자의 제안을 훨씬 더 잘 받아들인 편이었다. 이들 중 오직 14퍼센트만이 까다로운 경영자와 기꺼이 함께 일하려 했지만, 잘 웃는 경영자와의 거래를 수락한 학생은 71퍼센트나 되었다. 하지만 이스라엘 학생들은 양쪽 경영자와의 거래를 거의 똑같은 비율로 받아들이려 했다. 다시 말해, 아시아의 협상가들에게는 알맹이도 중요하지만 스타일이 그만큼 중요했던 반면, 이스라엘 협상가들은 전달되는 정보에 좀 더 집중했다. 이들은 동정심 많은 태도나 적대적인 감정 어느 쪽에도 별로 상관하지 않았다.

이러한 극적인 차이를 설명해 주는 것은 두 문화가 '존경'을 어떻게 정의하느냐와 관련되어 있다. 우리가 8장에서 살펴보았듯이, 아시아 사람들은 갈등을 최소화함으로써 존경심을 보였다. 하지만 이스라엘인들은 "[의견 차이를] 무례함의 신호로 보지 않고, 상대방이 그 일에 신경을 쓰고 있고 적극적으로 개입하고 있다는 신호로 본다."

그레그와 에밀리의 경우도 똑같이 이야기할 수 있다. 그레그와 다투면서 목소리를 낮추고 감정을 죽일 때, 에밀리는 자기의 부정적인 감정을 드러내지 않는 수고를 감당하면서 존중하는 태도를 보이고 있다고 여긴다. 하지만 그레그는 그녀가 그 일에서 손을 떼거나, 더 심하면 아무래도 상관 없다고 여기는 줄로 생각한다. 이와 마찬가지로, 그레그는 분노를 드러낼 때 에밀리도 자기처럼 이것이 두 사람의 관계가 얼마나 중요한지를 건강하고 정직하게 드러내는 방법이라고 느낄 것이라 가정한다. 하지만 에밀리가 보기에는 그레그가 느닷없이 화를 내는 것 같다.

내향성과 외향성의 분노 처리 방식

『분노: 잘못 알려진 감정Anger The Misunderstood Emotion』에서 캐럴 태브리스Carol Tavris는 지나가는 마을 주민들을 곧잘 물던 한 벵골 코브라 이야기를 들려준다. 하루는 한 스와미(득도한 사람)가 뱀에게, 무는 짓이 나쁘다고 설득한다. 코브라는 즉각 중단하겠다고 다짐하고 실제로 그렇게 한다. 얼마 가지 않아 마을 소년들은 코브라를 무서워하지 않게 되더니 거꾸로 코브라를 괴롭히기 시작한다. 유혈이 낭자하도록 얻어맞고서 코브라는 스와미에게 이것이 약속을 지킨 대가냐고 따진다.

"난 너에게 물지 말라고 했지 쉭쉭 소리도 내지 말라고는 하지 않았느니라."

태브리스는 이렇게 썼다. "수많은 사람들이 스와미의 코브라처럼 쉭쉭대는 것과 실제로 무는 것을 혼동한다."

많은 사람들, 그레그와 에밀리 같은 사람들 말이다. 두 사람 다 스와미의 이야기에서 얻어야 할 교훈이 많다. 그레그는 더 이상 물지 말아야 하고, 에밀리는 그레그가—그리고 자기도—쉭쉭대는 것은 괜찮다는 점을 알아야 한다.

그레그는 분노에 관한 자신의 가정을 바꿀 수 있다. 그는 보통 사람들이 그렇듯 화를 분출하면 기분이 풀린다고 믿었다. 공격성은 건전한 방식으로 분출되지 않으면 계속 우리 안에 쌓인다는 '정화 가설catharsis hypothesis'은 그리스 시대까지 거슬러 올라가며, 프로이트의 손에서 되살아났고, 1960년대가 되자 샌드백 치기와 표출 치료primal therapy로 "다 토해버리라"는 말과 함께 인기를 끌었다. 하지만 정화 가설은 신화다. 그럴듯하고 고상하기는 하지만 그래도 신화다. 수많은 연구들이 분노의 발산은 분노를 누그러뜨리지 못한다는 점을 입증했다. "그것은 오히려 분노에 불을 지핀다."

분노가 일어나지 않게 하는 것이 가장 좋은 방법이다. 놀랍게도, 신경과학자들은 성난 얼굴을 하지 못하게 막아주는 보톡스 사용자들이 보톡스를 사용하지 않는 사람들에 비해 성을 덜 내는 경향이 있다는 점을 발견했다. 이유는 얼굴을 찌푸리는 행위 자체가 편도체에 부정적인 감정을 처리하라는 신호를 보내기 때문이다. 그리고 분노는 그 순간에만 해를 끼치는 데서 그치지 않는다. 화를 분출한 이들은 배우자와 함께 며칠간 수선 작업을 해야 한다. 싸움 뒤에 끝내주는 섹스를 즐길 수 있다는 일반적인 환상과는 달리, 부부들은 다시 애정을 느끼려면 시간이 필요하다고 말한다.

그레그는 분노가 커간다고 느낄 때 어떻게 마음을 가라앉힐 수 있을까? 심호흡을 해보아도 좋다. 하던 일을 10분간 중단해도 괜찮다. 그리고 자기를 성나게 하는 것이 정말로 중요한지 자문해볼 수도 있다. 중요하지 않다면 그냥 잊어버리면 된다. 하지만 중요하다면 상대를 공격하는 말이 아니라 중립적인 말로 표현할 필요가 있다. "당신은 너무 반사회적이야!"를 "우리 두 사람 다 만족할 수 있는 주말 계획을 찾아보면 어떨까?"로 바꿀 수도 있다.

이러한 조언은 에밀리가 섬세하고 내향적인 사람이 아니었더라도 효과적일 테지만(누가 지배당하고 싶거나 무례한 언동을 당하고 싶겠는가) 하필이면 그레그가 결혼한 여성은 분노를 특히 혐오하는 사람이었다. 그러므로 그는 적어도 열이 오른 순간에나마 '이런 여자와 결혼했으면 좋았을걸' 하고 생각하는 정면으로 대응하는 유형의 여성이 아니라, 현재 자신의 배우자인 갈등을 피하는 여성에게 대응해야 한다.

이제 에밀리 쪽을 살펴보자. 에밀리는 무엇을 다르게 할 수 있을까? 그레그가 물 때는, 즉 부당하게 공격할 때는 저항하는 것이 타당하지만 그저 쉭쉭 소리만 낼 때는 어떤가? 에밀리는 역효과를 내는 방식으로 분노에 반응하는 습관을 바꾸어야 할지도 모른다. 그런 습관에는 죄책감과 방어적인 태도에 빠지는 것도 포함된다. 6장에서 보았듯 내향적인 사람들은 아주 어릴 때부터 죄책감을 강하게 느끼는 편이다. 그리고 우리는 누구나 자신의 반응을 타인에게 투사하는 경향이 있다. 갈등을 회피하려는 에밀리는 그레그가 정말로 끔찍한 짓을 하지 않는 이상 절대로 물거나 심지어 쉭쉭 소리도 내지 않으려 하기에, 한편으로는 그가 물었을 때 자신이 끔찍한 죄를 (무슨 잘못인지는 아무도 모르지만) 저질렀다는 뜻으로 받아들이기도 한다. 에밀리는 죄책감을 도저히 견디지 못하고 그레그의 주장에서 타당한 면까지 다 거부해버린다. 그레그의 분노 때문에 과장된 면뿐 아니라 합당한 부분까지도. 이로써 에밀리는 타고난 공감 능력을 차단하고 그레그는 무시당한다고 느끼는 악순환에 빠진다.

그러니까 에밀리는 잘못을 저질러도 괜찮다는 점을 받아들일 필요가 있다. 처음에는 언제 자기가 잘못했고 언제 잘못한 것이 아닌지 알아내기가 힘들 수도 있다. 그레그가 불만을 매우 격하게 표현하기 때문에 이것을 알아내기가 쉽지는 않다. 하지만 에밀리는 늪으로 빨려 들어가지 않도록 노력해야 한다. 그레그가 타당한 점을 지적하거든, 남편에게 좋은 배우자가 되기 위해서 뿐 아니라 자신이 잘못을 저질러도 괜찮다는 점을 자신에게 깨우치게 하기 위해서라도 그것을 인정해야 한다. 그렇게 하면 그레그의 주장이 정당하지 않을 때 상처받지 않고 되받아치기도 쉬워진다.

되받아친다고? 하지만 에밀리는 싸움을 싫어하는데? 그래도 괜찮다. 에밀리는 자기가 쉭쉭대는 소리에 좀 더 편안해질 필요가 있다. 내향적인 사람들은 불화를 일으키지 않으려고 하지만, 수동적인 코브라처럼 상대의 독설을 자극하지는 않는지도 곰곰 생각해 볼 필요가 있다. 그리고 되받아친다고 해서 에밀리가 염려하듯 보복을 당하지는 않을 수도 있다. 오히려 그레그를 뒤로 물러나게 할 수도 있다. 과장되게 표현할 필요는 없다. 단호하게 "난 그거 별로야"라고 말하는 것으로도 충분할 때가 많다.

가끔씩은 에밀리도 평소의 안전한 영역에서 벗어나 분노를 표출하는 것이 좋다. 그레그에게는 열기가 곧 결속을 뜻한다는 점을 명심하자. 풋볼 게임 연구에서 외향적인 선수들이 상대팀의 선수들에게도 우호적으로 느꼈듯이, 그레그도 에밀리가 흥분하여 전투를 시작하려는 선수 같은 태도를 조금만 보여준다면 에밀리에게 더 친근함을 느낄 수도 있다. 에밀리는 그레그가 겉으로 보이는 것만큼 공격적이지 않다는 점을 상기하여 그레그의 행동으로 유발되는 혐오감을 극복할 수도 있다.

존은 성격이 불같은 아내와 멋진 관계를 유지하는 내향적인 사람으로, 결혼한 지 25년이 지나서야 이렇게 하는 법을 배웠다고 말했다.

제니퍼가 뭔가에 관해 날 추궁하려 할 때는 장난이 아닙니다. 내가 부엌을 정리해놓지 않고 잠자리에 들면, 다음 날 아침에 제니퍼가 소리칩니다. "부엌이 쓰레기장이잖아!" 내가 들어가서 부엌을 둘러보죠. 컵이 서너 잔 나와 있을 뿐 쓰레기장은 아닙니다. 하지만 제니퍼는 그런 일을 극적으로 표현하는 데 익숙하죠. 그건 말하자면, '세상에, 시간 나면 부엌 정리 조금만 더해주면 좋겠어요' 하고 말하는 거나 같아요. 제니퍼가 그렇게 말한다면 난 이렇게 말할 겁니다. '당연히 해야지. 좀 더 일찍 해두는 건데 그랬네.' 하지만 시속 200킬로미터로 달리는 화물열차처럼 달려드니 난 고개를 치켜들고 '그것 참 유감이네' 하고 말하고 싶어지죠. 그런데도 그렇게 말하지 않는 이유는 25년간 결혼생활을 하다 보니 제니퍼가 그런 식으로 말할 때 날 죽이지는 않더라는 걸 알게 됐기 때문이에요.

그렇다면 존이 그 성격 강한 아내와 소통할 때 쓰는 비법은 무엇일까? 그는 아내의 말이 용납할 수 없는 것이라는 점은 알지만, 그러면서도 아내의 의중을 읽으려고 애를 썼다. "공감해보려고 하는 거예요. 아내의 말투는 빼버려요. 나에게 공격으로 느껴지는 부분을 빼버리고, 아내가 무슨 말을 하려는지 파악하려고 하죠."

　그리고 화물열차 같은 표현들 아래에 깔려 있는 제니퍼의 뜻은 "날 존중해줘", "내게 관심을 보여줘", "날 사랑해줘"처럼 매우 단순할 때가 많다.

　그레그와 에밀리는 '어떻게 서로의 차이점들을 넘어서 대화해야 하는지'의 문제에 관해 귀중한 지식을 얻었다. 하지만 두 사람이 대답해야 할 의문이 하나 더 있다. 금요일 밤 파티에 관해 어째서 두 사람이 다르게 느끼는 것일까? 아마도 사람들이 가득한 방에 에밀리가 들어가면 그녀의 신경계는 과열될 것이다. 그리고 그레그는 아마도 반대일 것이다. 사람들에 끌리고, 대화에 끌리고, 이벤트에 끌리는 것이다. 그리고 외향적인 사람이면 누구나 갈구하듯이 도파민을 분출하는, 일단 저지르고 보라는 느낌을 주는 것이면 무엇에든 끌린다. 하지만 칵테일파티의 잡담을 조금 더 깊이 해부해 보자. 그레그와 에밀리의 차이를 이어주는 열쇠는 바로 그 지점에 있다.

가만히 조용하게 있다고 의지가 나약한 것은 아니다

몇 년 전 내향적인 사람과 외향적인 사람들을 2명씩 32개의 조로 나누어 서로 모르는 사이의 사람들이 몇 분간 전화기로 잡담을 나누는 실험을 한 적이 있다. 실험의 주체는 신경과학자 매슈 리버먼Matthew Lieberman 박사로, 그 당시에는 하버드대학교의 대학원생이었다. 피험자들은 전화를 끊은 뒤에 대화 중의 느낌과 행동에 관한 상세한 질문지에 답해야 했다. 대화 상대가 얼마나 마음에 들었는가? 당신은 얼마나 친근하게 굴었는가? 그 사람과 다시 교류하고 싶은 마음이 얼마나 되는가? 피험자들은 상대방 입장에 서보라는 요청도 받았다. 대화 상대는 당신을 얼마나 좋아했는가? 그 사람은 당신에게 얼마나 섬세하게 굴었는가? 얼마나 격려가 되었는가?

리버먼과 동료들은 피험자들의 답변을 비교하고 그들의 대화를 직접 들어본 뒤에 각 사람들이 서로 어떻게 느꼈을지 자기들도 판단해 보았다. 그들은 상대가 자기와 대화하는 것을 좋아하는지 아닌지 알아맞히는 데 외향적인 사람들이 훨씬 정확하다는 점을 발견했다. 이것은 외향적인 사람들이 내향적인 사람보다 사회적인 단서를 해독하는 데 뛰어나다는 점을 시사한다. 리버먼은 처음에 이것이 놀랍지 않다고 적었다. 외향적인 사람들이 사회적 상황을 더 잘 파악한다는 일반적인 가설과 일치했기 때문이다. 리버먼이 실험을 조금 다르게 설계해서 보여주었는데, 그 실험에서 나타난 유일한 문제는 이 가설이 사실상 옳지 않다는 점이었다.

리버먼과 동료들은 참가자들 중 한 무리에게 그들이 방금 대화한 내용이 담긴 녹음테이프를 다시 듣게 하고서 질문지를 작성하게 했다. 그러자 외향적인 사람이나 내향적인 사람이나 사회적인 단서를 읽는 능력이 동일하게 나타났다. 왜일까?

녹음테이프를 들은 피험자들이 동시에 다른 일을 할 필요 없이 사회적 단서를 해독하는 일에 집중할 수 있었기 때문이다. 내향적인 사람들은, 리버먼 실험 이전의 여러 연구에서 드러났듯이, 해독에 제법 뛰어난 편이었다. 어떤 연구에서는 내향적인 사람들이 오히려 외향적인 사람들보다 더 해독을 잘한다는 점을 발견하기도 했다.

하지만 이런 연구들은 내향적인 사람들이 사회 역학을 얼마나 잘 관찰하는지를 평가한 것이지 얼마나 잘 참여하는지를 평가한 것이 아니었다. 참여는 관찰과는 매우 다른 능력이 필요하다. 그것은 일종의 멀티태스킹이 필요한 정신 작업이다. 수많은 단기 정보를 처리하면서 동시에 산만해지거나 지나치게 스트레스를 받지 않아야 한다. 이것은 바로 외향적인 사람들의 두뇌에 잘 맞아떨어지는 일이다. 다시 말하면, 외향적인 사람들이 사교적인 것은 주의를 기울여야 하는 서로 다른 자극(저녁 파티에서 대화를 나눌 때처럼)을 다루는 데 능숙한 뇌가 있기 때문이다. 그와 대조적으로 내향적인 사람들은 여러 사람에게 동시에 주의를 집중해야 하는 사교 행사에 반감을 느낀다.

두 사람 사이의 가장 단순한 교류에서도 엄청난 임무를 처리해야 한다는 점을 고려해 보라. 상대의 말을 해석해야 하고, 보디랭귀지와 얼굴 표정을 읽어야 하고, 부드럽게 차례를 바꿔가면서 말하고 들어야 하고, 상대의 말에 반응을 보여야 하고, 상대가 자신을 이해하고 있는지 평가해야 하고, 자신이 상대에게 잘 받아들여지고 있는지 판단하고 잘 받아들여지고 있지 않다면 어떻게 하면 상황을 개선할지, 아니면 그 상황에서 빠져나올지 알아내야 한다. 이 모든 것을 동시에 처리하려면 어떻게 되겠는가! 게다가 이것은 고작 일대일 대화에 불과하다. 이제 저녁 파티와 같은 단체 무대가 되면 어느 정도의 멀티태스킹이 필요할지 상상해 보라.

그러니 내향적인 사람들이 소설을 쓸 때나 입자물리학의 통일장 이론을 완성할 때나 그것도 아니면 저녁 파티에서 말이 없어질 때처럼 관찰자 역할을 맡는다면, 그것은 에너지가 부족하다거나 의지가 없다는 뜻이 아니다. 그들은 그저 기질적으로 자기에게 맞는 행동을 하고 있을 뿐이다.

내향적인 사람은 조언자, 치유자로서 대화하길 즐긴다

리버먼 실험은 내향적인 사람들을 사회적으로 걸려 넘어지게 하는 요인이 무엇인지 이해하는 데 유용하다.

존 버고프Jon Berghoff라는 이름에 꾸밈없이 생긴 한 남자의 사례를 검토해 보자. 존은 흔히 상상하는 내향적인 사람으로, 외형까지도 그러하다. 마르고 뻣뻣한 몸매, 날카롭게 뻗은 콧날과 뾰족한 광대뼈, 안경 낀 얼굴 아래 드러나는 사색적인 표정. 그는 말이 많지는 않지만 깊이 생각해서 말하는 편이었다. 특히 사람들이 많이 모였을 때는 더 그러했다. "10명이 같은 방에 있는데 말을 하거나 하지 않거나 둘 중 선택할 수 있다면, 전 말을 안 하는 쪽입니다. 사람들이 '왜 아무 말도 없으세요?' 하고 물을 때 그 얘기를 듣는 사람이 바로 저죠."

존은 '판매왕'으로 불릴 만큼 뛰어난 판매원이기도 한데, 십대 이후로 줄곧 그 일을 했다. 1999년 여름, 아직 고등학교 2학년이던 당시 그는 컷코 주방용품을 취급하는 초보 판매자로 일하기 시작했다. 그 일을 하기 위해 그는 고객들의 집에 방문해 칼을 판매했다. 그것은 가장 친밀한 판매 방법으로, 회의실이나 자동차 대리점 같은 장소가 아니라 잠재 고객의 부엌에서, 그들이 날마다 식탁에 음식을 올려놓기 위해 사용하는 상품을 판매하는 일이었다.

존은 일을 시작한 지 8주 만에, 칼을 5만 달러어치 판매했다. 그리고 그 해 새로 영입한 4만 명이 넘는 판매원 가운데 최고가 되었다. 2000년이 되었지만 여전히 고등학교 졸업반이었던 그는 커미션으로 13만 5천 달러가 넘는 금액을 발생시켰고 전국 판매 기록과 지역 판매 기록을 25개도 넘게 갈아치웠다. 한편 고등학교로 돌아가면 그는 여전히 사람 상대하는 게 힘들어서 점심시간에 도서관으로 가는 학생이었다. 하지만 2002년에 그는 다른 판매원을 90명이나 모집하고 고용해 훈련시켜, 지역 판매를 전년 대비 500퍼센트 이상 늘려놓았다. 그 후로 존은 '세계적인 역량 강화 코칭'이라는 개인 코칭 및 판매 훈련 사업을 시작했다. 오늘날까지 그는 3만 명이 넘는 판매원과 관리자에게 수백 번이 넘는 강연과 훈련 세미나, 개인 컨설팅을 실시했다.

존의 성공 뒤에 숨어 있는 비결은 무엇일까? 한 가지 중요한 단서는 발달심리학자 애브릴 손Avril Throne의 실험에서 얻을 수 있다. 그는 캘리포니아대학교 샌터크루즈 캠퍼스 교수다. 손 교수는 절반은 내향적이고 절반은 외향적인 젊은 여성 52명을 모아서 각 사람을 서로 다른 2개의 대화 상황에 연결했다. 각 사람은 먼저 자신과 같은 유형의 상대와 10분간 대화하고, 다음으로 똑같이 10분간 기질적으로 반대인 사람과 대화했다. 손의 동료들은 대화 내용을 녹음하고서 참가자들에게 녹음테이프를 들으라고 했다.

이 과정에서 몇 가지 놀라운 점이 드러났다. 먼저 내향적인 사람들과 외향적인 사람들이 서로 거의 똑같이 대화에 참여하여 내향적인 사람들이 말이 적다는 생각이 거짓이라는 점을 보여주었다. 하지만 내향적인 사람들끼리 대화할 때는 한두 가지 진지한 주제로 대화를 이어간 반면, 외향적인 사람들끼리 대화할 때는 더 가볍고 폭넓은 주제로 대화했다. 내향적인 사람들은 대개 자기 삶에서 일어나는 문제나 갈등, 예를 들어 학교, 일, 우정 등에 관해 이야기했다. 이렇게 문제에 관해 이야기하는 것을 좋아하기 때문에 그들은 번갈아 가면서 서로 상대의 문제에 관해 상담해 주는 조언자의 역할을 맡는 경향이 있었다. 반면에 외향적인 사람들은 상대방과 공통점이 있을 만한, 자신에 관한 일상적인 정보를 이야기하는 편이었다. "집에 개를 데려오셨다고요? 잘됐네요. 제 친구는 엄청나게 큰 탱크에 바닷물고기를 기른답니다!"

그러나 손의 실험에서 가장 흥미로운 부분은 두 유형이 상대를 어떻게 평가했는가 하는 점이었다. 내향적인 사람들은 외향적인 사람들과 대화할 때 좀 더 유쾌한 주제를 선택했는데, 실험이 끝난 뒤 대화하기가 좀 더 쉬웠다고 이야기하며 외향적인 사람과 대화하는 것이 신선했다고 표현했다. 반면에 외향적인 사람들은 내향적인 사람들과 이야기할 때 좀 더 마음이 편안했고 자기 문제를 좀 더 쉽게 털어놓을 수 있었다고 말했다. 거짓으로 낙관적인 척할 필요를 못 느꼈다는 뜻이다.

이것은 유용한 정보다. 내향적인 사람과 외향적인 사람은 서로서로 짜증이 난다고 느낄 때가 종종 있지만, 손의 연구 결과를 보면 이 두 유형이 서로서로 줄 것이 얼마나 많은지 알 수 있다. 외향적인 사람들은 내향적인 사람들이 피상적인 것을 경멸하는 듯 보일 때가 많지만, 오히려 좀 더 가벼운 대화를 자연스럽게 이어가는 것을 무척 기뻐한다는 점을 알 필요가 있다. 그리고 내향적인 사람들은 문제에 관해 이야기하는 자신의 성향 때문에 자기 얘기가 지겨워지는 것은 아닐까 걱정하기도 하지만, 사실은 상대방이 편안한 마음으로 진지해지는 데 자기가 도움이 된다는 점을 알아야 했다.

손의 연구는 존 버고프의 놀라운 판매 성공을 이해하는 데도 도움이 된다. 그는 진지한 대화를 끌어당기는 특성과 설득하기보다는 조언하는 역할을 맡으려는 특성을 활용해, 잠재 고객과의 만남을 일종의 치료 시간으로 바꾸었다. "저는 사람들이 제가 파는 물건을 잘 이해하기 때문에 저에게 물건을 사는 게 아니라는 점을 일찌감치 알아차렸습니다. 사람들은 저에게 이해받았다고 느꼈기 때문에 산 것이죠."

존은 질문을 잔뜩 던지고 대답을 주의 깊게 경청하는 타고난 성향에서도 도움을 받았다. "저는 누군가의 집에 방문해서 칼을 팔려고 하기보다는 수백 가지 질문을 연속해서 할 수 있는 경지까지 가게 되었어요. 그저 적절한 질문을 하기만 해도 대화 전체를 이끌어갈 수 있었죠." 오늘날 코칭 사업을 하면서도 그는 똑같이 하고 있다. "저와 함께 있는 사람을 라디오 방송국이라 여기고 거기에 완벽하게 주파수를 맞추려고 해요. 저는 그들이 풍기는 에너지에 주의를 기울입니다. 어차피 이런저런 상상을 많이 하기 때문에 그렇게 하기가 쉽죠."

하지만 판매원에게는 스스로 흥분하고, 사람들을 들뜨게 하는 능력이 필요하지 않을까? 존의 말에 따르면 아니다. "수많은 사람들이 판매를 잘하려면 말이 빨라야 한다거나 카리스마를 써서 설득하는 법을 알아야 한다고 여겨요. 그런 것은 외향적인 방식으로 소통하는 데 실제로 필요하죠. 하지만 판매 분야엔 이런 격언이 있어요. '귀는 두 개고 입은 하나니 거기에 맞게 활용해야 한다.'

저는 바로 그것이 판매나 컨설팅을 정말 잘하게 해주는 것이라고 믿어요. 가장 중요한 것은 정말로 잘 경청해야 한다는 것이죠. 제 조직에서 최고의 위치에 있는 판매원들을 보면 그런 외향적인 자질들이 성공의 열쇠인 경우는 없어요."

자기 방식대로 대화를 풀어갈 때 안정감과 행복을 느낀다

이제 그레그와 에밀리의 문제로 돌아가자. 우리는 이제 막 두 가지 중차대한 정보를 알아냈다. 첫째, 에밀리가 대화할 때 멀티태스킹을 싫어하는 것이 그냥 하는 말이 아니라 실제며 설명할 수 있는 부분이라는 점. 둘째, 내향적인 사람들이 대화를 자신의 방식대로 풀어나갈 수 있을 때는 사람들과 깊이 있으면서도 즐거운 시간을 보낼 수 있다는 점.

오로지 이 두 가지 진실을 받아들이고 난 뒤에야 그레그와 에밀리는 교착상태에서 벗어날 길을 찾을 수 있었다. 두 사람은 저녁 파티의 횟수에 연연하는 대신, 파티의 형식에 관해 이야기하기 시작했다. 모두를 커다란 테이블에 앉히려 하기보다는 (이 방식에는 에밀리가 그토록 싫어하는 멀티태스킹 방식의 대화가 필요하니까) 저녁을 뷔페식으로 내놓아 사람들이 소파나 바닥에 앉아 소규모로 편안하게 대화할 수 있게 하면 어떨까? 그러면 그레그는 평소대로 방 한가운데 앉을 수 있고 에밀리는 바깥쪽에 앉아서 자기가 좋아하는 일대일의 친밀한 대화를 즐길 수 있다.

이 문제가 해결되자, 그레그와 에밀리는 이제 좀 더 까다로운 문제인 파티 횟수에 관해 이야기할 수 있게 되었다. 조금 옥신각신하더니, 부부는 한 달에 2번, 그러니까 일 년에 52번이 아니라 24번만 파티를 열기로 했다. 에밀리는 여전히 그 모임을 고대하지는 않는다. 하지만 가끔은 자기도 모르게 즐거워한다. 그리고 그레그는 자신이 그토록 좋아하는 저녁 파티를 주최하고, 자기 정체성도 유지하고, 자신이 가장 아끼는 사람과도 함께 있을 수 있게 되었다. 일석삼조의 결과를 얻은 셈이다.

chapter 11

구두 수선공이 되느냐, 장군이 되느냐의 문제

시끄러운 세상에서 조용한 아이를 어떻게 키울 것인가?

> 무엇이건 어리고 여린 것에서 가장 중요한 부분은 시작점이다.
> 그 시기가 바로 성격이 형성되고
> 바라는 인상이 더 쉽게 흡수되는 기간이기 때문이다.
> ―플라톤, 『국가』

마크 트웨인은 세상에서 가장 위대한 장군을 찾아서 전 세계를 뒤지고 다닌 한 남자의 이야기를 한 적이 있다. 남자는 그가 찾던 사람이 이미 죽어서 천국에 갔다는 얘기를 듣고, 그를 찾아 천국의 문으로 찾아간다. 성 베드로는 평범하게 생긴 남자를 가리킨다.

"저 사람은 역사상 최고의 장군이 아닙니다. 저 사람이 살아 있었을 때 저는 저 사람을 알고 있었어요. 저 사람은 그냥 구두 수선공일 뿐이란 말입니다."

"그건 나도 알고 있네. 하지만 저 친구가 장군이 되었더라면 역사상 최고의 장군이 되었을 걸세."

우리 모두 위대한 장군이 되었을지 모를 구두 수선공들을 찾아 봐야 한다. 내향적인 아이들, 집에서건 학교에서건 운동장에서건 재능을 억압당할 때가 너무도 많은 아이들에게 주의를 기울여야 한다는 뜻이다.

아동심리학자 겸 미시간대학교 어린이와 가족센터의 책임자인 제리 밀러 박사의 경고성 이야기를 들어보자. 밀러 박사에게는 이선Ethan이라는 환자가 있었는데, 부모의 손에 이끌려 4차례 치료를 받으러 온 아이였다. 매번 부모는 자기 자식에게 무슨 문제가 있지는 않을까 하는 두려움을 토로했다. 그때마다 밀러 박사는 이선에게 아무런 문제가 없다고 안심시켰다.

이선의 부모는 양쪽 다 외향적이고 주도권을 쥐기 좋아하는 유형으로, 기업에서 중책을 맡고 있었고 골프와 테니스에 매우 열심이었다. 그들이 처음 근심한 이유는 아주 단순했다. 이선은 일곱 살인데, 네 살짜리 남동생이 몇 번이나 형인 이선을 구타한 것이었다. 이선은 맞서 싸우지 않았다. 그들은 둘째 아들의 공격성은 걱정하지 않으면서 이선의 수동성이 살면서 계속 반복될까봐 염려했다.

이선이 자라는 동안 부모는 아이에게 투지를 심어주려고 헛되이 노력했다. 그들은 아이를 야구장이며 축구장에 보냈지만, 이선은 그저 집에서 책을 읽고 싶어 했다. 이선은 학교에서도 경쟁심이 없었다. 매우 똑똑했지만 늘 B학점을 맞았다. 더 잘할 수도 있었지만 취미 생활에 더 집중했고 특히 모형 자동차 만들기를 좋아했다. 이선은 몇몇 가까운 친구가 있었지만 친구들과 결코 활발하게 어울리지 않았다. 아들의 당혹스러운 행동을 이해하지 못한 부모는 아들이 우울증인가 생각했다. 하지만 밀러 박사에 따르면 이선의 문제는 우울증이 아니라 대표적인 '부모자녀 간 궁합'이 잘 안 맞는 사례였다. 이선은 마르고 큰 키에 운동 능력은 없었다. 전형적인 괴짜로 보였다. 부모는 사교적이고 자기주장이 강한 사람들로 늘 웃음 짓고 사람들과 얘기하면서 이선을 여기저기 데리고 다녔다.

이선에 관한 부모의 걱정과 밀러 박사의 평가를 비교해 보자.

"그 아이는 고전적인 해리 포터 타입이었어요. 항상 책을 읽고 있었죠. 온갖 종류의 상상 놀이를 좋아했어요. 뭔가 만드는 것도 좋아했죠. 하고 싶은 이야기도 한 보따리였어요. 부모가 아이를 받아들이는 것보다 아이가 부모를 더 많이 받아들였죠. 이선은 부모가 병에 걸렸다고 하지 않고, 그저 자기와 다르다고 했거든요. 다른 가정에서 자랐다면 아주 모범적인 아이가 됐을 겁니다."

하지만 이선의 부모는 아이를 결코 그런 식으로 보지 못했다. 밀러 박사가 마지막으로 듣기로는 부모가 마침내 다른 심리학자, 즉 아이를 치료해 주겠다고 하는 사람과 상담했다고 한다. 이제 밀러 박사가 이선을 걱정할 차례였다.

"이건 명백한 '의원병醫原病'의 사례입니다. 그러니까 치료 때문에 병이 나는 거죠. 고전적인 예로는 게이인 아이를 평범한 아이로 바꾸려 하는 경우가 있어요. 그 아이가 걱정됩니다. 그 부모는 아이를 매우 아끼는 선량한 사람들이에요. 아이에게 치료를 받게 하지 않으면 사회에 나갈 준비를 안 시키는 거라고 믿어요. 아이에게 좀 더 열의가 있어야 한다고 여기는 거죠. 어쩌면 마지막 부분은 맞을지도 몰라요. 나도 잘 모르겠군요. 하지만 맞든 틀리든, 아이를 바꾸는 건 결코 불가능할 겁니다. 두 사람이, 아주 건강한 아이를 데려다가 자의식에 상처를 주지 않을지 걱정스럽네요."

물론, 외향적인 부모가 내향적인 아이를 기른다고 꼭 궁합이 안 맞는 것은 아니다. 조금만 마음을 쓰고 이해한다면, 어떤 부모와 어떤 아이든 궁합이 잘 맞을 수 있다고 밀러 박사도 말한다. 하지만 부모들은 자신의 선호도를 뒤로 밀어넣고, 조용한 자녀의 눈으로 보이는 세상이 어떤지도 볼 줄 알아야 한다.

내향성을 발휘하면 자녀에게 더 적절한 도움이 된다

조이스와 그녀의 일곱 살 난 딸 이자벨의 사례를 보자. 엄마 조이스는 매력적이고 양육을 잘 받은 여성으로, 유머감각이 뛰어나고 '해볼 테면 해봐' 하는 자신만만한 태도를 보이는 사람이다. 초등학교 2학년생인 딸 이자벨은 반짝거리는 샌들과 삐삐 마른 팔목을 감고 있는 색색의 고무 팔찌를 좋아한다. 비밀을 주고받는 몇몇 절친한 친구가 있고, 나머지 친구들과도 잘 어울린다. 우울한 날을 보낸 친구의 어깨에 팔로 감싸주는 유형의 아이다. 자기가 받은 생일선물을 자선단체에 주기도 한다. 그런 까닭에 엄마 조이스는 이자벨이 학교에서 문제가 있다는 것이 무척이나 혼란스러웠다.

1학년 때 이자벨은, 상처받기 쉬운 아이라면 누구에게든 야비한 말을 해서 아이들을 괴롭히던 녀석을 걱정하느라 힘이 다 빠져서 집에 돌아올 때가 잦았다. 그 녀석은 매번 다른 아이를 골랐지만, 이자벨은 몇 시간씩 녀석의 말을 분석해 진짜 의도가 무엇인지 고민했다. 심지어 그가 학교에서 그렇게 끔찍하게 구는 것이 집에서 얼마나 고통받기에 그럴까 하는 걱정까지 했다.

2학년이 되자 이자벨은 엄마에게 자기랑 먼저 얘기하기 전에는 놀이 약속(아이들이 만나서 놀 수 있도록 부모가 정해주는 날-옮긴이)을 잡지 말라고 요청했다. 이자벨은 대부분 그냥 집에 있는 쪽을 택했다. 조이스가 이자벨을 학교에서 차에 태워 집으로 데려오는 날이면, 다른 아이들은 삼삼오오 모여 있는데 이자벨만 혼자 운동장에 떨어져서 농구공을 던지고 있을 때도 많았다.

"아이들과 어울리질 않아요. 한동안 아이를 데리러 갈 수가 없더군요. 지켜보는 게 너무 괴로웠어요."

조이스는 왜 사랑스럽고 부드러운 딸이 그렇게 혼자 시간을 보내고 싶어 하는지 이해하지 못했다. 이자벨에게 무슨 문제가 있지는 않은지 걱정스러웠다. 딸의 타고난 공감 능력에 대해 늘 생각했던 것과는 달리, 이자벨이 혹시 다른 아이들과 교류하는 능력이 부족한 것은 아닐까? 내가 이자벨이 내향적인 아이일지 모른다고 말한 뒤 그것이 무엇인지 설명한 뒤에야 조이스는 이자벨의 학교 생활을 다르게 바라보기 시작했다. 그리고 이자벨의 관점에서 보면 걱정할 만한 일은 아무것도 없었다. 이자벨은 나중에 내게 이렇게 말했다.

"그냥 학교가 끝나면 쉬고 싶어요. 학교는 힘들어요. 아이들이 잔뜩 있어서 지치거든요. 엄마가 저한테 말도 없이 놀이 약속을 잡으면 전 어쩔 줄 모르게 돼요. 친구의 마음을 다치게 하고 싶지 않으니까요. 하지만 전 그냥 집에 있는 게 나아요. 친구 집에 가면 다른 친구들이 원하는 걸 해야 하잖아요. 학교 끝나면 엄마랑 같이 지내고 싶어요. 엄마랑 있으면 배울 수 있거든요. 엄마는 저보다 오래 살았으니까요. 우린 깊은 대화를 나눠요. 전 깊은 대화가 좋아요. 깊은 대화를 하면 사람들이 행복해지거든요."*

이자벨은 2학년 학생의 지혜를 최대한 발휘해 내향적인 사람도 다른 사람과 교류한다는 점을 이야기하고 있다. 당연하다. 다만 그들은 자기만의 방식으로 할 뿐이다. 이제 조이스가 이자벨의 마음을 알았으니 모녀는 행복하게 머리를 맞대고 이자벨이 학교생활을 잘해나가도록 전략을 모색한다.

"전에는 매일 이자벨에게 밖에 나가서 친구들 만나라고 하면서 방과 후 활동을 잔뜩 잡아뒀죠. 이젠 학교생활이 얼마나 아이에게 스트레스가 되는지 이해하니까, 어느 정도의 사교 생활이 필요한

---

* 이 책이 출간되기 전에 읽은 독자 중 몇몇은 이자벨의 인용문이 틀렸을 것이라고 이야기했다. "2학년짜리가 누가 그렇게 말을 해요!" 하지만 이것이 그 아이가 실제로 한 말이다.

지 또 적절한지 언제 하면 좋은지 함께 풀어나가요."

조이스는 이자벨이 학교 끝나고 방에서 혼자 있고 싶다고 하거나 생일파티에 가서 다른 아이들보다 조금 일찍 돌아와도 신경 쓰지 않았다. 그리고 이자벨이 이것을 문제라고 여기지 않으니 자기도 문제로 볼 이유가 없다는 점을 이해했다.

조이스는 딸이 어떻게 하면 운동장 정치를 헤쳐나갈지에 관해서도 생각이 떠올랐다. 한번은 이자벨이 서로 잘 지내지 못하는 세 친구들에게 어떻게 시간을 배분해야 좋을지 걱정한 적이 있다.

"처음 떠오른 생각은 이렇게 말하는 거였죠. '걱정 마! 그냥 그 애들이랑 다 같이 놀아!' 하지만 이젠 이자벨이 그런 아이가 아니라는 걸 알아요. 이자벨은 이 아이들과 운동장에서 어떻게 어울려야 할지 고민하는 거니까요. 그래서 우린 이자벨이 누구랑 언제 놀지 얘기한 다음, 이자벨이 상황을 부드럽게 하기 위해 친구들에게 얘기할 말을 같이 연습해요."

이것은 이자벨이 조금 더 컸을 때인데, 친구들이 점심시간에 서로 다른 테이블에 앉아 있어서 이자벨이 속상했던 적이 있었다. 한 테이블에는 조용한 친구들이, 다른 테이블에는 외향적인 아이들이 앉아 있었다. 이자벨은 둘째 그룹을 '시끄럽고 말이 끊이지 않고 서로를 깔보는 아이들, 윽!'이라고 묘사했다. 하지만 가장 친한 어멘다가 '좀 더 느긋하고 썰렁한 테이블'에 있는 아이들과도 친구이지만 '제정신 아닌 테이블'에 앉고 싶어 한지라 이자벨은 슬펐다. 이자벨은 마음이 찢어졌다. 어디에 앉아야 하지?

조이스에게 먼저 떠오른 생각은 '제정신 아닌 테이블'이 더 재미있어 보인다는 것이었다. 하지만 조이스는 이자벨에게 어느 쪽이 더 좋은지 물었다. 이자벨은 잠시 생각하더니 말했다.

"이따금은 어멘다 옆에 앉겠지만 점심시간에는 좀 조용하게 쉬고 싶어."

'왜 그러고 싶은데?' 조이스는 생각했다. 하지만 입 밖으로 내뱉기 전에 제동을 걸었다.

"좋은 생각인 거 같네. 그리고 어멘다는 아직도 널 좋아해. 그냥 다른 쪽 테이블을 좋아하는 것뿐이야. 하지만 그렇다고 널 좋아하지 않는다는 뜻은 아니지. 게다가 넌 평화로운 시간을 보내야 하잖아."

조이스는 내향성을 이해하게 되자 양육하는 방식이 달라졌다고 말했다. 그리고 그렇게 바뀌는 데 오래 걸렸다는 것이 믿기지 않는다고 했다.

"이자벨이 있는 그대로의 멋진 모습으로 있는 걸 보면, 온 세상이 그 애한테 다른 쪽 테이블에 앉아야 한다고 말하더라도 그 아이의 뜻을 존중하게 돼요. 사실 아이의 눈으로 그 테이블을 바라보면, 내가 다른 사람들에게 어떻게 비칠지, 또 어떻게 하면 내 기본적인 외향성을 인식하고 조절해서 우리 예쁜 딸 같은 사람들과 함께할 기회를 놓치지 않을 수 있을지 생각하는 데 도움이 되죠."

조이스는 이자벨의 섬세한 면도 좋게 바라보기 시작했다.

"이자벨은 조숙한 아이예요. 아직 아이에 불과하다는 걸 잊어버리게 되죠. 그 애랑 얘기하다 보면 아이들에게만 쓰는 말투를 쓰고 싶다는 느낌도 안 들고, 단어도 평소대로 그냥 써요. 다른 어른들에게 하는 거랑 똑같이 말하죠. 그 애는 아주 섬세하고 배려심이 많아요. 다른 사람들의 행복을 걱정하죠. 금방 어쩔 줄 몰라 하기는 하지만 이런 모든 것들이 한데 어우러져 있는 거예요. 전 딸의 그런 면이 좋아요."

조이스는 누구 못지않게 배려심 많은 엄마였지만, 딸과 기질이 달랐던 탓에 부모로서의 학습은 더디게 시작되었다. 조이스가 내향적이었다면 좀 더 궁합이 잘 맞았을까? 꼭 그렇지는 않았으리라. 내향적인 부모들도 나름의 고충이 있다. 때로는 고통스러운 어린 시절의 기억이 방해가 되기도 한다.

미시간주 앤아버에서 임상 사회복지사로 일하는 에밀리 밀러는 자신이 치료하던 소녀 에이바에 관한 이야기를 들려주었다. 그 아이는 수줍음이 너무 심해 친구를 사귀지도, 수업에 집중하지도 못했다. 한번은 교실 앞에서 노래하는 그룹에 끼지 않겠냐는 얘기를 듣고 흐느껴 울었다고 한다. 그런 일이 있은 뒤 아이 엄마 새라는 밀러에게 도움을 요청하기로 결심했다. 밀러가 성공한 경제 기자인 새라에게 에이바 치료에 파트너가 되어달라고 요청하자, 새라는 눈물을 터뜨리고 말았다. 그녀도 어릴 때 수줍음이 많았고, 그런 끔찍한 짐을 자기 딸 에이바에게 물려주었다는 데 죄책감을 느낀 것이다.

"지금은 잘 숨기지만 아직도 전 딸이랑 똑같아요. 누구에게든

다가설 수 있지만 기자수첩을 손에 들고 있지 않으면 안 되죠."

이런 새라의 반응은 수줍음 많은 아이의 '거짓 외향적'인 부모에게 특별한 사례가 아니라고 한다. 새라는 자신의 어린 시절을 다시 체험하고 있을 뿐 아니라, 에이바에게 자신의 기억을 투사하고 있다. 하지만 새라는 비록 비슷한 기질을 물려받은 것 같더라도 자신과 에이바가 똑같지 않다는 점을 이해해야 한다. 우선, 에이바는 아버지에게도 영향을 받았고 여러 가지 환경적 요인에도 영향을 받았기에 새라와는 기질이 다르게 표출될 수밖에 없다. 새라가 겪은 고뇌가 딸에게도 그대로 전달된다는 법은 없고, 그렇게 되리라 가정하는 것은 에이바에게 해가 된다. 올바로 인도해 준다면 에이바는 자신의 수줍음을 그저 사소하고 가끔 발생하는 성가신 일 정도로 여기게 될 수도 있다.

하지만 밀러에 따르면, 아직 자신의 자긍심도 탄탄하게 다지지 못한 부모라 하더라도 자녀에게는 어마어마하게 도움이 될 수 있다. 아이가 어떻게 느끼는지를 이해해 주는 부모가 조언을 해주면 분명히 효과가 있다. 아이가 학교에 처음 등교한 날 긴장하고 있다면 자신도 학교에 처음 갔을 때 그랬었고, 아직도 회사에 가면 가끔이지만 시간이 지나면서 편해진다고 말해주면 도움이 된다. 아이가 그 말을 믿지 않더라도 아이를 이해하고 받아들인다는 점은 전달한 셈이다.

공감 능력을 발휘해 아이에게 언제 두려움에 맞서라고 격려해야 하고, 언제 그렇게 하는 것이 무리일지 판단할 수도 있다. 예를

들어, 새라는 교실 앞에서 노래 부르는 것이 에이바가 한꺼번에
뛰어넘기에는 너무 큰 도약이라는 점을 알지 못한다. 하지만 소규
모의 마음 맞는 사람들끼리, 아니면 믿음직스러운 친구 한 명과
함께 노래하는 것이라면 처음에 에이바가 저항하더라도 시도할
만한 첫걸음이 될 수 있다. 다시 말해 언제 얼마나 에이바를 고무
해야 좋을지 판단할 수 있다는 얘기다.

내향적인 아이의 한계를 존중하라

6장에서 섬세함에 관해 이야기할 때 등장했던 심리학자 일레인
아론은, 그녀가 최고의 아버지라고 생각하는 짐에 관한 글에서 이
러한 질문에 통찰을 제시했다. 맏딸인 벳시는 짐과 똑 닮았지만,
둘째 딸 릴리는 그보다 섬세했다. 릴리는 예리하면서도 불안한 마
음으로 주변 세상을 관찰하는 아이였다. 짐은 아론의 친구이고,
따라서 섬세함과 내향성에 관해서도 다 알고 있었다. 그는 릴리의
방식을 포용했지만, 동시에 아이가 수줍음 많은 아이로 자라나는
것을 원치 않았다.

아론이 쓴 글에 따르면, "짐은 바다의 파도나 나무 타기, 먹어
보지 못한 음식 먹어보기, 가족 모임, 축구를 비롯해 편안한 옷 한
벌만 계속 입기보다 다양한 옷 입게 하기까지 즐거운 경험이 될
만한 일은 모두 아이에게 소개해 주기로 결심했다. 거의 매번 릴
리는 새로운 경험이 그다지 좋은 생각이 아니라고 여겼고 짐은 늘

그 의견을 존중했다. 짐은 절대로 릴리에게 강요하지 않았고, 그는 그저 자기 생각을 릴리에게 들려주었다. 그 일이 안전하고 즐거울 것이고, 릴리가 이미 좋아하는 일들과 비슷하다는 점을 일깨워줬다. 짐은 릴리가 아직은 하지 못하더라도 다른 애들과 함께하고 싶어 하는 낌새가 보일 순간을 기다렸다."

아론은 또 이렇게 썼다. "짐은 언제나 상황을 주의 깊게 판단하여 릴리가 마지막에는 두려움을 느끼기보다 즐거움과 성공을 경험하도록 준비했다. 때로는 딸이 완전히 준비가 되었다고 느끼기 전에는 아이를 자제시키기도 했다. 무엇보다도 짐은 그 일로 딸과 다투지 않고, 자기 혼자서 고민했다. …… 그리고 릴리 자신이든 다른 누구든 릴리의 조용한 면이나 주저하는 면에 대해 무슨 말을 하면 짐은 곧바로 대답했다. '그건 그냥 네 방식이야. 다른 사람들은 너랑 다른 거고. 하지만 너는 시간을 들여서 확실하게 하기를 좋아하잖니.' 짐은 다른 아이들에게 놀림당하는 아이들과 친구가 되거나 뭔가를 주의 깊게 하거나, 가족 내에 일어나는 일을 모조리 알아차리거나 최고의 축구 전략가가 되는 것도 릴리의 또 다른 면이라는 것을 알고 있다."

내향적인 아이를 위해 해줄 수 있는 최고의 일은 새로운 것에 반응하는 방식을 개선하도록 돕는 것이다. 내향적인 아이들이 새로운 사람뿐 아니라 새로운 장소와 사건에도 반응한다는 사실을 잊지 말자. 그러니 아이가 새로운 상황에 조심스러워하는 것을 다른 아이들과 어울리지 못한다고 착각해서는 안 된다. 아이는 새로움이나 과도한 자극에 몸을 사리는 것이지, 인간과 접촉하지 않으려는 것이 아니다. 앞 장에서 보았듯이, 내향성-외향성 수준은 원만함과도 친근함을 즐기는 정도와도 연관이 없다. 내향적인 아이도 다른 아이와 마찬가지로 다른 사람과 함께 있기를 바란다. 다만 정도의 차이가 있을 뿐이다.

핵심은 아이의 한계를(그 한계가 심하다 싶더라도) 존중하면서 아이를 조금씩 새로운 상황과 사람에 노출시키는 것이다. 이렇게 하면 과잉보호나 과도한 압력을 주는 것보다 아이를 자신감 있게 기를 수 있다. 아이의 감정이 정상이고 자연스럽다는 점을 알려주되, 두려워할 것은 없다는 점도 말해주자.

"한 번도 만난 적 없는 친구랑 같이 노는 게 좀 이상할 수도 있다는 건 아빠[엄마]도 알지만, 네가 먼저 놀자고 하면 저 친구는 좋아서 트럭 놀이를 같이 할걸."

아이의 속도에 맞춰라. 밀어붙이지 마라. 아이가 어리다면, 필요에 따라서는 부모가 다른 아이와 먼저 말을 틀 수 있게 도와줘라. 그리고 주변에 계속 있어라. 아이가 정말 어리다면 부드럽고 따뜻하게 등을 감싸주는 것도 좋다. 아이가 거기에서 도움을 느낀다고 생각하는 한 그렇게 하면 된다. 아이가 스스로 뭔가를 시도할 때는 아이의 노력을 인정해 주자.

"어제 모르는 친구들한테 가서 말 걸었지? 힘들 수도 있었을 텐데, 잘했네."

새로운 상황에 접할 때도 다르지 않다. 또래의 다른 아이들보다 바다를 무서워하는 아이를 상상해 보자. 사려 깊은 부모라면 이런 두려움이 자연스럽고 심지어 슬기로운 것이라는 점을 이해한다. 바다는 실제로 위험하니까. 하지만 그런 부모라면 아이가 여름 내내 안전한 모래사장에서만 놀게 하지도 않을 테고, 그렇다고 아이를 물에 빠뜨려 알아서 수영하기를 기대하지도 않을 것이다. 대신 이들은 아이의 불안한 마음을 이해한다는 점을 전달하면서 아이가 조금씩 걸음을 내딛도록 격려할 것이다. 어쩌면 며칠간은 모래 위나 파도가 부서지는 곳에서 멀리 떨어져 놀 수도 있으리라. 그러다가 어느 날 물이 닿는 경계까지 아이를 목마 태우고 가볼 수 있다. 바람이 잦아들 때나 썰물 때를 기다렸다가 발가락을 물에 담그고, 그다음에는 무릎까지 담가본다. 서두르지 않는다. 아이에게는 작은 걸음 하나하나가 커다란 도약이다. 마침내 아이가 물고기처럼 수영하는 법을 배우면 물뿐만 아니라 두려움을 대하는 태도에도 중대한 전환점을 맞이하게 될 것이다.

아이는 다른 면에서도 즐거움을 얻으려면 불편하더라도 벽을 뚫고 나가볼 가치가 있다는 점을 천천히 이해하게 된다. 아이는 스스로 벽에 구멍을 뚫는 법을 터득할 것이다. 메릴랜드대학교 아동·관계·문화센터의 소장인 케네스 루빈Kenneth Rubin 박사도 이렇게 적었다.

"아이가 감정과 행동을 조절하는 법을 터득하도록 부드럽고 따뜻한 방식으로 꾸준히 도와준다면, 마법과도 같은 일이 일어나기 시작합니다. 시간이 지나면 아이는 자신에게 이렇게 말하게 될 겁니다. '저 애들 재미있게 놀고 있네. 나도 가봐야지.' 두려움과 경계심을 스스로 조절하는 법을 배우고 있는 것이지요."

아이가 그렇게 할 수 있기를 바란다면, 아이에게 '수줍음 많다'는 말을 해서는 안 된다. 아이는 부모의 말을 믿을 테고, 그러면 자신의 감정이 통제할 수 있는 것이라기보다는 이미 고정된 특성이라고 믿어버리고 말 것이다. 아이는 '수줍음'이라는 말이 우리 사회에서 부정적인 의미로 쓰인다는 점도 아주 잘 알고 있다. 무엇보다 수줍음이 많다는 이유로 아이를 부끄럽게 만들어서는 안 된다.

가능하다면 아이가 아직 어려서 주저하거나 수줍어하는 성격 때문에 누명을 쓰기 전에, 아이가 스스로 마음을 다스릴 수 있도록 가르쳐 주는 것이 최상이다. 부모가 먼저 낯선 사람에게 차분하고 친근하게 인사하는 모습을 보여주고, 부모 자신이 친구들과 어울리는 모습을 보여줌으로써 역할 모델이 되어라. 혹은 아이의 친구들을 집으로 초대해도 좋다. 대신, 다른 사람들과 함께 있을 때는 귓속말을 하거나 바짓단을 잡아당기거나 하는 방식으로 소통하지 말고 소리를 내어 말해야 한다고 알려주자. 지나치게 공격적이지 않은 아이들과 자신의 아이에게 호감이 있는 아이들을 잘 선택하여 아이가 그 아이들과 어울리면서 즐거움을 느낄 수 있게 하자. 또래보다 어린 아이들과 함께 노는 것이 아이에게 자신감을 준다면 그렇게 해도 좋고, 또래보다 큰 아이들과 노는 것이 격려가 된다면 그렇게 해도 좋다.

아이가 누군가와 금방 마음이 맞지 않는다 해도 강요하지 말자. 아이가 초기에 긍정적인 경험을 하게 해주어야 한다. 아이가 새로운 상황에 점진적으로 접근할 수 있게 안배하라. 예를 들어 아이가 생일파티에 간다고 하면, 먼저 파티가 어떤 식으로 진행될 것이고 아이들이 서로 어떻게 인사하는지 미리 이야기해 주자. 이런 식으로 말이다.

"먼저 '생일 축하해, 조이'라고 말하고, 다음에 '안녕, 사브리나' 하고 인사하는 거야."

그리고 반드시 일찍 도착해라. 일찌감치 도착해서 아이가 먼저 차지하고 있는 공간에 다른 아이들이 합류하는 것처럼 느끼는 편이, 이미 형성되어 있는 그룹에 아이가 끼어들어가는 것처럼 느끼는 쪽보다 훨씬 낫다. 또 아이가 학교 수업이 시작되기 전에 긴장하고 있다면, 아이를 데리고 교실에 가서 함께 둘러보고, 가능하다면 교사나 다른 우호적인 어른들, 예를 들면 교장이나 생활지도 상담교사, 경비 아저씨, 학교 식당 직원과 미리 만나게 해주면 좋다. 아이에게 제안할 때는 우회적으로 하자.

"너희 교실 엄마도(아빠도) 아직 한 번도 못 봤으니까 같이 가서 한번 볼까?"

화장실은 어디에 있는지, 화장실 이용 규칙은 무엇인지, 식당에 가는 길은 어디인지, 스쿨버스가 아이를 태우는 장소는 어디인지 알아두자. 아이와 잘 지낼 수 있는 친구들과 여름방학 때 놀이 약속을 잡아주자.

아이가 불편한 상황을 극복해나가도록 간단한 전략을 가르쳐 줄 수도 있다. 아이에게, 그럴 기분이 아니더라도 자신감 있어 보이게 하라고 격려하라. 웃기, 똑바로 서기, 눈 마주치기 이 3가지 단순한 방법이 큰 도움이 된다. 아이들 틈에서 친근해보이는 얼굴을 찾아보라고 하자.

세 살짜리 보비는 시립유치원에 가기 싫어했다. 쉬는 시간이 되면 안전한 교실에서 나가 더 큰 아이들과 함께 옥상에서 놀아야 했기 때문이다. 보비는 너무 무서워서 비 내리는 날에만 학교에 가려고 했다. 비가 오면 옥상에서 놀지 않아도 되니까. 아이 부모는 아이가 어떤 친구들과 함께 어울리기 편안해 하는지 찾아내도록 도와주고, 시끄러운 형들 때문에 재미를 못 느낄 필요가 없다는 점을 알도록 도와주었다.

여러분이 이런 수많은 것들을 해낼 준비가 안 되었다고 생각하거나 자신의 자녀에게 특별 훈련이 좋을 것이라 생각한다면, 지역에서 사교 능력 워크숍을 운영하는 곳을 찾아보자. 이런 워크숍에서는 아이들이 집단에 들어가고, 새 친구들에게 자기를 소개하고, 보디랭귀지와 얼굴 표정을 읽을 수 있도록 가르친다. 그리고 수많은 내향적인 아이들이 가장 힘들어하는 부분, 즉 학교생활을 어떻게 헤쳐나가야 할지도 도와줄 것이다.

내향적인 아이는 교실에서 어떻게 생활할까?

10월의 어느 화요일 아침, 뉴욕시의 한 공립학교 5학년 교실에서 미국 정부의 입법, 사법, 행정부서에 관한 수업이 시작됐다. 아이들은 조명이 밝게 비치는 교실 한 모퉁이에 융단을 깔고 양반다리로 앉아 있고, 교사는 의자에 앉아 교과서를 무릎에 놓은 채 몇 분간 기본 개념을 설명했다. 이제 배운 내용을 그룹 활동으로 적용해 볼 차례다.

"점심시간이 끝나면 우리 교실이 너무 지저분해져. 책상 아래 껌이 붙어 있어, 음식 쓰레기가 여기저기 떨어져 있고, 바닥에는 과자부스러기들이 잔뜩이야. 교실이 이렇게 지저분하면 좋을까?" 아이들이 고개를 가로젓는다.

"오늘은 이 문제를 함께 해결해 보자."

교사는 아이들을 7명씩 3그룹으로 나눴다. 먼저 입법을 담당하는 그룹은 점심시간의 행동을 규제할 법안을 제정한다. 다음으로 행정을 담당하는 그룹은 법률을 어떻게 시행해야 할지 결정해야 한다. 마지막으로 사법을 담당하는 그룹은 지저분하게 하는 아이들을 판결하는 시스템을 만들어야 한다.

아이들은 들떠서 각자의 그룹에서 3개의 커다란 모둠을 만들었다. 책상을 움직일 이유는 전혀 없다. 커리큘럼의 상당 부분이 그룹 활동을 하도록 짜여 있기 때문에 책상들도 이미 7명씩 둥글게 앉도록 놓여 있었다. 교실에 즐거운 소동이 인다. 교사가 10분간 강의하는 동안에는 지루해서 죽을상을 하고 있던 몇몇 아이들도 이제 아이들과 재잘거리고 있다.

하지만 전부 다 그렇지는 않다. 아이들을 하나의 커다란 덩어리로 바라본다면, 아이들은 교실을 가득 메운, 기분 좋게 꼬물거리는 강아지들처럼 보일 것이다. 하지만 각각의 아이들에 초점을 맞춰보면 놀라울 정도로 다른 모습을 발견하게 된다. 이를테면 빨강머리를 포니테일 스타일로 묶고, 금속테 안경을 끼고, 몽상에 빠진 듯한 얼굴을 한 마야 같은 아이는 어떨까?

마야가 속한 '행정 그룹'에서는 모든 아이가 동시에 말했다. 마야는 말이 없었다. 키가 크고 투실토실하며 지주색 티셔츠를 입은 서맨사가 주도권을 쥐었다. 그 아이는 가방에서 샌드위치 가방을 꺼내더니 선언했다. "이 플라스틱 가방을 들고 있는 사람이 얘기하는 걸로 하는 거야!" 학생들은 가방을 옆으로 건네며, 각자 자기 생각을 얘기했다. 이 아이들을 보면 『파리대왕』에 나오는, 소라고둥을 돌리던 아이들이 떠오른다. 일순간에 아수라장이 되어버리기 전까지는 말이다.

마야는 가방이 자기에게 오자 어쩔 줄 모르는 듯 보였다.

"나도 동의해." 아이는 말하고는 가방을 뜨거운 감자라도 되는 양 옆 아이에게 넘겼다.

가방은 책상 위를 몇 바퀴 돌았다. 매번 마야는 아무 말도 하지 않았고 옆 아이에게 건넸다. 마침내 토론이 끝났다. 마야는 불편한 기색이다. 자기가 참여하지 않았다는 데 당황한 것 같다. 서맨사는 자기네 그룹이 머리를 짜내어 생각해낸 법률 시행 방안들 목록을 읽어봤다.

"첫 번째 규칙. 법을 어기면 쉬는 시간에 쉴 수 없다⋯⋯."

"잠깐! 한 가지 생각난 게 있어!" 마야가 끼어들었다.

"말해봐." 서맨사가 다소 짜증스러운 듯 말했다. 하지만 마야는 섬세하고 내향적인 사람들이 아주 사소한 반감의 신호조차 민감하게 알아채듯, 서맨사의 목소리에서 날카로운 기색을 읽어냈다. 마야는 말을 하려고 입을 열었지만, 눈을 아래로 낮추더니 겨우겨우 몇 마디 알아들을 수 없는 말을 웅얼거리고 말았다. 아무도 알아듣지 못했다. 아무도 알려 하지 않았다. 그룹에서 가장 인기 있는 아이가 한숨을 푸욱 내쉰다. 그 아이는 날씬한 몸매와 타의 추종을 불허하는 유행에 앞선 옷차림을 하고 있었다. 마야는 혼란스러워서 말을 흐리고, 인기 소녀는 말했다. "자, 서맨사! 이제 나머지 규칙 읽어야지."

교사는 행정 그룹에게 자기들이 한 일을 요약해보라고 했다. 다들 서로 발표하려고 했다. 마야만 빼고. 서맨사가 평소처럼 다른 아이들의 목소리를 압도하자 다른 아이들이 잠잠해진다. 서맨사의 발표는 별로 앞뒤가 안 맞지만, 아이가 워낙 자신감 있고 성격이 좋아서 그다지 상관없어 보였다. 마야는 그룹의 구석에 웅크리고 앉아서 공책에 대문자로 자기 이름을 적고 또 적었다. 마치 자기 정체성을 확인하려는 듯하다. 적어도 자신에게라도.

이 일이 있기 전에, 마야의 교사는 내게 마야가 에세이 쓰기에서 빛을 발하는 지적인 아이라고 말했다. 마야는 소프트볼에도 재능이 있었다. 그리고 다른 아이들에게도 친절해서 성적이 떨어지는 아이들을 가르쳐 주겠다고 하기도 했다. 하지만 마야의 긍정적인 면은 이날 전혀 드러나지 않았다.

외향적인 아이에게 최적화된 학교 시스템이 문제다

자기 자녀가 학교에서 공부하고 아이들과 어울리면서 이런 경험을 할 것이라고 생각하면 어떤 부모라도 실망스러워할 것이다. 마야는 내향적이다. 수업을 대규모 그룹으로 진행하는, 자극이 지나치게 강하고 시끄러운 환경에는 잘 맞지 않는다. 마야의 교사는 아이가 누구나 똑같이 근면하고 세세한 부분에 주의를 기울이는 친구들과 함께할 수 있는 차분한 분위기의 학교에 다녔더라면, 하루 수업의 상당 부분을 혼자서 해내야 하는 학교에 다녔더라면 훨씬 더 잘해냈을 것이라고 말했다. 마야는 물론 그룹 내에서 자신을 주장하는 법을 배워야 하겠지만, 내가 목격한 것과 같은 경험에서 과연 그것을 배울 수 있을까 의심스러웠다.

사실 수많은 학교가 외향적인 아이들에게 맞게 구성되어 있다. 윌리엄메리대학교의 교육학자인 질 버러스Zill Burrus와 리사 캔지그Lisa Kaenzig에 따르면, 내향적인 아이들은 외향적인 아이들과 매우 다른 지침이 필요하다. 그런데 그러한 아이에게 아이들과 더 어울리고 더 사교적으로 행동하라는 조언 외에는 아무것도 없는 경우가 너무나 많다.

우리는 대규모 집단으로 배우는 것이 신성불가침의 영역이 전혀 아니라는 점을, 우리가 학생들을 이런 식으로 배치하는 이유가 최고의 학습법이기 때문이 아니라 비용을 아낄 수 있기 때문이라는 점을 쉽게 잊는다. 더구나 어른들이 일하고 있는 시간에 아이들을 학교에 보내는 외에 달리 어떻게 해야 하겠는가? 어떤 아이가 자율적으로 공부하고 일대일로 친구를 사귀려 한다면 거기에는 아무런 문제가 없다. 아이는 그저 지배적인 모델에 맞지 않을 뿐이다. 학교의 목적은 아이가 평생을 살아가도록 준비시키는 것이어야 하지만, 실제로 아이들이 준비해야 할 것은 학교에서 하루하루를 살아남는 방법일 때가 많다.

학교 환경은 매우 부자연스러울 소지가 있는데, 특히 자기가 중요하다고 여기는 일에 집중하는 방식을 좋아하고 한 번에 한두 명 정도의 친구와 어울리기를 좋아하는 내향적인 아이의 관점에서는 더욱 그러하다. 아침이면 스쿨버스의 문이 열리고 타고 있던 아이들이 시끌벅적하게 서로 떠밀면서 버스에서 내린다. 수업은 그룹 토론 방식이 대부분이고, 교사들은 아이에게 의견을 말해보라고 재촉한다. 아이는 식당의 불협화음 속에서 붐비는 테이블에 자리를 차지하려고 애쓴 후 점심을 먹는다. 최악인 점은 생각하거나 창조할 시간 따위는 거의 없다는 사실이다. 하루 일과를 마치고 나면 학교생활이 아이에게 자극이 되기는커녕 거꾸로 진을 다 빼놓는다.

어른들이 이런 식으로 집단을 구성하지 않는다는 사실을 너무나도 잘 알고 있으면서도 우리는 왜 전체를 아우르는 두루뭉술한 한 가지 교육방식을 받아들이는 것일까? 우리는 내향적이고 괴짜 같은 아이들이 안정되고 행복한 어른으로 피어나는 모습에 경탄할 때가 많다. 우리는 이것을 변태Metamorphosis에 비유한다. 하지만 변하는 것은 아이가 아니라 환경일지 모른다. 어른이 되면 각자 자기에게 맞는 직업과 배우자, 사람들을 선택하게 된다. 어떤 문화에 내던져지든 거기에 머물러야 할 필요가 없어진다. '인간-환경 궁합'이라고 알려진 분야의 연구에 따르면, 사람들은 심리학자 브라이언 리틀의 표현을 빌려 "자신의 성격과 조화로운 환경이나 역할, 직업에 몰두할 때" 잘 지낸다고 한다. 그 반대도 마찬가지다. 아이들은 정서적으로 위협받는다고 느끼면 학습을 중단한다.

이것을 루앤 존슨LouAnne Johnson보다 잘 아는 사람도 없다. 말씨가 거친 전직 해병인 그녀는 캘리포니아 공교육 체제에서 가장 문제 있는 십대 아이들을 가르친 것으로 유명해진 교사이기도 하다. 영화 〈위험한 아이들〉에서 미셸 파이퍼가 연기한 인물로도 잘 알려져 있다. 나는 뉴멕시코주 트루스 오어 칸시퀀시스Truth or Consequences라는 곳에 있는 집으로 존슨을 만나러 갔다. 온갖 유형의 아이들을 가르쳐 본 경험에 관해 듣기 위해서였다.

존슨은 아주 수줍음 많은 아이들을 가르치는 데 능숙했다. 이것은 우연이 아니었다. 그녀가 쓰는 한 가지 기법은 자기가 어릴 적에 얼마나 소심했는지 이야기해 주는 것이다. 학교에 관한 그녀의 가장 오래된 기억은, 그녀는 구석에 앉아서 책을 읽고 싶어 하는데 선생님은 그녀가 다른 아이들과 교류하기를 바래 유치원 의자 위에 올라가 서 있던 적이다. "자기 선생이 자기만큼이나 수줍음이 많았다는 걸 알게 되면 기뻐서 어쩔 줄 모르는 아이들이 많죠. 내가 고등학교 영어 수업을 맡았을 때 수줍음이 많던 여자애가 있었어요. 그 애한테 '너는 대기만성형이니까 고등학교 때 뛰어나지 않았다고 걱정하지 말라'고 말해줬죠. 그랬더니 나중에 아이 어머니가 그렇게 말해줘서 고맙다고 하더군요. 그 어머니는 그 한 마디가 딸의 세계관을 완전히 바꾸어놓았다고 했죠. 상상해 보세요. 부드러운 아이에게는 가벼운 말 한 마디가 큰 영향을 미칠 수 있다는 것을."

수줍음 많은 아이에게 말하라고 격려할 때는 아이가 거리끼는 마음을 잊어버릴 정도로 아주 매력적인 주제를 잡으면 도움이 된다고 한다. 존슨은 '남자들이 여자들보다 세상 살기가 훨씬 쉽다'와 같은 뜨거운 주제를 아이들에게 토론하게 하라고 조언한다. 평생 대중 강연 공포증을 겪으면서도 대중 강연을 자주 하기에, 존슨은 이것이 얼마나 잘 통하는지 경험으로 알고 있었다. "난 수줍음을 극복하지 못했어요. 수줍음은 저 구석에 앉아서 날 부르죠. 하지만 난 학교를 바꾸는 일에 열정을 느끼기 때문에 일단 말을 시작하면 열정이 수줍음을 제압해버려요. 열정을 불러일으키거나 도전해 볼 만한 일을 발견한다면, 잠시 자신을 잊어버리게 돼요. 감정의 휴가라고 할까요."

하지만 잘될 것이라고 합리적으로 확신할 정도로 아이에게 적절한 도구를 제공하지 않은 상태라면 무리해서 아이에게 연설을 시킬 필요는 없다. 먼저 한 명의 파트너나 소규모 그룹과 연습하게 하고 여전히 공포를 느긴다면 강요하지 마라. 전문가들은 어릴 때 대중 강연에서 부정적인 경험을 하게 되면 평생 연단을 두려워하게 될 소지가 있다고 생각한다.

그렇다면 마야와 같은 아이들에게는 어떤 학교 환경이 가장 좋을까? 교사들을 위해 몇 가지 생각을 공유해 본다.

- 내향성을 고쳐야 할 것으로 보지 마라. 내향적인 아이가 사교 기술에 도움이 필요하다면, 수학이나 읽기에 도움이 필요한 아이들에게 그렇게 하듯이 수업이 끝나고 가르쳐 주거나 훈련시키자. 하지만 이 아이들을 있는 그대로 칭찬하자. 미시간주 앤아버에 있는 재능 있는 학생들을 위한 에머슨스쿨의 전직 교장 팻 애덤스는 이렇게 말했다. "수많은 아이들의 생활 통지표에 적는 전형적인 말은 '몰리가 수업에 좀 더 참여했으면 좋겠습니다'입니다. 하지만 이 학교에서는 아이들의 상당수가 내향적이라는 걸 이해하고 있죠. 우린 아이들의 참여를 끌어내려고 하지만 그걸 대수롭게 여기진 않아요. 우리는 내향적인 아이들에게는 다른 학습방식이 있다고 생각합니다."
- 연구들을 보면 전체의 3분의 1에서 절반가량이 내향적이라고 한다. 이것은 당신의 학급에 당신 생각보다 내향적인 아이가 훨씬 많다는 뜻이다. 어린 나이에도 어떤 아이들은 외향적으로 행동하는 데 매우 능숙

하므로 내향적이라는 점을 짚어내기가 쉽지 않다. 모든 아이들에게 도움이 되도록, 교육방법에 균형을 맞추자. 외향적인 아이들은 보통 움직임, 자극, 협동작업을 좋아한다. 내향적인 아이들은 보통 강의, 휴식 시간, 개별작업을 좋아한다. 공평하게 섞어보자.

• 내향적인 아이들은 또래들의 관심사와는 다를 수도 있는 한두 가지의 일에 깊은 관심을 보인다. 때때로 이 아이들은 그런 열정 때문에 무서워 보이기까지 하다. 실제로 연구 결과들을 보면 이러한 집중력이 재능 개발의 전제조건이라고 한다. 아이들이 관심사가 있다는 점을 칭찬하고, 격려하며, 비슷한 아이들을 만나도록 도와주자. 같은 학급에 없다면 다른 곳에서 찾아주어도 좋다.

• 어떤 협동작업은 내향적인 아이들에게도 괜찮고, 심지어 유익하기도 하다. 하지만 그것도 소규모 그룹으로 진행해야 한다. 둘이나 셋을 한 조로, 그리고 각 아이가 자신의 역할을 제대로 파악하도록 세심하게 준비해야 한다. 미네소타대학교의 협동학습 센터 공동 책임자인 로저 존슨은 내향적이거나 수줍음 많은 아이들이 특히 잘 짜인 소규모 그룹 활동에서 도움을 받는다고 말한다. 이유는 "그 아이들이 대개 한두 명의 친구들과 의문에 답을 찾거나 과제를 완성하는 것은 아주 편안하게 해내지만, 학급 전체에게 물어볼 때는 절대 손을 들려고 하지 않기 때문이다. 이런 아이들이 자기 생각을 언어로 표현할 기회를 얻는 것은 매우 중요한 일이다." 마야가 좀 더 소규모 그룹 활동에 참여했고 누군가가 시간을 들여서 "서맨사, 넌 토론이 제대로 돌아가도록 하는 일을 맡아. 마야, 네가 할 일은 메모를 해두었다가 아이들에게 읽어주는 거야" 하

고 말해주었다면 마야가 어떤 경험을 했을지 상상해 보라.

- 한편, 3장에서 '의도적 연습'에 관해 앤더스 에릭슨이 연구한 것을 떠올려보자. 수많은 분야에서 혼자 힘으로 노력하는 방법을 모르면 통달하는 단계에 다다를 수 없다. 외향적인 아이들에게 내향적인 아이들의 전술 공책을 흉내 내라고 해보자. 모든 아이에게 독립적으로 노력하는 방법을 가르치자.

- 의사소통 교수인 제임스 매크로스키James McCroskey는 조용한 아이들을 교실에서 '교류가 활발한' 구역에 앉히지 말라고 말한다. 그런 곳에 있어도 그 아이들은 더 많이 말하지 않을 것이다. 오히려 위협을 느껴서 집중하는 데 방해만 된다. 내향적인 아이들이 수업에 참여하기 쉽게 히되, 강요하지는 마라. "매우 불안한 아이에게 말로 뭔가를 하라고 강요하는 것은 해롭다. 그러면 불안은 커지고 자긍심은 낮아진다."

- 당신이 근무하는 학교에 선발입학 정책이 있다면, 아이들을 그룹 놀이 환경에서의 행동으로 입학을 결정하지 않도록 주의하는 편이 좋다. 내향적인 아이들은 낯선 사람들과 함께 있으면 입을 다물어버리기 때문에 이 아이들이 긴장을 풀고 편안해지면 어떻게 될 수 있는지 그런 환경에서는 전혀 알아볼 수 없다.

이번에는 부모들과 공유하고 싶은 부분이다. 마음에 드는 공립학교가 있는 곳으로 이사를 하든, 외부 학생을 받아들이는 특수 커리큘럼을 운영하는 학교를 찾아가든, 사립학교나 교구학교에 보내든, 운 좋게도 아이를 어떤 학교에 보낼지 선택할 수 있다면,

이런 학교를 찾아보자.

- 독자적인 관심사를 인정하고 자율을 강조하는 곳
- 그룹 활동은 적절한 정도만 하되, 소규모로 세심하게 그룹을 짜서 진행하는 곳
- 친절함, 상냥함, 공감, 시민의식을 존중하는 곳
- 정돈된 교실과 복도를 강조하는 곳
- 작고 조용하게 학급을 운영하는 곳
- 수줍음 많고, 진지하고, 내향적이고, 섬세한 기질의 아이들을 이해하는 듯 보이는 선생들을 뽑는 곳
- 학업, 운동, 방과 후 활동 중 당신의 자녀가 특히 관심 있는 주제에 집중하는 곳
- 친구들을 괴롭히는 행위를 강력하게 규제하는 곳
- 관대하고, 실제적인 문화를 강조하는 곳
- 아이의 기호에 따라, 마음이 맞는 아이들끼리 묶어주는 곳(이를테면 지적인 아이들끼리, 예술적인 아이들끼리, 운동을 좋아하는 아이들끼리)

자기 입맛에 꼭 맞는 학교를 선택하기란 비현실적인 경우가 많다. 하지만 어떤 학교든, 여러분의 내향적인 아이가 잘해나가도록 돕기 위해 여러분이 할 수 있는 일은 많다. 아이에게 가장 힘을 주는 과목이 무엇인지 알아내고, 아이가 외부 교사와 함께 배우든 과학 박람회나 창작수업 등의 과외 프로그램을 통해서 배우든 그

과목에 집중하도록 해주자. 그룹 활동에 관해서는 아이가 큰 그룹 안에서 좀 더 편안한 역할을 찾도록 도와주자. 내향적인 아이들에게조차 그룹 활동이 도움이 되는 한 가지 측면은 다양한 역할을 경험해 볼 기회가 있다는 점이다. 아이에게 먼저 나서서 메모를 담당하겠다거나, 사진을 찍겠다거나, 자신에게 가장 흥미가 끌리는 일을 하겠다고 말하라고 격려하라. 자기가 어떻게 기여하게 될지 알고 나면 아이도 좀 더 편안하게 참여하게 될 것이다.

또 아이가 자기 생각을 남들 앞에서 말하도록 연습시킬 수도 있다. 다들 논쟁에 뛰어들고 있는 것처럼 보이더라도, 말하기 전에 시간을 내서 먼저 생각을 정리해도 괜찮다는 점을 일러주자. 동시에, 다른 아이들이 다 말하고 나서 말하려 하면 자기 차례가 올 때까지 기다리는 동안 긴장감이 커질 수 있으니, 먼저 논의에 참여하는 편이 낫다고 조언해 주어라. 아이가 무슨 말을 해야 할지 모르거나 주장을 펼치는 데 거리낌을 느낀다면, 자신의 장점에 집중하도록 도와주자. 아이가 깊이 있는 질문을 잘하는가? 그렇다면 그 점을 칭찬하고 좋은 질문이 답을 내놓는 것보다 더 유용할 때가 많다는 점을 가르쳐 주자. 아이가 자신만의 관점에서 사물을 바라보는 경향이 있는가? 이것이 얼마나 귀중한지 알려주고, 자신의 관점을 다른 아이들과 공유하는 방법을 아이와 논의하자.

실생활에서 일어나는 시나리오를 미리 생각해 보자. 예를 들어, 마야의 부모라면 마야와 같이 앉아서 행정 그룹 연습에서 어떻게 다르게 할 수 있었을지 생각해 볼 수 있다. 역할 연기를 하되 되도록 구체적인 상황을 가정하자. 마야는 "내가 메모 담당자 할게"나 "바닥에 음식물 쓰레기를 버리면 누구든지 점심시간 마지막 10분 동안 쓰레기 줍기를 시키면 어떨까?"에 해당하는 말을 자기 식으로 재구성해 볼 수 있다.

물론 그러자면 마야가 마음을 열고 그날 무슨 일이 있었는지 말하게 할 수 있어야 한다. 아이들은 보통 솔직하지만, 어떤 아이는 부끄러웠던 일을 털어놓지 않으려 하기도 한다. 아이가 어릴수록 더 솔직하게 말하기 쉬우므로, 되도록 저학년일 때 이런 과정을 시작하는 편이 좋다. 아이에게 부드럽고 판단을 배제한 말투로 구체적이고 명확하게 질문을 던지자. "오늘 어땠니?" 대신에 "오늘 수학 시간엔 뭐 했어?"라고 묻자. "선생님 마음에 들어?" 대신에 "선생님의 어떤 점이 맘에 들어?"나 "뭐가 그렇게 맘에 안 들어?"라고 묻자. 아이가 느긋하게 대답하게 해주어라. 부모들이 흔히 쓰는 말투로 "오늘 학교 재미있었니?" 하고 묻지 않도록 주의하라. 아이는 그 순간 '그렇다'고 대답해야 한다고 느낄 것이다.

아이가 여전히 말하지 않으려 하면 기다려주자. 때로는 몇 시간 정도 마음을 가라앉히고 나야 말할 준비가 되는 경우도 있다. 목욕할 때나 잠자리에 들 때처럼 아늑하고 이완된 상태에서만 마음을 열지도 모른다. 그런 경우라면 반드시 이런 상황을 만들어주자. 그리고 아이가 믿음이 가는 보모나 이모 혹은 다른 형제에게는 말을 하지만 부모인 여러분에게는 말하지 않는다면, 자존심을 억제하고 도움을 요청하자.

마지막으로, 모든 면을 감안할 때 여러분의 내향적인 아이가 학교에서 가장 인기 있는 학생이 아니라고 느끼더라도 걱정하지 말자. 아동발달 전문가들에 따르면 아이가 정서적으로나 사회적으로 발달하는 데 한두 명의 친구와 우정을 유지하는 것은 꼭 필요하지만, 인기는 없어도 된다. 내향적인 아이들은 흔히 자라면서 뛰어난 사교 능력을 터득하게 되지만, 대개는 집단에 속하더라도 자신만의 방식으로 한다. 예를 들면 얼마간 기다렸다가 뛰어든다거나 잠시만 참여하는 식으로 말이다. 그래도 상관없다. 아이는 사교 기술을 습득하고 친구도 사귀어야 하지만, 학교에서 가장 외향적인 아이가 될 필요는 없다.

그렇다고 인기 있으면 재미가 없다는 말은 아니다. 아마 부모는 아이가 잘생기고, 재치도 있고, 운동 능력도 있기를 바라듯이 아이가 인기 있기를 바랄 것이다. 하지만 부모의 바람을 강요하지 않도록 주의하고, 만족스러운 삶에는 여러 갈래가 있다는 점을 명심하자.

내향적인 아이에게 교실 밖 자유를 찾아줄 방법들

그런 여러 갈랫길 중 상당수는 학교수업 외에서 발견될 것이다. 외향적인 아이들은 이런 취미, 저런 취미로 옮겨다니기 쉽지만, 내향적인 아이는 한번 시작하면 꾸준히 계속하는 일이 많다. 이것은 자라면서 큰 이점이 되는데, 진정한 자긍심이 능력에서 오는 것이지 반대로 자긍심에서 능력이 생겨나는 것이 아니기 때문이다. 연구자들은 특정 활동에 고도로 집중해 파고드는 것이 행복과 안녕에 이르는 검증된 길이라고 한다. 잘 개발된 재능과 관심사는 아이에게 커다란 자신감의 원천이 될 수 있다. 아이가 다른 아이들과 자기가 매우 다르다고 느끼더라도 마찬가지다.

예를 들어 앞에서 '행정 그룹'의 조용한 구성원으로 등장한 마야는 매일 수업이 끝나면 집에 가서 책 읽기를 좋아한다. 하지만 사회적 압박과 이겨야 한다는 압박에도 불구하고 소프트볼 게임도 좋아한다. 마야는 입단 테스트에 참여했다가 팀에 들어가게 된 날을 오래 기억했다. 마야는 겁을 잔뜩 집어먹기는 했지만 동시에 힘을 느꼈다. 강력한 스윙으로 공을 때릴 수 있을 것 같았다. "수많은 연습이 드디어 결실을 맺은 것 같아요. 전 그냥 계속 웃었어요. 너무 들뜨고 자랑스러웠죠. 그리고 그 느낌은 절대 사라지지 않았어요."

하지만 부모로서는 이렇게 깊은 만족감을 느끼는 상황을 이끌어내기가 늘 쉽지만은 않다. 이를테면 내향적인 자녀에게 그 동네에서 우정과 자긍심으로 가는 티켓을 쥐게 해줄 스포츠를 해보라고 격려할 수도 있다. 그것도 괜찮다. 마야가 그랬듯 아이가 그 운동을 즐기고 잘한다면 말이다. 팀 스포츠는 집단에 속하는 데 불편해하는 아이들에게 특히 멋진 선택이 될 수 있다. 하지만 아이가 스스로 가장 좋아하는 활동을 고르도록 해주어라. 아이가 팀 스포츠를 모조리 좋아하지 않을 수도 있는데, 그래도 괜찮다. 아이가 다른 아이들을 만날 수 있는 다른 활동을 찾아내도록 도와주되, 자기 혼자 지낼 공간도 충분히 주어라. 아이의 기질적인 장점들을 키워주어라. 아이의 관심사가 여러분의 눈에 너무 외로운 활동으로 비친다면, 그림이나 공학, 창작 역시 같은 관심사를 공유하는 공동체로 이어질 수 있다는 점을 잊지 말자.

"주요 관심사를 공유하면서 친구들을 만나게 된 아이들을 알고 있어요. 체스나 세밀한 롤플레잉 게임, 심지어 수학과 역사 같은 깊이 있는 관심사를 토론하는 경우도 있었죠." 밀러 박사의 말이다. 뉴욕시의 라이토피아 연구소Writopia Lab의 소장으로서 아이들과 십대들을 위한 창작 워크숍을 운영하는 레베카 월러스-서갤Rebecca Wallace-Segall은 이렇게 말했다. "수업에 등록한 학생들은 대부분 패션이나 연예인 얘기를 몇 시간씩 하려고 하는 아이들이 아니에요. 오히려 그런 아이들은 잘 안 오는데, 아마도 분석하거나 깊게 파고드는 것에 흥미가 없어서일 겁니다. 그 아이들에게 익숙한 영역이 아닌 거죠. 소위 수줍음이 많은 아이들은 아이디어를 짜내고 분석하고 실행하려는 열의로 가득하고, 역설적이게도 이런 식으로 교류하게 해주면 전혀 수줍어하질 않아요. 이 아이들은 서로서로 연결되어 더 깊은 곳까지 들어가는데, 때로는 다른 아이들이 지루해하거나 짜증스러워할 정도까지 파고들기도 하죠." 그리고 아이들은 준비가 되면 실제로 자신을 드러낸다. 라이토피아의 아이들은 대부분 지역 서점에서 자기 작품을 낭송하고,

놀랄 정도로 많은 아이들이 내로라하는 전국 작문대회에서 상을 받는다.

자녀가 과도하게 자극을 받기 쉬운 유형이라면 미술이나 장거리 달리기처럼 결과의 압박을 느끼지 않으면서 하기 좋은 활동을 고르게 하는 것도 괜찮은 방안이다. 하지만 아이가 결과가 필요한 활동에 끌린다면 아이가 잘하도록 도와줄 수는 있다.

나는 아이일 때 피겨스케이팅을 무척 좋아했다. 아이스링크에서 몇 시간씩 스케이트를 타며 8자 모양을 따라가고 기분 좋게 빙글빙글 돌거나 공중을 날아올랐다. 하지만 경기가 있던 날, 나는 엉망이었다. 전날 밤 한숨도 자지 못했고 연습할 때는 잘해내던 동작도 실제 경기에서는 자꾸만 넘어졌다. 처음에는 사람들 말을 믿었다. 다른 사람들이 그렇듯이 그저 초조했던 것일 뿐이라고. 그러다가 올림픽 금메달리스트 카타리나 비트_{Katarina Witt}가 TV에서 인터뷰하는 장면을 보았다. 그녀는 경기 전의 긴장감 덕분에 금메달을 따는 데 필요한 아드레날린이 분출되었다고 말했다.

그때 나는 카타리나와 내가 완전히 다른 존재라는 점을 알았지만, 그 이유를 알게 되는 데는 수십 년이 걸렸다. 카타리나의 긴장은 그저 힘을 북돋워 줄 정도의 강도였지만, 내 긴장감은 숨이 막힐 정도로 강렬했다. 그때 나를 매우 지지해 주던 우리 어머니는 스케이트를 타는 다른 아이들의 엄마들에게 시합 전 불안을 어떻게 다스리는지 물어보고는 내게 와서 기분이 나아지길 바라며 이런저런 이야기를 들려주었다. "크리스틴도 긴장했대. 르네 엄마가 그러는데 르네도 시합 전날 밤에 무서워했다더라." 하지만 난 크리스틴과 르네를 잘 알았고, 그 아이들이 나만큼 겁먹지는 않았다고 확신했다.

내가 나 자신을 좀 더 잘 이해했더라면 도움이 되지 않았을까 싶다. 여러분이 미래의 피겨스케이터 부모라면, 어마어마한 초조함을 느끼게 될 것이라는 점을 아이가 받아들이게 하되 그것이 성공에 치명적이라는 생각은 심어주지 않도록 주의하라. 아이가 가장 두려워하는 것은 공개적으로 실패하는 것이다. 아이는 시합에 익숙해지고 심지어 실패에도 익숙해짐으로써 그러한 두려움에 둔감해져야 한다. 집에서 멀리 떨어진 곳에서 열리는, 위험이 적은 시합에 참가하도록 격려하자. 그곳에서 아이는 자기가 익명의 존재라고 느낄 것이고 실패하더라도 아무도 알아보지 않을 것이다. 아이가 철저하게 리허설을 하게 하자. 익숙하지 않은 링크에서 시합하게 되면 먼저 그곳에서 조금 연습해 보게 하라. 무엇이 잘못될 수 있고 그럴 때 어떻게 하면 되는지 논의하라. '좋아, 그럼 실제로 넘어져서 꼴등을 한다면 인생이 끝나는 걸까?' 그리고 순조롭게 연기하는 것이 어떤 느낌일지 마음속으로 그려보도록 도와주자.

아이의 새로운 관심사를 포용하고 지원하라

열정을 일깨우면 인생이 바뀔 수 있다. 그것은 초등학교나 중학교, 고등학교 등의 일정 기간만이 아니라 그 후로도 오랫동안 영향을 미친다. 드러머이자 음악 저널리스트인 데이비드 웨이스Da-vid Weiss의 이야기를 들어보자. 데이비드는 자신을 찰리 브라운이라고 느끼며 자라난 사람이다. 그는 창의적이고 생산적이며 의미 있는 삶을 꾸려갔다. 아내와 아직 아기인 아들을 사랑했고, 자기 일을 즐겼다. 재미있는 친구들이 잔뜩 있고, 뉴욕시에 살면서 그곳이 음악애호가에게 가장 생동감 있는 장소라고 믿었다. 사랑과 일이라는 고전적인 바로미터로 인생을 측정한다면, 데이비드의 삶은 눈부실 정도로 성공적인 사례다.

하지만 그의 삶이 언제나 잘 풀릴 듯이 보이기만 한 것은 아니었다. 적어도 데이비드에게는 그렇게 느껴졌다. 어린아이였을 때, 그는 숫기가 없고 서툴렀다. 관심사였던 음악과 글쓰기는 그때 그에게 가장 중요한 사람들이던 또래들에게 아무런 가치도 없었다. "사람들은 걸핏하면 저한테 '지금이 네 인생에서 최고의 시기란다' 하고 말했죠. 전 혼자 생각했어요. '그럼 곤란하지!' 전 학교가 싫었어요. '여기서 벗어나야 돼' 하고 생각하던 게 떠오르네요. 6학년 때 영화 〈기숙사 대소동〉이 개봉했는데, 제가 꼭 배우 중 한 명이 된 것 같더군요. 저도 제가 똑똑하다는 건 알았지만, 제가 자란 디트로이트 교외 지역은 이 나라의 99퍼센트와 같았어요. 잘생기고 운동을 잘하면 귀찮게 할 사람이 없죠. 하지만 너무 똑똑해 보이면, 그건 애들이 별로 좋게 보지 않아요. 오히려 그런 이유로 두들겨 패려고 했죠. 머리는 제 최고의 자질이고 전 그걸 써먹는

게 확실히 재미있었지만, 너무 튀지 않도록 조심해야 했어요."

그렇다면 그는 어떻게 지금처럼 되었을까? 데이비드의 열쇠는 드럼 연주였다. "어느 순간에 전 어린 시절의 것들을 완전히 극복해버렸어요. 그리고 그렇게 된 이유는 바로 드럼을 연주하기 시작했기 때문이죠. 드럼은 제 뮤즈예요. 제 요다Yoda죠. 중학생 때, 고등학교 재즈 밴드가 와서 연주를 한 적이 있었어요. 전 그중에 가장 멋진 녀석이 드럼을 연주하는 놈이었다고 생각했어요. 저에게 드러머는 운동선수, 그냥 운동선수가 아니라 음악하는 운동선수 같았어요. 게다가 전 음악이라면 사족을 못 썼거든요."

처음에 데이비드에게 드럼 연주는 다분히 사회적으로 인정받기 위한 방편이었다. 파티에 가도 자기보다 체격이 두 배는 큰 놈들에게 걷어차이지 않아도 되었던 것이다. 하지만 곧 그것은 훨씬 더 깊은 의미로 바뀌었다. "불현듯 그게 일종의 창조적인 표현이라는 걸 깨닫고는 완전히 맛이 갔죠. 전 열다섯이었어요. 그때 비로소 드럼 연주를 그만두지 않겠다고 생각하게 됐죠. 인생 전체가 드럼 덕분에 변했어요. 그리고 그건 지금까지도 마찬가지고요."

데이비드는 지금도 아홉 살 때 자신이 어떤 기분이었는지 생생하게 기억한다. "지금도 그때의 저랑 연결이 되어 있는 느낌이에요. 제 생각에 멋지다 싶은 일을 할 때마다, 이를테면 뉴욕에서 사람들이 가득한 곳에서 앨리샤 키스니 뭐니 이런 사람들과 인터뷰를 할 때마다, 전 아홉 살 때의 제 자신에게 모든 게 잘됐다는 메시지를 보내요. 그리고 아홉 살로 돌아가서 미래에서 온 신호를 받죠. 그 덕분에 버틸 수 있는 힘을 얻었던 거예요. 전 이런 식으로 현재의 제 모습과 그때의 제 모습을 연결하는 고리를 만들 수 있었어요."

데이비드에게 힘을 준 다른 요인은 부모였다. 그들은 자신감을 키워주는 일보다 아이가 생산적인 활동을 발견하도록 하는 데 집중했다. 아이가 스스로 찾아서 즐기고 있다면 무엇에 관심을 보이는가는 중요한 문제가 아니었다. 데이비드의 아버지는 열렬한 풋볼 팬이었지만, "넌 왜 풋볼 경기장에 나가지 않는 거냐?"라고 묻지 않았다. 데이비드는 잠시 피아노를 치다가 첼로를 켰다. 그가 드럼으로 바꾸겠다고 선언했을 때, 부모는 놀라기는 했지만 결코 흔들리지는 않았다. 그들은 여전히 아이의 새로운 관심사를 포용했다. 그것은 그들이 아들을 포용하는 방식이었다.

———

데이비드 웨이스의 이야기에서 마음에 울림을 느꼈다면 그럴 만한 이유가 있다. 그것은 심리학자 댄 맥애덤스Dan McAdams가 '구원받은 인생 이야기'라고 부르는 완벽한 사례이기 때문이다. 그리고 건강한 정신과 행복의 신호이기도 하다.

노스웨스턴대학교의 '삶 연구를 위한 폴리 센터Foley Center for the Study of Lives'에서 맥애덤스는 사람들이 자신에게 들려주는 이야기에 관해 연구했다. 맥애덤스는 우리 모두 소설가처럼 시작, 갈등, 전환점, 결말이 있는 자신의 인생 이야기를 쓴다고 믿었다. 그리고 우리가 과거의 장애물을 특징짓는 방식이 우리가 현재 삶에 얼마나 만족하느냐에 막대한 영향을 미친다. 불행한 사람들은 장애물을 인생을 망쳐버린 요인으로 바라보는 경향이 있는 반면("아내가 날 떠난 뒤로 내 인생은 완전히 바뀌어버렸어"), 생산적인 사람들은 그것이 불행을 가장한 축복이라고 여긴다("아내와 이혼한 건 내 인생에서 가장 괴로운 일이었지만, 난 지금의 아내와 더 행복하게 지내고 있어"). 가장 충만한 삶, 즉 가족과 사회, 궁극적으로 자기 자신에게 자기가 받은 것을 되돌려주는 삶을 사는 사람들은 장애물에서 의미를 찾아내는 경향이 있다. 한편으로 맥애덤스는 서양의 신화에 나오는 수많은 금언 중 하나인 '우리가 걸려 넘어지는 곳에 최고의 보물이 숨어 있다'는 이야기에 새로운 숨결을 불어넣은 셈이다.

데이비드와 같은 내향적인 사람들에게 청소년기는 거대한 장애물이 가로놓인 장소, 낮은 자긍심과 사회불안이라는 어둡고 뒤엉킨 덤불이 기다리는 장소였다. 중학교와 고등학교에서 주로 통하는 것은 생기발랄함과 사교성이었다. 깊은 생각이나 섬세함은 별로 쳐주지 않았다. 하지만 내향적인 아이들 중 다수가 데이비드처럼 인생의 이야기를 써나가는 데 성공한다. 우리가 찰리 브라운으로 지내는 순간들은 앞으로 수십 년간 행복하게 드럼을 두드리기 위해 치러야 할 대가인 것이다.

루이스 캐럴의 '이상한 나라'가
탄생할 수 있었던 이유

> 우리 문화는 오직 외향적인 사람으로 살아가는 것만을 덕목으로 여겼다.
> 우리는 내면으로의 여행을, 중심으로 향하는 모험을 만류했다.
> 그래서 중심을 잃어버렸고 이제 다시 찾아야 한다.
> ─ 아나이스 닌

자신이 내향적인 사람이든 아니면 내향적인 사람을 사랑하거나 그런 사람과 함께 일하는 외향적인 사람이든, 이 책에 언급된 통찰들이 도움이 되었으면 좋겠다. 다음을 청사진으로 삼아보자.

사랑은 필수지만, 사교성은 선택이다. 가장 가까운 사람과 가장 아끼는 사람들을 소중히 하라. 자신이 좋아하고 존중하는 동료들과 일하라. 새로 알게 된 사람들 중 자신이 좋아하는 부류에 해당하는 사람이나 같이 있으면 즐거운 사람이 누구일지 살펴보라. 그리고 모두와 어울려야 한다고 걱정할 필요는 없다. 관계는 누구에게나 행복을 가져다주지만 양보다는 질을 우선하라.

삶의 비결은 적절한 조명이 비치는 곳으로 가는 것이다. 누군가에게는 브로드웨이의 스포트라이트가, 누군가에게는 등불을 켠 책상이 그런 장소일 것이다. 타고난 장점(끈기, 집중, 통찰, 섬세함)을 활용하여 자신이 사랑하고 중요하게 여기는 일을 하라. 문제를 해결하고, 예술 작품을 만들고, 깊이 생각하라.

자신이 세상에 어떻게 기여할 수 있을지 생각하고 그것을 실천하라. 그러기 위해 공개 강연이나 인맥 쌓기 등 불편한 활동을 해야 한다면 해라. 하지만 그것이 어렵다는 점을 받아들이고 좀 더 쉽게 할 수 있도록 교육을 받고 그 일을 마쳤을 때 자신에게 보상해 주어라.

TV 앵커 자리는 그만두고 도서관학과 학위를 따라. 하지만 앵커라는 일을 사랑한다면 그 일에 필요한 외향적인 모습을 만들어내라. 인맥 형성 모임에서 염두에 두어야 할 기본 규칙은 이것이다. 명함만 잔뜩 받아오기보다는 한 명이라도 제대로 관계를 형성하는 편이 훨씬 낫다. 모임이 끝나면 집으로 달려가 소파에 늘어져라. '회복 환경'을 만들어두라는 의미다.

사랑하는 사람들이 누군가와 어울리고 싶어 한다면 그것을 존중하되, 홀로 있고 싶어 하는 자신의 필요도 존중하라(외향적이라면 반대로).

자유 시간에는 해야 한다고 생각하는 일이 아니라 하고 싶은 대로 하라. 12월 31일 저녁에도 혼자 있는 것이 좋다면 그렇게 하자. 위원회 회의는 빼먹어라. 길 가다가 우연히 지인을 만나 무의미한 잡담에 얽히고 싶지 않다면 방향을 바꾸어라. 읽고, 요리하고, 달리자. 이야기를 쓰자. 일정 횟수만큼 사교 모임에 나가는 대신 모임을 거절할 때 죄책감을 느끼지 않기로 자신과 거래를 하자.

여러분의 아이가 조용하다면, 아이가 새로운 상황과 사람을 접하도록 도와주되 평소에는 자신의 모습 그대로 지내게 내버려두자. 아이의 독창성을 기뻐하라. 건전한 양심과 우정의 깊이를 자랑스러워하라. 아이가 군중을 따르리라 기대하지 마라. 대신 아이가 관심사를 추구하도록 격려하라. 드럼을 치든, 소프트볼을 하든, 종이에 글을 쓰든 아이가 관심사에서 결실을 얻으면 색종이를 뿌리며 축하해 주어라.

여러분이 교사라면, 사교적이고 활발히 참여하는 학생들의 존재를 만끽하라. 하지만 수줍음 많은 아이들, 부드러운 아이들, 자율적인 아이들, 화학실험 용품이나 앵무새 분류학이나 19세기 예술 등에 외곬으로 파고드는 아이들도 잊지 말자. 이 아이들은 내일의 예술가요, 엔지니어며 사상가다.

여러분이 기업의 관리자라면, 직원의 3분의 1에서 절반은 겉으로 어떻게 보이든 내향적이라는 점을 기억하라. 조직의 사무 공간을 어떻게 배치할지 다시 생각하라. 내향적인 사람들이 열린 사무 공간을 환영하거나 더 나아가 점심시간 생일축하 파티나 팀빌딩 연수에 흥분하리라 기대하지 마라. 내향적인 사람들의 장점을 최대한 활용하라. 이들은 깊이 생각하며, 전략을 세우고, 복잡한 문제를 해결하고, 위험을 감지하는 데 도움이 될 것이다.

또 '새로운 집단사고'의 위험을 명심하라. 여러분이 원하는 것이 창의성이라면, 직원들에게 먼저 혼자서 문제를 풀어보게 한 뒤 생각을 공유하게 하라. 군중의 지혜를 원한다면, 이메일 등을 활용하거나 글로 쓰게 하되, 모두 참여할 기회를 얻기 전까지는 다른 사람들의 아이디어를 보지 못하게 하라. 직접 대면하는 교류는 신뢰를 쌓을 수 있기 때문에 중요하지만, 집단이 되면 창의적인 사고에 장애물이 생기는 것을 피할 수 없다. 사람들이 일대일이나 소규모의 편안한 그룹으로 모이도록 안배하라. 강한 주장이나 달변을 좋은 아이디어로 착각하지 마라. 능동적인 직원들이 있다면 (그러기를 바란다) 외향적이거나 카리스마 넘치는 관리자보다는 내향적인 관리자와 함께 일할 때 더 좋은 성과를 낼 것이다.

여러분이 어떤 사람이든 겉모습이 실제가 아니라는 점을 염두에 두자. 어떤 사람들은 외향적인 듯 행동하지만 그러기 위해 에너지와 진정성, 심지어 신체적 건강까지도 희생해야 할 수 있다. 어떤 사람은 냉담하거나 독립적으로 보이지만, 내면세계는 풍요롭고 온갖 드라마로 가득할 수 있다. 그러므로 다음에 평온한 얼굴에 부드러운 목소리로 말하는 사람을 만난다면, 그 사람이 마음속으로 방정식의 해답을 풀거나 소네트를 짓거나 모자를 디자인하고 있을지도 모른다는 점을 떠올리자. 즉 그 사람은 조용하게 능력을 발휘하고 있는 것이다.

신화와 동화를 접하면서 우리는 이 세상에 다양한 힘들이 존재한다는 것을 알게 된다. 어떤 아이는 제다이의 광선검을 받고, 어떤 아이는 마법사에게 교육을 받는다. 비결은 온갖 힘을 다 수집하려 하지 말고 자신이 받은 힘을 잘 활용하는 것이다. 내향적인 사람들은 풍요로 가득한 내면의 정원으로 들어가는 열쇠를 받았다. 그런 열쇠가 있다는 것은 엘리스처럼 토끼굴로 굴러떨어진다는 뜻이다. 엘리스는 스스로 원해서 '이상한 나라'로 간 것이 아니었다. 하지만 그것을 새롭고 환상적인 자기만의 모험으로 만들었다.

그나저나 루이스 캐럴도 내향적이었다. 그가 없었더라면, 『이상한 나라의 엘리스』도 없었을 것이다. 그리고 지금쯤이면 그 정도는 놀랄 일도 아닐 것이다.

내향적인 사람과
외향적인 사람이라는
단어에 관하여

　이 책은 '문화'의 관점에서 본 내향성에 관한 것이다. 주요 관심사는 '행동하는 사람'과 '사색하는 사람'이라는 구태의연한 이분법이고, 이 두 가지 유형을 훨씬 더 조화롭게 할 수 있다면 얼마나 세상이 나아질까 하는 점이다.

　이 책이 초점을 두는 사람은 자신에게서 다음과 같은 특징들을 인식하는 이들이다. 사색적인, 지적인, 책벌레, 꾸밈없는, 섬세한, 사려 깊은, 진지한, 숙고하는, 미세한, 내성적인, 내면을 향하는, 부드러운, 차분한, 수수한, 혼자 있기를 좋아하는, 수줍어하는, 위험을 싫어하는, 얼굴이 두껍지 않은.『콰이어트』는 그와 반대되는 사람들에 관한 것이기도 하다. 활동적인, 원기 왕성한, 말이 많은, 사교적인, 사람을 좋아하는, 흥분을 잘하는, 지배적인, 자기주장이 강한, 적극적인, 위험을 무릅쓰는, 얼굴이 두꺼운, 외부를 향하는,

느긋한, 대담한, 스포트라이트 앞에서도 편안한.

물론 이것은 넓게 분류한 것이다. 한쪽으로만 완전히 쏠리는 사람은 드물다. 하지만 우리는 대부분 이런 유형을 즉각적으로 알아본다. 그것이 우리 사회에서 중요한 역할을 하기 때문이다.

최근 성격심리학자들은 내가 이곳에서 사용하는 것과는 다른 개념으로 내향성과 외향성을 정의할 수도 있다. '5가지 주요 성격'을 옹호하는 이들은 지적인 특성, 풍부한 내면세계, 강한 양심, 어느 정도의 불안(특히 수줍음), 위험을 피하려는 태도 등을 내향성과는 상당히 다른 범주에 넣는다. 그들에게 이런 특징들은 '경험 개방성', '성실성(양심성)', '신경증' 등의 범주에 들어갈 것이다.

나는 '내향적인 사람'이라는 말을 의도적으로 광범위하게 쓰면서 '5가지 주요 성격심리'에서 얻은 통찰도 적용했지만, 주관적인 경험과 내면세계가 무궁무진하게 매력적인 내향적인 사람들에 관한 칼 융의 생각도 아울렀다. 또 고 반응과 불안에 관한 제롬 케이건의 연구(4~5장 참조)도 다루었다. 성실성(양심성), 강렬한 느낌, 내면에 집중하기, 처리의 깊이 등이 섬세함을 처리하는 감각과 어떤 관계가 있는지 다룬 일레인 아론의 연구도 살폈다(6장 참조). 내향적인 사람들이 문제를 해결할 때 끈기와 집중력을 발휘한다는 것과 관련된 여러 가지 연구들(7장 참조, 제럴드 매슈스의 작품에 훌륭하게 요약되어 있다)도 다루었다.

사실 3천 년이 넘는 세월 동안 서양 문화는 위에 적은 형용사들이 표현하는 특징들을 하나로 묶어 분류했다. 인류학자 밸런타인_{C.A.Valentine}도 이렇게 적지 않았던가.

> 전통 서양 문화에서는 개인의 가변성에 관한 특정한 관념이 오래전부터 널리 퍼진 채로 아직까지도 이어지고 있다. 대중적으로 보면 이것은 행동하는 인간, 실제적인 인간, 현실주의자, 사교적인 사람 대 사색가, 몽상가, 이상주의자, 수줍음 많은 인간이라는 익숙한 개념이 된다. 이런 전통과 관련하여 가장 널리 쓰이는 꼬리표는 외향적인 사람과 내향적인 사람이라는 명칭이다.

밸런타인이 말하는 내향성의 개념에는 현대 심리학자들이 경험 개방성('사색가, 몽상가'), 성실성('이상주의자'), 신경증('수줍음 많은 인간')이라 분류하는 특징들이 들어 있다.

수많은 시인, 과학자, 철학자도 이러한 특징들을 한데 묶어서 보는 경향을 보였다. 성경의 첫 책인 〈창세기〉까지 거슬러 올라가보면, 이지적인 야곱_{Jacob}('텐트에 사는 조용한 남자'로 나중에 '이스라엘'이 되는데, 내면에서 신과 씨름하는 자라는 뜻이다)이 허세부리는 형 에서_{Esau}('능숙한 사냥꾼'이자 '땅의 남자')와 형제간의 싸움을 벌이는 이야기가 나온다. 고대로 가면, 히포크라테스와 갈레노스는 우리의 기질(그리고 운명)이 체액들로 결정된다고 주장하면서, 피와 '황담즙'이 많으면 낙관적이거나 화를 잘 내고(안정적이거나 신경증적인 외향성), 가래와 '흑담즙'이 많으면 차분하거나 우울해진다(안정적이거나 신경증적인 내향성)고 했다.

아리스토텔레스는 우울한 기질이 철학, 시, 예술 부분의 명성과 연관된다고 주장했다(오늘날에는 이것을 경험 개방성이라고 분류할 수 있다). 17세기 영국 시인 존 밀턴은 『사색하는 사람Il Penseroso』과 『쾌활한 사람L'Allegro』을 써서, 시골에서 즐겁게 뛰어놀고 도시에서 한껏 즐기는 '행복한 사람'과 한밤중에 숲을 명상하듯 거닐며 '외로운 탑'에서 연구하는 '사색적인 사람'을 비교했다(오늘날에는 『사색하는 사람』에 나온 묘사가 내향성뿐 아니라 경험 개방과 신경증에도 적용될 수 있다). 19세기 독일 철학자 쇼펜하우어는 '선량한' 사람들(에너지가 넘치고 적극적이고 쉽게 지루해하는)과 자기가 좋아하던 '지적인 사람들'(섬세하고, 상상력 넘치고, 우울한)을 대비했다. 같은 독일 태생의 하인리히 하이네는 말했다. "명심하시게, 자부심 넘치는 행동하는 이여! 그대는 결국 생각하는 이의 무의식적인 도구에 불과하다는 것을."

이렇듯 정의하기가 복잡하기에 나는 원래 이러한 특성들에 내 나름의 용어를 만들 계획이었다. 마음을 바꿔먹게 된 것 역시 문화적인 이유 때문이었다. '내향적인 사람'과 '외향적인 사람'이라는 말은 익히 알려져 있고 사람들에게 쉽게 논쟁을 유발한다는 장점이 있다. 내가 저녁 파티에 가서 혹은 비행기 좌석에서 옆 사람에게 이 단어들을 말할 때마다 사람들은 고백과 회상을 쏟아놓았다. 이와 비슷한 이유로, 나는 '외향적인 사람'을 뜻하는 단어의 철자를 연구 문헌에 자주 등장하는 'extravert' 대신 일반적으로 쓰는 'extrovert'로 선택했다.

우리 할아버지는 동정심 어린 파란 눈동자에 말씨가 부드러운 사람이었고, 책과 사상을 사랑했다. 언제나 정장 차림이었고, 사람들에게 특히 아이들에게 소리쳐 말해줄 만한 것이 있으면 언제나 정중하게 외쳐 말했다. 할아버지가 유대교 율법교사로 일하시던 브룩클린 동네에서는 검은 모자를 쓴 남자와 무릎 아래로 내려오는 치마를 입은 여자와 아이답지 않게 얌전한 아이들이 보도에 가득했다. 유대교 회당으로 가는 길에 우리 할아버지는 사람들에게 인사하면서 이 아이는 똑똑하다고 칭찬하고, 저 아이는 키가 크다고 칭찬하고, 또 다른 아이는 시사문제에 통달했다고 칭찬했다. 아이들은 할아버지를 사랑했고, 사업가들은 할아버지를 존경했으며, 방황하는 이들은 할아버지에게 매달렸다.

하지만 할아버지가 가장 좋아하던 일은 독서였다. 할아버지의 작은 아파트, 할아버지가 수십 년을 홀로 보낸 그곳에는 모든 가구가 원래의 기능을 잃고 책을 쌓아놓는 공간으로 바뀌었다. 금박을 입힌 히브리어 책들이 마가렛 애트우드Margaret Atwood나 밀란 쿤데라Milan Kundera의 책들과 뒤섞여 있었다. 할아버지는 동그란 형광등이 비추는 자그마한 부엌 테이블에 앉아 홍차를 홀짝이거나 마블 케이크를 먹으며 흰색 면 테이블보 위에 펼쳐놓은 책을 보았다. 매번 고대와 인문주의 사상이 잘 버무려져 나오는 설교 때는 그 주에 공부하며 얻은 열매를 청중들과 나누었다. 할아버지는 청중들과 눈을 마주치기 힘들어하는 수줍음 많은 사람이었지만, 영적·지적 탐구에는 매우 담대했기에 할아버지가 설교할 때면 회중이 많아서 늘 서서 들어야 할 정도였다.

우리 가족들은 할아버지의 본을 따랐다. 우리 집에서는 읽기가 주요 그룹 활동이었다. 토요일 오후가 되면 우리는 각자 책을 들고 은신처에 몸을 파묻었다. 그것은 두 가지 면에서 최고였다. 가족이라는 동물적인 온기를 바로 옆에서 느낄 수 있을 뿐 아니라, 머릿속으로 모험의 나라를 돌아다닐 수 있었으니까.

하지만 청소년기로 접어들기 전 나는 이런 습관 때문에 내가 소외된 아이로 특징지어진 것은 아닌지 의심하기 시작했고, 열 살이 되어 여름 캠프에 갔다가 두꺼운 안경을 끼고 이마가 넓은 어떤 여자아이가 아주 중요한 캠프 첫날에 책을 내려놓지 않으려고 하자 즉각 따돌림 당하기 시작해 밤이나 낮이나 계속 외톨이로 지내야 하는 모습을 지켜보면서 그런 의심이 확신으로 바뀌는 듯했다. 나 역시 책을 읽고 싶었지만, 책은 가방에 얌전히 넣어둔 채로 건드리지 않았다(비록 책에게 내가 필요한데 내가 버려두는 것 같아서 죄책감도 들었지만). 난 계속 책을 읽던 그 아이가 책벌레에 수줍음 많은 아이로 간주되는 것을 보았고, 나 역시 바로 그러했으므로 들키지 않도록 조심해야 했다.

그 여름 이후로, 나는 혼자서 책을 읽고 싶은 내 욕구를 그다지 편하게 받아들이지 못하게 되었다. 고등학교와 대학교를 거쳐 젊은 변호사로 일하는 동안, 나는 실제보다도 더 외향적이고 덜 지적으로 보이려 노력했다.

하지만 더 나이가 들면서 나는 할아버지의 예에서 영감을 얻었다. 할아버지는 조용했지만 훌륭한 사람이었다. 연단에서 예순두 해를 보낸 뒤 아흔넷의 나이로 돌아가셨을 때, 뉴욕경찰청에서 할아버지가 사는 동네의 도로를 차단해야 했다. 할아버지의 죽음을 애도하는 사람들의 물결 때문이었다. 할아버지가 이 사실을 알았더라면 놀랐을 것이다. 지금, 나는 할아버지의 가장 훌륭한 면이 겸허함이었다고 생각한다.

애정을 담아, 내 어린 시절의 가족들에게 이 책을 바친다. 부엌 식탁에 앉아 조용조용히 이야기하는 일에 질리지 않던 우리 어머니에게. 어머니는 아이들에게 친밀함이라는 선물을 주었다. 그토록 헌신적인 어머니가 있었다니 나는 행운아다. 몇 시간씩 책상에 앉아 지식 사냥의 즐거움을 직접 보여준 열정적인 의사이던 아버지에게. 그러다가도 한숨 돌리기 위해 나에게 와서 당신이 좋아하던 시와 과학 실험을 보여주던 아버지. 오늘날까지도 단출한 가족들과 책으로 가득한 집에서 함께 자라던 때의 따스함과 애정을 나눌 수 있는 나의 형제들에게. 담력과 기개와 배려심을 보여준 할머니에게. 그리고 고요함의 언어를 그토록 유창하게 구사하던 할아버지를 기억하면서.

프롤로그

16—앨라배마주 몽고메리. 1955년 12월 1일: 로자 파크스에 관한 탁월한 전기로는 Douglas Brinkely가 지은 *Rosa Parks: A Life*(New York: Penguin, 2000)을 보라. 『콰이어트』에 나오는 파크스에 관한 이야기는 대부분 이곳에서 얻었다. 파크스에 관하여: 어떤 사람들은 파크스의 행동이 특이할 것이 있느냐고 의문을 던지며, 그 버스에 타기 전에 이미 시민권에 관한 훈련을 여러 번 받았다고 지적한다. 그것 자체는 옳지만, 브린클리에 따르면 파크스가 그날 저녁에 미리 생각하고 그런 행동을 했다는 증거도 없고 심지어 활동가로서 그런 행동을 했다는 증거는 더더욱 없다. 그녀는 그저 자기답게 행동했을 뿐이다. 『콰이어트』의 맥락에 비추어 더 중요한 점은, 그녀의 성격이 강력한 행동에 장애가 되기는커녕 반대로 무저항주의에 잘 어울리는 배경이 되었다는 것이다.

18—'기질의 남과 북': Winifred Gallagher(J. D. Higley를 인용), *The Atlantic Monthly*(1994년 9월)에 실린 "How We Become What We Are."(Higely는 외향성과 내향성 자체가 아니라 대담함과 억눌림에 관해 이야기했지만, 개념은 상당 부분 중첩된다.)

19—우리가 달리기를 할지: Marvin Zuckerman과 Robert M. Stelmack가 편집한 *On the Psychobiology of Personality: Essays in Honor of Marvin Zuckerman*(San Diego: Elsevier, 2004) p.22에 실린 Robert M. Stelmack의 "On Personality and Arousal: A Historical Perspective on Eysenck and Zuckerman"을 보라. 또한 Caroline Davis 등의 *Personality and Individual Differences 19*, no.2(1995), pp.165–74에 실린 "Motivations to

Exercise as a Function of Personality Characteristics, Age, and Gender"도 참고하라.

19—바람을 필지: Daniel Nettle 지음, *Personality: What Makes You the Way You Are*(New York: Oxford University Press, 2007), p.100, 그리고 David P. Schmitt가 쓰고 *European Journal of Personality 18*, no.4(2004), pp.301−19에 실린 "The Big Five Related to Risky Sexual Behavior Across 10 World Regions: Differential Personality Associations of Sexual Promiscuity and Relationship Infidelity"도 보라.

19—잠을 안 자고도 제대로 생활할지: William D. S. Killgore 등이 *Journal of Sleep Research 16*, no.4(2007년), pp.354−63에 쓴 "The Trait of Introversion−Extraversion Predicts Vulnerability to Sleep Deprivation." Daniel Taylor와 Robert M. McFatter, *Personality and Individual Differences 34*, no.7(2003), pp.1179−93에 게재된 "Cognitive Performance After Sleep Deprivation: Does Personality Make a Difference?"도 보라. 또 Andrew Smith와 Andrea Maben, *Physiology and Behavior 54*, no.5(1993), pp.967−72에 게재된 "Effects of Sleep Deprivation, Lunch, and Personality on Performance, Mood, and Cardiovascular Function"도 참고하라.

19—자신의 실수에서 교훈을 얻을 수 있을지: 7장을 보라.

19—주식시장에서 큰돈을 벌 수 있을지: 7장을 보라.

19—좋은 지도자가 될지: 2장을 보라.

19—'만약'이라는 질문을 던질지: 3장과 7장을 보라.

19—가장 철저하게 연구된 분야: 2010년 5월 2일 기준, PSYCINFO 데이터베이스에 'extraversion(외향성)'에 관한 항목이 9,194개, 'introversion(내향성)'에 관한 항목이 6,111개며, 중첩되는 주제인 'neuroticism(신경증)'에 관한 항목이 1만 2,494개다. 다른 '5가지 주요 성격Big Five'인 경험 개방성, 성실성(양심성), 원만성에 관한 항목은 적다. 이와 마찬가지로, 2010년 6월 14일 기준, 구글 학술 검색에 나타나는 항목은 'extraversion'에 관한 것이 6만 4,700개, 'extroversion'에 관한 것이 3만 600개, 'introversion'에 관한 것이 5만 5,900개, 'neuroticism'에 관한 것이 5만 3,300개다. 심리학자 William Graziano는 2010년 7월 31일에 쓴 이메일에서, 내향성/외향성을 "성격 부문에서 300파운드가 나가는 고릴라여서, 그러니까 덩치가 커서 쉽게 무시할 수 없다"고 묘사한다.

19—성서에: 이 책 446쪽의 '내향적인 사람과 외향적인 사람이라는 단어에 관하여'를 보라.

19—어떤 진화심리학자들은: 6장을 보라.

20—3분의 1 내지 2분의 1가량의 미국인은 내향적이다: Rowan Bayne는 *The My-*

ers-Briggs Type Indicator: A Critical Review and Practical Guide(London: Chapman and Hall, 1995) p.47에서 내향성의 발생 정도가 36퍼센트라는 점을 발견한다. 이것은 1985년에 Isabel Myers가 연구한 결과에 따른 것이다. 좀 더 최근의 연구에서는 1996년에 the Center for Applications of Psychological Type Research Services(CAPT)가 91만 4,219명을 추출하여 조사한 결과 49.3퍼센트가 외향적이고 50.7퍼센트가 내향적이라는 점이 나타났다. CAPT가 1996년과 2003년에 발행한 팸플릿 "Estimated Frequencies of the Types in the United States Population"을 참고하라. 내향적인 사람의 비율이 36퍼센트에서 50.7퍼센트로 높아진 것이 반드시 미국에 내향적인 사람이 늘어났다는 것을 뜻하지는 않는다고 CAPT는 말한다. 그것은 단지 '추출된 사람들 중 그런 경향이 나타났음을 반영할 뿐'이다. 사실, 전혀 다른 한 조사에서는 MBTI가 아니라 Eysenck Personality Inventory와 Eysenck Personality Questionnaire를 사용했는데, 그 결과를 보면 남성과 여성 모두 시간이 지남에 따라 외향적인 사람의 분포가 늘어났다(1966년~1993년). *Personality and Individual Difference 30*(2001), pp.735-48에 실린 "Birth Cohort Changes in Extraversion: A Cross-Temporal Meta-Analysis, 1966-1993"을 참고하라.

20─미국이 가장 외향적인 국가: 이것은 두 가지 연구에서 언급되었다. (1)Juri Allik와 Robert R. McCrae, *Journal of Cross-Cultural Psychology 35*(2004), pp.13-28에 실린 "Toward a Geography of Personality Traits: Patterns Profiles of Across 36 Cultures." (2)Robert R. McCrae와 Antonio Terracciano, *Journal of Personality and Social Psychology 89:3*(2005) pp.407-25에 실린 "Personality Profiles of Culture: Aggregate Personality Traits."

22─일례로, 수다스러운 사람은: William B. Swann Jr.와 Peter J. Rentfrow, *Journal of Personality and Social Psychology 81*, no.6(2001), pp.1160-75에 실린 "Blirtatiousness: Cognitive, Behavioral, and Physiological Consequences of Rapid Responding."

22─속도도 문제다: M. L. Knapp와 G. R. Miller가 편집한 *Handbook of Interpersonal Communication*, 2nd ed.(Thousand Oaks, CA: Sage, 1994), pp.103-61에 실린, Howard Giles와 Richard L. Street Jr.의 "Communicator Characteristics and Behavior."(하지만 내향적인 사람에게 좋은 소식도 있다. 몇몇 연구에 따르면, 말이 느리면 정직하고 자애로운 것으로 인식된다고 한다.)

22─입심이 좋은 사람들은 과묵한 사람들에 비해 똑똑하게 보인다: Delroy L. Paulhus와 Kathy L. Morgan, *Journal of Personality and Social Psychology 72*, no.3(1997), pp.581-91에 실린 "Perceptions of Intelligence in Leaderless Groups: The Dynamic Effects of Shyness and Acquaintance."

22─비공식 연구에서: Laurie Helgoe의 *Introvert Power: Why Your Inner Life Is Your*

Hidden Strength(Naperville, IL: Sourcebooks, 2008), pp.3–4. [국내에서는 『은근한 매력』(흐름출판, 2009년)으로 번역 출간됨].

23—중력의 법칙: Gale E. Christianson의 *Isaac Newton*(Oxford University Press, Lives and Legacies Series, 2005).

23—상대성의 법칙: Walter Isaacson의 *Einstein: His Life and Universe*(New York: Simon & Schuster, 2007), p.4, 12, 18, 2, 31 등. [국내에서는 『아인슈타인 삶과 우주』(까치글방, 2007년)로 번역 출간됨].

23—윌리엄 버틀러 예이츠의 『재림』: Michael Fitzgerald의 *The Genesis of Artistic Creativity: Asperger's Syndrome and the Arts*(London: Jessica Kingsley, 2005), p.69. Ira Progoff가 쓴 *Jung's Psychology and Its Social Meaning*(London: Routledge, 1999년), pp.111–12도 참고하라.

23—쇼팽의 〈녹턴〉: Tad Szulc, *Chopin in Paris: The Life and Times of the Romantic Composer*(New York: Simon & Schuster, 2000), 69.

23—마르셀 프루스트의 『잃어버린 시간을 찾아서』: Alain de Botton, *How Proust Can Change Your Life*(New York: Vintage International), 1997. [국내에서는 『프루스트가 우리 삶을 바꾸는 방법들』(청미래, 2010년)로 번역 출간됨].

23—피터팬: Lisa Chaney, *Hide-and-Seek with Angels: A Life of J. M. Barrie*(New York: St. Martin's Press, 2005), 2.

23—조지 오웰의 『1984』와 『동물농장』: Fitzgerald, *The Genesis of Artistic Creativity*, p.89.

23—찰리 브라운: David Michaelis, *Schulz and Peanuts: A Biography*(New York: Harper, 2007).

23—〈쉰들러 리스트〉, 〈E. T.〉, 〈미지와의 조우〉: Joseph McBride, *Steven Spielberg: A Biography*(New York: Simon & Schuster, 1997), p.57, 68.

23—구글: Ken Auletta, *Googled: The End of the World as We Know It*(New York: Penguin, 2009년), p.32. [국내에서는 『구글드』(타임북스, 2010년)로 번역 출간됨].

23—해리 포터: Shelagh Rogers와 Lauren McCormick이 Canadian Broadcasting Corp.에서 2000년 10월 26일에 J. K. Rowling과 인터뷰한 것.

24—E=mc2도 『실낙원』도: Winifred Gallagher, I.D.: *How Heredity and Experience Make You Who You Are*(New York: Random House, 1996), p.26.

24 — 대다수의 교사들도 외향적인 학생을 이상적이라고: Charles Meisgeier 등의 *Proceedings of the First Biennial International Conference on Education of the Center for Applications of Psychological Type*(Gainesville, FL: Center for Applications of Psychological Type, 1994), pp.263-71에 실린 "Implications and Applications of Psychological Type to Educational Reform and Renewal"을 보라.

31 — 심리학자 칼 융은 『심리 유형』이라는 충격적인 책을 출간했다: Carl G. Jung 지음, *Psychological Types*(Princeton, NJ: Princeton University Press: 1971; 원저는 독일에서 *Psychologische Typen*[Zurich: Rascher Verlag, 1921]으로 출간됨), 특히 pp.330-37을 보라.

32 — 포춘 100대 기업과 대다수의 대학에서: Leah L. Walling(director, Marketing Communications and Product Marketing, CPP, Inc.)가 저자에게 2010년 7월 9일에 쓴 이메일.

33-34 — 내향적인 사람과 외향적인 사람은 제대로 기능하기 위해 필요한 외부 자극의 수준이 다르다 ⋯ 수다는 두려워하지만, 깊이 있는 논의는 즐긴다: 2부 참조.

34 — '내향성'이라는 낱말은 은둔자나 인간 혐오자와 동의어가 아니다: 내향성은 아스퍼거 증후군과도 매우 다르다. 아스퍼거 증후군은 얼굴 표정과 보디랭귀지를 읽는 등의 사회적 교류에 어려움을 느끼는 자폐 범주성 장애다. 내향성과 아스퍼거 증후군은 둘 다 사회적인 상황에서 어쩔 줄 모르는 느낌과 연관된다. 하지만 아스퍼거 증후군이 있는 사람과 달리, 내향적인 사람은 강력한 사교 기술이 있다. 내향적인 미국인이 전체 인구에서 3분의 1에서 절반인 것과 비교하면, 아스퍼거 증후군이 있는 사람은 5천 명 중 한 명밖에 안 된다. National Institute of Neurological Disorders and Stroke, Asperger Syndrome Fact Sheet, http://www.ninds.nih.gov/disorders/asperger/detail_asperger.htm을 참고하라.

34 — 뚜렷하게 내향적이었던 E. M. 포스터: *Sunil Kumar, A Companion to E. M. Forster, vol. 1*(New Dehli: Atlantic Publishers and Distributors, 2007).

34 — 지고의 사랑: E. M. Forster 지음, *Howards End*(London: Edward Arnold, 1910). [국내에서는 『하워즈 엔드』(열린책들, 2010년)로 번역 출간됨].

34 — 수줍음은 사람들에게 인정받지 못하거나: Elaine N. Aron 등이 쓰고 *Personality and Social Psychology Bulletin 31*(2005), pp.181-97에 실린 "Adult Shyness: The Interaction of Temperamental Sensitivity and an Adverse Childhood Environment" 참조하라.

35 — 때때로 둘이 겹치기 때문이다: 이 문제를 다루는 글은 많이 있다. 이를테면 Stephen R. Briggs가 쓰고 *Journal of Research in Personality 22*, no.3(1998), pp.290-307에 실린 "Shyness: Introversion or Neuroticism?"이 있다.

38—"그런 사람은 정신병동에 들어가 있을 것이다": William McGuire와 R. F. C. Hall이 쓴 *C. G. Jung Speaking: Interviews and Encounters*(Princeton, NJ: Princeton University Press, 1977), p.304.

39—핀란드는 내향적인 국가로 유명하다: Aino Sallinen-Kuparinen 등이 쓴 *Willingness to Communicate, Communication Apprehension, Introversion, and Self-Reported Communication Competence: Finnish and American Comparisons*. Communication Research Reports, 8(1991), p.57.

39—내향적인 사람들은 또 매우 섬세한데: 6장을 참고하라.

Chapter 1. 무지 호감 가는 친구

44-46—1902년, 미주리주 캔사스시티 … 즉 어린 시절 카네기 자신의 발목을 잡았던 것들을 근절하도록 도왔다: Giles Kemp와 Edward Claflin, *Dale Carnegie: The Man Who Influenced Millions*(New York: St. Martin's Press, 1989). 1902년의 날짜는 카네기 자서전을 토대로 잡은 대략적인 윤곽을 따라 예측한 것.

46—피아노와 화장실이 사치품에 해당하던 시절: Dale Carnegie 지음 The Quick and Easy Way to Effective Speaking(New York: Pocket Books, 1962; Dorothy Carnegie가 *Public Speaking and Influencing Men in Business*에서 이 책으로 개정함). [국내에서는 『당신의 말에 생명을 불어넣어라』(국일미디어, 2003년)로 번역 출간됨].

47—'인격 문화'에서 '성격 문화'로: Warren Susman, *Culture as History: The Transformation of American Society in the Twentieth Century*(Washington DC: Smithsonian Institution Press, 2003), pp.271-85. 또 A. M. Nicholson, *History of Psychology 1*, no.1(1998), pp.52-68에 실린 "Gordon Allport, Character, and the 'Culture of Personality' 1897-1937"을 보라.

47—'성격'이라는 단어는 18세기 이전에는 영어에 존재하지 않았고: Susman, *Culture as History*, p.277. 성격이라는 근대의 개념은 20세기 초반에 등장해 제1차 세계대전 이후에야 자리를 잡았다. 1930년 즈음, 성격심리학자 Gordon W. Allport에 따르면 성격에 관한 관심이 어마어마할 정도로 늘어났다. Sol Cohen이 쓰고 *History of Education Quarterly 32*, no.2(1983), pp.123-49에 실린 "The Mental Hygiene Movement, the Development of Personality and the School: The Medicalization of American Education"도 참고하라.

48—1790년에 미국인 중 도시에 … 인구의 3분의 1 이상이 도시 거주민이 되었다: Alan Berger의 *The City: Urban Communities and Their Problems*(Dubuque, IA: William C.

Brown Co., 1978). Warren Simpson Thompson 등이 쓴 *Population Trends in the United States*(New York: Gordon and Breach Science Publishers, 1969)도 참고하라.

48─"우리 모두 도시에 거주할 수는 없는 노릇이건만": David E. Shi, *The Simple Life: Plain Living and High Thinking in American Culture*(Athens, GA: University of Georgia Press, 1985), p.154.

49─"누구는 승진하는데": Roland Marchand, *Advertising the American Dream: Making Way for Modernity*, 1920─1940(Berkeley: University of California Press, 1985), p.209.

49─『천로역정』: John Bunyan, *The Pilgrim's Progress*(New York: Oxford University Press, 2003). [국내 번역서는 여러 권이 출간됨]. Elizabeth Haiken의 *Venus Envy: A History of Cosmetic Surgery*(Baltimore: Johns Hopkins University Press, 1997), p.99도 참고하라.

49─'우월함으로 사람들을 기분 나쁘게 하지 않는' 겸손한 사람: Amy Henderson이 쓰고 *Organization of American Historians Magazine of History* 6(Spring 1992)에 실린 "Media and the Rise of Celebrity Culture."

49─1899년의 인기 지침서: Orison Swett Marden 지음 *Character: The Grandest Thing in the World*(1899; reprint, Kessinger Publishing, 2003), 13.

50─하지만 1920년이 되자, 인기 자기계발서도 … "그것이 성격이 좋다는 명성을 얻는 첫걸음이다": Susman, Culture as History, pp.271─85.

50─〈석세스〉지와 〈더 새터데이 이브닝 포스트〉지는: Carl Elliott 지음 *Better Than Well: American Medicine Meets the American Dream*(New York: W. W. Norton, 2003), p.61.

50─'매력'이라는 신비로운 자질: Susman, p.279.

50─"거리에서 우리를 스쳐 지나가는 사람들은": Hazel Rawson Cades가 쓰고 *Women's Home Companion*, September 1925, p.71에 실린(cited by Haiken, p.91) "A Twelve─to─Twenty Talk."

52─미국인들이 영화배우들에게 사로잡힌 것도: 1907년에는 미국에 영화관이 5천 개였다. 1914년이 되자 이것이 18만 개로 불어났고 계속 늘어나고 있었다. 1894년에 첫 영화가 등장했는데, 이때까지만 해도 영화배우들의 정체가 스튜디오 바깥으로 새어나가지 않았지만(좀 더 사적인 면을 중시하는 시대정신에 맞추어), 1910년이 되자 '영화배우'라는 개념이 생겨났다. 1910년에서 1915년까지, 영향력 있는 영화제작자인 D. W. Griffith는 스타의 클로즈업 장면과 군중을 찍은 장면을 나란히 배치하는 방식으로 영화를 제작했다. 그의 메시지는 명백했다. "여기에 성공적인 인물이 있다. 구분되지 않는 아무것도 아닌 사람들 틈에서 영광스럽게 빛나는 모습으로 두드러지는 인물이." 미국인들은 이 메시지를 열광적으로 받아들였다. 20세기 초에 〈더

460

새터데이 이브닝 포스트〉와 〈콜리어스〉에 실린 전기 글은 대부분이 정치가, 사업가, 전문가에 관한 것이었다. 하지만 1920년대와 1930년대에 이르자, 대다수의 글이 Gloria Swanson이나 Charlie Chaplin 같은 엔터테이너들에 관한 것으로 바뀌었다 (Susman과 Henderson을 보라. Charles Musser가 쓴 *The Emergence of Cinema: The American Screen to 1907*[Berkeley: University of California Press, 1994], p.81도 참고하라. 그리고 Daniel Czitrom이 쓴 *Media and the American Mind: From Morse to McLuhan*[Chapel Hill: University of North Carolina Press, 1982, p. 42]도 보라).

52—'이튼의 고지대 리넨': Marchand, *Advertising the American Dream: Making Way for Modernity*, p.11.

52—'주변 사람들 모두 당신을 조용히 심판하고 있다': Jennifer Scanlon, *Inarticulate Longings: The Ladies' Home Journal, Gender, and the Promises of Consumer Culture*(Routledge, 1995), p.209.

52—'비판적인 눈길이 지금 당신을 판단': Marchand, *Advertising the American Dream*, p.213.

53—"한 번이라도 당신 자신에게 자신을 팔려고 해본 적이 있는가?": Marchand, p.209.

53—"얼굴에 걱정이 아니라 자신감이 묻어나게 하라!": Marchand, p.213.

53—'성공적이고 즐겁고 의기양양하게 되기를 갈망했다': *Cosmopolitan*, 1921년 8월, p.24에 게재된 광고.

53—"제가 어떻게 하면 좀 더 인기를 얻을 수 있을까요?": Rita Barnard 지음. The Great Depression and the Culture of Abundance: Kenneth Fearing, Nathanael West, and Mass Culture in the 1930s(Cambridge, UK: Cambridge University Press, 1995), p.188. Marchand의 책, p.210도 참고하라.

55—여성도 예절과 대담함 사이에서 … '불감증'이라는 소리를 듣기도 했다: Patricia A. McDaniel, *Shrinking Violets and Caspar Milquetoasts: Shyness, Power, and Intimacy in the United States, 1950-1995*(New York: New York University Press, 2003년), pp.33-43.

55—1920년대에 고든 올포트라는 저명한 심리학자는 … 특별한 가치를 두는 듯하다: Nicholson이 쓴 "Gordon Allport, Character, and the Culture of Personality, 1897-1937", p.52-68. Gordon Allport가 쓰고 *Journal of Abnormal & Social Psychology* 23(1928), p.118-36에 실린 "A Test for Ascendance-Submission"도 참조하라. Allport는 흔히 성격심리학 분야의 창시자로 불리는데, Jung이 *Psychological Types*를

출간한 것과 같은 해인 1921년에 "Personality Traits: Their Classification and Measurement"라는 글을 발표했다. 그는 1924년에 하버드대학교에서 "Personality: Its Psychological and Social Aspects"라는 강의를 시작했다. 아마도 미국 최초의 성격 강의였을 것이다.

55—그 자신은 내향적인 사람이 … '온갖 안 좋은 편견들이 생겨나게 되었다: C. G. Jung, *Psychological Types*(Princeton, NJ: Princeton University Press, 1990; reprint of 1921 edition), pp.403-5.

55-56—인기 언론에서 IC라는 … "단, 그만한 근성이 있어야 한다": Haiken, *Venus Envy*, pp.111-14.

56-57—이 기사의 희망적인 어조에도 … '모든 아이에게 건강한 성격을'이었다.: McDaniel, *Shrinking Violets*, pp.43-44.

57—악의 없는 부모들은 … 생각했다: Encyclopedia of Children and Childhood in History and Society: "Shyness," http://www.faqs.org/childhood/Re-So/Shyness. html.

57—어떤 부모는 아이들이 … 말리기도 했다: David Riesman의 *The Lonely Crowd*(Garden City, NY: Doubleday Anchor, reprinted by arrangement with Yale University Press, 1953), 특히 pp.79-85과 p.91를 보라. 〈Time〉 1954년 9월 27일자 "The People: Freedom—New Style"도 참고하라.

57-58—내향적인 아이들은 … "열심이라는 것에 고마워한다": William H. Whyte, *The Organization Man*(New York: Simon & Schuster, 1956; reprint, Philadelphia: University of Pennsylvania Press, 2002), p.382, 384.

58—하버드대학교의 교무처장이던 폴 벅: Jerome Karabel, *The Chosen: The Hidden History of Admission and Exclusion at Harvard, Yale, and Princeton*(Boston: Houghton Mifflin, 2005), p.185, 223. [국내에서는 『누가 선발되는가? 사례편』(한올아카데미, 2010년)으로 출간됨].

59—"총명하지만 내향적인 아이는 별로 쓸모가 없습니다": Whyte의 같은 책, p.105.

59—이 학장은 1900년대 … "그때 좋은 인상을 주면 도움이 되지요": Whyte의 같은 책, p.212.

59—"IBM을 판다네, 우리는 IBM을 판다네": Hank Whittemore가 쓰고 〈New York〉에 1972년 5월 22일에 실린 "IBM in Westchester—The Low Profile of the True Believers." 이 기사에 따르면 사가는 1950년대에 끝났다. "Selling IBM"의 가사 전체

를 보려면 http://www.digibarn.com/collections/songs/ibm-songs로 들어가보라.

60—조직의 나머지 사람들은 … '불안과 긴장은 이 시대의 다반사'라고 적혀 있었다: Louis Menand가 쓰고 〈*The New Yorker*〉 2010년 3월 1일에 실린 "Head Case: Can Psychiatry Be a Science?"

60—1960년대에 등장한 진정제 세렌틸: Elliot, *Better Than Well*, xv.

61—외향성은 우리 유전자에 있다: Kenneth R. Olson이 쓰고 *Individual Differences Research 5*, no.4(2007), pp.275-88에 실린 "Why Do Geographic Differences Exist in the Worldwide Distribution of Extraversion and Openness to Experience? The History of Human Emigration as an Explanation." Chuansheng Chen이 쓰고 *Evolution and Human Behavior 20*(1999), pp.309-24에 실린 "Population Migration and the Variation of Dopamine D4 Receptor(DRD4) Allele Frequencies Around the Globe"도 참고하라.

61—로마인은 화려한 사교 생활로 가득한 도시로부터의 추방을 최악의 처벌로 간주했다.: *Mihaly Csikszentmihalyi, Flow: The Psychology of Optimal Experience*(New York: Harper Perennial, 1990), p.165. [국내에서는 『몰입flow: 미치도록 행복한 나를 만난다』(한울림, 2004년)으로 번역 출간됨].

61—초기 미국의 신앙부흥운동 당시의 기독교조차: 달변의 셔토퀴 연사가 데일 카네기의 세상을 뒤집어놓기 한참 전에, 신앙부흥운동들은 전국 각지에서 커다란 텐트를 쳐놓고 진행되고 있었다. 셔토퀴 자체도 1730년대와 1740년대에 처음 시작된 이러한 '신앙부흥운동'에 영감을 받은 것이다. 두 번째 부흥운동은 19세기 초반에 일어났다. 부흥운동에서 제시된 기독교는 새롭고 극적이었다. 지도자들은 판매원처럼, 신도들을 커다란 텐트 아래로 몰아넣는 데 초점을 맞추었다. 목사의 명성은 화술과 몸동작이 얼마나 생동감 있느냐에 달려 있었다. 스타 시스템은 영화 스타가 존재하기 훨씬 전부터 기독교를 장악했다. 첫 번째 신앙부흥운동의 주도적인 복음선교사는 George Whitefield라는 영국의 쇼맨이었다. 그는 성서의 인물들을 극적으로 연기하면서 뻔뻔할 정도로 울고, 소리 지르고, 악을 쓰는 방식으로 자리를 꽉 메워버렸다. 하지만 첫 번째 신앙부흥운동이 드라마와 지성의 균형을 찾아 프린스턴이나 다트머스 같은 대학을 탄생시켰다면, 두 번째 신앙부흥운동은 그보다 더 성격이 중시되었다. 그 당시 지도자들은 군중을 끌어모으는 데만 혈안이 되어 있었다. 오늘날 초대형 교회의 목사들이 그러하듯, 지나치게 학구적인 접근법으로는 텐트가 텅텅 비어버릴 것이라고 믿고서, 수많은 복음선교 지도자들은 지적인 가치를 완전히 포기해버리고 판매사원과 엔터테이너라는 역할을 온몸으로 받아들였다. "내신학이라고! 나한테 그런 게 있었던가?" 19세기의 복음선교사 D. L. Moody가 한 말이다. 이러한 웅변은 숭배방식뿐 아니라, 사람들이 '예수가 어떤 사람이었다고'

생각하는지에도 영향을 미쳤다. 1925년에 Bruce Fairchild Barton이라는 광고담당이 사는 *The Man Nobody Knows*라는 책을 발표했다. 이 책에서 예수는 "사업의 밑바닥에서 12명을 길러내어 전 세계를 정복한 조직으로 탈바꿈시킨" 슈퍼스타 판매원으로 묘사된다. 이 예수는 어린 양이 아니었다. '전 세계에서 가장 위대한 사업가'였고 '근대 사업의 아버지'였다. 기업 리더십의 역할 모델로서의 예수라는 개념이, 비상하게 수용적인 사람들의 귀에 들어갔다. Powell's Books에 따르면 *The Man Nobody Knows*는 20세기에 가장 잘 팔리는 논픽션 책이 되었다. Adam S. McHugh, *Introverts in the Church: Finding Our Place in an Extroverted Culture*(Downers Grove, IL: IVP Books, 2009), pp.23–25를 보라. Neal Gabler가 쓴 *Life: The Movie: How Entertainment Conquered Reality*(New York: Vintage Books, 1998), pp.25–26도 참고하라.

62—초기의 미국인들은 행동을 숭배하고: Richard Hofstadter의 *Anti-Intellectualism in American Life*(New York: Vintage Books, 1962), p.51과 pp.256–57을 참고하라.

62—1828년 제7대 대통령 선거: Neal Gabler, *Life: The Movie*, p.28.

62—존 퀸시 애덤스는 정치심리학자들 사이에서: Steven J. Rubenzer 등이 쓰고 *Assessment 7*, no.4(2000), pp.403–20에 실린 "Assessing the U. S. Presidents Using the Revised NEO Personality Inventory."

62-63—"개개인의 성격을 존중하는 태도는": Harold Stearns, *America and the Young Intellectual*(New York: George H. Duran Co., 1921).

63—"요즘 잡지들이 '무대 위' 그리고 그에 연관된": Henderson이 쓴 "Media and the Rise of Celebrity Culture."

63—구름처럼 시골길을 외로이 방랑하거나: William Wordsworth가 1802년에 쓴 "I Wandered Lonely as a Cloud."

63—월든 호수에 홀로 찾아간: Henry David Thoreau, *Walden*, 1854.

64—자신이 수줍어한다고 생각하던 미국인: Bernardo Carducci and Philip G. Zimbardo가 쓰고 *Psychology Today* 1995년 11월 1일자에 실린 "Are You Shy?"

64—'사회불안장애'는 이제 거의 5명 중 한 명: M. B. Stein, J. R. Walker, D. R. Forde가 쓰고 *American Journal of Psychiatry 151*(1994), pp.408–42에 실린 "Setting Diagnostic Thresholds for Social Phobia: Considerations from a Community Survey of Social Anxiety."

64—〈정신질환 진단 및 통계 편람〉 최신판에는: American Psychiatric Association이 발행한 *Diagnostic and Statistical Manual of Mental Disorders*, 4th ed.(DSM-IV), 2000, p.300.23의 "Social Phobia(Social Anxiety Disorder)": "오직 사회적 상황이나 연기

를 해야 할 상황에 맞닥뜨렸을 때 회피, 두려움, 혹은 불안한 마음이 개인 일상과 직업생활, 사교생활에 중대한 장애가 될 때, 혹은 그 사람이 공포증이 있는 것에 대해 눈에 띄게 괴로워할 때만 이러한 진단은 적절한 것이다. … 두려움을 느끼는 사회적 상황이나 연기를 해야 하는 상황에 닥쳤을 때, 사회 공포증이 있는 사람은 당혹스러워지지 않을지 염려하게 되며 다른 사람들이 자신을 불안하고 약하고 '미쳤거나' 멍청하다고 판단할까 두려워한다. 이들은 다른 사람들이 이들의 떨리는 손이나 목소리를 알아차리면 어쩌나 하고 생각하기 때문에 공개 강연을 두려워하거나 아니면 다른 사람과 이야기할 때 자기가 말을 똑바로 하지 못한다고 상대가 느끼면 어쩌나 하는 극심한 불안을 느낄 수도 있다. … 이러한 두려움이나 회피는 사람의 정상적인 생활, 직업에서나 학교, 사회활동이나 인간관계에서 심각할 정도로 장애가 되어야 하며, 아니면 공포증이 있다는 것에 대해 눈에 띄게 고통스러워해야 한다. 이를테면, 대중 앞에서 강연하기 두려워하는 사람도 대중 강연이 직장이나 학교에서 반복적으로 해야 할 일이 아니어서 그 사람이 그것 때문에 특별한 고통을 느끼지 않는다면 사회 공포증으로 진단하지 않는다."

64-65—"컴퓨터 앞에 앉아서 … 불쾌해진다면 말이다": Daniel Goleman이 쓴 *Working with Emotional Intelligence*(New York: Bantam, 2000), p.32.

65—공항 책꽂이와 경영 베스트셀러 목록의 주요 상품이다: 이를테면, http://www.nationalpost.com/Business+Bestsellers/3927572/story.html을 보라.

65—"말하기는 모두 판매이고 판매는 모두 말하기를 수반한다": Michael Erard, *Um: Slips, Stumbles, and Verbal Blunders, and What They Mean*(New York: Pantheon, 2007), p.156.

65—전 세계 113개국에 1만 2,500개가 넘는 지부를 두고 있다: http://www.toastmasters.org/MainMenuCaterogies/WhatisToastmasters.aspx(accessed September 10, 2010)

65—홍보 동영상에는: http://www.toastmasters.org/DVDclips.aspx(accessed July 29, 2010). "Welcome to Toastmasters! The entire 15 minute story"를 클릭하라.

Chapter 2. 카리스마 리더십의 신화

69—클린턴 대통령 … 비롯한 5천만 명이 있다: 이 이름과 통계는 2009년 12월 19일, 토니 로빈스의 웹사이트와 기타 홍보물에 따른 것이다.

69—연간 110억 달러: Melanie Linder가 쓰고 〈*Forbes*〉 2009년 1월 15일자에 실린 "What People Are Still Willing to Pay For." 110억 달러는 2008년 수치로, Marketdata Enterprises라는 조사회사에서 나온 것. 이 금액은 2012년까지 매년 6.2퍼센트씩 늘

어날 것으로 전망되었다.

74—7개의 비공개 기업을 소유한 회장이다: 이 수치는 로빈스의 웹사이트에서 나온 것이다.

75—'감정 과잉': Hagop S. Akiskal이 쓰고 *Medscape CME* 2003년 6월 12일에 발표되고 2003년 6월 24일에 업데이트된 "The Evolutionary Significance of Affective Temperaments."

78—슈퍼맨다운 신체 크기: Steve Salerno는 자신의 책 *Sham*(New York: Crown Publishers, 2005), p.75에서 이 점에 대해 언급했다. 그리고 너무 가난해서 욕조에서 설거지를 해야 했다는 얘기도 그가 한 것이다.

84—1908년에 설립된 이 학교는 '세상을 바꾸는 지도자들을 가르치는 곳': Harvard Business School 웹사이트, 2010년 9월 11일.

84-85—조지 부시 대통령을 위시해 … 이곳 출신이며: Philip Delves Broughton이 쓴 *Ahead of the Curve: Two Years at Harvard Business School*(New York: Penguin, 2008), 2. www.reuters.com Factbox: Jeffrey Skilling, 2010년 6월 24일도 보라.

91—중요한 지표가 되는 사업 문화로 들어가게 될 테니까: Stanford Business School의 응용심리학 교수 Thomas Harrell은 1961년에서 1965년에 졸업한 Stanford의 MBA 출신들을 추적하여 그들에 관한 일련의 연구를 발표했다. 그는 수입이 높고 대표이사가 되는 사람들이 외향적이고 사교적이라는 점을 발견했다. 예를 들어, Thomas W. Harrell과 Bernard Alpert가 쓰고 *Human Performance 2*, no.4(1989), pp.301–322에 실린 "Attributes of Successful MBAs"를 보라.

92—'여기서는 모두들 외향적으로 행동하는 것이 중요하고 … 인식하고 있어요': Reggie Garrison 등 "Managing Introversion and Extroversion in the Workplace," *Wharton Program for Working Professionals*(WPWP)(Philadelphia: University of Pennsylvania, Spring 2006).

92—보스가 테드와 엘리스에게: 이 부분은 사과를 드려야겠다. 이 광고를 실시한 회사가 기억도 나지 않고 다시 찾을 수도 없었다.

93—"자신을 옭아매는 것들에서 떠나라": http://www.advertolog.com/amtrak/print-outdoor/depart-from-your-inhibitions-2110505/(accessed September 11, 2010).

93—향정신성 약물 팩실의 광고: Christopher Lane, *How Normal Behavior Became a Sickness*(New Haven: Yale University Press, 2007), p.127, 131.

96—우리는 조용한 사람보다 시끄러운 사람이 더 똑똑하다고 인식한다: Delroy L.

Paulhus와 Kathy L. Morgan이 쓰고 *Journal of Personality and Social Psychology 72*, no.3(1997), pp.581–91에 실린 "Perception of Intelligence in Leaderless Groups: The Dynamic Effects of Shyness and Acquaintance." Cameron Anderson과 Gavin Kilduff가 쓰고 *Journal of Personality and Social Psychology 96*, no.2(2009), pp.491–503에 실린 "Why Do Dominant Personalities Attain Influence in Face–to–Face Groups? The Competence Signaling Effects of Trait Dominance"도 참고하라.

96−서로 모르는 두 사람이 전화로 대화를 하는데: William B. Swann Jr.와 Peter J. Rentfrow가 쓰고 *Journal of Personality and Social Psychology 81*, no.6(2001), pp.1160–75에 실린 "Blirtatiousness: Cognitive, Behavioral, and Physiological Consequences of Rapid Responding."

96−우리는 말 많은 사람을 지도자로 보는 경향도 있다: Simon Taggar 등이 쓰고 *Personnel Psychology 52*, no.4(Winter 1999), pp.899–926에 실린 "Leadership Emergence in Autonomous Work Teams: Antecedents and Outcomes."("가장 많이 말한 사람이 지도자로 인식되기 쉽다.")

96−누군가 말이 많을수록 다른 멤버들이 그 사람에게 주목하게 되고: James Surowiecki, *The Wisdom of Crowds*(New York: Doubleday Anchor, 2005), p.187.

97−말을 빨리 하는 것도 도움이 된다: M. L. Knapp와 G. R. Miller가 편집한 *Handbook of Interpersonal Communication*, 2nd ed(Thousand Oaks, CA: Sage, 1994), pp.103–61에 실린 Howard Giles와 Richard L. Street Jr.의 "Communicator Characteristics and Behavior."

97−대학생들 그룹을 대상으로 함께 수학문제를 풀게 하고서: Cameron Anderson과 Gavin Kilduff가 쓴 "Why Do Dominant Personalities Attain Influence in Face–to–Face Groups? The Competence–Signaling Effects of Trait Dominance."

97−UC버클리에서 실시한 한 유명한 연구: Philip Tetlock, *Expert Political Judgement*(Princeton, NJ: Princeton University Press, 2006).

97−'애빌린으로 가는 버스': Kathrin Day Lassila가 쓰고 *Yale Alumni Magazine January/February*, 2008에 실린 "A Brief History of Groupthink: Why Two, Three or Many Heads Aren't Always Better Than One."

100−슈워브 … 토마츠: Del Jones, USA Today, 2006년 6월 7일에 실린 "Not All Successful CEOs Are Extroverts."

100−"일부는 사무실에 틀어박혀 지냈고": Frances Hesselbein, Marshall Goldsmith, Richard Beckhard가 편집한 *The Leader of the Future 2: New Visions, Strate-*

gies, and Practices for the Next Era(San Francisco: Jossey-Bass, 2006), xi-xii, Peter F. Drucker의 글.

100─최고경영진들에게 카리스마 있는 사람으로 인식되는 이들: Bradley Agle 등이 쓰고 *Academy of Management Journal 49*, no.1(2006), pp.161-74에 게재된 "Does CEO Charisma Matter? An Empirical Analysis of the Relationships Among Organizational Performance, Environmental Uncertainty, and Top Management Team Perceptions of CEO Charisma." Del Jones가 쓴 "Not All Successful CEOs Are Extroverts"도 참고하라. 이 주제에 관한 훌륭한 책으로는 Rakesh Khurana가 지은 *Searching for a Corporate Savior: The Irrational Quest for Charismatic CEOs*(Princeton, NJ: Princeton University Press, 2002)를 보라.

101─영향력 있는 경영이론가 짐 콜린스: Jim Collins가 쓴 *Good to Great: Why Some Companies Make the Leap-and Other's Don't*(New York: HaprerCollins, 2001), [국내에서는 『좋은 기업을 넘어 위대한 기업으로』(김영사, 2002년)으로 번역 출간됨]. 어떤 사람들은 콜린스가 '위대하다'고 분류한 회사들이 정말로 그런지 의문을 제기하기도 했다. Bruce Niendorf와 Kristine Beck이 쓰고 *Academy of Management Perspectives 22*, no.4(2008), pp.13-20에 실린 "Good to Great, or Just Good?"을 보라. Bruce Resnick과 Timothy Smunt가 쓰고 *Academy of Management Perspectives 22*, no.4(2008), pp.6-12에 실린 "Good to Great to……?"도 보라.

103─외향성과 리더십의 상관관계: Timothy Judge 등이 쓰고 *Journal of Applied Psychology 87*, no.4(2002), pp.765-80에 실린 "Personality and Leadership: A Qualitative and Quantitative Review." David Brooks가 Steven Kaplan 등의 "Which CEO Characteristics and Abilities Matter?"을 인용하여 쓰고 2009년 5월 18일 〈New York Times〉에 실린 "In Praise of Dullness"도 보라. *National Bureau of Economic Research Working Paper* no.14195, 2008년 7월. 이 연구는 CEO의 성공이 '팀 관련 기술' 보다는 '실행 기술'과 더욱 연관되어 있다는 점을 발견했다. Brooks도 Murray Barrick과 Michael Mount와 Timothy Judge가 기업 리더십에 관해 한 세기 분량의 조사를 실시하여 외향성이 CEO의 성공과 별로 상관이 없고 오히려 성실성(양심성)이 상관있다는 점을 발견한 것을 인용했다.

105-107─첫 연구에서 … 더 열심히 셔츠를 접었다고 말했다: Adam M. Grant 등, *Academy of Management Journal 54*, no.3(June 2011)에 실린 "Reversing the Extraverted Leadership Advantage: The Role of Employee Proactivity."

107─"결국 지도자들은 말을 엄청 많이 하게 되고": Carmen Nobel이 쓰고 *Harvard Business School Working Knowledge: A First Look at Faculty Research*, 2010년 10월 4일에 게재된 "Introverts: The Best Leaders for Proactive Employees."

108—그날이 오기 전 몇 년 동안: 나는 Douglas Brinkely가 지은 *Rosa Parks: A Life*(New York: Penguin, 2000)에 상당히 의지해서 썼다. 필자는 이 책을 통해 킹과는 달리, 파크스는 폭력이 압제받는 자들에게 정당한 무기가 될 수 있다고 믿게 되었다.

112—예를 들어 몇몇 연구자들에 따르면 모세는: 모세에 관한 나의 분석은 〈출애굽기〉를 직접 읽은 것에 근거한다. 특히 3:11, 4:1, 4:3, 4:10, 4:12−17, 6:12, 6:30. 〈민수기〉 12:3. 다른 사람들도 비슷하게 분석했다. 예를 들어, http://www.theologyweb.com/campus/showthred.php?t=50284를 보라. 또 Doug Ward의 "The Meanings of Moses' Meekness" http://godward.org/Hebrew%20Roots/meanings_of_moses.htm도 보라. Marissa Brostoff의 "Rabbis Focus on Professional Development" http://www.forward.com/articles/13971/(accessed August 13, 2008)도 참고하라.

114—그는 '전형적인 커넥터'로 로저 호초라는: Malcolm Gladwell 지음, *The Tipping Point*(New York: Back Bay Books, 2002; originally published by Little, Brown, March 2000), pp.42−46. [국내에서는 『티핑 포인트』(21세기북스, 2004년)로 번역 출간됨].

115—2011년 5월 28일: www.craigslist.com에 올라와 있는 Craigslist fact sheet(accessed May 28, 2010). Craigslist에 관한 다른 정보는 (1)Craig Newmark와 저자가 2006년 12월 4일에 통화한 내용, (2)Idelle Davision이 쓰고 〈Los Angeles Times〉에 2004년 6월 13일에 실린 "The Craigslist Phenomenon", (3)Philip Weiss가 쓰고 *New York*, 2006년 1월 8일에 실린 "A Guy Named Craig"에서 나왔다.

116—"가이 가와사키가 내향적이라고?": Maria Niles가 2008년 8월 19일에 Blogher라는 여성을 위한 블로깅 커뮤니티에 올린 글. http://www.blogher.com/social-media-introverts

116—"참으로 아이러니가 아닐까요?": Pete Cashmore가 2008년 8월에 mashable.com에 쓴 "Irony Alert: Social Media Introverts?" http://mashable.com/2008/08/15/irony-alert-social-media-introverts

116—연구 결과들을 보면 내향적인 사람들은 외향적인 사람들보다: Yair Amichai-Hamburger가 쓰고 직접 편집한 *The Social Net: Understanding Human Behavior in Cyberspace*(New York: Oxford University Press, 2005), p.27−56에 실린 "Personality and the Internet." Emily S. Orr 등이 쓰고 *CyberPsychology and Behavior 12*, no.3(2009)에 실린 "The Influence of Shyness on the Use of Facebook in an Undergraduate Sample"도 참고하라. Levi R. Baker가 쓰고 *Journal of Social and Personal Relationships 27*, no.8(2010)에 실린 "Shyness and Online Social Networking Services"도 보라. Richard N. Landers와 John W. Lounsbury가 쓰고 *Computers in Human Behavior 22*(2006), p.283−93에 실린 "An Investigation of Big Five and Narrow Personality Traits in

Relation to Internet Usage"도 있다. Luigi Anolli 등이 쓰고 *CyberPsychology and Behavior 8*, no.1(2005)에 실린 "Personality of People Using Chat: An On-Line Research" 도 보라. 하지만 외향적인 사람이 내향적인 사람보다 페이스북 친구가 더 많은 경향이 있다는 점도 주목하라. 이와 관련해서는 Pavica Sheldon이 쓰고 *Journal of Media Psychology 20*, no.2(2008), pp.67-75에 게재된 "The Relationship Between Unwillingness-to-Communicate and Students' Facebook Use"를 참고하라. 이것은 놀랄 일이 아니다. 페이스북은 사람들이 상당수의 친구를 만드는 곳이 되었다.

119—평균 매주 2만 2천 명이 참석하고: Pastor Rick과 Kay Warren, Online Newsroom, http://www.richwarrennews.com/(accessed September 12, 2010).

121—현대의 복음주의는 한 사람을 만나서: 복음주의의 배경을 알기 위해서, 나는 Righteous: *Dispatches from the Evangelical Youth Movement*(New York: Viking, 2006)의 저자이자 힘 들이지 않고도 달변으로 말하는 Lauren Sandler를 비롯해 여러 사람과 멋진 인터뷰를 했다.

122—"외향적인 복음주의를 자부하는 교회에서": Mark Byron이 쓴 "Evangelism for Introverts" http://markbyron.typepad.com/main/2005/06/evangelism_for_.html(accessed June 27, 2005).

123—"교구위원회에서 봉사하고 싶지는 않다": Jim Moore, "I Want to Serve the Lord—But Not Serve on a Parish Committee", http://www.beliefnet.com/Faiths/Christianity/Catholic/2000/07/I-Want-To-Serve-The-Lord-But-Not-Serve-On-A-Parish-Committee.aspx

126—'그 유익한 교감의 기적': Jean Autret, William Burford, Phillip J. Wolfe가 번역하고 편집한 *Marcel Proust On Reading Ruskin*(New Haven, CT: Yale University Press, 1989).

Chapter 3. 협력이 창의성을 죽일 때

129—나는 단독 마구에 맞는 말이지: Albert Einstein, "Forum and Century" vol. 84, pp. 193-94(1931년에 유명한 사람들의 개인적인 철학을 묶은 *Living Philosophies*라는 시리즈의 13번째 포럼).

129—1975년 3월 5일: 이 장에 언급되는 Stephen Wozniak 이야기는 거의 그의 전기에서 차용했다. *iWoz*(New York: W. W. Norton, 2006), [국내에서는 『스티브 워즈니악』(청림출판, 2008년)으로 번역 출간됨]. 애플의 괴짜 영혼이라는 묘사는 http://valleywag.gawker.com/220602/wozniak-jobs-design-role-overstaed가 출처.

133—창의성의 특징에 관해 몇 가지 연구를 진행했다: Donald W. MacKinnon, "The Nature and Nurture of Creative Talent"(Walter Van Dyke Bingham Lecture given at Yale University, New Haven, Connecticut, 1962년 4월 11일). MacKinnon이 1964년 4월 오리건주 포틀랜드에서 Western Psychological Association 협회장 연설로 했던 "Personality and the Realization of Creative Potential"도 참고하라.

134 가장 흥미로운 발견은: 이를테면 (1)Gregory J. Feist가 쓰고 *Personality and Social Psychology Review 2*, no.4(1998), pp.290–309에 소개된 "A Meta-Analysis of Personality in Scientific and Artistic Creativity" (2)Feist가 쓰고 *Encyclopedia of Creativity*, vol. 1(San Diego, CA: Academic Press, 1999), pp.157–63에 실린 "Autonomy and Independence" (3)Mihaly Csikszentmihalyi가 쓴 *Creativity: Flow and the Psychology of Discovery and Invention*(New York: Harper Perennial, 1996), pp.65–68을 보라. [국내에서는 『창의성의 즐거움』(북로드, 2003년)으로 번역 출간됨]. 외향성과 창의성의 상관관계를 보여주는 연구들이 실제로 있지만, '현실 세계'에서 비범하게 창의적인 삶을 살아왔음을 입증한 사람들을 찾아다니며 연구한 MacKinnon, Csikszentmihalyi, Feist의 연구에 비하면, 그것들은 대학생들을 대상으로 좀 더 일반적인 창의성을 측정하는 경향을 보인다. 이를테면 학생들의 취미를 분석하거나 어떤 사진을 보고 그에 관한 이야기를 만들어보는 등의 게임을 시키고서 그것을 분석하는 식이다. 이런 자극이 강한 상황에서는 외향적인 이들이 좋은 결과를 내기 쉽다. 심리학자 Uwe Wolfradt가 말하듯이 내향성과 창의성의 관계는 오직 더 고차원적인 창의성의 단계에서만 구분될 수 있는지도 모른다(Uwe Wolfradt, *European Journal of Personality 15*, no.4, July/August 2001, pp.297–310의 "Individual Differences in Creativity: Personality, Story Writing, and Hobbies.").

134—한스 아이젱크: Hans J. Eysenck, *Genius: The Natural History of Creativity*(New York: Cambridge University Press, 1995).

136—(지식 경제의 심장인) 혁신은: Malcolm Gladwell, *The New Yoker*, 2000년, 12월 11일에 실린 "Why Your Bosses Want to Turn Your New Office into Greenwich Village."

136—"우리 중 누구도 우리 전체보다 똑똑하지 않다": Warren Bennis, *Organization Genius: The Secrets of Creative Collaboration*(New York: Basic Books, 1997).

136—"미켈란젤로도 … 조수를 두었다": Clay Shirky, *Here Comes Everybody: The Power of Organizing Without Organizations*(New York: Penguin, 2008). [국내에서는 『끌리고 쏠리고 들끓다』(갤리온, 2008년)으로 번역 출간됨].

136—기업은 점점 더 직원들을 팀 단위로 조직했는데: Steve Koslowski와 Daniel Ilgen, *Psychological Science in the Public Interest 7*, no.3(2006), pp.77–124의 "Enhancing the Effectiveness of Work Groups and Teams."

136—2000년에는 미국 조직의 절반이: Dennis J. Devine, *Small Group Research 20*(1999), pp.678–711, "Teams in Organizations: Prevalence, Characteristics, and Effectiveness."

136—오늘날에는, 경영학 교수 프레더릭 모지슨에 따르면: Frederick Morgeson 등, *Journal of Management 36*, no.1(2010), pp.5–39, "Leadership in Teams: A Functional Approach to Understanding Leadership Structures and Processes."

136—고위 관리자들 중 91퍼센트가: 위와 같은 책.

136—컨설턴트 스티븐 하빌: 2010년 10월 26일, 저자와 인터뷰.

137—오늘날 직원의 70퍼센트는 열린 공간에서 일한다: Davis, "The Physical Environment of the Office." James C. McElroy와 Paula C. Morrow가 쓰고 *Human Relations 63*, no.5(2010), pp.609–36에 실린 "Employee Reactions to Office Redesign: A Naturally Occurring Quasi-Field Experiment in a Multi-Generational Setting"도 보라. David의 "The Physical Environment of the Office"도 보라: 열린 사무실은 오늘날 가장 인기 있는 디자인이다. Joyce Cannon이 쓰고 *Post-Gazette*(Pittsburgh), 2003년 2월 9일에 실린 "Firms Betting Open-Office Design, Amenities Lead to Happier, More Productive Workers"도 참고하라. Stephen Beacham, *Real Estate Weekly*, 2005년 7월 6일도 참고하라. 고층 빌딩에서 열린 사무 공간을 처음 도입한 회사는 1969년의 Owens Corning이었다. 오늘날에는 Proctor&Gamble, Ernst&Young, GlaxoSmithKline, Alcoa, H. J. Heinz를 비롯해 여러 회사가 그렇게 하고 있다. http://www.owenscorning.com/acquainted/about/history/1960.asp를 보라. G. P. Hodgkinson과 J. K. Ford가 편집한 *International Review of Industrial and Organizational Psychology*, vol. 26(Chichester, UK: Wiley, 2011), pp.193–235에 실린 Matthew Davis 등의 "The Physical Environment of the Office: Contemporary and Emerging Issues"도 보라: "…'1960년대와 1970년대에 북아메리카에서 열린 사무 공간과 사무실 조경이 널리 퍼졌다.'" 하지만 Jennifer Ann McCusker의 "Individuals and Open Space Office Design: The Relationship Between Personality and Satisfaction in an Open Space Work Environment," 2002년, 4월 12일, Alliant International University, Organizational Studies, dissertation("열린 사무 공간 디자인이라는 개념은 1960년대 중반에 독일 경영 컨설턴트들과 함께 들어왔다", Karen A. Edelman, *Across the Board 34*, no.3[1997], pp.32–38의 "Take Down the Walls"를 인용)도 보라.

137—직원 한 사람당 사무 공간이 1970년대에: Roger Vincent, *Los Angeles Times*, 2010년, 12월 15일에 실린 "Office Walls Are Closing in on Corporate Workers."

137—"'나'에서 '우리'로 업무 환경이 바뀌었어요": Paul B. Brown, *Fast Company*, 2005년 6월에 실린 "The Case for Design."

137—사무용품 제조회사 허먼 밀러사: "New Executive Officescapes: Moving from Private Offices to Open Environments," Herman Miller Inc., 2003.

138—2006년에 미시간대학교의 로스 경영대학원에서는: Dave Gershman, "Building Is 'Heart and Soul' of the Ross School of Business," mlive.com, 2009년 1월 24일. Kyle Swanson이 쓰고 *Michigan Daily*, 2008년 9월 15일에 실린 "Business School Offers Preview of New Home, Slated to Open Next Semester"도 보라.

138—2002년에 4학년과 8학년 교사 1,200명 이상을 대상으로: Christopher Barnes, "What Do Teachers Teach? A Survey of America's Fourth and Eighth Grade Teachers," University of Connecticut의 Center for the Survey Research and Analysis에서 실시, 2002년 9월 28일 *Civic Report* no.28. Robert E. Slavin이 쓰고 *Contemporary Educational Psychology 21*, no.1(1996), pp.43-69에 실린 "Research on Cooperative Learning and Achievement: What We Know, What We Need to Know"(1993년의 전국 조사 결과를 인용한 것. 이 조사에서 초등학교 교사 중 79퍼센트 그리고 중학교 교사의 62퍼센트가 협력 학습을 꾸준히 유지하고 있다는 것이 드러났다)도 보라. '현실 세계'에서는 수많은 교사들이 학생들을 그룹으로 묶어놓을 뿐 '협력 학습' 자체를 이용하지는 않는다고 한다. 협력 학습은 매우 구체적인 절차를 따라야 한다. 이것은 University of Minnesota의 Cooperative Learning Center에 있는 Roger Johnson이 저자에게 이메일을 보낸 내용에 따른 것이다.

138—'협력 학습': Bruce Williams, *Cooperative Learning: A Standard for High Achievement*(Thousand Oaks, CA: Corwin, 2004), pp.3-4.

140—재닛 파넬과 리어니 크론보르: M. McCann과 F. Southern이 편집한 *Fusing Talent-Giftedness in Australian Schools*(Adelaide: The Australian Association of Mathematics Teachers, 1996)에 실린 Janet Farrall과 Leonie Kronborg의 "Leadership Development for the Gifted and Talented."

141—"직원들은 어차피 페이스북이며 트위터며 곳곳에 자기 생활을 다 드러내고 있어요": Kai Ryssdal과의 라디오 인터뷰, 2010년 12월 15일자. American Public Media, *Marketplace*, "Are Cubicles Going Extinct?"

142—가장 초기의 컴퓨터 마니아들 중 상당수는: Sarah Holmes와 Philip L. Kerr, *Australian Psychological Type Review 9*, no.1(2007), pp.31-38에 실린 "The IT Crowd: The Type Distribution in a Group of Information Technology Graduates," Yair Amichai-Hamburger 등이 쓰고 *CyberPsychology and Behavior 5*, no.2(2002), pp.125-

28에 실린 "'On the Internet No One Knows I'm am an Introvert': Evtraversion, Neuroticism, and Internet Interaction"도 보라.

142—"끌어당긴다는 게 정설입니다": Dave W. Smith, 2010년 10월 20일, 저자에게 보낸 이메일에서.

143—"예전엔 내가 쉽게 이길 수 있던 녀석이": Daniel Coyle, *The Talent Code*(New York: Bantam Dell, 2009), 48. [국내에서는 『탤런트 코드』(웅진지식하우스, 2009년)로 번역 출간됨].

144—전문 바이올린 연주자 세 그룹: K. Anders Ericsson 등, *Psychological Review 100*, no.3(1993), pp.363-406에 실린 "The Role of Deliberate Practice in the Acquisition of Expert Performance."

145—진지하게 혼자서 연구하는 시간: Neil Charness 등, *Applied Cognitive Psychology 19*(2005), pp.151-65에 실린 "The Role of Deliberate Practice in Chess Expertise."

145—혼자서 공부하는 대학생들은: David Glenn, *The Chronicle of Higher Education*, 2001년 1월 18일에 실린 "New Book Lays Failure to Learn on Colleges' Doorsteps."

145—팀 스포츠를 하는 엘리트 운동선수들조차: Stakes와 Ericsson, *Human Kinetics*(2003), p.67-71에 실린 "Expert Performance in Sports: Advances in Research on Sports Expertise."

145—에릭슨에 따르면, 여러 분야에서 오직 혼자 있을 때만: 2010년 4월 13일, 저자와 인터뷰.

146—의도적 연습이 약 1만 시간 필요하다: 18세에 이르면, 베를린 음악학교에서 공부하는 최고의 바이올린 연주자들은 평균 혼자서 7천 시간을 연습하는데, 이것은 훌륭한 바이올린 연주자보다 2천 시간이 많은 것이고, 음악 교사들보다는 4천 시간이 많은 것이다.

148—'강렬하게 호기심을 보이거나 집중한 까닭': Csikszentmihalyi, *Creativity*, p.177.

148—"음악 연습이나 수학 공부는": 같은 책, p.65.

148—매들린 렝글: 같은 책, pp.253-54.

148—"친애하는 배비지 선생": Charles Darwin, *The Correspondence of Charles Darwin Volume 2: 1837-1843*(Cambridge, England: Cambridge University Press, 1987), p.67.

149—'코딩 워 게임스': 이것은 Tom DeMarco와 Timothy Lister의 *Peopleware: Pro-*

ductive Projects and Teams(New York: Dorest House, 1987)에 묘사된 내용.

150—열린 사무 공간과 관련해 실시한 산더미 같은 데이터: 이를테면 다음을 보라. (1)Vinesh Oommen 등, *Asia Pacific Journal of Health Management 3*, no.2(2008)에 실린 "Should Health Service Managers Embrace Open Plan Work Environments? A Review." (2)Aoife Brennan 등, *Environment and Behavior 34*(2002), p.279에 실린 "Traditional Versus Open Office Design: A Longitudinal Field Study." (3)James C McElroy와 Paula Morrow, *Human Relations 63*(2010), p.609에 실린 "Employee Reactions to Office Redesign: A Naturally Occurring Quasi-Field Experiment in a Multi-Generational Setting." (4)Einar De Croon 등, *Ergonomics*, 48, no.2(2005), pp.119-34에 실린 "The Effect of Office Concepts on Worker Health and Performance: A Systematic Review of the Literature." (5)J. Pejtersen 등, *Indoor Air 16*, no.5(2006), pp.392-401에 실린 "Indoor Climate, Psychosocial Work Environment and Symptoms in Open-Plan Offices." (6)Herman Miller Research Summary, 2007, "It's All About Me: The Benefits of Personal Control at Work." (7) Paul Bell 등, *Environmental Psychology*(Lawrence Erlbaum, 2005), p.162. (8)Davis, "The Physical Environment of the Office."

151—숲에서 조용히 산책할 때 더 잘 배운다: Marc G. Berman 등, *Psychological Science 19*, no.12(2008), pp.1207-12에 실린 "The Cognitive Benefits of Interacting with Nature." Stephen Kaplan과 Marc Berman, *Perspectives on Psychological Sciences 5*, no.1(2010), pp.43-57에 실린 "Directed Attention as a Common Resource for Executive Functioning and Self-Regulation"도 보라.

151—지식노동자 3만 8천 명을 대상으로 실시한 다른 연구는: Davis 등, "The Physical Environment of the Office."

151—멀티태스킹조차 신화였다: John Medina, *Brain Rules*(Seattle, WA: Pear Press, 2008), p.87.

152—백본 엔터테인먼트: Mike Mika, 2006년 7월 12일 저자와 인터뷰.

152—리복 인터내셔널: Kimberly Blanton, *Boston Globe*, 2005년 3월 1일에 실린 "Design It Yourself: Pleasing Offices Laid Out by the Workers Who Use Them Can Be a Big Advantage When Companies Compete for Talent."

152—2000년부터 10년간: TEDx Midwest Talk, 2010년 10월 15일. 2010년 11월 5일 저자에게 보낸 메일도.

153—예를 들어 카프카는: Anthony Storr, *Solitude: A Return to the Self*(New York: Free Press, 2005), 103. [국내에서는 『고독의 위로』(책읽는수요일, 2011년)로 번역 출간됨].

154—훨씬 더 유쾌한 닥터 수스로 알려진 시어도어 가이젤: Judith Morgan과 Neil Morgan, *Dr. Seuss and Mr. Geisel: A Biography*(New York: DaCapo, 1996).

154—알렉스 오즈본이라는 전설적인 광고업자: Alex Osborn, *Your Creative Power*(W. Lafayette, IN: Purdue University Press, 1948).

156—집단 브레인스토밍이 실제로 효과가 없다는 사실이다: Marvin D. Dunnette 등 *Journal of Applied Psychology 47*, no.1(1963), pp.30–37에 실린 "The Effect of Group Participation of Brainstorming Effectiveness for Two Industrial Samples."

157—그 후로 40년간 연구 결과는 놀랍게도 똑같은: 예를 들어, Paul A. Mongeau 와 Mary Claire Morr가 쓰고 *Group Facilitation 1*, no.1(1999), p.14에 실린 "Reconsidering Brainstorming"을 보라. Karan Girotra 등이 쓰고 *Management Science 56*, no.4(2010년 4월), pp.591–605에 실린 "Idea Generation and the Quality of the Best Idea"도 보라(최고 수준의 혁신은 사람들이 먼저 스스로 브레인스토밍을 한 뒤에 동료들과 아이디어를 나누는 혼합 방식으로 했을 때 나온다).

157—"기업 사람들이 집단으로 브레인스토밍을 하는 것은 정신 나간 짓이다": Adrian Furnham, *Business Strategy Review 11*, no.4(2000), pp.21–28에 실린 "The Brainstorming Myth."

158—온라인 브레인스토밍: Paul Mongeau와 Mary Claire Morr, "Reconsidering Brainstorming."

158—학문 연구에서도 마찬가지다: Charlan Nemeth와 Jack Goncalo, *Creativity Research Journal 17*, no.1(2005), pp.1–8에 실린 "Creative Collaborations from Afar: The Benefits of Independent Authors."

159—사람들은 대개 자기들 그룹이 실제 성과보다 더 나은 성과를 거두었다고 믿는데: Keith Sawyer, *Group Genius: The Creative Power of Collaboration*(New York: Basic Books, 2007), p.66.

159—사람들 앞에서 수치를 당하는 일을 두려워하는 마음: Susan K. Opt와 Donald A. Loffredo, *Journal of Psychology 134*, no.5(2000), pp.556–70에 실린 "Rethinking Communication Apprehension: A Myers–Briggs Perspective."

159—NCAA 농구팀 중 두 팀이: James C. Moore와 Jody A. Brylinsky, *Journal of Sport Behavior 16*, no.2(1993), p.77에 실린 "Spectator Effect on Team Performance in College Basketball."

159—행동경제학자 댄 애리얼리: Dan Ariely, 〈*New York Times*〉, 2008년 11월 19일 "What's the Value of a Big Bonus?"

161—그레고리 번스: 솔로몬 애쉬와 그레고리 번스의 실험은 그레고리 번스의 *Iconoclast: A Neuroscientist Reveals How to Think Differently*(Boston, MA: Harvard Business Press, 2008), pp.59–81에 묘사되어 있다. 이 외에도 Sandra Blakeslee, 〈*New York Times*〉 2005년 6월 28일에 실린 "What Other People Say May Change What You See"도 보라. 그리고 Gregory S. Berns 등이 쓰고 *Biological Psychiatry 58*(2005), pp.245–53에 실린 "Neurobiological Correlates of Social Conformity and Independence During Mental Rotation"도 참고하라.

163—편도체라는, 거절의 두려움 같은 불쾌한 감정과 연관되는 뇌의 작은 기관이 활발하게 움직였던 것이다: 사실 자원자들이 다른 사람들이 아니라 컴퓨터 무리와 게임을 하도록 설정한 경우에는 이들이 컴퓨터들과 다른 의견을 내놓을 때도 편도체에 반응이 없었다. 이것은 동조하지 않는 사람들이 고통받는 까닭이, 틀리면 어쩌나 하는 두려움보다는 그룹 사람들에게 배척당할까 불안하기 때문이라는 점을 시사한다.

163—얼굴을 마주보며 교류하는 상황은 … 신뢰를 준다: Belinda Luscombe, *Time* 2010년 6월 22일에 실린 "Why E-Mail May Be Hurting Off-Line Relationships."

163-164—인구밀도도 혁신과 연관되어 있다: Jonah Lehrer, *Boston Globe*, 2009년 1월 2일에 실린 "How the City Hurts Your Brain."

166—융통성 있는 열린 사무 공간: Davis 등, "The Physical Environment of the Office."

166—픽사 애니메이션 스튜디오에는: Bill Capodagli, *Effectif*, 2010년 9/10월, pp.43–45에 실린 "Magic in the Workplace: How Pixar and Disney Unleash the Creative Talent of Their Workforce."

166—마찬가지로 마이크로소프트에서는: Michelle Conlin, *Bloomberg Businessweek*, 2007년 9월 10일에 실린 "Microsoft's Meet-My-Mood Offices."

Chapter 4. 기질은 바꿀 수 없는 운명일까?

이 장 전체에 관한 노트: 4장에서 우리는 제롬 케이건의 '고 반응'에 관한 연구를 논의하는데, 몇몇 현대의 심리학자들은 '고 반응'이 '신경증neuroticism'이라는 특성과 내향성이 교차하는 지점에 놓여 있다고 생각한다. 가독성을 위하여 나는 그러한 구분에 관해서 본문에 자세히 설명하지 않았다.

174—1989년에 시작해 아직도 진행 중인 그런 연구: 이 연구는 Jerome Kagan과 Nancy Snidman의 *The Long Shadow of Temperament*(Cambridge, MA: Harvard University

Press, 2004)에 논의되어 있다.

175-176—"칼 융이 75년 전에 적어놓은": 같은 책, p.218.

176—내성적인 톰과 외향적인 랠프: Jerome Kagan, Galen's Prophecy(New York: Basic Books, 1998), pp.158-61.

176—어떤 사람은 기질이 토대이고 성격이 그 위의 건물이라고: http://www.selfgrowth.com/articles/Warfield3.html

177—뇌의 중요한 기관: Kagan과 Snidman, *The Long Shadow of Temperament*, 10.

177—원반이 코앞으로 날아올 때: 이 이미지는 NYU의 과학자 Joseph Ledoux와 함께한 온라인 동영상에서 나온 것이다. 그는 감정, 특히 두려움과 불안의 신경학적 근거를 연구한다. *Science&the City*에 실린 "Fearful Brain in an Anxious World", http://www.nyas.org/Podcasts/Atom.axd를 보라(accessed November 20, 2008).

179—'경계 주의를 기울인다': Elain N. Aron, *Psychotherapy and the Highly Sensitive Person*(New York: Routledge, 2010), 14.

179—눈을 더 많이 움직인다: 고 반응의 아이들에게서 이런 성향이 나타난다는 점을 발견한 연구는 많이 있다. 이를테면, Jerome Kagan, *Child Development 363*, no.3(1965), pp.609-28에 실린 "Reflection-Impulsivity and Reading Ability in Primary Grade Children"을 보라. 또 Ellen Siegelman, *Child Development 40*, no.4(1969), pp.1213-22에 실린 "Reflective and Impulsive Observing Behavior"도 참고하라. 이런 연구들은 '고 반응'보다는 'reflective'라는 표현을 쓰기는 하지만, 같은 아이들을 가리키는 것이라고 보아도 좋다. Siegelman은 이들을 "일반적으로 위험이 적은 상황을 좋아하지만 더 어렵고, 혼자서 풀어야 하는 지적인 문제를 선택하는 경향을 보이며 … 신체적으로 덜 활발하고 좀 더 조심스럽다"고 묘사했다. 유사한 연구들이 어른을 대상으로도 실시되었다. 6장과 7장을 참고하라.

180—고 반응 아이는 자기가 본 것을 좀 더 깊이 생각하고 느끼며: Elaine Aron, *The Highly Sensitive Child: Helping Our Children Thrive When the World Overwhelms Them*(New York: Broadway Books), 2002. [국내에서는 『까다롭고 예민한 내 아이, 어떻게 키울까?』(이마고, 2011년)로 번역 출간됨].

180—고 반응 아이는 다른 아이의 장난감을 실수로 부쉈을 때: 6장에 언급된 Grazyna Kochanska의 연구를 보라.

180—여러 아이가 있는데 멋진 장난감을 어떻게 함께 가지고 놀아야 하느냐고 물어보면: Winifred Gallagher(Kagan을 인용하며), *The Atlantic Monthly*, 1994년 9월에 실린 "How We Become What We Are."

181─파란 눈, 알레르기, 건초열 … 몸이 마르고 얼굴이 길 확률이 높다고.: Kagan, *Galen's Prophecy*, pp.160─61.

181─이를테면 디즈니 영화를 보자: 같은 책, p. 161.

182─외향성과 내향성이 생리적인, 심지어 유전적인: David C. Winter, *Personality: Analysis and Interpretation of Lives*(New York: McGraw─Hill, 1996), pp.511─16.

183─40~50퍼센트 유전적으로 대물림된다: Thomas J. Bouchard Jr.와 Matt McGue, *Journal of Neurobiology 54*(2003), pp.4─5에 실린 "Genetic and Environmental Influences on Human Psychological Differences."

184─나치의 우생학과 백인 우월주의: 이에 관해 기록한 글은 많이 있다. 이를테면 Peter D. Kramer의 *Listening to Prozac*(New York: Penguin, 1993), p.150.

184─"발길질을 하고 비명을 지르며, 저는 제가 발견한 데이터에 끌려갔던 겁니다": Gallagher(Kagan을 인용하며), "How We Become What We Are."

184─고 반응 아이에 관한 그의 초기 연구: *Kramer, Listening to Prozac*, p.154.

185─케이건은 하버드대학교 윌리엄 제임스 홀: 2006년부터 2010년까지 여러 차례 제롬 케이건과 인터뷰를 했다.

185─자신을 불안하고 겁 많은 소년이었다고 묘사한: Jerome Kagan, *An Argument for Mind*(New Haven, CT: Yale University Press, 2006), p.4, 7.

187─대중 강연은 죽음의 두려움보다 훨씬 일반적인 현상: Victoria Cunningham, Morty Lefkoe, Lee Sechrest, *Clinical Psychology and Psychotherapy 13*(2006), pp.183─93에 실린 "Eliminating Fears: An Intervention that Permanently Eliminates the Fear of Public Speaking."

187─대중 강연 공포증은 어린 시절의 좌절을 비롯해 여러 원인이 있는데: Gregory Berns, *Iconoclast: A Neuroscientist Reveals How to Think Differently*(Boston, MA: Harvard Business Press, 2008), pp.59─81.

188─내향적인 사람들은 외향적인 사람보다 대중 강연을 훨씬 더 두려워하는: Susan K. Opt와 *Donald A. Loffredo, Journal of Psychology 134*, no.5(2000), pp.556─70에 실린 "Rethinking Communication Apprehension: A Myers─Briggs Perspective." Michael J. Beatty, James C. McCroskey, Alan D. Heisel, *Communication Monographs 65*(1998), pp.197─219에 실린 "Communication Apprehension as Temperamental Expression: A Communibiological Paradigm"도 참고하라. Peter D. Macintyre와 Kimly A. Thivierge, *Communication Research Reports 12*, no.2(1995), pp.125─33에 실린 "The

Effects of Speaker Personality on Anticipated Reactions to Public Speaking"도 보라.

189—내향성-외향성의 절반이 평균적으로 유전 소인에 따른 것: David G. *Winter, Personality*, p.512.

189—기온 때문인지 아니면 습도: Natasha Mitchell, *ABC Radio International*, 2006년 8월 26일(accessed at http://www.abc.net.au/rn/allinthemind/stories/2006/1722388.htm)에 Mitchell과 한 라디오 인터뷰, "Jerome Kagan: The Father of Temperament."

190—"담장에 몇 번 올라간 다음에는": Gallagher(Lykken을 인용하며) "How We Become What We Are."

190—"대학은 내향적인 사람들로 가득합니다": 2006년 6월 15일, 저자와 인터뷰.

191—안전한 환경에서 배려심 있는 부모 손에 양육된다면 … '같은 유전자 가지에서 나온 잔가지': Winifred Gallagher, *I.D.: How Heredity and Experience Make You Who You Are*(New York: Random House, 1996), p.29, 46–50. Kagan과 Snidman이 쓴 *The Long Shadow of Temperament*, p.5도 참고하라.

191—아이들이 옳고 그름의 감각을 습득하는: J. E. Grusec과 L. Kucynski가 편집한 *Parenting and Children's Internalization of Values*(New York: John Wiley and Sons), p.61에 실린 Grazyna Kochanska와 R. A. Thompson의 "The Emergence and Development of Conscience in Toddlerhood and Early Childhood." Grazyna Kochanska, *Child Development 64*, no.2(1993), p.325–47에 실린 "Toward a Synthesis of Parental Socialization and Child Temperament in Early Development of Conscience"도 보라. Grazyna Kochanska와 Nazan Aksan, *Journal of Personality 74*, no.6(2006), p.1587–1617에 실린 "Children's Conscience and Self-Regulation"도 보라. Grazyna Kochanska 등이 쓰고 *Journal of Personality and Social Psychology 97*, no.2(2009), pp.322–33에 실린 "Guilt and Effortful Control: Two Mechanisms That Prevent Disruptive Developmental Trajectories"도 참고하라.

192—대담하고 활력은 넘치는데 건전한 배출구가 없다는 비극: Gallagher, I.D., pp.46–50.

193—'난초 가설'이라 명명한: David Dobbs, *The Atlantic*, 2009에 실린 "The Science of Success." Jay Belsky 등이 쓰고 *Molecular Psychiatry*, 2009, pp.1–9에 실린 "Vulnerability Genes or Plasticity Genes?"도 보라. Michael Pluess와 Jay Belsky가 쓰고 *The Journal of Child Psychology and Psychiatry 50*, no.4(2009), pp.396–404에 실린 "Differential Susceptibility to Rearing Experience: The Case of Childcare"도 보라. Pluess와 Belsky가 쓰고 *Developmental Psychology 46*, no.2(2010), pp.379–90에 실린 "Differential Susceptibility to Rearing Experience: Parenting and Quality Child Care"

도 보라. Jay Belsky와 Michael Pluess, *Psychological Bulletin 135*, no.6(2009), pp.885-908에 실린 "Beyond Diathesis Stress: Differential Susceptibility to Environmental Influences"도 참고하라. Bruce J. Ellis와 W. Thomas Boyce, *Current Directions in Psychological Science 17*, no.3(2008), pp.183-87에 실린 "Biological Sensitivity to Context"도 보라.

193—우울, 불안, 수줍음 등의 반응을: *Aron, Psychotherapy and the Highly Sensitive Person*, 3. K. H. Rubin과 J. B. Asendorpf가 편집한 *Social Withdrawal, Inhibition, and Shyness in Childhood*(Hillsdale, NJ: Lawrence Erlbaum, 1993), pp.49-79에 실린 A. Engfer의 "Antecedents and Consequences of Shyness in Boys and Girls: A 6-year Longitudinal Study." W. T. Boyce 등, *Psychosomatic Medicine 57*(1995), pp.411-22에 실린 "Psychobiologic Reactivity to Stress and Childhood Respiratory Illness: Results of Two Prospective Studies"도 보라. L. Gannon 등, *Journal of Psychosomatic Research 33*(1989), pp.165-75에 실린 "The Mediating Effects of Psycho-physiological Reactivity and Recovery on the Relationship Between Environmental Stress and Illness"도 참고하라.

193—실제로 케이건이 수집한 데이터에서: 2010년 6월 22일에 Kagan이 저자에게 보낸 이메일.

193—좋은 양육과 보살핌을 받고 안정된 가정환경에서 자라면: 예를 들어, Belsky 등의 "Vulnerability Genes or Plasticity Genes?", 5. Pluess와 Belsky의 "Differential Susceptibility to Rearing Experience: The Case of Childcare" 397.

193—친절하고, 양심적이며: Aron, *The Highly Sensitive Child*.

193-194·· 이들은 반드시 학급 반장이나 학교 연극의 주연이 되지는 않지만: 2010년 4월 28일, Jay Belsky와 저자의 인터뷰.

194—붉은털원숭이라는 종: Stephen J. Suomi, *British Medical Bulletin 53*, no.1(1997), pp.170-84에 실린 "Early Determinants of Behavior: Evidence from Primate Studies"("고 반응 새끼가 양육을 잘하는 암컷에게 가서 자랐을 때 실제로 조숙하게 행동하는 듯했다 ··· 이러한 개체들은 힘겨운 상황이 닥쳤을 때 다른 그룹 멤버를 동료로 모으고 그렇게 모은 동료를 유지하는 데 특히 뛰어나며, 아마도 그 덕분에 그룹의 지배 계층에서 높은 자리에 오르고 그 자리를 유지하는 것 같다 ··· 분명, 고 반응은 부정적인 단기, 장기 결과들과 반드시 연관되는 것은 아니다.") *Atlantic Monthly* 웹사이트에 올라온 이 동영상도 보라(http://www.theatlantic.com/magazine/archive/2009/12/the-science-of-success/7761/). 여기서 Suomi는 이렇게 말한다. "똑같은 짧은 대립 유전자가 있었지만 좋은 엄마에게서 자란 원숭이들은 아무런 문제가 없었다. 그 원숭이들은 반대 유전자가 있는 원숭이들에 비해 더 잘

지내거나 동일하게 잘 지냈다."(SERT 유전자의 짧은 대립 유전자와 인간의 우울증 사이의 연관은 많이 논의되기는 했으나 논란의 여지가 있다.)

194—고 반응 및 내향성과 연관된 것으로 추정되며: Seth J. Gillihan 등, *Psychiatric Genetics 17*, no.6(2007), pp.351–54에 실린 "Association Between Serotonin Transporter Genotype and Extraversion." M. R. Munafo 등, *Molecular Psychiatry 8*(2003), pp.471–84에 실린 "Genetic Polymorphisms and Personality in Healthy Adults: A Systematic Review and Meta–Analysis"도 보라. Cecilie L. Licht 등의 "Association Between Sensory Processing Sensitivity and the 5–HTTLPR Short/Short Genotype"도 참고하라.

195—고 반응의 원숭이들이 성공한 까닭: Dobbs, "The Science of Success."

195—짧은 대립 유전자가 있는 청소년기의 소녀가 … 평온한 날에는 사람들보다 덜 불안해했다: Belsky 등, "Vulnerability Genes of Plasticity Genes?"

195—다섯 살이 되어서도 유지된다: Elaine Aron, *Psychotherapy and the Highly Sensitive Person*, pp.240–41.

195-196—든든한 환경에서 자라날 경우 감기와 기타 호흡기질환에 내성이 더 강하지만: Boyce, "Psychobiologic Reactivity to Stress and Childhood Respiratory Illnesses: Results of Two Prospective Studies." W. Thomas Boyce와 Bruce J. Ellis, *Development and Psychopathology 27*(2005), p.283에 실린 "Biological Sensitivity to Context: I. Evolutionary–Developmental Theory of the Origins and Functions of Stress Reactivity."

196—세로토닌 수송단백질의 짧은 대립 유전자는: Judith R. Homberg와 Klaus–Peter Lesch, *Biological Psychiatry*, 2010에 실린 "Looking on the Bright Side of Serotonin Transporter Gene Variation."

196—"선원들이 배를 좌초시킬지 모를 빙산의 흔적을 찾느라 너무 똑똑하고 너무 바쁜 나머지": Belsky 등, "Vulnerability Genes or Plasticity Genes?"

196—"양육에 투자하는 시간과 노력": 2010년 4월 28일, Jay Belsky와 저자와 인터뷰.

Chapter 5. 기질을 뛰어넘다

198—"즐거움은 지루함과 불안 사이의 경계에서": Mihaly Csikszentmihalyi, *Flow: The Psychology of Optimal Experience*(New York: Harper Perennial, 1990), p.52.

198—칼 슈워츠 박사와 함께 창문 없는 방: 나는 2006년부터 2010년 사이에 Schwartz 박사와 여러 차례 인터뷰를 했다.

202—'고 반응이나 저 반응이라는 기질의 흔적은': Carl Schwartz 등, *Science 300*, no.5627(2003), pp.1952—53에 실린 "Inhibited and Uninhibited Infants 'Grown Up': Adult Amygdalar Response to Novelty."

203—여러분이 고 반응 신생아였다면: 편도체와 전전두피질의 관계를 개괄하려면 Joseph Ledoux의 *The Emotional Brain: The Mysterious Underpinnings of Emotional Life*(New York: Simon&Schuster, 1996), 6장과 8장을 보라. Gregory Berns, *Iconoclast: A Neuroscientist Reveals How to Think Differently*(Boston, MA: Havard Business Press, 2008), pp.59—81도 보라.

203—상황을 재평가하기 위해 혼잣말을 할 때: Kevin N. Ochsner 등, *Journal of Cognitive Neuroscience 14*, no.8(2002), pp.1215—29에 실린 "Rethinking Feelings: An fMRI Study of the Cognitive Regulation of Emotion."

204—과학자들은 쥐를 조건화하여: Ledoux, *The Emotional Brain*, pp.248—49.

210—한스 아이젱크: David C. Funder, The Personality Puzzle(New York: W. W. Norton, 2010), pp.280—83.

211—뇌가 강하게 각성된 상태는 우리가 각성되었다고: Jerome Kagan이 2010년 6월 23일에 저자에게 보낸 이메일.

211—각성에도 다양한 종류가 있다: 2010년 8월 16일에 Carl Schwartz가 보낸 이메일. 내향적인 사람은 강하게 각성된 상태가 기본인 것이 아니라, 그 상태로 쉽게 넘어가는 듯 보인다.

211—축구 경기를 보는 들뜬 팬: Jerome Kagan이 2010년 6월 23일에 저자에게 보낸 이메일.

212—내향적인 사람들이 외향적인 사람들에 비해 커피에서부터: 이것은 여러 곳에 기록되었다. 예를 들어, Marvin Zuckerman과 Robert Stelmack이 편집한 *On the Psycobiology of Personality: Essays in Honor of Marvin Zuckerman*(Pergamon, 2005), pp.17—28에 실린 Robert Stelmack의 "On Personality and Arousal: A Historical Perspective on Eysenck and Zuckerman"을 보라. Gerald Matthews 등, *Personality Traits*(Cambridge, UK: Cambridge University Press, 2003), pp.169—70, pp.186—89, pp.329—42을 보라. Randy J. Larsen과 David M. Buss의 *Personality Psychology: Domains of Knowledge About Human Nature*(New York: McGraw Hill, 2005), pp.202—6도 참고하라.

212—레몬주스를: Funder, *The Personality Puzzle*, 281.

212—외향적인 사람들은 72데시벨의 잡음 수준을: Russell G. Green, *Journal of Personality and Social Psychology 46*, no.6(1984), pp.1303-12, "Preferred Stimulation Levels in Introverts and Extroverts: Effects on Arousal and Performance."

214—함께 살 집을 구할 때도: 이 아이디어는 Winifred Gallagher의 *House Thinking: A Room-by-Room Look at How We Live*(New York: Harper Collins, 2006)에서 가져왔다.

215—내향적인 사람들은 잠이 모자랄 때 외향적인 사람들보다 더 잘해낸다고: William Kilgore 등, *Journal of Sleep Research 16*, no.4(2007), pp.354-63의 "The Trait of Introversion-Extraversion Predicts Vulnerability to Sleep Deprivation."

215—외향적인 사람이 운전하는데 잠이 온다면: Matthews, Personality Traits, p.337.

215—과다 각성은 주의집중과 단기기억을 방해하는데: Donald H. Saklofske와 Moshe Zeidner가 편집한 *International Handbook of Personality and Intelligence*(New York: Plenum Press, 1995), pp.367-96에 실린 Gerald Matthews와 Lisa Dorn의 "Cognitive and Attentional Processes in Personality and Intelligence." 혹은 심리학자 Brian Little이 말하듯이 "외향적인 사람은 급박한 강연이나 발표 준비에 더 잘 대처할 수 있지만, 내향적인 사람이 그렇게 했다가는 엉망이 될 것이다."

217—공포, 두려움, 수치심을 더 깊이 각인한다: Berns, Iconoclast, pp.59-81.

Chapter 6. 엘리너는 프랭클린의 양심이었습니다

222—"숫기 없는 사람은 낯선 이들의 이목을": Charles Darwin, *The Expressions of the Emotions in Man and Animals*(Charleston, SC: BiblioBazaar, 2007), p.259.

222—1939년 부활절 일요일, 링컨 기념관: 콘서트 묘사는 당시 찍은 영상에 따른 것.

222-223—그리고 엘리너 루스벨트가 없었더라면 오지 않았을 것이다. … 링컨 기념관에서 노래할 수 있도록 도와주었다: Allida M. Black, *Casting Her Own Shadow: Eleanor Roosevelt and the Shaping of Postwar Liberalism*(New York: Columbia University Press, 1996), pp.41-44.

223—"이것은 특별한 일입니다": *The American Experience: Eleanor Roosevelt*(Public Broadcasting System, Ambrica Productions, 2000). 스크립트는 여기서 보라. http://www.pbs.org/wgbh/amex/eleanor/filmmore/transcript/transcript1.html.

224—두 사람은 프랭클린이 스무 살 때 만났다: Blanche Wiesen Cook, *Eleanor Roo-*

sevelt, Volume One: 1884-1933(New York: Viking Penguin, 1992), pp.125-236. The American Experience: Eleanor Roosevelt도 보라.

227—1997년에 첫 과학 출판물을 낸 후로: Elaine N. Aron과 Arthur Aron, *Journal of Personality and Social Psychology 3*, no.2(1997), pp.345-68의 "Sensory-Processing Sensitivity and Its Relation to Introversion and Emotionality."

230-232—소녀였을 때 아론은 '과민하다'는 … 아론은 그것을 알아내기로 결심했다: Aron의 이야기는 다음에서 가져왔다. (1)2008년 8월 21일에 저자와 한 인터뷰, (2)Elaine N. Aron, *The Highly Sensitive Person: How to Thrive When the World Overwhelms You*(New York: Broadway Books, 1996), [국내에서는 『타인보다 더 민감한 사람』(웅진지식하우스, 2011년)으로 번역 출간됨]. (3)Elaine N. Aron, *The Highly Sensitive Person in Love: Understanding and Managing Relationship When the World Overwhelms You*(New York: Broadway Books, 2000).

232-233—아론은 먼저 자신이 내향적이라고 하거나 … 다소 밝게 빛나는 전구: Aron과 Aron, "Sensory-Processing Sensitivity." E. N. Aron, *Journal of Analytical Psychology 49*(2004), pp.337-67에 실린 "Revisiting Jung's Concept of Innate Sensitiveness"도 보라. Aron, *The Highly Sensitive Person*도 참고하라.

233—지극히 강렬한 감정을 느낀다: 실험실 연구에서, 강한 긍정적·부정적 감정을 일으키도록 고안된 사진을 바라볼 때 이들은 섬세하지 않은 사람들보다 더 강한 감정을 느끼는 것으로 보고되었다. 2010년 캘리포니아주 샌디에이고에서 American Psychological Association의 연례 모임에서 실시되었고 A. Aron이 의장을 맡은 심포지엄 *High Sensitivity, A Personality/Temperament Trait: Lifting the Shadow of Psychopathology*에서 B. Acevedo, A. Aron, E. Aron, "Sensory Processing Sensitivity and Neural Responses to Strangers' Emotional States." 또 Aron의 *High Sensitivity*에, Jadzia Jagiellowicz, Arthur Aron, Elaine Aron, Turhan Canli의 "Faster and More Intense: Emotion Processing and Attentional Mechanisms in Individuals with Sensory Processing Sensitivity"도 보라.

233—스토니브룩대학교에 있는 과학자: Jadzia Jagiellowicz 등, *Social Cognitive and Affective Neuroscience*, 2010, doi.10.1093/scan/nsp001, "Sensory Processing Sensitivity and Neural Response to Changes in Visual Scenes."

233—그것은 제롬 케이건이 발견한 대로: Jerome Kagan, *Child Development 363*, no.3(1965), pp.609-28에 실린 "Reflection-Impulsivity and Reading Ability in Primary Grade Children." Ellen Siegelman, *Child Development 40*, no.4(1969), pp.1213-22에 실린 "Reflective and Impulsive Observing Behavior."

234—"사고 체계가 복잡하다면": 2010년 5월 8일 저자와 인터뷰.

234—매우 감정이입을 잘한다: Aron과 Aron, "Sensory-Processing Sensitivity." Aron, "Revisiting Jung's Concept of Innate Sensitiveness." Aron, *The Highly Sensitive Person*도 보라. 그리고 다음의 fMRI 연구들도 보라. Acevedo, "Sensory Processing Sensitivity and Neural Responses to Strangers' Emotional States." Jadzia Jagiellowicz, "Faster and More Intense: Emotion Processing and Attentional Mechanisms in Individuals with Sensory Processing Sensitivity." '5가지 주요 성격' 이론에 기대는 성격심리학자들 중 다수가 공감 능력을 섬세함(현재 주목을 받고 있기는 하지만 '5가지 주요 성격'만큼 알려지지는 않은)이 아니라, '원만성'과, 심지어 외향성과 연관 짓는다는 점도 주목하라. Aron의 작업은 이러한 연관에 도전하는 것이 아니라, 그것을 넓히는 것이다. 그 가장 귀중한 면은 그녀가 성격심리를 얼마나 급진적으로, 그러면서 동시에 훌륭하게 재해석했는가 하는 점이다.

235—섬세함과 내향성을 보일 가능성이 있는 사람들에게: Seth J. Gillihan 등, *Psychiatric Genetics 17*, no.6(2007), pp.351-54의 "Association Between Serotonin Transporter Genotype and Extraversion." M. R. Munafo 등의 *Molecular Psychiatry 8*(2003), pp.471-84에 실린 "Genetic Polymorphisms and Personality in Healthy Adults: A Systematic Review and Meta-Analysis."

235—겁먹은 얼굴들, 사고 희생자들, 훼손된 시체들: David C. Funder, *The Personality Puzzle*(New York: W. W. Norton, 2010), *Science 297*(2002), pp.400-403에 실린 A. R. Hariri 등의 "Serotonin Transporter Genetic Variation and the Response of the Human Amygdala"을 인용함.

235—강렬한 감정을 느끼는 사람들의 얼굴: Acevedo, "Sensory Processing Sensitivity and Neural Responses to Strangers' Emotional States." Jadzia Jagiellowicz 의 "Faster and More Intense: Emotion Processing and Attentional Mechanisms in Individuals with Sensory Processing Sensitivity"도 보라.

236-238—1921년에 프랭클린 루스벨트는 … 알게 해준 것은 바로 엘리너였다: Cook, *Eleanor Roosevelt, Volume One*, pp.125-236. *The American Experience: Eleanor Roosevelt*도 보라.

238-239—한 친절한 여성이 아장아장 걷는 … "친사회적인 관계 형성하기에 도움이 될 수 있다": Grazyna Kochanska 등, *Child Development 73*, no.2(March/April 2002), pp.461-82에 실린 "Guilt in Young Children: Development, Determinants, and Relations with a Broader System of Standards." Grazyna Kochanska와 Nazan Aksan, Journal of Personality 74, no.6(2006), pp.1587-1617에 실린 "Children's Conscience and Self-Regulation"도 보라. Grazyna Kochanska 등, *Journal of Personality and Social Psychology* 97, no.2(2009), pp.322-33에 실린 "Guilt and Effortful Control: Two Mechanisms That Prevent Disruptive Developmental Trajectories"도 참고하라.

240—2010년 미시간대학교의 한 연구: S. H. Konrath 등, *Personality and Social Psychology Review*, 2010년 8월, 인쇄되기 전에 전자출판된 것(accessed at http://www.ncbi.nlm.nih.gov/pubmed/20688954)에 실린 "Changes in Dispositional Empathy in American College Students Over Time: A Meta-Analysis."

240—소셜 미디어, 리얼 TV 등 과열 경쟁이 만연한 상황과 연관된다고 추측: Eric Malpass, *The Long Long Dances*(London: Corgi, 1978).

240—친구들이 놀림을 당할 때도 눈물을 보이던: Elaine Aron, *The Highly Sensitive Child*(New York: Random House, 2002), p.18, pp.282-83.

240—소설가 에릭 맬패스: Eric Malpass, *The Long Long Dances*(London: Corgi, 1978).

241—고 반응의 내향적인 사람은 땀을 더 흘리고: Marvin Zuckerman과 Robert M. Stelmack가 편집한, *On the Psychobiology of Personality: Essays in Honor of Marvin Zuckerman*(San Diego: Elsevier, 2004), p.22에 실린 V. De Pascalis의 "On the Psychophysiology of Extraversion." Randy J. Larsen과 David M. Buss, *Personality Psychology: Domains of Knowledge About Human Nature*(New York: McGraw-Hill, 2005), p.199.

241—반사회적 인격장애자는 이러한 바로미터의 극단에 있어서: Van K. Tharp 등, *Psychophysiology 17*, no.2(1980), pp.123-28에 실린 "Autonomic Activity During Anticipation of an Averse Tone in Noninstitutionalized Sociopaths." Joseph Newman 등, *Journal of Abnormal Psychology 114*(2005), pp.9-23에 실린 "Validating a Distinction Between Primary and Secondary Psychopathy with Measures of Gray's BIS and BAS Constructs."

241—이들이 편도체가 손상되었다는 증거도: Yaling Yang 등, *Archives of General Psychiatry 66*, no.9(2009), pp.986-94에 실린 "Localization of Deformations Within the Amygdala in Individuals with Psychopathy."

241—거짓말 탐지기는 부분적으로 피부 전도율 실험이다: 그것은 호흡과 맥박과 혈압도 잰다.

243—이륙 시 심박동이 놀랄 정도로 쿨하여: Winifred Gallagher, I.D.: *How Heredity and Experience Make You Who You Are*(New York: Random House, 1996), p.24.

244—코러너 데이크: Corine Dijk와 Peter J. De Jong, Emotion 9, no.2(2009), pp.287-91에 실린 "The Remedial Value of Blushing in the Context of Transgressions and Mishaps."

244─"2~3초 내에 얼굴이 빨개지면": Benedict Carey, 〈*New York Times*〉, 2009 6월 2일:D5, "Hold Your Head Up: A Blush Just Shows You Care."

245─"통제할 수는 없기 때문에": 같은 글.

245-246─켈트너는 당혹감의 뿌리를 추적하다가 … 너무 신경 쓰는 편이 낫다: Dacher Keltner, Born to Be Good: *The Science of a Meaningful Life*(New York: W. W. Norton, 2009), pp.74-96. [국내에서는 『선의 탄생』(옥당, 2011년)으로 번역 출간됨].

246-247─"섬세하거나 '고 반응' 유형은 … '기회는 한 번뿐이기' 때문에": Elaine Aron, "Revisiting Jung's Concept of Innate Sensitiveness", pp.337-67.

247─연관되는 27가지 특성: Elaine Aron과 2008년 8월 21일에 한 인터뷰.

247─나머지 30퍼센트는 외향적이었다: Aron, *Psychotherapy and the Highly Sensitive Person*, p.5.

248─100개가 넘는 동물종이 … 주변이 어떻게 돌아가는지는 별로 신경 쓰지 않고 일단 돌진한다: Max Wolf 등, *Proceedings of the National Academy of Sciences 105*, no.41(2008), pp.15825-30에 실린 "Evolutionary Emergence of Responsive and Unresponsive Personalities." Aron, *Psychotherapy and the Highly Sensitive Person*, p.2도 보라.

248─동물이 파티를 연다면 어떻게 될지 말했다: David Sloan Wilson, *Evolution for Everyone: How Darwin's Theory Can Change the Way We Think About Our Lives*(New York: Bantam Dell, 2007), p.110. [국내에서는 『진화론의 유혹』(북스토리, 2009년)으로 번역 출간됨].

249─진화론적 타협 이론: Daniel Nettle, *American Psychologist 61*, no.6(2006), pp.622-31에 실린 "The Evolution of Personality Variation in Humans and Other Animals."

249─윌슨이 펌프킨시드(개복치의 일종)가 잔뜩 있는 연못에: Wilson, *Evolution for Everyone*, pp.100-114.

250─트리니다드 구피: Nettle, "The Evolution of Personality Variation in Humans and Other Animals," p.624. Shyril O'Steen 등, *Evolution 56*, no.4(2002), pp.776-84에 실린 "Rapid Evolution of Escape Ability in Trinidadian Guppies"도 보라. 또 다른 연구에서는 대담한 물고기가 포식자에 더 잘 대응한다는 점을 발견하기도 했다(하지만 이것은 수조에 담긴 시클리드였지 개울에 사는 강꼬치고기가 아니었다). Brain R. Smith와

Daniel T. Blumstein, *Behavioral Ecology 21*, no.5(2010), pp.65-73에 실린 "Behavioral Types as Predictors of Survival in Trinidadian Guppies."

251—특정 유전자를 물려받은 유목민들: Dan Eisenberg 등, *BMC Evolutionary Biology 8*, no.173(2008), doi:10.1186/1471-2148-8-173, "Dopamine Receptor Genetic Polymorphisms and Body Composition in Undernourished Pastoralists: An Exploration of Nutrition Indices Among Nomadic and Recently Settled Ariaal Men of Northern Kenya." http://machineslikeus.com/news/adhd-advantage-nomadic-tribesmen

251—외향적인 인간은 내향적인 인간보다 섹스 파트너가 많지만 … 범죄도 더 많이 저지른다: Nettle, "The Evolution of Personality Variation in Humans and Other Animals," p.625. Daniel Nettle, *Personality: What Makes You the Way You Are*(New York: Oxford University Press, 2007). [국내에서는 『성격의 탄생』(와이즈북, 2009년)으로 번역 출간됨].

251—융이 거의 한 세기 전에 두 유형에 관해: Carl Jung, *Psychological Types*, vol. 6 of The Collected Works of C. G. Jung(Princeton, NJ: Princeton University Press, 1971), p.559.

251—집단의 생존을 돕는 특징을 보유한 개체들이 있다: 이를테면 Nicholas Wade, 〈*New York Times*〉, 2009년 11월 15일에 실린 "The Evolution of the God Gene."

252—"영양이 한 무리 있다고 가정해 보자": Elaine Aron, "Book Review: Unto Others: The Evolution and Psychology of Unselfish Behavior," 2007년 1월, Comfort Zone Online: http://www.hsperson.com/pages/3Feb07.htm

252—'매'와 '비둘기' 구성원: Elaine Aron, "A Future Headline: 'HSPs, the Key to Human Survival?'" 2007년 8월, Comfort Zone Online: http://www.hsperson.com/pages/1Aug07.htm

253—박새들: Nettle, "The Evolution of Personality Variation in Human and Other Animals," pp.624-25. Sloan Wilson, *Evolution for Everyone*, 110도 보라.

253—"내향적인 사람 100명이 참석하는 연회나 행사에": David Remnick, *The New Yorker*, 2004년 9월 13일에 실린 "The Wilderness Campaign."

254—"정계 사람들은 대부분 등 두드리거나 악수하기 등에서": John Heilemann, *New York* 2006년 5월 21일, "The Comeback Kid."

256—"이것은 지구의 생존에 관한 문제입니다": Benjamin Svetkey, *Entertainment Weekly*, 2006년 7월 14일에 실린, "Changing the Climate."

260—'전쟁용사 왕'과 '성직자 보좌관': Aron, "Revisiting Jung's Concept of Innate Sensitiveness."

Chapter 7. 월 스트리트가 무너져도 워런 버핏만은 잘나가는 이유

262—오전 7시 30분이 막 지난 시각: 앨런의 이야기와 돈과 그녀의 집 묘사는 2008년부터 2010년 사이 저자와 전화 및 이메일로 인터뷰한 것을 토대로 했다.

266—금융의 역사는 브레이크를 밟아야 할 때 가속페달을 밟는: 군 역사에도 수많은 사례가 있다. 1876년에 리틀 빅혼(Little Bighorn) 전투에서 커스터(Custer) 장군은 이렇게 소리친 것으로 유명하다. "만세! 제군들, 우리가 이겼다!" 그 직후에 그의 병사 200명이 인디언인 수족(Sioux)와 샤이엔족(Cheyenne) 3천 명에게 일소되었다. 맥아더(MacArthur) 장군은 한국전쟁에서 중국의 반복되는 공격 위협에도 불구하고 전진하여, 전략적인 이득도 거의 없이 약 200만 명의 목숨을 잃었다. 스탈린은 1941년에 독일군이 러시아에 침공하리라는 것을 믿지 않으려 했다. 공격이 임박했다는 경고가 90번이나 울렸는데도. Dominic D. P. Johnson의 *Overconfidence and War: The Havoc and Glory of Positive Illusions*(Cambridge, MA: Harvard University Press, 2004)를 보라.

266—AOL과 타임워너의 합병: Nina Monk, *Fools Rush In: Steve Case, Jerry Levin, and the Unmaking of AOL Time-Warner*(New York: HarperCollins, 2005).

267—불리한 상황에서 좀 더 자신을 잘 보호했다: 심리학 교수 리처드 하워드(Richard Howard)는 2008년 11월 17일에 저자와 한 인터뷰에서, 내향적인 사람들은 긍정적인 감정을 하향 조정하는 반면 외향적인 사람은 상향 조정하는 경향을 보인다고 말했다.

267—변연계: 오늘날 많은 과학자들이 '변연계'라는 표현을 싫어한다는 점을 주목하라. 이것은 이 용어가 뇌의 어느 부위를 가리키는지 아무도 알지 못하기 때문이다. 변연계에 포함되는 부분들은 수십 년간 계속 변했고, 오늘날에는 수많은 사람들이 이 용어를 감정과 연관된 뇌 영역을 가리키는 말로 사용한다. 그럼에도 여전히 유용한 표현이다.

268—"안 돼, 안 돼, 그만둬!": Ahmad R. Hariri, Susan Y. Bookheimer, John C. Mazziotta가 쓰고 *NeuroReport 11*(1999), pp.43-48에 실린 "Modulating Emotional Responses: Effects of a Neocortical Network on the Limbic Systems."

269—외향적인 사람을 외향적인 사람으로 만드는 요인: Richard E. Lucas와 Ed Diener, *Journal of Personality and Social Psychology 79*, no.3(2000), pp.452-68에 실린 "Cross-Cultural Evidence for the Fundamental Features of Extraversion." Michael

D. Robinson 등, *Emotion 10*, no.5(2010), pp.615−26에 실린 "Extraversion and Re-ward−Related Processing: Probing Incentive Motivation in Affective Priming Tasks" 도 보라.

269−돈과 정치와 쾌락 면에서 더 야망이 큰 것으로: Mark R. Leary와 Rich H. Hoyle이 편집한 *Handbook of Individual Differences in Social Behavior*(New York: Guilford Press, 2009), p.39에 실린 Joshua Wilt와 William Revelle의 "Extraversion."

269−그 열쇠는 긍정적 감정인 듯 보인다: Lucas와 Diener, "Cross−Cultural Evidence for the Fundamental Features of Extraversion." 또 Daniel Nettle의 *Person-ality: What Makes You the Way You Are*(New York: Oxford University Press, 2007)도 보라.

270−열광의 기반: Richard Depue와 Paul Collins, *Behavioral and Brain Sciences 22*, no.3(1999), pp.491−569에 실린 "Neurobiology of the Structure of Personality: Do-pamine, Facilitation of Incentive Motivation, and Extraversion." Daniel Nettle의 *Personality: What Makes You the Way You Are*(New York: Oxford University Press, 2007)도 보라.

270−도파민은 쾌락이 예상될 때 거기에 반응하여 분비되는 '보상 화학물질': Depue와 Collins, "Neurobiology of the Structure of Personality: Dopamine, Facilitation of Incentive Motivation, and Extraversion." Daniel Nettle의 *Personality: What Makes You the Way You Are*(New York: Oxford University Press, 2007)도 보라. Susan Lang, *Cornell Chronicle 28*, no.10(1996)에 실린 "Psychologist Finds Dopamine Linked to a Personality Trait and Happiness"도 보라.

271−초기의 발견들은 흥미진진했다: 이 분야의 발견들 중 일부는 모순도 있고 반복도 되지 않았지만, 전체적으로 흥미로운 의문을 제기해 준다.

271−한 실험에서 코넬대학교의 신경생물학자인 리처드 데퓨: Depue와 Collins, "Neurobiology of the Structure of Personality: Dopamine, Facilitation of Incentive Motivation, and Extraversion."

271−도박에서 이긴 외향적인 사람들: Michael X. Cohen 등, *Cognitive Brain Re-search 25*(2005), pp.851−61에 실린 "Individual Differences in Extraversion and Dopamine Genetics Predict Neural Reward Responses."

271−또 다른 실험에서는 외향적인 사람이 내향적인 사람보다 보상 시스템의 핵심 요소인: Colin G. DeYoung 등, *Psychological Science 21*, no.6(2010), pp.820−28에 실린 "Testing Predictions from Personality Neuroscience: Brain Structure and the Big Five."

271—내향적인 사람은 '보상 시스템의 반응이 약하고' … '얻으려고 무리하지 않을 것이다': Nettle의 *Personality: What Makes You the Way You Are*.

272—"끝내주는군!": Michael J. Beatty 등, *Communication Monographs 65*(1988)에 실린 "Communication Apprehension as Temperamental Expression: A Communibiological Paradigm": 의사소통의 걱정이 많은 사람은 "걱정이 적은 사람에 비해 수수한 성공을 덜 평가하는 경향이 있다"고 한다.

272—"누구나 긍정적인 감정을 강조하는 게 좋을 거라고 가정하지만": Richard Howard와 2008년 11월 17일에 인터뷰한 내용. Howard는 또 James J. Gross가 편집한 *Handbook of Emotion Regulation*(New York: Guilford Press, 2009), p.422에 실린 Roy F. Baumeister 등의 "How Emotions Facilitate and Impair Self-Regulation"의 흥미로운 내용도 알려주었다: "긍정적인 감정은 교양 있는 행동을 장려하는 보통 때의 제약을 옆으로 제쳐버리기도 한다."

272—열광의 또 다른 단점은: 이런 식으로 위험에 뛰어드는 행동은 Daniel Nettle(*Personality: What Makes You the Way You Are*, 83)이 외향성과, 또 다른 성격 특성인 양심성(성실성)의 '공유 영역'이라고 하는 것에 포함된다. 어떤 경우는 양심성이 더 좋은 예측 인자가 된다.

273—외향적인 사람들이 내향적인 사람들보다 운전 중에 사망하고 … 재혼하는 확률이 높은지: Nettle, *Personality: What Makes You the Way You Are*. Timo Lajunen, *Personality and Individual Differences 31*, no.8(2001), pp.1365-73에 실린 "Personality and Accident Liability: Are Extroversion, Neuroticism and Psychoticism Related to Traffic and Occupational Fatalities?"도 보라.

273—외향적인 사람들이 내향적인 사람보다 왜 더 자신을 과신하는지: Peter Schaefer, *Journal of Research in Personality 38*, no.5(2004), pp.473-80에 실린 "Overconfidence and the Big Five."

273-274—여자는 늘리는 편이 좋지 않겠느냐는: 이를테면 Sheelah Kolhatkar, *New York Magazine*, 2010년 3월 21일에 실린 "What if Women Ran Wall Street?"

274—재정적인 문제에 위험을 감수하는 성향의 강력한 예측 변수: Camelia M. Kuhnen과 Joan Y. Chiao, *PLoS ONE 4*(2): e4362. doi:10.1371/journal. pone.0004362(2009), "Genetic Determinants of Financial Risk Taking." Anna Dreber 등, *Evolution and Human Behavior 30*, no.2(2009), pp.85-92에 실린 "The 7R Polymorphism in the Dopamine Receptor D4 Gene(DRD4) Is Associated with Financial Risk Taking in Men."

274—이길 확률이 낮으면 위험을 피하는 성향을 보였고: J. P. Roister 등, *Psycho-*

pharmacology 188(2006), pp.213-27에 실린 "The Effect of Polymorphism at the Serotonin Transporter Gene on Decision-Making, Memory and Executive Function in Ecstasy Users and Controls."

274—투자자 64명을 대상으로 한 다른 연구에서는: Mark Fenton O'Creevy 등, *Traders: Risks, Decisions, and Management in Financial Markets*(Oxford, UK: Oxford University Press, 2005), pp.142-43.

274—만족을 유지하는 데도 더 뛰어난 것으로: Jonah Lehrer, *The New Yorker*, 2009년 5월 18일, "Don't." Jacob B. Hirsh 등, Emotion 10, no.5(2010), pp.717-21에 실린 "Positive Mood Effects on Delay Discounting"도 보라. David Brooks, *The Social Animal*(New York: Random House, 2011), p.124도 참고하라.

274—한 연구에서 과학자들이 피험자들에게 즉각 작은 보상을 받거나: Samuel McClure 등, *Science 306*(2004), pp.503-7에 실린 "Separate Neural Systems Value Immediate and Delayed Monetary Rewards."

275—한 유사 연구에서는: Hirsch, "Positive Mood Effects on Delay Discounting."

275-276—수많은 은행이 실패하게 되었던 것도 바로 이렇게 위험과 보상을 잘못 계산한 탓: 월 스트리트는 ⑴나그네쥐 같은 행동 ⑵막대한 거래 수수료를 받을 기회 ⑶시장 점유율을 경쟁자에게 내준다는 두려움 ⑷기회와 위험을 적절하게 맞추지 못한 것이 기이하게 조합되어 판단력이 흐려졌다.

276—공격적으로 위험을 무릅쓰는 사람들의 손에 힘이 너무 집중된 것: 2009년 3월 5일, 저자와 인터뷰.

276—"20년간, 거의 모든 금융기관의 DNA가": Steven Pearlstein, *The Washington Post*, 2007년 11월 8일자 "The Art of Managing Risk," *New York Times*, 2006년 1월 29일자 "10 Enron Players: Where They Landed After the Fall"에 들어간 Alexei Barrionuevo의 "Vincent Kaminski: Sounding the Alarm But Unable to Prevail"도 보라. Kurt Eichenwald, *Conspiracy of Fools: A True Story*(New York: Broadway, 2005), 250도 참고하라.

279—자신이 뉴먼의 실험에 참여하기 위해 그 연구실에 초대받았다: C. M. Patterson과 Joseph Newman, *Psychological Review 100*(1993), pp.716-36에 실린 "Reflectivity and Learning from Aversive Events: Toward a Psychological Mechanism for the Syndromes of Disinhibition." 5HTTLPR 다형성의 s-변종이 있는 경우도 수동적 회피 상황에서 벌칙과 같은 자극을 피하는 방법을 더 빨리 습득하는 것으로 드러났다. E. C. Finger 등, *Neuropsychopharmacology 32*(2007), pp.206-15에 실린 "The Impact of Tryptophan Depletion and 5-HTTLPR Genotype on Passive Avoidance and Response Reversal Instrumental Learning Tasks."

280—"내향적인 사람은 '조사하게 되어' 있고": John Brebner와 Chris Cooper, *Journal of Research in Personality 12*, no.3(1978), pp.306−11에 실린 "Stimulus or Response−Induced Excitation: A Comparison of the Behavior of Introverts and Extroverts."

281—교훈을 얻을 가능성이 높아지기 때문이다: 실제로 우리가 뭔가를 배우는 한 가지 중대한 방법은 실수를 분석하는 것이라는 점이 밝혀졌다. Jonah Lehrer, *How We Decide*(New York: Houghton Mifflin Harcourt, 2009), p.51을 보라.

281-282—외향적인 사람에게 강제로 멈췄다가 하라고 하면 … 어떻게 반응해야 할지 좀 더 정확하게 예측했다: 2008년 11월 13일, 저자와 인터뷰. 왜 어떤 사람들은 위험에 관해 걱정하는데, 어떤 사람들은 위험을 무시하는지 이해하는 또 다른 방법은, 뇌의 체계라는 개념으로 되돌아가보는 것이다. 이 장에서 나는 도파민에 의해 움직이는 보상 시스템과 그것이 삶의 좋은 것들을 가져다주는 기능에 초점을 맞추었다. 하지만 그것과 반대되는 뇌 시스템도 존재한다. 보통 상실 회피 시스템이라고 하는데, 우리가 위험에 주목하도록 하는 일을 담당한다. 보상 시스템이 반짝거리는 과일을 추구한다면, 상실 회피 시스템은 상한 사과면 어쩌나 하는 걱정을 일으킨다. 보상 시스템과 마찬가지로, 상실 회피 시스템은 양날의 칼이다. 그것 때문에 우리는 불안해지고, 불쾌할 정도로 불안해지기도 하며, 너무 불안해져서 남들 모두 상승 장세에서 부자가 되고 있는데도 그저 앉아서 지켜보기만 한다. 하지만 그 때문에 바보 같은 실수도 덜 저지르게 된다. 이 시스템은 부분적으로 세로토닌이라는 신경전달물질로 조정되는데, 사람들에게 상실 회피 시스템에 영향을 미치는 프로작(Prozac, 선택적 세로토닌 재흡수 억제제로 알려져 있다)과 같은 약을 먹이면, 사람들은 위험에 무감각해지게 된다. 그리고 더 사교적이게 된다. 신경금융 전문가인 리처드 피터슨(Richard Peterson) 박사는, 이러한 특징이 불합리할 정도로 생기 넘치는 투자자들의 행동과 기분 나쁠 정도로 일치한다고 지적한다. "위협 인식이 낮아지고 사회 친화력이 강해진 상태의 특징은 [Prozac과 같은 약을 복용했을 때의 결과] 지나치게 낙관적인 투자자들에게서 나타나는, 위험 감지력 저하와 떼로 몰려다니기 현상과 일치한다. 마치 거품 투자자들의 뇌에 있는 상실 회피 시스템이 부분적으로 차단되는 것 같다."

282—내향적인 사람과 외향적인 사람이 복잡한 문제해결에서: Dalip Kumar와 Asha Kapila, *Personality and Individual Differences 8*, no.1(1987), pp.129−32에 실린 "Problem Solving as a Function of Extraversion and Masculinity."

282—외향적인 사람이 내향적인 사람보다 성적이 좋지만: Adrian Furnham 등, *Learning and Individual Differences 14*(2003), pp.49−66에 실린 "Personality, Cognitive

Ability, and Beliefs About Intelligence as Predictors of Academic Performance." Isabel Briggs Myers와 Mary H. McCaulley, *MBTI Manual: A Guide to the Development and Use of the Myers-Briggs Type Indicator*(Palo Alto, CA: Consulting Psychologists Press, 1985), p.116도 보라. *Journal of Psychological Type 9*, no.6(2006), pp.79–87에 실린 Allan B. Hill의 "Developmental Student Achievement: The Personality Factor"에 언급된 Myers 1980년 연구도 보라.

282─141명의 대학생을 대상으로: Eric Rolfhus와 Philip Ackerman, *Journal of Educational Psychology 91*, no.3(1999), pp.511–26에 실린 "Assessing Individual Differences in Knowledge: Knowledge, Intelligence, and Related Traits."

282─대학원 학위: G. P. Macdaid, M. H. McCaulley, R. I. Kainz, *Atlas of Type Tables*(Gainesville, FL: Center for Applications of Psychological Type, 1986), pp.483–85. Hill, "Developmental Student Achievement"도 보라.

282─왓슨-글레이저 비판적 사고 평가 시험에서 외향적인 사람들보다: Joanna Moutafi, Adrian Furnham, John Crump, *European Journal of Personality 17*, no.1(2003), pp.79–84에 실린 "Demographic and Personality Predictors of Intelligence: A Study Using the NEO Personality Inventory and the Myers–Briggs Type Indicator."

283─내향적인 사람들이 외향적인 사람들보다 똑똑한 것은 아니다: 2008년 11월 24일 Gerald Matthews와 저자 인터뷰. D. H. Saklofske와 D. D. Kostura, *Personality and Individual Differences 11*, no.6(1990), pp.547–51에 실린 "Extraversion–Introversion and Intelligence"도 참고하라.

283─시간에 쫓기거나 사회적 압박을 받거나: Donald H. Saklofske와 Moshe Zeidner가 편집한 *International Handbook of Personality and Intelligence*(New York: Plenum Press, 1995), pp.367–96에 실린 Gerald Matthews와 Lisa Dorn의 "Cognitive and Attentional Processes in Personality and Intelligence." Gerald Matthews 등, *Personality Traits*(Cambridge, UK: Cambridge University Press, 2003), 12장도 보라.

284─주의를 기울이는 방식도 서로 달랐다 … '만약 ……한다면'이라고 묻는 것 같았다: Debra L. Johnson 등, *The American Journal of Psychology 156*(1999), pp.252–57에 실린 "Cerebral Blood Flow and Personality: A Positron Emission Tomography Study." Lee Tilford Davis와 Peder E. Johnson, *Imagination, Cognition and Personality 3*, no.2(1983)에 실린 "An Assessment of Conscious Content as Related to Introversion–Extroversion"도 보라.

284─조각 수가 많고 복잡한 직소퍼즐을 풀게 해보니: Colin Cooper와 Richard

Taylor, *Perceptual and Motor Skills 88*, no.3(1999), p.1384에 실린 "Personality and Performance on a Frustrating Cognitive Task."

284—여러 개의 복잡한 미로를 차례로 줬는데: Rick Howard와 Maeve McKillen, *Personality and Individual Differences 11*, no.4(1990), pp.391–96에 실린 "Extraversion and Performance in the Perceptual Maze Test." John Weinman, *Personality and Individual Differences 8*, no.1(1987), pp.53–58에 실린 "Noncognitive Determinants of Perceptual Problem–Solving Strategies"도 보라.

284—레이븐 표준 매트릭스 검사: Vidhu Mohan과 Dalip Kumar, *British Journal of Psychology 67*, no.3(1976), pp.391–97에 실린 "Qualitative Analysis of the Performance of Introverts and Extroverts on Standard Progressive Matrices."

285—효율적인 콜센터 직원들의 성격 특성: 2007년 2월 13일 저자와 인터뷰.

286—투자은행의 직원을 뽑을 때: 2010년 7월 7일, 저자와 인터뷰.

287—도박 직전에 야릇한 사진을 본 남자들이: Camelia Kuhnen 등, *NeuroReport 19*, no.5(2008), pp.509-13에 실린 "Nucleus Accumbens Activation Mediates the Influence of Reward Cues on Financial Risk Taking."

288—내향적인 사람이 모조리 한결같이 인센티브에 무감각하고 위협에 신경을 곤두세운다: 실제로 상당수의 현대 성격심리학자들은 위협-경계가 내향성 자체보다는 '신경증'이라는 특성의 특징이라고 말할 것이다.

288—위협을 경계하는 태도가 내향성보다는 '신경증'의 특성에 더 가깝다고: 하지만 위험 회피는 내향성과 신경증 모두와 연관된다(두 가지 특성 모두 제롬 케이건의 '고 반응'과 일레인 아론의 '섬세함'과 관련된다). Mary E. Steward 등, *Personality and Individual Differences 38*, no.5(2005), pp.1085–96에 실린 "Personality Correlates of Happiness and Sadness: EPQ–R and TPQ Compared."

289—자신이 보상 지향적인지 위협 지향적인지: http://www.psy.miami.edu/faculty/ccarver/sclBISBAS.html. 내가 처음 이것을 발견한 곳은 Jonathan Haidt의 훌륭한 책 *The Happiness Hypothesis: Finding Modern Truth in Ancient Wisdom*(New York: Basic Books, 2005), p.34였다.

290—"사회 환경에서 자유로워져서": Mihaly Csikszentmihalyi, *Flow: The Psychology of Optimal Experience*(New York: Harper Perennial, 1990), p.16.

290—"심리학 이론은 보통 우리가 배고픔이나": Mihaly Csikszentmihalyi, *The Evolving Self: A Psychology for the Third Millennium*(New York: Harper Perennial, 1994), xii. [국내에서는 『몰입의 재발견』(한경비피, 2009년)으로 번역 출간됨].

291—아마 자신의 에너지가 무한하다고 느낄 것이다: 행복도 마찬가지다. 연구에 따르면 열광과 다른 긍정적 감정들은 외향적인 사람들이 좀 더 쉽게 느끼는 것으로 보이고, 외향적인 사람들이 집단으로서 더 행복한 것으로 보인다. 하지만 행복한 외향인과 행복한 내향인을 비교해 보면, 심리학자들은 두 그룹이 같은 특성들을 공유한다는 점을 발견하게 된다—자긍심, 불안에서 자유로운 점, 직업에 만족함 등. 그리고 그러한 특성들이 외향성이라는 점 자체보다 훨씬 더 강력한 예측 인자라는 점도 발견한다. Peter Hills와 Michael Argyle, *Personality and Individual Differences 30*(2001), pp.595-608에 실린 "Happiness, Introversion-Extraversion and Happy Introverts"를 보라.

291—'내면의 외향성을 발산하라': *BusinessWeek online column*, 2008년 11월 26일.

292—척 프린스: Chuck Prince의 성격에 관한 이야기는 이를테면 Mara Der Hovanesian, *Bloomberg BusinessWeek*, 2006년 2월 20일에 실린 "Rewiring Chuck Prince"를 보라.

293—세스 클라먼: Klarman에 관한 정보는 이를테면 Charles Klein, *Bloomberg BusinessWeek*, 2010년 6월 11일에 실린 "Klarman Tops Griffin as Investors Hunt for 'Margin of Safety'"를 보라. Geraldine Fabrikant, *New York Times*, 2007년 5월 13일에 실린 "Manager Frets Over Market but Still Outdoes It"도 보라.

294—마이클 루이스: Michael Lewis, *The Big Short: Inside the Doomsday Machine*(New York: W. W. Norton, 2010)[국내에서는 『빅 숏』(비즈니스맵, 2010년)으로 번역 출간됨].

297—워런 버핏: 이 장에 나온 워런 버핏의 이야기는 그의 훌륭한 전기에서 나온 것이다. Alice Schroeder, *The Snowball: Warren Buffet and the Business of Life*(New York: Bantam Books, 2008), [국내에서는 『스노볼 1, 2』(랜덤하우스코리아, 2009년)로 번역 출간됨].

298—자신만의 '득점표': 어떤 심리학자들은 워런 버핏이 이렇게 스스로 자기 방향을 정하는 것을 내향성 탓이 아니라 '내부 통제성internal locus of control' 탓이라고 말할 것이다.

Chapter 8. 부드러움의 힘

302—마이크 웨이: 이 장에 소개된, Mike Wei를 비롯해 쿠퍼티노에 있는 사람들과의 인터뷰는 2006년과 2010년 사이에 저자가 여러 차례 실시한 것이다.

303—'새로운 백인들의 이동'이라는 글: Suein Hwang, *Wall Street Journal*, 2005년 11월 19일에 실린 "The New White Flight."

304-305—53명이 성적 우수 장학금 프로그램······ 전국 평균보다 27퍼센트가 높았다: *Monta Vista High School* 웹사이트, 2010년 5월 31일 현재.

308—말하기는 아예 강조하지도 않고: Richard C. Levin, *Foreign Affairs*, 2010 5/6월에 실린 "Top of the Class: The Rise of Asia's Universities."

309—〈새너제이 머큐리 뉴스〉에: Sarah Lubman, *San Jose Mercury News*, 1998년 2월 23일에 실린 "East West Teaching Traditions Collide."

310—"대학에서 학생들의 침묵의 소리를 경청하는 법을 배울 수도 있겠죠": Heejung Kim, *Journal of Personality and Social Psychology 83*, no.4(2002), pp.828-42에 실린 "We Talk, Therefore We Think? A Cultural Analysis of the Effect of Talking on Thinking."

310—〈성격 연구 저널〉: Robert R. McCrae, *Journal of Research in Personality 38*(2004), pp.3-14에 실린 "Human Nature and Culture: A Trait Perspective."

310-311—미국인들은 지구상에서 가장 외향적인 사람들에: 예를 들어, David G. Winter, *Personality: Analysis and Interpretation of Lives*(New York: McGraw-Hill, 1996), p.459를 보라.

312—한 연구는 상하이에 있는 8~10세 아이들과: Xinyin Chen 등, *Child Development 63*, no.6(1992), pp.1336-43에 실린 "Social Reputation and Peer Relationships in Chinese and Canadian Children: A Cross-Cultural Study." W. Ray Crozier, *Shyness: Development, Consolidation and Change*(Routledge, 2001), p.147도 보라.

312—중국의 고등학생들은 '겸손하고', '이타적이고': Michael Harris Bond, *Beyond the Chinese Face: Insights from Psychology*(New York: Oxford University Press, 1991), p.62.

312—또 다른 연구에서는 아시아계 미국인과 유럽계 미국인: Kim, "We Talk, Therefore We Think?"

312—아시아에서 전통적으로 구어를 대하는 태도: 이를테면 Richard K. Shweder 등이 편집한 *Engaging Cultural Differences in Liberal Democracies*(New York: Russell Sage Foundation, 2002), pp.432-52에 실린 Heejung Kim과 Hazel Markus의 "Freedom of Speech and Freedom of Silence: An Analysis of Talking as a Cultural Practice."

313—동양의 이런 격언들: 이 중 몇몇은 위에 언급된 Heejung Kim과 Hazel Markus의 글 비문에서 따왔다.

314—명나라 시대의 엄격한 과거 시험: Nicholas Kristof, *New York Times*, 2006년 5월 14일에 실린 "The Model Students."

315—지배적인 자세를 취하고 있는 남성들 사진: Jonathan Freeman 등, *NeuroImage* 47(2009), pp.353−59에 실린 "Culture Shapes a Mesolimbic Response to Signals of Dominance and Subordination that Associates with Behavior."

316—"솔직하고 분명한 사회 분위기 속에서 자란 사람만이": Harris Bond, *Beyond the Chinese Face*, p.53.

316—'타이진 코퓨쇼'(대인공포증): Carl Elliott, *Better Than Well: American Medicine Meet the American Dream*(New York: W. W. Norton, 2003), p.71.

317—티베트의 수도승들이 자비에 관해 조용히 명상함으로써: Marc Kaufman, *Washington Post*, 2005년 1월 3일, "Meditation Gives Brain a Charge, Study Finds."

317—"그들의 공손함은 익히 알려진 것이지만": Lydia Millet, *New York Times*, 2005년 8월 7일, "The Humblest of Victims."

317—지난 수십 년 서양화가 되기 전까지는: 예를 들어, Xinyin Chen 등의 *Child Development* 76, no.1(2005), pp.182−95에 실린 "Social Functioning and Adjustment in Chinese Children: The Imprint of Historical Time."

323—유럽계 미국인과 중국계 미국인: C. S. Huntsinger와 P. E. Jose, *Child Development* 77, no.5(2006), pp.1309−24에 실린 "A Longitudinal Investigation of Personality and Social Adjustment Among Chinese American and European American Adolescents." 실제로, 사회적 태도 변화를 측정하는 종적 연구들에 따르면, 중국이 서양화되면서 중국에 있는 아이들에게도 비슷한 현상이 일어나고 있는 듯 보인다. 1990년에는 수줍음이 사회적·학업적 성취와 연관되었는데 2002년이 되자 또래들에게 거절당하고 심지어 우울증을 느끼는 것과 연관되는 것으로 바뀌었다. Chen, "Social Functioning and Adjustment in Chinese Children"을 보라.

323—니콜라스 레먼이라는 저널리스트: Slate, 1996년 6월 25일, "Jews in Second Place."

327—"A… E… U… O… I…": 이 모음들은 프레스턴 니의 세미나에서 보통 때 하던 순서대로 제시되었다.

329—간디의 자서전을 보면 그는 기질적으로: 이 장에 언급된 간디에 관한 이야기는 주로 *Gandhi: An Autobiography: The Story of My Experiments with Truth*(Boston: Beacon Press, 1957), 특히 pp.6, 20, 40−41, 59, 60−62, 90−91에서 나왔다. [국내에서는 『간디 자서전』(지만지, 2009년)으로 번역 출간됨].

334—국제 수학·과학 성취도 비교 연구: 내가 처음 이에 관해 알게 된 것은 Malcom Gladwell의 *Outliers: The Story of Success*(New York: Little Brown and Company, 2008)

에서였다. [국내에서는 『아웃라이어』(김영사, 2009)로 번역 출간됨].

334—이를테면 TIMSS가 처음 실시된 1995년에는: "Pursuing Excellence: A Study of U.S. Eighth-Grade Mathematics and Science Teaching, Learning Curriculum, and Achievement in International Context, Initial Findings from the Third International Mathematics and Science Study," U.S. Department of Education, National Center for Education Statistics, Pursuing Excellence, NCES 97-198(Washington, DC: U.S. Government Printing Office, 1996).

334—2007년, 연구자들은 특정 국가에서: TIMSS Executive Summary. 질문지에 더 많이 응답한 학생들이 속한 국가들은 TIMSS 시험 결과도 좋게 나타났다: Earling E. Boe 등, "Student Task Persistence in the Third International Mathematics and Science Study: A Major Source of Achievement Differences at the National, Classroom and Student Levels"(Research Rep. no.2002-TIMSS1)(Philadelphia: University of Pennsylvania, Graduate School of Education, Center for Research and Evaluation in Social Policy). 이 연구는 1995년 데이터를 토대로 한 것이다.

335—비교문화 심리학자 프리실라 블링코: Edward R. Beauchamp가 편집한 *Windows on Japanese Education*(Westport, CT: Greenwood Press, 1991)에 실린 Priscilla Blinco의 "Task Persistence in Japanese Elementary Schools." Malcom Gladwell도 *Outliers*에서 이 연구에 관해 언급했다.

Chapter 9. 원래의 나보다 더 외향적으로 행동해야 하는 순간은 언제인가?

340—브라이언 리틀 교수를 만나보자: 이 장에 언급되는 브라이언 리틀에 관한 이야기는 저자가 2006년부터 2010년 사이에 그와 여러 차례 이메일과 전화로 인터뷰한 것을 토대로 했다.

342—히포크라테스, 밀턴, 쇼펜하우어, 융: 이 책에서 '내향적인 사람과 외향적인 사람이라는 단어에 관하여'라는 글을 보라.

343—월터 미셸: 사람 대 상황 논쟁을 개괄하려면 예를 들어 다음을 보라. David C. Funder, *The Personality Puzzle*(New York: W. W. Norton, 2010), pp.118-44. Walter Mischel과 Yuichi Shoda, *Annual Review of Psychology 49*(1998), pp.229-58에 실린 "Reconciling Processing Dynamics and Personality Dispositions"도 보라. 정말로 고정된 성격이라는 것이 존재한다는 전제를 뒷받침하는 것들을 보자. 이제 우리는 성격 검사에서 내향적이라고 나오는 사람들이 외향적인 사람들로 나타나는 사람들과 생리적으로 다르고 아마도 몇몇 다른 유전자를 물려받았으리라는 점을 알고 있다. 그리고 성격 특성이 놀라울 정도로 다양한 면을 예측해 준다는 것도 알고 있다. 당신

이 외향적이라면, 친구가 많고 위험한 섹스를 즐기고 사고에 말려들고, 판매나 인사나 교육처럼 사람과 관련한 활동에서 뛰어난 성과를 거둘 확률이 높다. (그렇다고 당신이 이런 일을 할 것이라는 얘기는 아니다. 다만 내향적인 사람보다는 그럴 가능성이 높다는 말이다.) 당신이 내향적이라면, 고등학교와 대학교와 그 이상의 학업에서 뛰어난 결과를 내고, 친구는 적게 사귀고, 원래의 배우자와 결혼을 유지하고, 예술이나 연구나 수학이나 공학처럼 자율적으로 할 수 있는 일을 할 확률이 높다. 외향성과 내향성은 심리적 도전도 예측하게 해준다. 내향적인 사람은 우울이나 불안(우디 앨런을 보라), 외향적인 사람은 적대감이나 나르시시즘이나 과도한 자신감(『모비딕』의 에이허브 선장이, 흰 고래에 맞서 술에 취해 분개하는 장면을 떠올려보라)이 찾아오기 쉽다.

그뿐만 아니라, 70세가 된 사람의 성격을 초기 성인기부터 놀랄 정도로 정확하게 예측할 수 있다는 점을 보여주는 연구들도 있다. 다시 말해, 우리가 살면서 무궁무진하게 다양한 상황을 맞이하는 데도 불구하고, 우리의 핵심 특성은 그대로라는 얘기다. 성격이 진화하지 않는다는 말이 아니다. 케이건이 고 반응 사람들의 유연성을 연구한 것으로도 이러한 개념은 틀렸다는 점을 입증할 수 있다. 하지만 우리는 예측할 수 있는 패턴을 따라가는 경향이 있다. 당신이 고등학교에 다닐 때 반에서 10번째로 내향적인 학생이었다면, 시간이 지나는 동안 당신의 행동은 위아래로 오르내리겠지만 50번째 동창회 때도 아마 대략 10번째에 해당한다는 것을 발견할 것이다. 그 모임에서 당신은 여러 동기들이 당신이 기억하는 고등학교 때 모습보다 더 내향적으로 변했다는 점도 느낄 것이다. 더 조용해지고, 더 자제하고, 덜 흥분하는 모습을 보이는 것이다. 그리고 정서적으로 더 안정되고 원만하고 양심적으로 바뀌었다는 점도 알 수 있을 것이다. 이런 특성은 모두 나이가 들면서 강해진다. 심리학자들은 이런 과정을 '내재적 성숙'이라고 부르는데, 독일, 영국, 스페인, 체코, 터키 등의 다양한 국가에서 성격 발달을 연구한 결과 같은 패턴을 발견했다고 한다. 그리고 이것은 침팬지와 원숭이에게도 발견된다.

이것은 진화론적으로 이치에 맞는다. 강한 외향성은 아마 짝짓기에는 도움이 될 테고, 그런 까닭에 사람들 대부분이 십대와 젊은 시절에 가장 사교적인지도 모른다. 하지만 결혼생활을 안정되게 유지하고 자녀를 양육하는 문제로 옮겨가면, 도시에서 열리는 파티마다 얼굴을 비쳐야 한다는 욕망은 집에서 사랑하는 사람들과 머무르고 싶다는 충동에 비해 덜 유용할 것이다. 그리고 어느 정도의 자기성찰은 나이가 들면서 평정을 누리는 데 도움이 될 수 있다. 삶의 전반부의 임무가 자신을 드러내 보이는 것이라면, 후반부의 임무는 자신의 인생을 이해하는 것이다.

343—사회적인 삶이 하나의 공연이며: 이를테면, Carl Elliott, *Better Than Well: American Medicine Meets the American Dream*(New York: W. W. Norton, 2003), p.47을 보라.

344—잭 웰치가 〈비즈니스위크〉 온라인 칼럼에서 조언했듯이: Jack Welch, *Busi-*

nessWeek online, 2008년 11월 26일에 실린 "Release Your Inner Extrovert."

346—자유특성이론: 자유특성이론을 개괄하고 싶다면 다음을 보라. Brian Little, *Psychological Inquiry* 7, no.4(1996), pp.340-44에 실린 "Free Traits, Personal Projects, and Iedo-Tapes: Three Tiers for Personality Psychology."

348—"너 자신에게 충실하라": 사실 이 조언은 셰익스피어가 아니라 그의 『햄릿』에 나오는 폴로니어스의 조언이다.

351—리처드 리파라는 한 연구 심리학자: Richard Lippa, *Journal of Behavior and Personality* 36, no.3(1976), pp.438-61에 실린 "Expressive Control, Expressive Consistency, and the Correspondence Between Expressive Behavior and Personality." 실제로 심리학자들은 질문지에 수줍어하지 않는다고 주장하는 어떤 사람들 중에는 그런 수줍음의 측면을 숨기는 데 매우 능숙하여 의식적으로 조절할 수 있는 경우가 있다는 점을 발견했다. 이를테면 이성에게 말을 걸 때나 오랫동안 이야기할 때와 같은 경우가 그렇다. 하지만 그들도 몸이 뻣뻣해진다거나 얼굴 표정이 굳는다거나 하는 식으로 무의식적으로 수줍음을 '누출'한다.

352—심리학자들이 '자기감시'라고 부르는 특성에서: Mark Snyder, *Journal of Personality and Social Psychology* 30, no.4(1974), pp.526-37에 실린 "Self-Monitoring of Expressive Behavior."

354—그렇게 하면서 스트레스도 덜 받는다: Joyce E. Bono와 Meredith A. Vey, *Journal of Occupational Health Psychology* 12, no.2(2007), pp.177-92에 실린 "Personality and Emotional Performance: Extraversion, Neuroticism, and Self-Monitoring."

364—'회복 환경'이란 리틀 교수가 만든 말: 예를 들어, W. Bruce Walsh 등이 편집한 *Person-Environment Psychology: New Directions and Perspectives*(Mahwah, NJ: Lawrence Erlbaum Associates, 2000)에 실린 Brian Little의 "Free Traits and Personal Contexts: Expanding a Social Ecological Model of Well-Being"을 보라.

366—'자유특성계약': 예를 들어 다음을 보라. Brian Little 등이 편집한 Personal *Project Pursuit: Goals, Action, and Human Flourishing*(Mahwah, NJ: Lawrence Erlbaum Associates, 2007), p.395에 실린 Brian Little과 Maryann F. Joseph의 "Personal Projects and Free Traits: Mutable Selves and Well Beings."

370—'감정 노동': A. W. Siegman 등이 편집한 *In Search of the Coronary-Prone: Beyond Type A*(Hillsdale, NJ: Lawrence Erlbaum Associates, 1989), pp.149-68에 실린 Howard F. Friedman의 "The Role of Emotional Expression in Coronary Heart Disease."

370—부정적인 감정을 억누르는 사람들이: Melinda Wenner, *Scientific American*

Mind, 2009년 10월 14일에 실린 "Smile! It Could Make You Happier: Making an Emotional Face—or Suppressing One—Influences Your Feelings." http://www.scientificamerican.com/article.cfm?id=smile-it-could-make-you-happier.

Chapter 10. 소통의 틈새

376　친밀감을 매우 중요하게 여기는 사람들은: Randy J. Larsen과 David M. Buss, *Personality Psychology: Domains of Knowledge About Human Nature*(New York: McGraw-Hill, 2005), p.353.

377—"사람들이 모인 공간이 필요한 듯 보입니다": 2010년 7월 31일에 William Graziano가 저자에게 보낸 이메일.

377—대학생 132명을 대상으로 베를린의 훔볼트대학교에서: Jens B. Aspendorf와 Susanne Wilpers, *Journal of Personality and Social Psychology 74*, no.6(1998), pp.1531-44에 실린 "Personality Effects on Social Relationships."

377—소위 5가지 주요 특성: 원만성은 이 장의 뒤쪽에서 정의된다. '경험 개방성'은 호기심, 새로운 생각 개방성, 예술과 발명과 특이한 경험 긍정성으로 측정된다. '양심적인'(성실한) 사람들은 자제력 있고, 의무를 잘 이행하고, 능률적이며, 체계적이다. '정서적 안정성'은 부정적인 감정에서 자유로운 정도를 측정한다.

377—단어들이 나열되어 있는 컴퓨터 화면 앞에 사람들을 앉게 하면: Benjamin M. Wilkowski 등, *Journal of Research in Personality 40*, no.6(2006), pp.1152-68에 실린 "Agreeableness and the Prolonged Spatial Processing of Antisocial and Prosocial Information." Daniel Nettle, Personality: *What Makes You the Way You Are*(New York: Oxford University Press, 2007), 원만성에 관한 장도 읽어보라.

378—원만하기는 똑같다: '5가지 주요 성격'의 정의에 따르면, 외향성과 원만성은 정의상 서로 직교한다. 예를 들어, Colin G. DeYoung 등이 쓰고, *Psychological Science 21*, no.6(2010), pp.820-28에 실린 "Testing Predictions from Personality Neuroscience: Brain Structure and the Big Five"를 보라. 예를 들면 "원만성은 이타주의와 연관되는 여러 가지 특성들의 집합과 동일해보인다. 예를 들면 타인의 필요와 욕구와 권리에 마음을 쓰는 것(외향성과 주로 연관되는 듯 보이는, 타인을 즐기는 것과는 달리 등이다)."

383—외향적인 사람들은 정면으로 부딪히려고: 이를테면 다음을 보라. (1)Donald A. Loffredo와 Susan K. Opt의 "Argumentation and Myers-Briggs Personality Type Preferences", paper presented at the National Communication Association

Convention, Atlanta, GA. (2)Rich Howard와 Maeve McKillen, *Personality and Individual Differences 11*, no.4(1990), pp.391-96에 실린 "Extraversion and Performance in the Perceptual Maze Test." (3)Robert L. Geist와 David G. Gilbert, *Personality and Individual Differences 21*, no.1(1996), pp.49-60에 실린 "Correlates of Expressed and Felt Emotion During Marital Conflict: Satisfaction, Personality, Process and Outcome." (4)E. Michael Nussbaum, *The Elementary School Journal 102*, no.3(2002), pp.183-97에 실린 "How Introverts Versus Extroverts Approach Small-Group Argumentative Discussions."

383―심리학자 윌리엄 그라치아노의 명쾌한 연구: William Graziano 등, *Journal of Personality and Social Psychology 49*, no.4(1985), pp.971-80에 실린 "Extraversion, Social Cognition, and the Salience of Aversiveness in Social Encounters."

384―로봇이 중풍 환자들의 재활훈련을 돕는: Jerome Groopman, *The New Yorker*, 2009년 11월 2일에 실린 "Robots That Care"를 보라. Adriana Tapus와 Maja Mataric이 쓰고, *Springer Tracts in Advance Robotics*(Berlin: Springer, 2008), pp.165-75의 *Experimental Robotics*, vol. 39에 실린 "User Personality Matching with Hands-Off Robot for Post-Stroke Rehabilitation Therapy"도 참고하라.

385―미시간대학교 경영대학원에서 실시한 한 연구: Shirli Kopelman과 Ashleigh Shelby Rosette, *Group Decision and Negotiation 17*, no.1(2008), pp.65-77에 실린 "Cultural Variation in Response to Strategic Emotions in Negotiations."

387―『분노: 잘못 알려진 감정』에서 캐럴 태브리스는: Carol Tavris, Anger: *The Misunderstood Emotion*(New York: Touchstone, 1982).

388―정화 가설은 신화다: Russell Green 등, *Journal of Personality and Social Psychology 31*, no.4(1975), pp.721-26에 실린 "The Facilitation of Aggression by Aggression: Evidence against the Catharsis Hypothesis." 트래비스의 Anger도 보라.

388―보톡스 사용자들이: Carl Zimmer, *Discover*, 2009년 10월 15일에 실린 "Why Darwin Would Have Loved Botox." 또 Joshua Ian Davis 등, *Emotion 10*, no.3(2010), pp.433-40에 실린 "The Effects of BOTOX Injections on Emotional Experience"도 보라.

393―내향적인 사람과 외향적인 사람들을 2명씩 32개의 조로 나누어: Matthew D. Lieberman과 Robert Rosenthal, *Journal of Personality and Social Psychology 80*, no.2(2006), pp.294-310에 실린 "Why Introverts Can't Always Tell Who Likes Them: Multitasking and Nonverbal Decoding."

394―그것은 일종의 멀티태스킹이 필요한 정신 작업이다: Donald H. Saklofske

와 Moshe Zeidner가 편집한 *International Handbook of Personality and Intelligence*(New York: Plenum, 1995), pp.367–96에 실린 Gerald Matthews와 Lisa Dorn의 "Cognitive and Attentional Processes in Personality and Intelligence."

395—상대의 말을 해석해야 하고: Lieberman과 Rosenthal, "Why Introverts Can't Always Tell Who Likes Them."

397—발달심리학자 애브릴 손의 실험: Avril Thorne, *Journal of Personality and Social Psychology 53*, no.4(1987), pp.718–26에 실린 "The Press of Personality: A Study of Conversations Between Introverts and Extraverts."

Chapter 11. 구두 수선공이 되느냐, 장군이 되느냐의 문제

이 장에 제시한 조언들은 내가 애정 어린 교사들, 학교 관리자들, 아동심리학자들과 인터뷰한 것들과, 아래의 책들을 토대로 했다.

Elaine Aron, *The Highly Sensitive Child: Helping Our Children Thrive When the World Overwhelms Them*(New York: Broadway Books, 2002).

Bernado J. Carducci, *Shyness: A Bold New Approach*(New York: Harper Paperbacks, 2000).

Natalie Madorsky Elman과 Eileen Kennedy–Moore, *The Unwritten Rules of Friendship*(Boston: Little Brown, 2003).

Jerome Kagan과 Nancy Snidman, *The Long Shadow of Temperament*(Cambridge, MA: Harvard University Press, 2004).

Barbara G. Markway와 Gregory P. Markway, *Nurturing the Shy Child*(New York: St. Martin's Press, 2005). [국내에서는 『부끄러움 많은 아이 당당하게 기르기』(알마, 2010년)으로 번역 출간됨].

Kenneth H. Rubin, *The Friendship Factor*(New York: Penguin, 2002).

Ward K. Swallow, *The Shy Child: Helping Children Triumph Over Shyness*(New York: Time Warner, 2000).

402—마크 트웨인은 세상에서 가장 위대한 장군을: 이것은 Donald Mackinnon이라는 사람이 출처다. 그는 이 이야기를 마크 트웨인이 했다고 믿는다(하지만 100% 확신하지는 못한다). Donald W. MacKinnon, "The Nature and Nurture of Creative Talent"(Walter Van Dyke Bingham Lecture given at Yale University, New Haven, CT, 1962년 4월

11일).

403—제리 밀러 박사의 경고성 이야기를 들어보자: 밀러 박사와는 2006년부터 2010년까지 여러 차례 개인적으로, 혹은 이메일로 인터뷰를 했다.

410—에밀리 밀러: 2006년과 2010년 사이에 에밀리 밀러와 여러 차례 인터뷰했다.

412—일레인 아론: Elaine N. Aron, *Psychotherapy and the Highly Sensitive Person*(New York: Routledge, 2010), pp.18-19.

415—케네스 루빈 박사: Rubin, *The Friendship Factor*.

422—"그러한 아이에게 아이들과 더 어울리고 더 사교적으로 행동하라는 조언 외에는": Jill D. Burruss와 Lisa Kaenzig, Virginia *Association for the Gifted Newsletter 21*, no.1(1999)에 실린 "Introversion: The Often Forgotten Factor Impacting the Gifted."

426—전문가들은 어릴 때 대중 강연에서 부정적인 경험을 하게 되면: Gregory Berns, *Iconoclast: A Neuroscientist Reveals How to Think Differently*(Boston, MA: Havard Business Press, 2008), p.77.

427—외향적인 아이들은 보통 움직임: Isabel Myers 등, *MBTI Manual: A Guide to the Development and Use of the Myers-Briggs Type Indicator*, 3rd ed., 2nd printing(Palo Alto, CA: Consulting Psychologist Press, 1998), pp.261-62. 또 Allen L. Hammer 등, *MBTI Applications: A Decade of Research on the Myers-Briggs Type Indicator*(Palo Alto, CA: Consulting Psychologist Press, 1996)도 보라.

427—재능 개발의 전제조건: 3장, 특히 앤더슨 에릭슨의 작업에 관해 보라.

427—"그 아이들이 대개 한두 명의 친구들과 의문에 답을 찾거나 과제를 완성하는 것은 아주 편안하게 해내지만": Roger Johnson이 2010년 6월 14일에 저자에게 보낸 이메일.

428—"조용한 아이들을 교실에서 '교류가 활발한' 구역에 앉히지 말라": James McCroskey, *Communication Education 29*(1980), "Quiet Children in the Classroom: On Helping Not Hurting."

432—인기는 없어도 된다: Rubin, The Friendship Factor: "연구 결과들을 보면 인기가 좋다고 온갖 훌륭한 것들을 얻게 되지는 않는다. 인기가 청소년기, 청년기, 혹은 그 이후의 삶에서 사회적으로나 학문적으로 성공하도록 보장해 준다는 근거는 별로 없다. …… 당신의 자녀가 한 아이와 친구가 되고 둘이 서로 재미있게 놀 뿐 아니라 서로에게 든든한 친구가 되어준다면, 잘된 일이다. 걱정은 그만둬라. 모든 아이가 왁자지껄한 패거리의 일원이 될 필요는 없다. 모든 아이가 친구가 잔뜩 있

어야 하는 것도 아니다. 어떤 아이들에게는 친구 한두 명이면 된다."

433―특정 활동에 고도로 집중해 파고드는 것이: I. McGregor와 Brian Little, *Journal of Personality and Social Psychology 74*, no.2(1998), pp.494―512에 실린 "Personal Projects, Happiness, and Meaning: On Doing Well and Being Yourself."

439―심리학자 댄 맥애덤스: Jack J. Bauer, Dan P. McAdams, Jennifer L. Pals, *Journal of Happiness Studies 9*(2008), pp.81―104에 실린 "Narrative Identity and Eudaimonic Well―Being."

내향적인 사람과 외향적인 사람이라는 단어에 관하여

447―인류학자 밸런타인: C. A. Valentine, *Ethnology no.2*(1963), pp.441―77에 실린 "Men of Anger and Men of Shame: Lakalai Ethnopsychology and Its Implications for Sociological Theory." 내가 처음에 이 글에 관해 알게 된 것은 David Winter의 뛰어난 책 *Personality: Analysis and Interpretation of Lives*(New York: McGraw―Hill, 1996)에 서였다.

449―아리스토텔레스: Aristoteles, *Problematica Physica XXX*, 1(Bekker 953A 10 ff.), Jonathan Barnes가 번역한 *The Complete Works of Aristotle, the Revised Oxford translation II* (Princeton, N.J.: Bollingen, 1984).

449―존 밀턴: David G. Winter의 *Personality: Analysis and Interpretation of Lives*(New York: McGraw―Hill, 1996), pp.380―84에 인용됨.

449―쇼펜하우어: Arthur Schopenhauer, The *Wisdom of Life and Other Essays*(New York and London: Dunne, 1901), pp.12―35(original work published 1851)에 수록된 "Personality, or What a Man Is." Winter의 *Personality*, pp.384―86에 인용.

옮긴이 김우열

자기계발서와 평전, 철학서 등에 뛰어난 영어 전문 번역가다. 연세대학교 전자공학과 졸업 후 팬택과 모토로라를 거쳐 뒤늦게 번역가의 길을 걸으며 영미권의 좋은 책들을 정제된 우리말로 옮기는 작업을 꾸준히 이어가고 있다. 옮긴 책으로는 《시크릿》을 비롯해 《몰입의 재발견》 등 다수가 있고, 지은 책으로는 《나도 번역 한번 해볼까》, 《채식의 유혹》이 있다.

콰이어트

2판 1쇄 발행 2021년 4월 9일
2판 6쇄 발행 2023년 9월 8일

지은이 수전 케인
옮긴이 김우열

발행인 양원석 **편집장** 정효진
디자인 디스 커버(표지), 김유진(본문) **영업마케팅** 양정길, 윤송, 김지현

펴낸 곳 ㈜알에이치코리아
주소 서울시 금천구 가산디지털2로 53, 20층(가산동, 한라시그마밸리)
편집문의 02-6443-8847 **도서문의** 02-6443-8838
홈페이지 http://rhk.co.kr
등록 2004년 1월 15일 제2-3726호

ISBN 978-89-255-8897-1 (03190)